आपके कानून, आपके अधिकार

लेखन मंडल

- अनुला मौर्य, (पीएच.डी.), पूर्व प्राचार्या, कालिंदी कॉलेज, दिल्ली विश्वविद्यालय; संप्रति, उप कुलपति, जगद्गुरु रामानंदाचार्य राजस्थान संस्कृत विश्वविद्यालय, जयपुर
- पंकज कुशवाहा, शोधार्थी, सेंटर फॉर पॉलिटिक्स एंड इंटरनेशनल स्टडीज, स्कूल ऑफ इंटरनेशनल स्टडीज, जवाहरलाल नेहरू विश्वविद्यालय
- मनीषा राजीव, असिस्टेंट प्रोफेसर, पत्रकारिता विभाग, कालिंदी कॉलेज, दिल्ली विश्वविद्यालय
- मधु दम्मानी, (पीएच.डी.), असिस्टेंट प्रोफेसर, राजनीति विज्ञान विभाग, दौलत राम कॉलेज, दिल्ली विश्वविद्यालय
- निवेदिता गिरि, (पीएच.डी.), असिस्टेंट प्रोफेसर, राजनीति विज्ञान विभाग, कालिंदी कॉलेज, दिल्ली विश्वविद्यालय
- राखी चौहान, (पीएच.डी.), असिस्टेंट प्रोफेसर, राजनीति विज्ञान विभाग, कालिंदी कॉलेज, दिल्ली विश्वविद्यालय
- राजवीर सिंह, (पीएच.डी.), (एडवोकेट) उत्तर प्रदेश सरकार में कार्यरत
- रेणुका चौधरी, अतिथि शिक्षक, राजनीति विज्ञान विभाग, नॉन कॉलिजिएट वीमेन एजुकेशन बोर्ड, दिल्ली विश्वविद्यालय
- शिप्रा शुक्ला, असिस्टेंट प्रोफेसर, हिंदी विभाग, तेजपुर केंद्रीय विश्वविद्यालय, असम
- सुनीता मंगला, (पीएच.डी.), असिस्टेंट प्रोफेसर, राजनीति विज्ञान विभाग, कालिंदी कॉलेज, दिल्ली विश्वविद्यालय
- सीमा माथुर, (पीएच.डी.), असिस्टेंट प्रोफेसर, राजनीति विज्ञान विभाग, कालिंदी कॉलेज, दिल्ली विश्वविद्यालय

आपके कानून आपके अधिकार

(Your Laws, Your Rights)

संपादक

सीमा माथुर

राजनीति विज्ञान विभाग

कालिंदी कॉलेज

दिल्ली विश्वविद्यालय

प्रस्तावना

एन. सुकुमार

ओरियंट ब्लैकस्वॉन

आपके कानून, आपके अधिकार

ओरियंट ब्लैकस्वॉन प्राइवेट लिमिटेड
मुख्य कार्यालय
3-6-752 हिमायतनगर, हैदराबाद 500029 (तेलंगाना), भारत
ई-मेल: centraloffice@orientblackswan.com
शाखाएँ
बंग्लुरू, चेन्नई, गुवाहाटी, हैदराबाद, कोलकाता, मुंबई,
नई दिल्ली, नोएडा, पटना, विशाखापट्टनम

सर्वप्रथम प्रकाशित 2021
ISBN 978-93-5442-013-9

आवरण और पुस्तक सज्जा
©ओरियंट ब्लैकस्वॉन प्राइवेट लिमिटेड

033207

लेज़रटाइपसेटर
ए. एंड डी. कं., दिल्ली
मुद्रक
बी.बी. प्रेस, नोएडा
प्रकाशक
ओरियंट ब्लैकस्वॉन प्राइवेट लिमिटेड
3-6-752 हिमायतनगर, हैदराबाद 500029 (तेलंगाना), भारत
ई-मेल: info@orientblackswan.com

विषयानुक्रम

प्रस्तावना प्रोफेसर एन. सुकुमार *ix*

प्राक्कथन *xiii*

आभार *xvii*

संकेताक्षर *xix*

पारिभाषिक शब्दावली *xxi*

1. कानून का शासन और भारतीय न्यायिक व्यवस्था **1**

सीमा माथुर

परिचय; **कानून का शासन:** कानून का शासन और भारतीय संविधान; भारतीय आपराधिक न्याय व्यवस्था; आपराधिक न्याय प्रणाली के घटक। **भारतीय न्यायिक व्यवस्था:** सर्वोच्च न्यायालय; सर्वोच्च न्यायालय की स्थापना; सर्वोच्च न्यायालय का अधिकार क्षेत्र; सर्वोच्च न्यायालय और न्यायिक पुनर्विलोकन; उच्च न्यायालय; अधीनस्थ न्यायालय। न्यायालयों पर बढ़ता बोझ और वैकल्पिक न्याय व्यवस्था: न्यायाधिकरण; लोक अदालतें; न्याय पंचायत; परिवार न्यायालय; रात्रि अदालतें; मोबाइल कोर्ट; फास्ट ट्रैक कोर्ट; स्पेशल कोर्ट। निष्कर्ष

2. आपराधिक न्याय प्रशासन से संबंधित कानून **20**

अनुला मौर्य

आपराधिक न्याय प्रणाली: अर्थ एवं उद्देश्य; अपराध; आपराधिक न्याय प्रक्रिया : मुख्य विशेषताएं; प्रथम सूचना रिपोर्ट। आपराधिक न्याय प्रशासन में पुलिस की भूमिका : शिकायत; जांच-पड़ताल; सुनवाई; गिरफ्तारी; जमानत; सजा। निष्कर्ष

3. लिंग, जाति, वर्ग आधारित भेदभाव और समानता **37**

राखी चौहान

जेंडर: घरेलू हिंसा, बलात्कार तथा यौन उत्पीड़न के खिलाफ महिलाओं का संरक्षण; घरेलू हिंसा; विवाह संबंधी अपराध; बालिकाओं पर होने वाले अत्याचार; महिलाओं तथा बालिकाओं का व्यापार; बलात्कार; कार्यस्थल पर यौन उत्पीड़न; कानूनी सुरक्षा। **जाति:** अस्पृश्यता निषेध कानून और अत्याचार के विरुद्ध संरक्षण; दलितों को संवैधानिक संरक्षण; छुआछूत का अंत तथा अत्याचारों के खिलाफ संरक्षण; अनुसूचित जाति व जनजाति (अत्याचारों की रोकथाम) अधिनियम, 1989। संवैधानिक संरक्षण : कितने प्रभावी। **वर्ग :** न्यूनतम मजदूरी संबंधी विधियां; भारत में श्रम संबंधी कानून; स्वतंत्रता प्राप्ति के बाद की स्थिति; न्यूनतम मजदूरी अधिनियम, 1948; श्रमिक संघ कानून, 1926; भारत में

सामाजिक सुरक्षा; बालश्रम और संविधान; बालश्रम प्रथा उन्मूलन हेतु सरकार द्वारा अपनाए गए उपाय। निष्कर्ष।

4. **विकलांगता: भागीदारी एवं अवसर की समानता** 82

पंकज कुशवाहा और शिप्रा शुक्ला

भूमिका; विकलांग विमर्श के प्रमुख सिद्धांत: विकलांगता का चिकित्सीय सिद्धांत; विकलांगता का समाजवादी सिद्धांत; **विकलांगजन और भारतीय कानून:** 1. विक्षिप्तता अधिनियम, 1912; 2. मानसिक स्वास्थ्य अधिनियम 1987; 3. भारतीय पुनर्वास परिषद अधिनियम, 1992; नि:शक्तजन अधिनियम, 1995; 5. राष्ट्रीय न्यास कानून, 1999; 6. विकलांगजन नीति 2006; 7. दिव्यांगजन अधिकार अधिनियम, 2016; विकलांगजन और उनकी कानूनी परिभाषा; विकलांगता संबंधी शब्दावली और उस पर बहस; विकलांगजन और भारत में जनगणना; विकलांगता प्रमाण पत्र; विकलांगजन और आरक्षण नीति। निष्कर्ष।

5. **सशक्तिकरण: सूचना का अधिकार** 101

मधु दम्मानी

सूचना का अधिकार: वैश्विक परिदृश्य; भारतीय परिदृश्य; सूचना का अधिकार 2005; सूचना का अधिकार: आशय; सूचना का अधिकार: अधिकार क्षेत्र एवं व्यापकता; सूचना का अधिकार: गैर-सरकारी संगठन; सूचना हेतु आवेदन प्रक्रिया; सूचना प्राप्ति की अवधि; सूचना आवेदन निरस्त होने के कारण; सूचना का अधिकार: अपील तथा शिकायत की व्यवस्थाएँ; सूचना का अधिकार: व्यावहारिक अनुभव; सूचना का अधिकार: लोकतांत्रिक शासन के उपकरण के रूप में; सूचना का अधिकार: कार्यान्वयन में बाधाएं; सूचना का अधिकार (संशोधन) विधेयक, 2019। निष्कर्ष

6. **उपभोक्ता अधिकार** 117

राजवीर सिंह

उपभोक्ता संरक्षण आंदोलन; **उपभोक्ता संरक्षण अधिनियम, 1986:** उपभोक्ता संरक्षण (संशोधन) अधिनियम, 15 मार्च, 2013; उपभोक्ता संरक्षण (संशोधन) अधिनियम, 2019; उपभोक्ता की परिभाषा; वस्तुएं की परिभाषा; सेवाएं की परिभाषा; उपभोक्ताओं के अधिकार; शिकायतकर्ता और शिकायतें; उपभोक्ता विवाद निवारण एजेंसी; उपभोक्ता सुरक्षा परिषद; ज़िला उपभोक्ता विवाद निवारण आयोग (ज़िला आयोग); राज्य उपभोक्ता विवाद निवारण आयोग (राज्य आयोग); राष्ट्रीय उपभोक्ता विवाद निवारण आयोग (राष्ट्रीय आयोग); उपभोक्ता शिकायत निवारण प्रक्रिया; शिकायत दर्ज करने का तरीका; उपभोक्ताओं को उपलब्ध राहत। निष्कर्ष

7. **वनवासी और जनजातीय अधिकार** 133

निवेदिता गिरि और रेणुका चौधरी

वनवासी और आदिवासी जनजातियां: परिभाषा; भारत में वनवासी और जनजातियां: प्रकार; आदिम जातियां; वनवासी और जनजातियों के अधिकार: ऐतिहासिक परिप्रेक्ष्य;

संवैधानिक और संस्थागत वनवासी और जनजातीय अधिकार; संस्थागत प्रबंध; प्रावधान (अनुसूचित क्षेत्रों पर विस्तार) अधिनियम, 1996 (पेसा); राष्ट्रीय विधि सेवा प्राधिकरण; पैरा विधिक स्वयंसेवक; अनुसूचित जाति एवं अनुसूचित जनजाति (अत्याचार निवारण) अधिनियम, 1989; जनजातीय कार्य मंत्रालय; राष्ट्रीय अनुसूचित जनजाति आयोग; राष्ट्रीय अनुसूचित जनजाति फाउंडेशन और विकास निगम; वन अधिकार कानून, 2006; वनवासी और आदिवासी जनजातियों की समस्याएं; आदिवासी महिलाओं के संपत्ति अधिकार। निष्कर्ष

8. **ग्रामीण रोजगार गारंटी** **156**

सुनीता मंगला

परिचय। ग्रामीण जनशक्ति कार्यक्रम: सूखा प्रभावित क्षेत्र विकास परियोजना; काम के बदले अनाज कार्यक्रम; ट्राइसेम; राष्ट्रीय ग्रामीण रोजगार कार्यक्रम; ग्रामीण भूमिहीन रोजगार गारंटी; जवाहर रोजगार योजना; रोजगार आश्वासन योजना; जवाहर ग्राम समृद्धि योजना; स्वर्ण जयंती ग्राम स्वरोजगार योजना; संपूर्ण ग्रामीण रोजगार योजना; नेशनल फूड फॉर वर्क प्रोग्राम; राष्ट्रीय ग्रामीण रोजगार गारंटी योजना; ग्रामीण स्वयं रोजगार प्रशिक्षण संस्थान; ग्रामीण रोजगार सृजन कार्यक्रम; प्रधानमंत्री श्रम पुरस्कार योजना; महात्मा गांधी राष्ट्रीय ग्रामीण रोजगार गारंटी अधिनियम (मनरेगा); अधिनियम के प्रमुख प्रावधान; उपलब्धियां; मनरेगा की आलोचना। निष्कर्ष

9. **सामाजिक सुरक्षा और पहचान दस्तावेज़ों तक पहुंच** **175**

सीमा माथुर और मनीषा राजीव

सामाजिक सुरक्षा योजनाएं: राष्ट्रीय सामाजिक सहायता कार्यक्रम; इंदिरा गांधी राष्ट्रीय विधवा पेंशन योजना; इंदिरा गांधी राष्ट्रीय विकलांगता पेंशन योजना; राष्ट्रीय पारिवारिक लाभ योजना; अन्नपूर्णा योजना; राष्ट्रीय मातृत्व लाभ परियोजना; इंदिरा गांधी राष्ट्रीय वृद्धावस्था पेंशन योजना; एकीकृत वृद्धजन कार्यक्रम; राष्ट्रीय स्वास्थ्य बीमा योजना; **पहचान संबंधी दस्तावेज़:** मतदाता पहचान पत्र; मतदाता पहचान पत्र के लिए आवेदन प्रक्रिया; मतदाता पहचान पत्र के लिए आवेदन प्रक्रिया; आधार कार्ड; ड्राइविंग लाइसेंस; पैन कार्ड; राशन कार्ड। निष्कर्ष

संदर्भ ग्रंथ सूची **193**

महत्त्वपूर्ण प्रश्न **197**

अनुक्रमणिका **205**

प्रस्तावना

कानून किसी भी सभ्य समाज की आधारशिला होते हैं, जो मनुष्य के व्यवहार को नियमित और संचालित करते हैं। कानून सरकार द्वारा बनाए जाते हैं और समाज में सभी के ऊपर समान रूप से लागू किए जाते हैं। कानून का पालन करना सभी नागरिकों के लिए अनिवार्य होता है और कानून का पालन नहीं करने वाले के लिए दंड की व्यवस्था होती है। कानून का एक प्रमुख कार्य नागरिकों को शिक्षित करना भी माना जाता है। कानून की शिक्षा से अभिप्राय कानून की विशिष्ट भाषा से परिचित होना और कानूनी संस्थानों से भी अवगत होना है जो व्यक्ति को कानून की व्याख्या करने में भी सक्षम बनाती है। कानूनी शिक्षा न्याय प्रणाली को समझने का माध्यम है जिसे जानकर व्यक्ति अपने हक, अधिकारों और कर्त्तव्य के बारे में जानकारी तो हासिल करता ही है, इनके उल्लंघन की स्थिति में अपने और समाज के लिए न्याय की लड़ाई भी लड़ सकता है। कानून का अध्ययन सरकार और समाज में शक्ति-संबंध की समझ विकसित करने में मदद करता है और समाज के हाशिये पर स्थित विभिन्न समुदायों की परेशानियों को उजागर करते हुए उनको विकास की मुख्यधारा में समाहित करने का प्रयास भी करता है। इस समाज की यह विडंबना ही है कि यहां बहुत अच्छे कानून तो मौजूद हैं लेकिन इनका क्रियान्वयन अच्छी तरह से नहीं हो पाता है। इसका एक प्रमुख कारण नागरिकों की कानून और न्याय प्रक्रिया के प्रति अनभिज्ञता और उचित जानकारी का अभाव होना है। यही कानूनों की अनभिज्ञता और उचित जानकारी का अभाव नागरिकों को मिले उनके अधिकारों से वंचित कर देती है और अधिकारों के बिना कोई भी नागरिक अपने व्यक्तित्व और आत्मविश्वास को विकसित नहीं कर सकता है।

एक ओर जहां हम उदारीकरण और निजीकरण के दौर में वैश्विक अधिकारों और ऑनलाइन मार्केटिंग की बात कर रहे हैं, वहीं दूसरी ओर, देश में जाति प्रथा, बेगारी, जेंडर भेदभाव अभी भी मौजूद हैं। अनुसूचित जाति/जनजातियों, आदिवासियों, मजदूरों, किसानों और महिलाओं को व्यवहार में समता और संपत्ति के अधिकार नहीं मिल सके हैं। ऐसी स्थिति में यह आवश्यक हो जाता है कि इस उपभोक्तावादी संस्कृति में नागरिकों के अधिकार बचे रहें और सुरक्षित रहें। नागरिकों के अधिकार तभी सुरक्षित रह सकते हैं, जब उनको कानूनों की उचित जानकारी हो। ऐसे ही कुछ महत्त्वपूर्ण कानूनों और अधिकारों का समावेश, जो दैनिक जीवन में अत्यंत उपयोगी हैं, इस पुस्तक में किया

गया है ताकि नागरिक किसी भी प्रकार के शोषण और उत्पीड़न के शिकार होने से बच सकें।

इसी को ध्यान में रखते हुए दिल्ली विश्वविद्यालय ने 2015-16 के शैक्षणिक सत्र से चॉइस बेस्ड क्रेडिट सिस्टम (Choice Based Credit System (CBCS)) के तहत मौजूदा त्रि-वर्षीय स्नातक कार्यक्रम के सेमेस्टर सिस्टम में नए अनुशासन विशिष्ट वैकल्पिक, सामान्य ऐच्छिक और क्षमतावर्धन पाठ्यक्रम शामिल किए, जिससे कि छात्रों में एक समझ विकसित करने के साथ-साथ दैनिक जीवन में इस समझ को लागू करने की क्षमता और कौशल का विकास किया जा सके। राजनीति विज्ञान विभाग द्वारा इस उद्देश्य को पूरा करने के लिए एक कौशल विकास आधारित पेपर 'आपके कानून, आपके अधिकार' शीर्षक से स्नातक छात्रों के लिए शामिल किया गया है। इस पाठ्यक्रम की सामग्री ऐसे कानूनों पर केंद्रित है, जो प्रत्यक्षतः समाज के विभिन्न समुदायों के अधिकारों से संबंधित हैं, जैसे कि महिलाओं की सुरक्षा संबंधी कानून, जातिगत-भेदभाव के विरुद्ध कानून, वर्ग-आधारित भेदभाव के विरुद्ध कानून और विकलांग जन के लिए समान अवसर और प्रतिनिधित्व, सूचना और उपभोक्ता अधिकार संरक्षण के माध्यम से सशक्तिकरण, पुनर्वितरण, पहचान और जीविकोपार्जन, पहचान-पत्रों तक पहुंच और सामाजिक सुरक्षा संबंधी योजनाएं।

मुझे इस बात की अत्यंत खुशी है कि कानून के इसी संदर्भ को ध्यान में रखते हुए इस पाठ्यपुस्तक 'आपके कानून, आपके अधिकार' को लिखा गया है। इस पुस्तक में पाठ्यक्रम के सभी विषयों को शामिल किया गया है। पुस्तक के सभी अध्याय शोधपरक हैं जिन्हें बहुत सरल भाषा और रोचक तरीके से लिखा गया है। इस पुस्तक के कुशलतापूर्ण संपादन के लिए डॉ. सीमा माथुर और पुस्तक में उत्कृष्ट लेखों के योगदान के लिए सभी योगदानकर्ता सराहना और बधाई के पात्र हैं।

यह पुस्तक दिल्ली विश्वविद्यालय के बी.ए. (ऑनर्स) राजनीति विज्ञान, द्वितीय वर्ष के तीसरे और चौथे सेमेस्टर के विद्यार्थियों, विशेषकर हिंदी माध्यम के छात्रों को समर्पित है। यह दिल्ली विश्वविद्यालय तथा अन्य हिंदी भाषी प्रदेशों के विद्यार्थियों के लिए ज्ञानवर्धक, रोचक और उपयोगी साबित होगी और इससे वे रोजमर्रा के अधिकारों के बारे में अधिक जानकारी प्राप्त कर अवश्य लाभान्वित हो सकेंगे। साथ ही, समाज के हाशिये पर मौजूद लोगों को उनके अधिकारों के बारे में जागरूकता फैलाने का कार्य कर रहे नागरिक और सामाजिक संगठन भी इस पुस्तक में समाहित जानकारी से लाभ उठा सकेंगे। आशा है कि यह पुस्तक दिल्ली व अन्य विश्वविद्यालयों

के स्नातक, स्नातकोत्तर, विशेष रूप से लॉ के विद्यार्थियों के लिए भी लाभदायक सिद्ध होगी।

एन. सुकुमार
प्रोफेसर
राजनीति विज्ञान विभाग
दिल्ली विश्वविद्यालय

प्राक्कथन

लोकतांत्रिक रूप से संगठित समाज के लिए कानून एक महत्त्वपूर्ण पहलू है जिसमें राज्य द्वारा स्वतंत्रता, समानता और मानवीय गरिमा की सुरक्षा का आश्वासन दिया जाता है। सामान्यत:, कानून अधिकारों और कर्तव्यों का स्रोत होते हैं जो प्रतिनिधि लोकतंत्र, संवैधानिक मूल्यों और कानून के शासन को शक्ति और विकास प्रदान करते हैं। परंतु भारत जैसे विविधता वाले देश में कई ऐसे तरीके हैं जिनसे व्यक्ति की स्वयं की पहचान बनती है जो उसकी जाति, वर्ग, धर्म, लिंग और उम्र सहित कई अलग-अलग पहचानों से बनी होती है। हालांकि इन विविधताओं के कारण भारतीयों की कई पहचानें बन जाती हैं, जो कई स्तरों पर भेदभाव का परिणाम होती हैं। ऐसी पहचानें किसी व्यक्ति के खिलाफ बहिष्करण, भेदभाव और हिंसा के पूर्वाग्रह से प्रेरित होती हैं। अत: यह पुस्तक पाठकों को विभिन्न कानूनों के रूप में नागरिकों के अधिकारों और राज्य की जिम्मेदारियों को समझने के साथ-साथ महिलाओं के खिलाफ हिंसा, जातिगत भेदभाव जैसी समस्याओं और चुनौतियों से निपटने की अंतर्दृष्टि प्रदान करती है। कानून और अधिकारों के साथ-साथ समानता और न्याय के लिए उनके संघर्ष के बारे में व्यापक समझ प्रदान करती है।

यह पाठ्यपुस्तक मुख्य रूप से भारत के कानून और आपराधिक न्याय प्रणाली से संबंधित है, जिसमें आपराधिक न्याय प्रशासन, लैंगिक, जाति, वर्ग और विकलांगता के आधार पर भेदभाव और उनके लिए सशक्तिकरण और समान अवसर, सूचना का अधिकार, उपभोक्ता अधिकार संरक्षण और पुनर्वितरण, जीविकोपार्जन एवं ग्रामीण रोजगार गारंटी जैसे मुद्दों को संबोधित किया गया है। पिछले एक दशक में बढ़ते डिजिटलीकरण के कारण आधार कार्ड, मतदाता पहचान पत्र, राशन कार्ड, ड्राइविंग लाइसेंस बनवाने की प्रक्रिया और उपलब्धता के साथ-साथ, राष्ट्रीय स्वास्थ्य बीमा योजना और इंदिरा गांधी राष्ट्रीय वृद्धावस्था पेंशन योजना जैसी कई सरकारी योजनाओं की जानकारी भी पाठ्यपुस्तक में शामिल है, जो विद्यार्थियों के ज्ञान की अभिवृद्धि के लिए अत्यंत आवश्यक है।

प्रथम अध्याय "कानून का शासन और भारतीय न्यायिक व्यवस्था" में नैसर्गिक न्याय और कानून के शासन के बारे में बात करता है। प्रत्येक देश की अपनी एक कानूनी व्यवस्था होती है, जिससे उस देश के निवासी किसी भी तरह के अपराध करने से डरते हैं अर्थात् आपराधिक न्याय व्यवस्था सरकार द्वारा इस्तेमाल की जाने वाली ऐसी व्यवस्था है जो सामाजिक नियमों को बनाए रखने, अपराध को नियंत्रित करने और आपराधिक दंड के साथ कानूनों का उल्लंघन करने वालों को निर्देशित करती है। सभी कानूनों में सर्वोच्च भारत के संविधान के मार्गदर्शन में आपराधिक न्याय व्यवस्था कानूनों का प्रवर्तन करती है। कानून का शासन और भारतीय

संविधान के संबंध को बताते हुए भारतीय आपराधिक न्याय व्यवस्था और वैकल्पिक न्याय व्यवस्था के बारे में इस अध्याय में विस्तार से प्रकाश डाला गया है। न्यायालयों पर लगातार बढ़ते बोझ और लोक अदालत की आवश्यकताओं की भी चर्चा की गई है।

इस पुस्तक के दूसरे अध्याय में "आपराधिक न्याय प्रशासन से संबंधित कानून" पर विस्तारपूर्वक चर्चा की गई है। यह आपराधिक न्याय प्रशासन ही है जो लोगों के विश्वास को पूरे न्याय वितरण प्रणाली में बनाए रखने में महत्त्वपूर्ण भूमिका निभाता है। एक कमज़ोर आपराधिक न्याय प्रशासन अपराधियों को रोकने के बजाय अपराध को बढ़ावा देता है। शंका, घृणा, भय और असुरक्षा के माहौल में लोग अपने संवैधानिक अधिकारों का खुलकर आनंद नहीं ले सकते। इस अध्याय में अपराध घटित होने के बाद एफआईआर दर्ज कराने से लेकर पीड़ित को न्याय और दोषी को सजा मिलने तक की प्रक्रिया के बारे में विस्तार से बताया गया है।

जहां एक ओर, हमेशा से ही संयुक्त राष्ट्र का प्रमुख उद्देश्य महिलाओं के विरुद्ध भेदभाव, भेदभाव के विशिष्ट प्रकार जैसे जबरदस्ती विवाह, घरेलू हिंसा व शिक्षा प्राप्त करने में असमर्थता, स्वास्थ्य, सार्वजनिक जीवन और कार्य में भेदभाव को रोकना रहा है; वहीं दूसरी ओर, भारतीय संविधान भी बिना किसी भेदभाव के सभी को मौलिक अधिकारों की समान गारंटी देता है। लेकिन व्यावहारिक तौर पर इस पितृसत्तात्मक जातिवादी समाज में स्थिति उलट नज़र आती है। महिलाओं और श्रमिकों के विरुद्ध जाति, लिंग और वर्ग आधारित भेदभाव, उत्पीड़न और शोषण को रोकने के लिए मौजूद कानूनी प्रावधानों के बारे में विस्तार से इस पुस्तक के तीसरे अध्याय "लिंग, जाति, वर्ग आधारित भेदभाव और समानता" में समझाया गया है।

इस पुस्तक का चौथा अध्याय "विकलांगता: भागीदारी एवं अवसर की समानता" विकलांगता के संदर्भ में भारत में विकलांगों के लिए भागीदारी और अवसर की समानता के लिए मौजूद महत्त्वपूर्ण कानूनों पर प्रकाश डालता है। साथ ही, इस पाठ में इस बात पर भी चर्चा की गई है कि विकलांगों के लिए शिक्षा नीति और आर्थिक विकास को कैसे और अधिक समावेशित बनाया जा सकता है।

किसी भी राज्य में नागरिकों को प्राप्त सूचना का अधिकार एक जवाबदेह, पारदर्शी, सहभागितापूर्ण शासन और जन-केंद्रित विकास के लिए प्राथमिक शर्त है। यह राज्य के अंतर्गत नागरिकों का सशक्तिकरण करता है और राजनीतिक प्रक्रियाओं पर उनके नियंत्रण में वृद्धि करता है और यह राज्य की निरंकुश शक्ति के विरुद्ध एक हथियार की तरह काम करता है। यह आम लोगों को इस बात के लिए समर्थ बनाता है कि वह अधिकारियों को नियमित तौर पर जनता के प्रति जवाबदेह बनाए रख सकें। इस पुस्तक के पांचवें अध्याय "सशक्तिकरण: सूचना का अधिकार" में इसके अर्थ से लेकर सूचना प्राप्त करना, सूचना प्राप्त नहीं होने की स्थिति में आरटीआई अधिनियम के तहत शिकायत की व्यवस्था, सूचना आयोग में अपील आदि पर विस्तार से चर्चा की गई है।

इस पुस्तक के छठे अध्याय "उपभोक्ता अधिकार" में उपभोक्ताओं को व्यापक सुरक्षा देने की दिशा में उपभोक्ता संरक्षण अधिनियम और उसके कार्यान्वयन के बारे में विस्तार से जानकारी दी गई है। उपभोक्ता, वस्तुएं और सेवा आदि की परिभाषाओं से लेकर उपभोक्ताओं के अधिकारों और उनके हनन की स्थिति में शिकायत और विवाद निवारण एजेंसियों के बारे में समझाया गया है। एक ओर, जहां उपभोक्ता संरक्षण अधिनियम सिद्धांतहीन व्यवसायियों के लालच से उपभोक्ताओं को सुरक्षा प्रदान करता है, तो दूसरी ओर, बड़े-बड़े व्यवसायियों की व्यापारिक गतिविधियों पर भी अंकुश लगाता है। यह अनियंत्रित व्यापारियों तथा निर्माताओं से बचाने के लिए उपभोक्ता को सस्ता, त्वरित एवं निष्पक्ष उपचार उपलब्ध कराता है। इसके अलावा, इसके अंतर्गत शिकायत का निपटारा सीधे एवं सरल तरीके से संभव हो पाता है।

बाजारवादी उदारवादी अर्थव्यवस्था, निजीकरण, वैश्वीकरण, पूंजीवाद जैसी विकासवादी अवधारणाएं आदिवासियों के लिए विरोधाभासी रहीं हैं, क्योंकि वे निरंतर प्राकृतिक संसाधन-जल, जंगल और जमीन, कृषि संपदा, पेय जल, बिजली आदि जैसी अति आवश्यक सुविधाओं से भी वंचित रहे हैं। हालांकि सरकार ने समय-समय पर अनेक कानून और प्रावधान लाकर अनुसूचित जनजाति और अन्य परंपरागत वनवासियों के पारंपरिक अधिकारों को पुनः लौटाने की कोशिश की है। इस पुस्तक का सातवां अध्याय "वनवासी और जनजातीय अधिकार" वनवासियों के पारंपरिक अधिकारों, आदिवासी महिलाओं के संपत्ति अधिकारों के साथ-साथ उनके समक्ष मौजूद समस्याओं और संवैधानिक और सांस्थानिक प्रावधानों के बारे में भी विस्तार से वर्णन करता है।

भूमंडलीकरण के युग में शहरों एवं गांवों दोनों में ही जनसंख्या का बहुत बड़ा भाग रोजगार के नए रास्ते तलाशने में लगा हुआ है। विशेषकर, गांवों में रहने वाले युवा वर्ग ने बेरोजगारी, निर्धनता, अशिक्षा एवं आधारभूत जरूरतों के अभाव में गांवों से शहरों की ओर पलायन कर दिया है। यह सर्वविदित है कि देश की अधिकांश आबादी गांवों में ही रहती है और गांव की हालत किसी से छिपी नहीं है। गांवों में न तो रोजगार के साधन हैं और न ही शिक्षा और मनोरंजन की पर्याप्त व्यवस्था है। ले-देकर केवल खेती ही आय का एक मात्र जरिया रह गया है। ऐसी ही समस्याओं और इनसे निजात पाने वाली विभिन्न योजनाओं के साथ ग्रामीण रोजगार गारंटी पर इस पुस्तक के आठवें अध्याय "ग्रामीण रोजगार गारंटी" में विशेष रूप से चर्चा की गई है।

आज के इस तकनीकी युग में, सामाजिक सुरक्षा एवं जन-कल्याण की भावना को ध्यान में रखते हुए बहुत सारी योजनाओं का निर्माण किया गया है। भारत जैसे विशाल देश में जिसका उद्देश्य जनकल्याण एवं सर्वकल्याण रहा है, इन योजनाओं को लागू करना एक बड़ी चुनौती रहा है। परंतु ये योजनाएं हमारे समाज के एक बड़े तबके को फायदा पहुंचाती हैं। इसी लक्ष्य को पूरा करने हेतु, सामाजिक सुरक्षा के लिए चलाई गई योजनाएं महत्त्वपूर्ण भूमिका निभाती हैं। ऐसी ही विभिन्न योजनाओं और उन्हें प्राप्त करने के लिए आवश्यक दस्तावेज़ों

और पहचान पत्रों जैसे कि वोटर कार्ड, राशन कार्ड, आधार कार्ड, ड्राइविंग लाइसेंस आदि की आवश्यकता और उन्हें बनवाने के तरीकों का विस्तारपूर्वक वर्णन इस पुस्तक के नौवें अध्याय ''सामाजिक सुरक्षा और पहचान दस्तावेज़ों तक पहुंच'' में किया गया है।

मुझे उम्मीद ही नहीं, बल्कि पूर्ण विश्वास भी है कि यह पुस्तक न केवल बी.ए. (ऑनर्स), बी.ए. (प्रोग्राम) राजनीति विज्ञान और एल.एल.बी. के विद्यार्थियों के लिए, बल्कि यह उन सभी विद्यार्थियों और शोधकर्ताओं के लिए भी बहुत उपयोगी सिद्ध होगी जो आमतौर पर कानून का अध्ययन करने में रुचि रखते हैं।

सीमा माथुर
संपादक

आभार

सबसे पहले मैं उन तमाम हिंदी माध्यम के विद्यार्थियों का शुक्रिया अदा करना चाहती हूं, जो लंबे समय तक हिंदी में पाठ्यपुस्तकों की अनुपलब्धता से जूझते रहे हैं और मेरी इस पुस्तक लेखन के प्रेरणा स्रोत बने।

मैं दिल्ली विश्वविद्यालय के राजनीति विज्ञान विभाग की अध्यक्षा प्रोफेसर नवनीता बेहरा चड्ढा, सभी आचार्यों विशेषतः प्रोफेसर सुनील कुमार चौधरी, प्रोफेसर संगीत कुमार रागी, प्रोफेसर श्रीप्रकाश सिंह, प्रोफेसर रेखा सक्सेना, प्रोफेसर अशोक आचार्य और अन्य संकाय सदस्यों की आभारी हूं जो अपने प्रेरणादायक शब्दों से निरंतर मेरी हौसला अफजाई करते रहे हैं। विशेष रूप से, मैं प्रोफेसर उज्ज्वल कुमार का कृतज्ञतापूर्वक आभार व्यक्त करती हूं जिनकी पुस्तक *टुवर्डस लीगल लिटरेसी* मेरे पुस्तक लेखन में मार्गदर्शक बनी और मुझे इस पुस्तक को लिखने के लिए प्रेरित किया।

प्रोफेसर एन. सुकुमार की मैं विशेष रूप से आभारी हूं जिन्होंने मुझ पर विश्वास करते हुए इस पुस्तक की प्रस्तावना लिखना सहर्ष स्वीकार किया और अकादमिक रूप से अपने विचारों से इस पुस्तक को गुणात्मक और बहुमूल्य बनाया।

अपने कालिंदी महाविद्यालय की पूर्व प्राचार्या और वर्तमान में जगदगुरु रामानंदाचार्य राजस्थान संस्कृत विश्वविद्यालय की उप-कुलपति डॉ. अनुला मौर्य का मैं विशेष आभार व्यक्त करती हूं जो हमेशा अपने आशीर्वादस्वरूप मुझे पुस्तक लिखने के लिए प्रेरित करती रहीं। मैं वर्तमान प्राचार्या डॉ. अंजुला बंसल और महाविद्यालय के सभी प्राध्यापकों का अकादमिक सहयोग के लिए धन्यवाद ज्ञापित करती हूं। साथ ही, राजनीति विज्ञान विभाग की सभी प्राध्यापक साथियों का उनके समर्थन और सहयोग के लिए अपनी कृतज्ञता व्यक्त करती हूं।

पाठ्यक्रम से संबंधित उपयोगी एवं प्रासंगिक सामग्री और लाइब्रेरी सुविधा प्रदान करने के लिए कालिंदी कॉलेज और दिल्ली विश्वविद्यालय की सेंट्रल लाइब्रेरी के सभी कर्मचारियों का मैं विशेष धन्यवाद ज्ञापित करती हूं।

इस पुस्तक के लिए अपने मूल्यवान समर्थन और सहयोग प्रदान करने के लिए, विभिन्न अध्यायों के सभी लेखकों का आभार व्यक्त करती हूं जिन्होंने अपनी लेखनी के माध्यम से इस पुस्तक को लिखने में अपना बहुमूल्य योगदान दिया।

इस पुस्तक को प्रकाशित करने के लिए विशेष रूप से मैं ओरियंट ब्लैकस्वॉन के संपादकीय विभाग का हृदय से आभार व्यक्त करती हूं जिन्होंने समयबद्ध होकर लगातार मुझे पुस्तक को वर्तमान स्वरूप देने में सहयोग प्रदान किया।

मैं अपने परिवार के सभी सदस्यों विशेष रूप से मेरी माँ, सासु माँ, मेरे साथी डॉ. राजवीर सिंह का हृदय की गहराइयों से आभार व्यक्त करती हूं जिन्होंने मेरे पुस्तक लेखन के दौरान, बिना कोई शिकायत किए सभी का ध्यान रखा। और अंत में, मैं अपनी प्यारी बेटी सौम्या और बेटे राजदीप की बहुत–बहुत आभारी हूं जिन्होंने बिना किसी शिकायत मेरे पुस्तक लेखन को सुगम बनाया और निरंतर आगे बढ़ने के लिए मुझे प्रेरित करते रहे।

सीमा माथुर

संकेताक्षर (Abbreviations)

AITUC	All India Trade Union Congress
एटक	ऑल इंडिया ट्रेड यूनियन कांग्रेस
BMS	Bhartiya Majdoor Sabha
बीएमएस	भारतीय मजदूर सभा
CITU	Centre of Indian Trade Union
सीटु	सेंटर ऑफ इंडियन ट्रेड यूनियन
CPA	Consumer Protection Act, 1989, 2019
सीपीए	उपभोक्ता संरक्षण अधिनियम, 1989, 2019
CrPC	Criminal Procedure Code, 1973
सीआरपीसी	आपराधिक प्रक्रिया संहिता, 1973
DL	Driving License
डीएल	ड्राइविंग लाइसेंस
EPIC	Electors Photo Identity Card
ईपीआईसी	इलेक्टर्स फोटो पहचान पत्र
FIR	First Information Report
एफआईआर	प्रथम सूचना रिपोर्ट
FRA	Forest Right Act, 2006
एफआरए	वन अधिकार अधिनियम, 2006
INTUC	Indian National Trade Union Congress
इन्टक	इंडियन नेशनल ट्रेड यूनियन कांग्रेस
IPC	Indian Penal Code, 1860
आईपीसी	भारतीय दंड संहिता, 1860
MGNREGA	Mahatma Gandhi National Rural Employment Guarantee Act, 2005
मनरेगा	महात्मा गांधी राष्ट्रीय ग्रामीण रोजगार गारंटी अधिनियम, 2005
NHFDC	National Handicapped Finance and Development Corporation
एनएचएफडीसी	नेशनल हैंडीकेप्प्ड फाइनेंस एंड डेवलपमेंट कॉरपोरेशन
PAN	Permanent Account Number
पैन	स्थायी खाता संख्या

PDS	Public Distribution System
पीडीएस	जन वितरण प्रणाली
PESA	The Provisions of the Panchayats (Extension of the Scheduled Areas) Act, 1996
पेसा	पंचायतों के प्रावधान (अनुसूचित क्षेत्रों का विस्तार) अधिनियम, 1996,
POA	Prevention of Atrocities Act
पीओए	अत्याचार निवारण अधिनियम
RC	Registration Certificate
आरसी	पंजीकरण प्रमाणपत्र
RPD Act	Rights of Persons with Disabilities Act, 2016
आरपीडी एक्ट	दिव्यांगजन अधिकार अधिनियम, 2016
RSBY	National Health Insurance Policy
आरएसबीवाई	राष्ट्रीय स्वास्थ्य बीमा योजना
RTIA	Right to Information Act, 2005
आरटीआईए	सूचना का अधिकार अधिनियम, 2005
RTO	Road Transport Office
आरटीओ	सड़क परिवहन कार्यालय
SC/ST Act	Scheduled Castes/Scheduled Tribes (Prevention of Atrocities) Act 1989
एससी/एसटी एक्ट	अनुसूचित जाति और जनजाति अधिनियम (अत्याचार निवारण) अधिनियम, 1989
TRYSEM	Training of Rural Youths For Self Employment
ट्राईसेम	ट्रेनिंग ऑफ रूरल यूथ्स फॉर सेल्फ एम्प्लॉयमेंट
UIDAI	Unique Identification Authority of India
यूआईडीएआई	भारतीय विशिष्ट पहचान प्राधिकरण
UNCRPD	United Nations Convention on the Rights of Persons with Disabilities, 2006
यूएनसीआरपीडी	संयुक्त राष्ट्र विकलांगजन अधिकार अधिवेशन, 2006

पारिभाषिक शब्दावली (Definitional Glossary)

अदालत की अवमानना (Contempt of Court): न्यायालय की अवमानना अधिनियम, 1971 के तहत कोई भी कार्य, जो न्यायालय के अधिकार को कम करता है या न्याय के मार्ग में हस्तक्षेप करता है, उसे 'आपराधिक अवमानना' के रूप में परिभाषित किया जाता है। प्रत्येक अदालत के पास किसी न्यायालय की अवमानना करने वाले को दंडित करने की शक्ति है।

अपराध (Crime): किसी व्यक्ति के द्वारा किया गया अथवा न किया गया वह कार्य, जिसके कारण कानून का उल्लंघन होता है। दोषी पाए जाने पर व्यक्ति को मृत्युदंड दिया जा सकता है, जेल जाने की सजा दी जा सकती है, जुर्माना किया जा सकता है, नौकरी से निकाला जा सकता है, किसी सम्मानजनक पद अथवा लाभ के पद के लिए अयोग्य घोषित किया जा सकता है।

अपराधी (Criminal): कोई भी ऐसा व्यक्ति जिसे किसी अपराध अथवा कुकर्म के लिए सजा मिली हो।

अपराधी मन (Mens Rea): कोई कार्य तब तक अपराध नहीं माना जाएगा, जब तक कि वह कार्य किसी अपराध करने के आशय से प्रेरित होकर ना किया गया हो, अर्थात् जिसमें अपराध को अंजाम देते समय जानते-बूझते हुए (knowingly), आशय (intentionally), बेईमानी (dishonestly), कपटपूर्ण ढंग (fraudently) आदि जैसे विचार शामिल हों।

अपील (Appeal): जब कोई ऐसा व्यक्ति जो आंशिक रूप से ही मुकदमा हार जाता है, ऊपरी अदालत से निचली अदालत पर पुनर्विचार कर इसके औचित्य के बारे में उसकी राय मांगता है। अपील करवाने वाले व्यक्ति को अपैलैंट तथा जिसके विरुद्ध अपील की गई हो उसे अपैलेट कहा जाता है।

अपैलेट (Appellate): वह व्यक्ति जो किसी अदालत के निर्णय के विरुद्ध अपील करता है।

गिरफ्तारी (Arrest): किसी ऐसे व्यक्ति की कानूनी गिरफ्तारी जिस पर किसी अपराध को करने का आरोप हो।

गैर-जमानती अपराध (Non-Bailable Offenses): यदि किसी व्यक्ति को गैर-जमानती अपराध के तहत गिरफ्तार किया जाता है, तो वह अधिकार के रूप में जमानत देने का दावा नहीं कर सकता है। लेकिन कानून जमानत देने के पक्ष में विशेष विचार कर सकता है, यदि अभियुक्त सोलह वर्ष से कम है, एक महिला है, बीमार है या अदालत संतुष्ट है कि किसी अन्य विशेष कारण के लिए जमानत देना उचित है।

चार्ज (Charge): अपराध संबंधी कानून में, वह प्रत्येक अपराध जिसका आरोप प्रतिवादी पर लगाया गया हो।

जांच-पड़ताल (Investigation): जांच-पड़ताल में मजिस्ट्रेट द्वारा अधिकृत वे सभी कार्यवाहियां शामिल हैं, जो किसी पुलिस अधिकारी या किसी व्यक्ति द्वारा सबूतों के संग्रह के लिए की जाती हैं।

जमानत (Bail): किसी प्रतिवादी को हिरासत से छुड़ाने के लिए और अदालत में उसकी पेशी को यकीनी बनाने के लिए दी जाने वाली जमानत की राशि।

जमानती अपराध (Bailable Offenses): जमानती अपराध वह है जहां प्रतिवादी (आपराधिक मामले में खुद का बचाव कर रहा है) जमानत के भुगतान पर अपनी रिहाई को सुरक्षित कर सकता है।

प्राधिकरण/पंचाट (Tribunals): दो पक्षों के लिए अदालत में जाने के बजाय एक निजी विवाद समाधान प्रक्रिया के माध्यम से विवाद को सुलझाने के लिए एक विधि के रूप में कार्य करती है।

बार (Bar): वे सभी वकील जो कानून में प्रैक्टिस करने की शैक्षणिक योग्यता रखते हैं। उदाहरण के लिए, किसी राज्य की बार में उस राज्य में कानून में प्रैक्टिस करने की शैक्षणिक योग्यता रखने वाले सभी वकील शामिल होते हैं।

मुकदमा (Case): कोई कानूनी मुकदमा अथवा किसी आपराधिक अथवा दीवानी अदालत में दायर करवाई गई शिकायत।

नाईट कोर्ट (Night Court): वह विशेष अदालत जो देर शाम तक तथा सुबह-सवेरे मुकदमों की सुनवाई करती है।

नैसर्गिक न्याय (Natural Justice): नैसर्गिक न्याय को प्राकृतिक विधि, दैवी, न्याय, सार्वभौमिक न्याय आदि नामों से जाना जाता है। नैसर्गिक न्याय के सिद्धांत वे नियम हैं जो मनमानी प्रक्रिया के विरुद्ध न्यायालय द्वारा व्यक्तियों के अधिकारों के न्यूनतम संरक्षण के लिए प्रतिष्ठित किए गए हैं।

न्यायालय (Court): जज अथवा जजों का वह समूह, जिनका काम मुकदमों की सुनवाई कर लोगों को न्याय प्रदान करना है।

न्यायिक समीक्षा (Judicial Review): न्यायिक या प्रशासनिक रूप से पुनः जांच करने के लिए या सुधार के प्रयोजनों के लिए एक न्यायिक पुनर्विचार।

रिट एंड रिट याचिका (Writ and Writ Appeal): एक रिट एक दिशा-निर्देश है जो न्यायालय जारी करता है, जिसे प्राधिकरण/व्यक्ति द्वारा उसे जारी किया जाना है। रिट जारी करने की मांग करने वाली याचिका रिट याचिका है।

लोक अदालत (Lok Adalat): भारत में विकसित हुई वैकल्पिक विवाद समाधान की एक प्रणाली, मोटे तौर पर इसका मतलब है 'लोगों का दरबार'।

विशेष न्यायालय (Special Court): सरकार की न्यायिक शाखा के भीतर जो आमतौर पर कानून के केवल एक क्षेत्र को संबोधित करती हैं या विशेष रूप से परिभाषित शक्तियां हैं।

संविधान (Constitution): हमारे देश का केंद्रीय कानून जो अपनी शक्ति के सृजन, चरित्र और संगठन को स्थापित करता है और उस शक्ति का प्रयोग कैसे किया जाता है। नियम, सिद्धांत, सरकार की शक्ति का वर्णन, और मुख्य अधिकार जो किसी देश या राज्य के लोगों के पास हैं।

संहिता (Code): कानूनों द्वारा निर्मित नियम। उदाहरण के लिए क्रिमिनल प्रोसीजर कोड।

सजा (Sentence): मुकदमा की कार्यवाही पूरी होने के बाद अंततः अभियुक्त को सजा सुनाना होता है।

सिविल केस (Civil Case): संपत्ति को वापस प्राप्त करने के लिए, किसी को समझौते की शर्तें

पूरी करने पर मजबूर करने के लिए अथवा किसी के नागरिक अधिकारों की रक्षा करने के लिए किया गया मुकद्दमा।

सिविल प्रोसीजर (Civil Procedure): मुकदमे की कार्यवाही की तैयारी, कार्यवाही के संचालन संबंधी नियमों तथा अपील आदि की पैरवी के लिए निर्धारित प्रक्रिया संहिता, वे सभी नियम तथा प्रक्रिया जिनके अनुसार किसी दीवानी मुकदमे की कार्यवाही तथा अपील की जाती है।

हिरासत (Custody): जब कोई शारीरिक रूप से अदालत के नियंत्रण में हो ताकि यह सुनिश्चित किया जा सके कि वह व्यक्ति, जब आवश्यक हो, अदालत में उपस्थित हो सके, जब कोई जज किसी व्यक्ति को अपराध का दोषी पाए जाने के बाद जेल भेज देता है।

1 कानून का शासन और भारतीय न्यायिक व्यवस्था

(Rule of Law and Judicial System in India)

परिचय (Introduction)

कानून का शासन तथा भारतीय आपराधिक न्याय व्यवस्था पर विचार करने से पहले इस मुद्दे पर भी विचार-विमर्श करना आवश्यक है कि कानून के मूल स्रोत क्या रहे हैं। सामान्यतः कानून का अर्थ उन नियमों से लगाया जाता है जिनकी जनता द्वारा राज्य से मांग की जाती है तथा राज्य वैधता के आधार पर उसे स्वीकृति प्रदान करता है। वैदिक काल और पूर्व मौर्य काल में राजा स्मृतियों एवं विधियों के आधार पर अपने कर्त्तव्यों का पालन किया करते थे। मनुस्मृति, धर्मशास्त्र, वेद, वेदांग, पुराण आदि में कानून-विधि तथा न्यायाधीशों के कर्त्तव्यों की व्याख्या मिलती है। मौर्य काल में कौटिल्य के अर्थशास्त्र को 'न्याय का प्रतीक' के रूप में देखा गया। अशोक के स्तंभ में नीति को न्याय कहा गया है। मुगल काल में अकबर ने कुरान और शरीयत को न्याय का प्रमुख आधार माना।

ब्रिटिश काल में मद्रास, बंबई और कलकत्ता कोर्ट द्वारा ईस्ट इंडिया कंपनी में हुए विवादों को सुलझाने का प्रयास भी किया गया था। 1726 में एकल न्यायिक संस्थान इन जगहों पर स्थापित किए गए। 1772 में वारेन हेस्टिंग्स के प्रयासों से अदालत व्यवस्था की स्थापना की गई। दीवानी और फौजदारी अदालत के रूप में 1774 में कलकत्ता में एक सर्वोच्च न्यायालय की स्थापना की गई थी। 1859 में नागरिक प्रक्रिया संहिता (सिविल प्रोसीजर कोड) और 1861 में आपराधिक दंड प्रक्रिया संहिता (क्रिमिनल प्रोसीजर कोड) पास किया गया। ब्रिटिश भारत में डायसी द्वारा बताए गए कानून के सिद्धांत की अवधारणा को बहुत ही सहजता से भारतीय संविधान में शामिल किया गया। संनिधान के आदर्श यानी स्वतंत्रता, समानता और न्याय संविधान की प्रस्तावना में निहित हैं।

डॉ. सीमा माथुर, असिस्टेंट प्रोफेसर, राजनीति विज्ञान विभाग, कालिंदी कॉलेज, दिल्ली विश्वविद्यालय।

नैसर्गिक न्याय (Natural Justice)

नैसर्गिक न्याय को प्राकृतिक विधि, दैवी, न्याय, सार्वभौमिक न्याय आदि नामों से जाना जाता है। नैसर्गिक न्याय के सिद्धांत वे नियम हैं जो मनमानी प्रक्रिया के विरुद्ध न्यायालय द्वारा व्यक्तियों के अधिकारों के न्यूनतम संरक्षण के लिए प्रतिष्ठित किए गए हैं। ये नियम मनमानेपन के विरुद्ध संरक्षण प्रदान करते हैं। नैसर्गिक न्याय सिद्धांत नैसर्गिक विधि पर आधारित है जो कि प्रत्येक व्यक्ति के हृदय की आवाज होती है। **मेनका गांधी बनाम भारत संघ, AIR 1978 SC 597** के मामले में सर्वोच्च न्यायालय ने अभिर्निधारित किया कि नैसर्गिक न्याय मानवतावादी सिद्धांत है जिनका अभिप्राय विधि में निष्पक्षता प्रदान करना है। नैसर्गिक न्याय के दो नियम हैं–

(i) **पक्षपात के विरुद्ध नियम** – स्वयं अपने मामले में कोई भी व्यक्ति निर्णायक नहीं हो सकता है।

(ii) **दूसरे पक्ष को भी सुनो** – सुने जाने का अधिकार अर्थात् किसी को भी बिना सुने दोषी नहीं ठहराया जा सकता है।

भारत में नैसर्गिक न्याय का विकास कानून के शासन (Rule of Law) के साथ हुआ है, जो पूर्ण रूप से अब न्यायिक प्रक्रिया के अंग बन चुके हैं।

कानून का शासन (Rule of Law)

वुडरो विल्सन के अनुसार, ''कानून प्रचलित विचार और व्यवहार का वह अंश है जिसे एक समान नियमों के रूप में स्पष्ट और औपचारिक मान्यता दी गई हो, और इन नियमों को शासन, सत्ता और शक्ति का समर्थन प्राप्त हो।'' कानून के शासन की अवधारणा लोकतंत्र के मूलभूत मूल्यों अर्थात् स्वतंत्रता, समानता और न्याय को मजबूत करने वाली है। उपेंद्र बक्शी के अनुसार, कानून का शासन निम्नलिखित अवधारणाओं की ओर इंगित करता है:–

- राज्य की शक्ति का केंद्रीकरण नहीं होना चाहिए अर्थात् कानून बनाने, लागू करने और न्याय देने की शक्ति किसी भी सार्वजनिक सत्ता में निहित नहीं होनी चाहिए।
- कानून आम जनता की पहुंच में होना चाहिए।
- विधि के शासन को आपात् काल क्षति पहुंचाता है।
- मूलभूत स्वतंत्रताओं तथा मानव अधिकारों पर आधारित सीमाएं शासन पर भी लागू होनी चाहिए।

इस प्रकार कानून के शासन की अवधारणा व्यक्तियों तथा उनके अधिकारों के महत्त्व को स्थापित करती हैं। डायसी के अनुसार, ''सरकार कानून के सिद्धांतों पर आधारित होनी चाहिए, मनुष्य की नहीं।'' कानून के शासन की अवधारणा के तीन आधार स्तंभ हैं–

1. कानून की सर्वोच्चता (Supremacy of Law)

हमेशा से कानून के शासन की यह समझ रही है कि कानून उन सभी लोगों पर लागू होता

है जिनमें कानून का संचालन करने वाले व्यक्ति भी शामिल हैं। कानून बनाने वालों को ऐसे नियम बनाने की जरूरत है जो कानून के तहत उचित हों और प्रशासन करने के लिए अपनी शक्तियों का भी उचित उपयोग कर सकें।

2. कानून के समक्ष समानता (Equality before Law)

कानून के समक्ष समानता का सिद्धांत यह सुनिश्चित करता है कि कानून का संचालन और कार्यान्वयन उचित तरीके से हो अर्थात् कानून लिंग, जाति, धर्म आदि के मामलों में लोगों के बीच कोई भेदभाव नहीं करेगा। कानून की यह अवधारणा भारतीय संविधान की प्रस्तावना, अनुच्छेद 14 और मानव अधिकारों की सार्वभौमिक घोषणा के अनुच्छेद 7 में मौजूद है।

3. विधिक आत्मा की प्रधानता (Predominance of Legal Spirit)

डायसी का मानना था कि कानून के शासन के लिए देश के संविधान में या इसके अन्य कानूनों में केवल उपरोक्त दो सिद्धांतों का ही होना पर्याप्त नहीं है, बल्कि लागू कराने का अधिकार भी होना चाहिए, जो केवल अदालतों में पाया जा सकता है। न्यायालय नियम कानून के प्रवर्तक हैं और उन्हें निष्पक्ष और सभी बाहरी प्रभावों से मुक्त होना चाहिए। इस प्रकार, न्यायपालिका की स्वतंत्रता कानून के नियम का एक अनिवार्य स्तंभ बन जाती है।

आधुनिक समय में कानून के नियम को एक प्रणाली के रूप में देखा जाना चाहिए जो आधिकारिक मनमानी के खिलाफ सुरक्षा प्रदान करता है, अराजकता को रोकता है और लोगों को अपने कार्यों के योजनाबद्ध और कानूनी परिणामों की अनुमति देता है।

कानून का शासन और भारतीय संविधान
(Rule of Law and Indian Constitution)

भारत के संविधान को देश का सर्वोच्च कानून बनाया गया है और अन्य कानूनों का इसके अनुरूप होना आवश्यक है। कोई भी कानून जो संविधान के किसी भी प्रावधान का उल्लंघन करता हुआ पाया जाता है, विशेष रूप से, मौलिक अधिकारों का, उसे शून्य घोषित किया जा सकता है। भारतीय संविधान में डायसी द्वारा प्रतिपादित 'कानून का शासन' सिद्धांत को भी समाहित किया गया है। जीवन और व्यक्तिगत स्वतंत्रता के लिए बहुत बुनियादी मानव अधिकार भी अनुच्छेद 21 के तहत निहित किए गए हैं। भारतीय संविधान का अनुच्छेद 19 (1) (ए) कानून का शासन के तीसरे सिद्धांत (अभिव्यक्ति और अभिव्यक्ति की स्वतंत्रता) की गारंटी देता है। किसी भी व्यक्ति को कानून के उल्लंघन के अलावा किसी भी अपराध के लिए दोषी नहीं ठहराया जा सकता है, जो कि अपराध के रूप में लागू अधिनियम के समय में भारतीय संविधान में मान्यता प्राप्त है। दोहरी सजा (Double Jeopardy) और आत्म-दोष (Self-incrimination) के सिद्धांतों को भी संविधान में अपना उचित स्थान मिला है। अनुच्छेद 14, 19 और 21 भी इतने बुनियादी हैं कि उन्हें भारतीय संविधान का 'स्वर्णिम त्रिकोण अनुच्छेद' भी कहा जाता है।

संविधान एक स्वतंत्र और निष्पक्ष न्यायपालिका को सुनिश्चित करता है जिसके द्वारा अनुच्छेद 32 और 226 के तहत मौलिक अधिकारों के उल्लंघन संबंधी विवादों और शिकायतों का निपटारा किया जाता है। माननीय सर्वोच्च न्यायालय के न्यायमूर्ति आर. एस. पाठक ने कहा है कि "यह याद रखा जाना चाहिए कि हमारी पूरी संवैधानिक प्रणाली की स्थापना 'कानून के शासन' के अंतर्गत की गई है, इसलिए किसी भी ऐसे कानून की कल्पना करना असंभव है जो चरित्र में मनमाना (arbitrary) है।"

भारतीय आपराधिक न्याय व्यवस्था
(Indian Criminal Justice System)

दुनिया के प्रत्येक देश की अपनी एक कानूनी व्यवस्था होती है जिससे उस देश के निवासी किसी भी तरह का अपराध करने से डरते हैं अर्थात् आपराधिक न्याय व्यवस्था सरकार द्वारा इस्तेमाल की जाने वाली ऐसी व्यवस्था है जो सामाजिक नियमों को बनाए रखने, अपराध को नियंत्रित करने और आपराधिक दंड के साथ कानूनों का उल्लंघन करने वालों को निर्देशित/दंडित करती है। सभी कानूनों में सर्वोच्च भारत के संविधान के मार्गदर्शन में आपराधिक न्याय व्यवस्था कानूनों का प्रवर्तन करती है। इस व्यवस्था को 'कानून प्रवर्तन मशीनरी' (Law Enforcing Machinery) कहा जाता है। इसमें न्यायाधीश, अधिवक्ता, पैरा-लीगल के साथ-साथ विभिन्न जांच एजेंसियां जैसे कि पुलिस, केंद्रीय जांच ब्यूरो, राज्यों के आपराधिक जांच विभाग और कई अन्य निवारक (Preventive) और प्रवर्तन (Enforcement) एजेंसियां शामिल हैं। आमतौर पर, जब कोई अपराध होता है, तो उस क्षेत्राधिकार का पुलिस विभाग जिसमें अपराध हुआ है, अपराधी को कानून के ध्यान में लाने के लिए जिम्मेदार होता है। लेकिन बहुत ही जटिल प्रकृति के अपराधों और जो बड़े जनहित से जुड़े होते हैं, ऐसे मामलों में, विशेष जांच एजेंसियों की जरूरत पड़ती है। इन विशेष जांच एजेंसियों को भारतीय दंड संहिता 1860 (आईपीसी), साक्ष्य अधिनियम (Evidence Act) और आपराधिक प्रक्रिया अधिनियम, 1973 (सीआरपीसी) के एक विशेष कानूनी ढांचे में रहकर काम करना पड़ता है।

वर्तमान आपराधिक न्याय प्रणाली देश के शासकों की ओर से समय-समय पर आपराधिक मामलों को नियंत्रित करने वाले निरंतर प्रयासों का परिणाम है। ब्रिटिश काल के दौरान विकसित पुलिस, मजिस्ट्रेट, न्यायपालिका और जेल जैसे संस्थान बिना किसी विशेष बदलाव के अभी भी जारी हैं। आपराधिक न्याय प्रणाली का मुख्य उद्देश्य सामाजिक सद्भाव बनाए रखना और पुलिस, बार (वकील), न्यायपालिका और आपराधिक सेवाओं से जुड़े अधिकारियों की मदद से कानून व्यवस्था को बनाए रखना है।

आपराधिक न्याय प्रणाली के घटक
(Components of Criminal Justice System)

आपराधिक न्याय प्रणाली में कई घटक होते हैं जैसे कि पुलिस, अदालत, सुधार आदि। आपराधिक न्याय प्रणाली को बनाए रखने की कोशिश में सभी एक साथ काम करते हैं।

न्यायाधीश, पुलिस, वकील या सामाजिक सेवा अधिकारी अपने काम करने के तरीके से लोगों की व्यवस्था के खिलाफ तमाम नकारात्मक धारणाओं को बदल सकते हैं। आपराधिक न्याय प्रणाली में चार घटक महत्त्वपूर्ण होते हैं जो समाज में फैले विभिन्न अपराधों से निपटते हैं, जो इस प्रकार हैं–

शिकायत (अभियोग)(Prosecution): सरकार समाज में व्यवहार के विभिन्न मापदंडों (Parameters) को तय करती है और समाज की धारणा और जरूरतों के अनुसार अपराध को परिभाषित करती है जैसे कि सत्यापन (Verification), जांच (Investigation), अपराध (Crime), सजा (Punishment) निर्धारित करने की प्रक्रिया। इस पूरी प्रक्रिया में अदालती कार्यवाही के दौरान अपराधी के भी अधिकार होते हैं जैसे कि कानूनी प्रतिनिधित्व का अधिकार (Legal representation), एक त्वरित परीक्षण का अधिकार (Right to a speedy trial), कार्यवाही के संबंध में सूचित किए जाने का अधिकार (Right to be informed regarding the proceedings) और सुनवाई का अधिकार (Right to be heard)। हैं ।

पुलिस (कानून लागू करने वाले) (The Law Enforcers) : आपराधिक न्याय प्रणाली में कानून लागू कराने वाली पुलिस होती है जो संदिग्ध या गलत काम (Suspected wrong doing) की जांच करती है और गिरफ्तारी करती है। सभी समाजों में अपने कानूनों को लागू करने के लिए एक पुलिस सेवा है जो प्राथमिक कानून प्रवर्तन एजेंसी (Law enforcement agency) है। पुलिस के निम्नलिखित कार्य हैं–

- समाज में शांति बनाए रखना
- अपराध की घटनाओं को रोकना
- अपराध के निर्धारण के दौरान सबूत एकत्र करना और प्रस्तुत करना
- न्याय प्रशासन में सहायता करना।

कानून प्रवर्तन अधिकारी अर्थात् पुलिस कानूनी कर्तव्यों के लिए जिम्मेदार हैं जैसे– अपने अधिकार क्षेत्र में होने वाले अपराधों की जानकारी प्राप्त करना और दस्तावेजीकरण करना, रिपोर्ट किए गए अपराध की जांच करना, अपराध के साक्ष्य एकत्र करना और कथित अपराधी को गिरफ्तार करना और आवश्यकतानुसार अनुवर्ती जांच करना।

न्यायपालिका (अपराध का निर्धारण) (Adjudicators of Crime) : न्यायपालिका संविधान के रक्षक के रूप में कार्य करती है और यह सुनिश्चित करती है कि राज्य के सभी अंग समान हों। यह उस संस्थान के रूप में कार्य करती है जहां विवादों का निपटारा किया जाता है और न्याय दिलाया जाता है। इसका मुख्य कार्य यह पता लगाना है कि कानून का उल्लंघन वास्तव में हुआ है या नहीं। सबूतों के आधार पर अपराध का निर्धारण, सजा की मात्रा और सीमा का निर्धारण नागरिकों को सुधारने के उद्देश्य से काम करना है।

जेल (सुधारक प्रशासन) (Correctional Administration) : सुधारक प्रशासन न्यायपालिका द्वारा दी गई सजा को पूरा करता है। आरोपी के दोषी पाए जाने के बाद अपराधियों को अदालत प्रणाली से सुधारक अधिकारियों (Correction officials) के पास भेज दिया जाता है। सजा का दर्शन (Philosophy of punishment) सुधार है न कि प्रतिशोध। इसका

मुख्य उद्देश्य अपराधियों को सामान्य आबादी से दूर रखना और आगे के अपराधों पर रोक लगाना है। वास्तव में, जेल की सजा का लक्ष्य अपराधियों को पुनर्वासित (Rehabilitate) करने का मौका देना है। आपराधिक न्याय प्रणाली ने मनमानी (Arbitrariness) को रोकने के लिए 'ड्यू प्रोसेस' (Due Process) की अवधारणा को अपनाया है। इस प्रक्रिया के तहत, सभी को निर्दोष माना जाता है जब तक कि उसके खिलाफ अपराध उचित संदेह से परे साबित न हो जाए। कानून की नजर में पहले सभी समान हैं इसलिए आरोपी को उसकी बेगुनाही साबित करने के लिए निष्पक्ष और उचित अवसर दिया जाता है।

इस प्रकार, आपराधिक न्याय प्रणाली से तात्पर्य उन संरचना, कार्यों और एजेंसियों की निर्णय-प्रक्रियाओं से है, जो अपराध की रोकथाम (Prevention), जांच (Investigation), अभियोजन (Procecution), सजा (Punishment) और सुधार (Correction) से संबंधित हैं। यह प्रणाली कार्यों को करने वालों का परस्पर संबंधित और एक-दूसरे पर निर्भर 'संपूर्ण जटिल समूह' (Complete complex whole) है क्योंकि एक एजेंसी अन्य सभी को प्रभावित करती है।

आपराधिक कानून का उद्देश्य व्यक्तियों के अधिकारों की रक्षा करना और हिंसक के खिलाफ कमजोर की हिफाजत करना है, क्योंकि सरकार का प्राथमिक कार्य जीवन और संपत्ति जैसे मूल अधिकारों की रक्षा करना है जिनके बिना कोई स्वतंत्रता संभव नहीं है। जेम्स मेडिसन के अनुसार, "यदि व्यक्ति दूत (Angels) होते, तो किसी भी सरकार की आवश्यकता ही नहीं होती।"[1] इसलिए राज्य मूल अधिकारों की सुरक्षा के लिए कुछ निश्चित नियम तय करता है और उनका पालन कराने के लिए आपराधिक न्याय प्रशासन मशीनरी की स्थापना करता है। दंड कानून (Penal law) के बारे में व्यक्ति के जो भी विचार हों, परंतु व्यक्ति और समाज के लिए इसकी आवश्यकता पर कोई भी सवाल खड़े नहीं कर सकता है।

यही वह कानून है जिस पर व्यक्ति का किसी भी प्रकार के मानव आचरण के खिलाफ, जो व्यक्तियों और संस्थानों को प्रभावित कर सकते हैं, अंतिम विश्वास और निर्भरता है। इस प्रकार, एक लोकतांत्रिक देश में संविधान लोगों को कुछ बुनियादी अधिकारों और स्वतंत्रता की गारंटी देता है, जबकि आपराधिक न्याय प्रशासन कानून की रक्षा और अपराधियों को दंडित करने के लिए उनकी रक्षा करता है। यदि संविधान आपराधिक न्याय प्रणाली एक रथ है और इसके चार घटक यानी पुलिस, कानून, सुधारक सेवाएं और न्यायपालिका इसके घोड़े हैं तो संविधान इसका चालक है। भारत में न्यायपूर्ण समाज की स्थापना के अपने लक्ष्य की ओर संविधान को आगे बढ़ाने के लिए इन चारों एजेंसियों में सामंजस्य होना आवश्यक है।

भारतीय न्यायिक व्यवस्था (Judicial System in India)

स्वतंत्र और सभ्य राज्य की प्रथम पहचान स्वतंत्र और निष्पक्ष न्यायपालिका होती है। कोई भी समाज बिना विधानमंडल के रह सकता है, लेकिन ऐसे किसी सभ्य राज्य की परिकल्पना

नहीं की जा सकती जिनमें न्यायपालिका की कोई व्यवस्था न हो। भारत में संघात्मक शासन प्रणाली की व्यवस्था की गई है जिसके कारण शासन की शक्तियों का बंटवारा केंद्र तथा राज्यों के बीच किया गया है। शक्तियों के बंटवारे के कारण केंद्र तथा राज्यों में परस्पर झगड़े उत्पन्न होने का डर सदा ही बना रहता है। केंद्र तथा राज्यों के आपसी झगड़ों को निपटाने के लिए एक निष्पक्ष और स्वतंत्र न्यायपालिका की व्यवस्था की गई है। संविधान की रक्षा और मौलिक अधिकारों की रक्षा का दायित्व सर्वोच्च न्यायालय को ही प्राप्त है। भारतीय संविधान निर्माताओं ने निष्पक्ष और स्वतंत्र न्यायपालिका के महत्त्व को समझते हुए भारतीय सर्वोच्च न्यायालय की व्यवस्था की। सर्वोच्च न्यायालय एक संघीय न्यायालय है क्योंकि राज्यों के उच्च न्यायालय सर्वोच्च न्यायालय के अधीन हैं और उसकी देखरेख में ही काम करते हैं। इस प्रकार भारत में एकीकृत न्यायपालिका की स्थापना की गई है।

सर्वोच्च न्यायालय (Supreme Court)

भारत की न्याय व्यवस्था के शिखर पर सर्वोच्च न्यायालय है और यह भी सत्य है कि अपनी प्रकृति और विस्तार में हमारे सर्वोच्च न्यायालय का अधिकार क्षेत्र और शक्तियां किसी भी अन्य देश के सर्वोच्च न्यायालय के अधिकार क्षेत्र और शक्तियों से बढ़कर हैं। भारतीय सर्वोच्च न्यायालय, एक ही समय में एक संघीय न्यायालय, एक अपीलीय न्यायालय तथा संविधान का रक्षक है। संविधान के अपने अधिकार क्षेत्र का प्रयोग करते समय सर्वोच्च न्यायालय द्वारा घोषित विधि भारत के सीमा क्षेत्र में स्थित सभी न्यायालयों पर बाध्य होती है।

भारतीय संविधान के अनुच्छेद 124 से लेकर अनुच्छेद 147 तक में भारतीय न्याय व्यवस्था का उल्लेख किया गया है।

सर्वोच्च न्यायालय की स्थापना (Establishment of Supreme Court)

अनुच्छेद 124(1) के अतर्गत 26 जनवरी 1950 को दिल्ली में सर्वोच्च न्यायालय की स्थापना की गई। संघ एवं राज्यों के बीच शक्तियों का विभाजन लिखित संविधान द्वारा किया गया है। विभिन्न सरकारें एक-दूसरे के कार्य क्षेत्र में हस्तक्षेप न करें, इसलिए संविधान के उपबंधों की व्याख्या का कार्य स्वतंत्र एवं निष्पक्ष संस्था 'सर्वोच्च न्यायालय' को सौंपा गया है। सर्वोच्च न्यायालय में कुल 31न्यायाधीश होते हैं, जिनमें मुख्य न्यायाधीश की नियुक्ति राष्ट्रपति द्वारा तथा 30 अन्य न्यायाधीशों की नियुक्ति मुख्य न्यायाधीश द्वारा राष्ट्रपति की सलाह से की जाती है और 65 वर्ष की आयु तक अपने पद पर बने रहते हैं, जब तक कि वह अपना त्यागपत्र न दे, सिद्ध कदाचार या असमर्थता के कारण पद से हटाया न गया हो। किसी संवैधानिक विषय पर निर्णय देने के लिए कम-से-कम 5 न्यायाधीश होने चाहिए।

सर्वोच्च न्यायालय का अधिकार क्षेत्र (Jurisdiction of Supreme Court)

प्रारंभिक क्षेत्राधिकार (Original Jurisdiction) : संघ या राज्य या एक से अधिक राज्यों के बीच झगड़ा/विवाद।

- संघ या राज्य तथा दूसरी ओर एक या अधिक राज्य या दो या दो से अधिक राज्यों के बीच उत्पन्न विवाद।
- ऐसे मामले जिनमें तथ्य या विधि का प्रश्न हो और मूल अधिकारों को लागू करने का प्रारंभिक अधिकार।
- रिट जारी करने की शक्ति - बंदी प्रत्यक्षीकरण, परमादेश, प्रतिषेध, अधिकार पृच्छा, उत्प्रेषण।

अपीलीय क्षेत्राधिकार (Appellete Jurisdiction)

1. *संवैधानिक मामले* – यदि उच्च न्यायालय प्रमाण पत्र दे दे कि मामले में संविधान की व्याख्या संबंधी कोई विधि या प्रश्न निहित हो।
2. *दीवानी मामले* – उच्च न्यायालय के निर्णयों के खिलाफ सर्वोच्च न्यायालय में अपील यदि उच्च न्यायालय यह प्रमाण पत्र दे कि मामले में सार्वजनिक महत्त्व का या 'सारवान विधि' का प्रश्न निहित है।
3. *फौजदारी मामले*

(i) उच्च न्यायालय के प्रमाण पत्र के बिना – उच्च न्यायालय के आदेश या निर्णय या दंडादेश के विरुद्ध सर्वोच्च न्यायालय में अपील की जा सकती है–

- यदि उच्च न्यायालय ने अधीनस्थ न्यायालय द्वारा किसी अभियुक्त की रिहाई का आदेश उलट दिया हो और मृत्युदंड दे दिया हो।
- यदि उच्च न्यायालय ने अधीनस्थ न्यायालय से अपील मंगाकर निरीक्षण करके अभियुक्त को फांसी का दंड दिया हो। लेकिन जिन मामलों/अपीलों में किसी अपराध की दोषसिद्ध को उलटकर उसकी रिहाई का आदेश दिया है उनमें सर्वोच्च न्यायालय में अपील नहीं की जा सकती।

(ii) उच्च न्यायालय के प्रमाण पत्र द्वारा– यदि उच्च न्यायालय ने अधीनस्थ न्यायालय की रिपोर्ट को उलटकर अपराधी को आजीवन कारावास या 10 वर्ष से अधिक का कारावास दे दिया हो,

- यदि अपराधी को आजीवन कारावास या 10 वर्ष से कम का दंड दिया हो।

(iii) विशेष अनुमति से अपील– सर्वोच्च न्यायालय अपने विवेकानुसार दीवानी, फौजदारी, आयकर और उन मामलों में जो न्यायाधीश के सामने आते हैं जिनमें कानूनी कार्यवाही की अनदेखी और प्राकृतिक न्याय का हनन किया गया हो, ऐसे मामलों की सुनवाई कर सकता है।

सलाहकारी क्षेत्राधिकार (Advisory Jurisdiction) : संविधान के अनुच्छेद 143 के अंतर्गत राष्ट्रपति सर्वोच्च न्यायालय से सलाह मांग सकते हैं जब कभी उन्हें यह प्रतीत हो कि कोई प्रश्न विधि या तथ्य का है या सार्वजनिक महत्त्व का है। लेकिन सर्वोच्च न्यायालय अपना मत देने के लिए बाध्य नहीं होगा अर्थात् वह सलाह देगा या नहीं इसका निर्णय वह स्वयं करेगा। राष्ट्रपति भी सर्वोच्च न्यायालय की सलाह मानने के लिए बाध्य नहीं हैं।

अभिलेख न्यायालय (Court of Record) : सर्वोच्च न्यायालय के फैसले व आदेश अभिलेख के रूप में सुरक्षित रखे जाते हैं। उसके निर्णयों ने कानूनी रूप धारण कर लिया है। इसके फैसले सभी मामलों में देश के सभी न्यायालयों के लिए बाध्य हैं। यदि कोई अधीनस्थ न्यायालय या व्यक्ति सर्वोच्च न्यायालय के आदेशों और निर्णयों की अवहेलना करे तो वह अवमानना (Contempt of Court) के अभियोग में दंड देने का अधिकार रखता है।

समादेश या रिट क्षेत्राधिकार (Writ Jurisdiction) : सर्वोच्च न्यायालय को संविधान का संरक्षक माना गया है जिसे संविधान की व्याख्या करने का अधिकार भी प्राप्त है। संविधान में नागरिकों को जो मौलिक अधिकार दिए गए हैं यदि कोई व्यक्ति अथवा कार्यपालिका किसी भी नागरिक के अधिकारों का हनन करती है तो वह सर्वोच्च न्यायालय की शरण ले सकता है। समादेश या याचिका (Writ) से एक विशेष प्रकार के लिखित आदेश का बोध होता है जो उच्च अधिकृत अधिकारियों द्वारा किन्हीं व्यक्तियों के आवेदन पर उनके अधिकारों की सुरक्षा के लिए किसी अधीनस्थ व्यक्ति या अधिकारी को दिया जाता है। सर्वोच्च न्यायालय मूल अधिकारों के प्रवर्तन और उनकी सुरक्षा के लिए संविधान के अनुच्छेद 32 के अंतर्गत समादेश लेखों की प्रकृति के आधार पर बंदी प्रत्यक्षीकरण (Habeas Corpus), परमादेश (Mandamus), प्रतिषेध (Prohibition), उत्प्रेक्षण (Certiorari) , और अधिकार पृच्छा (Quo-Warranto) नामक रिट जारी कर सकता है।

भारतीय संविधान का अनुच्छेद 32 सर्वोच्च न्यायालय को मौलिक अधिकारों को लागू करने की शक्ति प्रदान करता है अर्थात् किसी व्यक्ति के मौलिक अधिकारों के उल्लंघन होने पर सर्वोच्च न्यायालय को शक्ति प्राप्त है, जिसके अधीन वह याचिकाओं/रिटों को जारी कर सकता है। यदि कोई व्यक्ति यह शिकायत लेकर आता है कि उसका मौलिक अधिकार सरकार अथवा किसी अन्य व्यक्ति द्वारा भंग किया गया है तो ऐसी दशा में सर्वोच्च न्यायालय को उपर्युक्त में से किसी भी प्रकार की रिट जारी करने का अधिकार होता है। इस प्रकार के रिट जारी करने के लिए समुचित अवसर है या नहीं, इसका परीक्षण स्वयं न्यायालय करता है। यह कहा जाता है कि अनुच्छेद 32 (2) के अधीन शक्ति का बहुत महत्त्व है। यह शक्तियां प्रशासन द्वारा अथवा अन्य किसी व्यक्ति द्वारा शक्ति के दुरुपयोग का दमन करती है। इस प्रकार के रिट जारी करने की शक्ति किसी प्रतिबंध के अधीन नहीं होती है।

संविधान के संरक्षक के रूप में (Guardian of the Constitution) : सर्वोच्च न्यायालय बड़े विवेकपूर्ण ढंग से कार्य करता है पर गलतियां उससे भी हो सकती हैं। इसलिए उसे अपनी भूल सुधारने का मौका मिला है। अनुच्छेद 137 के अंतर्गत सर्वोच्च न्यायालय अपने पहले के निर्णयों व आदेशों को रद्द कर सकता है और कानून की नई व्याख्या कर सकता है। सर्वोच्च न्यायालय की शक्तियों को इस प्रकार परिभाषित किया गया है कि वह मूल अधिकारों और संविधान का अभिरक्षक बन गया है। संविधान का अनुच्छेद 131 सर्वोच्च न्यायालय को केंद्र एवं राज्य अथवा राज्यों के बीच परस्पर विवादों को तय करने में मूल और एकान्तिक अधिकार क्षेत्र प्रदान करता है। एक अपीलीय न्यायालय की हैसियत से सर्वोच्च न्यायालय संविधान के निर्वचन संबंधी किसी भी मामले पर विचार कर सकता है। यदि विधि के किसी

सारगर्भित प्रश्न से संबंधित कोई विशेष मामला संविधान के निर्वचन से जुड़ा है, तो सर्वोच्च न्यायालय में अपील की जा सकती है, बशर्ते संबंधित उच्च न्यायालय यह प्रमाणित कर दे कि मामले के साथ ऐसा प्रश्न जुड़ा हुआ है। यदि उच्च न्यायालय ऐसा प्रमाण पत्र देने से इनकार कर दे, तो भी सर्वोच्च न्यायालय ऐसे मामले को विचारार्थ स्वीकार कर सकता है, बशर्ते वह इस बात से संतुष्ट हो कि उस मामले में संविधान के निर्वचन के संबंध में विधि का कोई गंभीर प्रश्न सम्मिलित है।

सर्वोच्च न्यायालय और न्यायिक पुनर्विलोकन
(Supreme Court and Judicial Review)

कारविन के शब्दों में, न्यायिक पुनर्विलोकन का अर्थ न्यायालयों की उस शक्ति से है जिन्हें वे अवैध और व्यर्थ समझते हैं और जो उन्हें अपने न्यायक्षेत्र के अंतर्गत लागू होने वाली व्यवस्थापिका के कानूनों की वैधानिकता का निर्णय देने के संबंध में तथा कानूनों को लागू करने के संबंध में प्राप्त हैं। न्यायमूर्ति मार्शल ने सन् 1803 में **मार्वरी बनाम मेडीसन** के मामले में न्यायिक पुनर्विलोकन की व्याख्या करते हुए कहा कि न्यायिक पुनर्विलोकन न्यायालयों द्वारा अपने समक्ष पेश विधायी कानूनों, कार्यपालिका तथा प्रशासनिक कार्यों का वह निरीक्षण है जिसके द्वारा वह निर्णय करता है कि क्या यह कार्य एक लिखित संविधान द्वारा निषिद्ध किया गया है अथवा उन्होंने अपनी शक्तियों से बढ़कर कार्य किया है या नहीं? वस्तुतः यह निर्णय करना न्यायपालिका का कार्य है कि कानून संवैधानिक है या नहीं। सर्वोच्च न्यायालय के इसी अधिकार को न्यायिक पुनर्विलोकन का अधिकार कहा गया है। सर्वोच्च न्यायालय की स्थिति और शक्ति का मूल्यांकन न्यायिक पुनर्विलोकन की शक्ति के परिप्रेक्ष्य में आसानी से किया जा सकता है।

न्यायिक पुनर्विलोकन का सिद्धांत
(Principle of Judicial Review)

न्यायिक पुनर्विलोकन के सिद्धांत का इतिहास लगभग 196 वर्ष पुराना है। इस सिद्धांत का उद्भव सर्वप्रथम संयुक्त राज्य अमेरिका की शासन प्रणाली में दिखाई पड़ता है। कालांतर में भारत, जापान आदि देशों की शासन प्रणालियों में भी आंशिक रूप से इस सिद्धांत का प्रस्फुटन हुआ। भारत के संविधान ने स्पष्ट रूप से न्यायिक समीक्षा के सिद्धांत को स्वीकार किया है। न्यायिक पुनर्विलोकन से अभिप्राय है कि न्यायालय द्वारा कार्यपालिका और व्यवस्थापिका के कार्यों की वैधता की जांच करना अर्थात् न्यायालय द्वारा कानूनों तथा प्रशासनिक नीतियों की संवैधानिकता की जांच तथा ऐसे कानूनों एवं नीतियों को असंवैधानिक घोषित करना जो संविधान के किसी अनुच्छेद का अतिक्रमण करती है। संविधान की व्याख्या करने की शक्ति को 'न्यायिक समीक्षा' या 'न्यायिक पुनरीक्षण की शक्ति' के नाम से भी जाना जाता है। पुनरीक्षण–अर्थात् फिर से देखना–विधानमंडल द्वारा पारित कानून और कार्यकारिणी यदि संविधान के अनुकूल नहीं हैं तो उन्हें शून्य (null and void) घोषित कर सकता है।

भारतीय संविधान में न्यायिक पुनर्विलोकन के सिद्धांत का उल्लेख संविधान के उपबंधों में कहीं नहीं मिलता है। फिर भी न्यायिक निरीक्षण के सिद्धांत के आधारभूत तत्त्वों की मौजूदा स्थिति के कारण इस सिद्धांत का स्वत: विकास हुआ। साधारणतया न्यायिक पुनर्विलोकन की तीन अपरिहार्य शर्तें हैं–

पहला, लिखित तथा कठोर संविधान,

दूसरा, केंद्र एवं राज्यों के मध्य शक्ति विभाजन, तथा

तीसरा, मौलिक अधिकारों की व्यवस्था।

भारतीय संविधान इन सभी शर्तों को पूरा करता है, अत: स्पष्ट संवैधानिक उपबंधों के अभाव में भी न्यायिक पुनर्विलोकन के सिद्धांत का चयन हुआ और अनेक निर्णयों में सर्वोच्च न्यायालय ने इसका प्रयोग किया है और कार्यपालिका तथा संसद के उन कार्यों तथा विधियों को असंवैधानिक घोषित किया है जो संविधान के प्रावधानों के विरुद्ध थे। भारतीय संविधान के अनेक प्रावधानों में न्यायिक पुनर्विलोकन के अधिकार का सुदृढ़ आधार है, जिससे परोक्ष रूप से यह निष्कर्ष निकाला जा सकता है कि संविधान निर्माता सर्वोच्च न्यायालय को ऐसा अधिकार सौंपने के इच्छुक रहे हैं।

सर्वप्रथम, अनुच्छेद 13 में यह प्रावधान किया गया है कि यदि किसी कानून द्वारा राज्य मूल अधिकारों का उल्लंघन करता है तो उस कानून को अवैध घोषित किया जा सकता है। संविधान के अनुच्छेद 32 द्वारा अपने मूल अधिकारों का उल्लघंन होने पर कोई भी नागरिक संवैधानिक उपचार प्राप्त करने के लिए सर्वोच्च न्यायालय की शरण ले सकता है। इस प्रकार सर्वोच्च न्यायालय मौलिक अधिकारों के संरक्षण के लिए कार्यपालिका और संसद द्वारा निर्मित कानूनों का पुनर्विलोकन कर सकता है।

द्वितीय, संविधान के अनुच्छेद 246 के अंतर्गत संघ और राज्य की विधायी सीमा का उल्लेख किया गया है। सर्वोच्च न्यायालय किसी भी कानून को अवैध घोषित कर सकता है। इसका अभिप्राय यह है कि यदि संघ-सूची के विषयों पर कोई राज्य कानून बनाता है तो वह कार्य संविधान के प्रतिकूल होगा और सर्वोच्च न्यायालय इसे अवैधानिक घोषित करेगा। संविधान के अनुच्छेद 254 में यह प्रावधान किया गया है समवर्ती सूची के किसी विषय पर यदि किसी राज्य विधान सभा द्वारा निर्मित कानून संसद द्वारा निर्मित किसी कानून के संघर्ष में है, तो राज्य का कानून अवैध माना जाएगा।

तृतीय, संविधान के अनुच्छेद 368 के अनुसार, संविधान में संशोधन का अधिकार एक मात्र केंद्रीय संसद को ही प्रदान नहीं किया गया है, अपितु उसमें राज्य विधान सभाओं की भी निश्चित भूमिका का उल्लेख किया गया है। यदि कोई संशोधन विधान की प्रक्रिया के अनुसार नहीं होता तो न्यायालय उसे अवैध घोषित कर सकता है।

चतुर्थ, संविधान के अनुच्छेद 132 के अनुसार, ऐसे मामलों में जहां संविधान की व्याख्या का प्रश्न निहित है, सर्वोच्च न्यायालय में अपील की जा सकती है। अत: यह स्पष्ट है कि सर्वोच्च न्यायालय को संवैधानिक मामलों पर निर्णय देने का अंतिम अधिकार है।

इस प्रकार, भारत के संविधान निर्माताओं ने सर्वोच्च न्यायालय को एक स्वतंत्र और प्रभावी न्यायपालिका का निर्माण करने की दिशा में पूरे प्रयास किए हैं। आस्टिन के शब्दों में, "न्यायपालिका को सामाजिक क्रांति का एक ऐसा अंग समझा गया, जिसने उस समानता को बनाए रखा, जिसकी भारतीयों ने उपनिवेशवाद के दिनों में लालसा की थी और उसकी पूर्ति केवल इसीलिए नहीं हो पाई थी कि शासन का रूप उपनिवेशी और दमनकारी था। अंग्रेजों को यह भय था कि सामाजिक परिवर्तन से उनके शासन को खतरा हो जाएगा।"

उच्च न्यायालय (High Court)

संविधान के अनुच्छेद 214 से 232 तक उच्च न्यायालय की स्थापना, गठन, अधिकारिता इत्यादि के बारे में उल्लेख किया गया है। 8 उच्च न्यायालयों का अधिकार-क्षेत्र एक से अधिक राज्यों या केंद्रशासित प्रदेशों में है–गुवाहाटी, चंडीगढ़, मुंबई, हैदराबाद, कलकत्ता, केरल, मद्रास और जम्मू-कश्मीर हैं।

1. **प्रारंभिक अधिकार** (Original Jurisdiction) : उच्च न्यायालय मौलिक अधिकारों का रक्षक है। यदि वह देखे कि कोई राज्य सरकार अथवा उसका कोई कर्मचारी मौलिक अधिकारों पर कुठाराघात कर रहा है तो सर्वोच्च न्यायालय की भांति कई प्रकार के रिट जारी कर सकता है–

- *बंदी प्रत्यक्षीकरण* (Habeas Corpus) – बंदी को न्यायालय के सामने उपस्थित करो। इसके अनुसार, न्यायालय किसी भी गिरफ्तार किए गए व्यक्ति को अपने सम्मुख प्रस्तुत करवा कर विचार करता है कि उसका बंदीकरण वैध है अथवा नहीं।
- *परमादेश* (Mandamus) – आदेश देते हैं। किसी कर्मचारी को कर्तव्य-पालन के लिए बाध्य किया जा सकता है, जिन्हें वे किसी कारणवश न कर रहे हों जिससे किसी के मौलिक अधिकारों का हनन हो रहा हो।
- *प्रतिषेध* (Prohibition) – किसी अधिकारी को ऐसे कार्य करने से रोका जा सकता है जिससे मौलिक अधिकारों का हनन हो रहा है।
- *उत्प्रेक्षण* (Certiorari) – अधीनस्थ न्यायालयों को उनके कार्यक्षेत्र से बाहर जाकर कार्य करने पर न्यायालय द्वारा कार्यवाही करने से रोकना। अपने अधीनस्थ न्यायालयों को आदेश देती है जब वे ऐसे कार्य अपने हाथ में ले लेते हैं जो उनके अधिकार क्षेत्र में नहीं हैं। इस रिट का प्रयोग अधीनस्थ न्यायालयों या निकायों को उनकी कार्य की वैधानिकता जांचने के लिए किया जाता है।
- *अधिकार पृच्छा* (Quo Warranto) – 'आपका क्या अधिकार है' उस व्यक्ति के खिलाफ जो सार्वजनिक पद का कार्य करने का दावा करता है या छीन लिया जाता है। नियुक्त अथवा निर्वाचित अधिकारी को अपना पद संभालने से रोका जा सकता है।

इन रिटों का यह लाभ है कि सरकार नागरिकों के मौलिक अधिकारों को हस्तगत नहीं कर सकती।

वसीयत, विवाह विधि, कंपनी कानून, विवाह-विच्छेद आदि के मुकदमें भी सीधे उच्च न्यायालयों के पास जा सकते हैं। राजस्व संबंधी सभी मामले प्रत्यक्ष रूप से सुनने का अधिकर उच्च न्यायालय को है।

2. **अपीलीय क्षेत्राधिकार** (Appellate Jurisdiction) : सभी उच्च न्यायालय अपने अधीन न्यायालयों के फैसलों के विरुद्ध अपील सुन सकते हैं।

- जब एक अपराधी को सेशन न्यायाधीश ने 4 वर्ष के लिए कारावास का दंड दिया हो।
- यदि सेशन न्यायालय ने अपराधी को मृत्युदंड दिया हो।
- पेटेंट, आयकर, ट्रेडमार्क, कॉपीराइट, भूमि प्राप्ति, संरक्षता, आदि मामलों में उच्च न्यायालयों में अपील की जा सकती है।
- कोई भी ऐसा प्रश्न जिसमें संविधान की व्याख्या का प्रश्न निहित हो।

3. **पर्यवेक्षी अधिकार क्षेत्र** (Supervisory Jurisdiction) : उच्च न्यायालय का अधिकार है कि वह देखे कि कोई अधीनस्थ न्यायालय अपनी शक्ति का उल्लंघन तो नहीं कर रहा है तथा अपने कर्तव्यों का पालन निश्चित विधि के अनुसार करे। उच्च न्यायालय अभियोगों को अपने पास अथवा दूसरे न्यायालयों में विचार अथवा निर्णय के लिए मंगा/भेज सकता है। उच्च न्यायालय का अधीनस्थ न्यायालय के कर्मचारियों पर नियंत्रण रखने का अधिकार है। उनकी सेलरी, पेंशन, छुट्टी आदि के संबंध में राज्यपाल की स्वीकृति से तय करने का अधिकार उच्च न्यायालय को है।

उच्च न्यायालयों तथा सर्वोच्च न्यायालय के अधिकारों का तुलनात्मक अध्ययन करने पर हम इस निष्कर्ष पर पहुंचते हैं कि निश्चय ही उच्च न्यायालयों को सर्वोच्च न्यायालय से अधिक शक्तियां प्राप्त हैं। जहां तक संवैधानिक उपबंधों का प्रश्न है यदि किसी व्यक्ति की यान्तिका अनुच्छेद 226 के अधीन किसी उच्च न्यायालय द्वारा खारिज कर दी जाए तो वह पुनः अनुच्छेद 32 के अधीन वह याचिका सर्वोच्च न्यायालय के समक्ष प्रस्तुत कर सकता है। उसे इस प्रकार याचिका दायर करने में कोई मनाही नहीं है। यदि लोगों की याचिका जो अनुच्छेद 226 के अधीन खारिज कर दी गई हो, सर्वोच्च न्यायालय में प्रस्तुत करने के तरीके को हतोत्सहित किया जाता है, फिर भी वैध रूप से इसके लिए मना भी नहीं किया जा सकता है। इस प्रकार अनुच्छेद 226 के अधीन उच्च न्यायालयों को अनुच्छेद 32 के अधीन सर्वोच्च न्यायालय की अपेक्षा ज्यादा अधिकार प्राप्त है।

अनुच्छेद 32 के अधीन सर्वोच्च न्यायालय भाग तीन में वर्णित किसी अधिकार के लागू करने के निर्देश, आदेश अथवा रिट जारी कर सकता है जिसमें कि बंदी-प्रत्यक्षीकरण, परमादेश, प्रतिषेध, अधिकार पृच्छा तथा उत्प्रेक्षण याचिका भी सम्मिलित होते हैं। इन रिटों, आदेशों तथा निर्देशों को केवल मूल अधिकारों के लागू करने के लिए ही जारी नहीं कर सकता है, बल्कि किसी अन्य कार्यों के लिए भी कर सकता है, अर्थात् किसी वैध अधिकारों के लागू करने के लिए भी रिट, जारी करने का अधिकार भी उच्च न्यायालय को प्राप्त है। उदाहरण के लिए, यदि कोई कर (Tax) बिना किसी वैध अधिकार के लागू किया जाए तथा इस प्रकार के अवैध कर के लागू करने से किसी व्यक्ति के मूल अधिकारों का हनन हो तो

उपचार की रिट अनुच्छेद 32 तथा अनुच्छेद 226 के अधीन की जा सकती है। किंतु यदि इस प्रकार के अवैध कर के लागू होने से कोई मूल अधिकार अपहृत न हो रहा हो तो अनुच्छेद 32 के अधीन कोई उपचार नहीं मिल सकेगा। ऐसी दशा में उपचार केवल अनुच्छेद 226 के अधीन उच्च न्यायालय से ही प्राप्त हो सकेगा।

अधीनस्थ न्यायालय (Subordinate Court)

न्यायिक प्रशासन की दृष्टि से प्रत्येक राज्य कई जिलों में बंटा होता है और हर जिले में कई फौजदारी, दीवानी और राजस्व न्यायालय होते हैं।

फौजदारी न्यायालय (Criminal Court) : जिले की सर्वोच्च अदालत सत्र न्यायाधीश की अदालत (Session Court) होती है। उसके नीचे मुख्य न्यायिक मजिस्ट्रेट होते हैं। दस लाख से अधिक की आबादी वाले महानगरों में महानगरीय मजिस्ट्रेट हैं, जिन्हें काफी व्यापक अधिकार मिले होते हैं, ताकि मुकदमों को जल्दी निबटाया जा सके। 1973 की दंड प्रक्रिया संहिता ने पुरानी संहिता में कई क्रांतिकारी परिवर्तन किए। उदाहरण के लिए, मामले की जांच के दौरान जेल में रखे जाने की अवधि को उस मामले के अंतर्गत दी गई सजा की अवधि में शामिल किया जाएगा। सरासर झूठी गवाही देने के मामलों में तत्काल दंड देने के लिए अदालतों को प्रभावी शक्तियां प्रदान की गई हैं। फौजदारी अदालतें समाज पर प्रभाव डालने वाले मामलों से संबंधित होती हैं।

दीवानी न्यायालय (Civil Court) : दीवानी न्यायालय वे हैं जो जमीन, जायदाद और धन के लेन-देन से संबंधित मुकदमों की सुनवाई करते हैं। ये न्यायालय बच्चों और महिलाओं के संरक्षण, उनकी अभिभावकता, विवाह, विवाह-विच्छेद और वसीयतनामों के संबंध में भी फैसले देते हैं। दीवानी मामलों में जिला न्यायाधीश की अदालत जिले की सबसे बड़ी अदालत होती है। जिला न्यायाधीशों के नीचे और बहुत से दीवानी न्यायाधीश होते हैं जैसे-अधीनस्थ न्यायाधीश, उप-न्यायाधीश, मुंसिफ आदि। नीचे की अदालतों से अपीलें ऊपर की अदालतों में की जाती हैं। जिला न्यायाधीश के फैसलों के विरुद्ध अपील राज्य के उच्च न्यायालय में की जा सकती है।

जिला न्यायाधीश और अतिरिक्त जिला न्यायाधीश उच्च न्यायालय की सलाह से राज्यपाल द्वारा नियुक्त किए जाते हैं। इन पदों के लिए कम से कम 7 वर्ष तक वकील या किसी न्यायिक अधिकारी के रूप में काम करने का अनुभव होना चाहिए। जिला न्यायाधीशों के तबादले, उनकी छुटिटयां और सेवा शर्तों के विषय में सभी नियम उच्च न्यायालय बनाता है।

राजस्व न्यायालय (Revenue Court) : राज्य की आय का सबसे महत्त्वपूर्ण स्रोत 'राजस्व' या मालगुजारी होता है। राज्य का उच्च न्यायालय सभी मामलों में अपील सुनता है। उससे नीचे की राजस्व की सबसे बड़ी अदालत को 'बोर्ड ऑफ रेवेन्यू' कहते हैं। इसके अधीन और कई अदालतें होती हैं, जैसे कमिश्नर, कलक्टर, डिप्टी कलक्टर, तहसीलदार और नायब तहसीलदार की अदालतें।

न्यायालयों पर बढ़ता बोझ और वैकल्पिक न्याय व्यवस्था

(Increasing Burden on Courts and Alternative Judicial System)

न्याय व्यवस्था भारतीय लोकतंत्र का आधार स्तंभ है जो नागरिकों के अधिकारों की रक्षा के लिए निरंतर कार्यरत है, परंतु न्यायपालिका की धीमी रफ्तार, लंबी न्याय प्रक्रिया और खर्चीली व्यवस्था के कारण इसमें नागरिकों की आस्था कम होती जा रही है। यदि हम मुकदमों के संदर्भ में न्यायपालिका की स्थिति को देखें तो पाते हैं कि वर्तमान समय में सर्वोच्च न्यायालय और उच्च न्यायालय में लाखों मुकदमे लंबित पड़े हैं। 2018 में 1.33 लाख मामले निपटाए गए लेकिन लंबित मुकदमों की संख्या 3.04 करोड़ हो गई। अक्तूबर 2018 तक सर्वोच्च न्यायालय में 56 हजार से ज्यादा मामले लंबित थे, जबकि विभिन्न उच्च न्यायालयों में लंबित मुकदमों की संख्या 44 लाख से ज्यादा थी और निचली अदालतों में लंबित मामले ढाई गुना ज्यादा। इन्हीं समस्याओं के समाधान के लिए सरकार ने समय-समय पर अनेक प्रयास किए हैं और कई तरह की वैकल्पिक अदालतें गठित की हैं ताकि लोगों को समयानुकूल त्वरित न्याय मिल सके। इस तरह की वैकल्पिक अदालतों में से कुछ निम्नलिखित हैं-

न्यायाधिकरण (Tribunals)

न्यायाधिकरण एक ऐसा निकाय है जो न्याय एवं निर्णय का कार्य करता है। परंतु यह साधारण न्यायालयों से भिन्न होता है। न्यायाधिकरण शब्द का प्रयोग ऐसे आयोग, बोर्ड या अधिकारी के लिए किया जाता है जिसके पास विधि तथा तथ्यों के प्रश्नों पर विचार करने की शक्ति होती है। भारत में संविधान के अनुच्छेद 32, 136, 226, 227 के अधीन इनकी स्थापना होती है। क्रमश: अनुच्छेद 32 तथा 226 के अधीन सर्वोच्च न्यायालय तथा उच्च न्यायालय न केवल प्रशासनिक न्यायाधिकरणों पर वरन् प्रशासनिक निकायों पर भी नियंत्रण करते हैं।

भारतीय संविधान के अनुच्छेद 136 में न्यायाधिकरण का प्रयोग निम्न अर्थों में किया गया है-

- सभी न्याय-कल्प कार्य करने वाले निकाय, भले ही वे किसी सरकारी विभाग के अंग क्यों न हों, न्यायाधिकरण माने जाते हैं। ये प्राकृतिक न्याय के सिद्धांतों का पालन करते हैं।
- इनका विवाद से कोई संबंध नहीं होता है।
- ये न्यायालयों के अनुरूप न्याय का कार्य करते हैं। परंतु ये सामान्य न्याय पद्धति का प्रयोग नहीं करते हैं।

आधुनिक समय की बढ़ती सामाजिक एवं आर्थिक समस्याओं को सुलझाने में प्रशासन असमर्थ हो जाए यदि उसे इन न्यायाधिकरणों की सहायता न प्राप्त हो। वे नागरिकों के, राज्यों के तथा अन्य निकायों के झगड़ों का निपटारा करने में प्रशासन को महत्त्वपूर्ण सहायता प्रदान करते हैं। उन्हें हम प्रशासन तथा न्यायपालिका का मिश्रण कह सकते हैं अर्थात् वे सरकार के निकाय होते हुए भी न्यायिक कार्य करते हैं।

न्यायाधिकरण का अधिकार क्षेत्र सेवा मामलों तक फैला है जिसका अर्थ है नियुक्ति, कार्यकाल, पेंशन, और सेवानिवृत्ति लाभ, अनुशासनात्मक मामले, वरिष्ठता, जीपीएफ,

सरकारी आवास आदि। ट्रिब्यूनल के कुछ अन्य महत्त्वपूर्ण उदाहरण हैं जैसे कि प्रशासनिक ट्रिब्यूनल, औद्योगिक ट्रिब्यूनल, ऋण वसूली न्यायाधिकरण, रेलवे न्यायाधिकरण और मोटर दुर्घटना दावा अधिकरण आदि।

लोक अदालतें

लोक अदालत कानूनी विवादों के मैत्रीपूर्ण समझौते के लिए वैधानिक मंच है। विधिक सेवा प्राधिकरण अधिनियम 1987 (संशोधन 2002) द्वारा लोक उपयोगी सेवाओं के विवादों के संबंध में मुकदमेबाजी, पूर्ण सुलह और निर्धारण के लिए स्थायी लोक अदालतों की स्थापना का प्रावधान करता है। ऐसे फौजदारी विवादों को छोड़कर जिनमें समझौता नहीं किया जा सकता। दीवानी, फौजदारी, राजस्व अदालतों में लंबित सभी कानूनी विवाद मैत्रीपूर्ण समझौते के लिए लोक अदालत में लाए जा सकते हैं। लोक अदालत की कार्यवाही निःशुल्क होती है। लोक अदालत के आदेश या फैसले के खिलाफ कोई अपील नहीं की जा सकती क्योंकि इनके निर्णय अंतिम होते हैं जो दोनों पक्षों पर मान्य होते हैं। लोक अदालतों की मार्फत जनता को शीघ्र न्याय दिलवाने का एक नया मार्ग खुल गया है।

जनहित याचिका (Public Interest Litigation)

जनहित याचिका ऐसी प्रक्रिया है जिसके अंतर्गत अदालतें गरीब या हताश नागरिकों से संबंधित मामलों को स्वीकार करती हैं जो गरीबी व अज्ञानता के कारण अदालतों तक नहीं पहुंच पाते। भूतपूर्व न्यायाधीश पी.एन. भगवती ने कहा है, ''व्यक्तिगत स्वतंत्रता अत्यंत महत्त्वपूर्ण है जिसके बिना लोकतंत्र जीवित नहीं रह सकता। व्यक्तिगत स्वतंत्रता पर कुछ लोगों का एकाधिकार नहीं होना चाहिए अपितु वह सब के पास होनी चाहिए।'' इस संदर्भ में न्यायपालिका ने ऐसी याचिकाओं को मानना आरंभ कर दिया है जो उन लोगों द्वारा दायर की जाती है जिनके स्वयं के अधिकारों का हनन नहीं होता। याचिकाओं को दाखिल करने के लिए फीस तथा अन्य आवश्यक कार्यों से भी छूट दे दी गई है। अदालतों द्वारा दो प्रकार के केसों में जनहित याचिकाओं को पूर्ण मान्यता प्रदान की जाने लगी हैं–

पहला, जिनके अंदर बड़ी संख्या में लोगों के हित प्रभावित होते हैं।

दूसरा, ऐसे केस जिनके अंतर्गत कुछ लोगों के अधिकार दांव पर लगे हों।

लोक अदालतों के न्यायाधीश वास्तव में न्यायाधीश की भांति नहीं, बल्कि सलाहाकार के रूप में काम करते हैं। न्यायाधीश और अन्य जनहितैषी लोग व छात्र-छात्राएं मुकदमे में संलग्न व्यक्तियों को उनके अधिकारों और कर्तव्यों के बारे में जानकारी देते हैं। वे विभिन्न पक्षों के बीच मेल-मिलाप और समझौता करने की कोशिश करते हैं।

अब तक देश के विभिन्न भागों में लाखों लोक अदालतें गठित की जा चुकी हैं जिनके द्वारा करोड़ों से ज्यादा मामले निबटाए गए हैं। इस तरह की अदालतों के पक्ष में मुख्य रूप से तीन दलीलें दी जा सकती हैं। *प्रथम*, लोक अदालतें आपसी समझौते की भावना

के आधार पर काम करती हैं। उनके द्वारा जो मामले निबटाए जाते हैं उससे सद्भावना बढ़ती है। उसमें न कोई विजयी होता है और न ही कोई पराजित। *दूसरे*, लोक अदालतों के माध्यम से न्याय जल्दी मिल सकता है और इसका खर्च भी कुछ नहीं होता। *तीसरे*, इस योजना से सामान्य न्यायालयों का कार्यभार घटेगा, जिससे उनमें चल रहे विवादों का निबटारा भी जल्दी हो सकेगा।

न्याय पंचायत (Panchayats)

संविधान का अनुच्छेद 40 स्पष्टत: प्रावधान करता है कि राज्य ग्राम पंचायतों को व्यवस्थित करने के लिए कदम उठाएंगे ताकि उन्हें स्वशासन की इकाइयों के रूप में कार्य करने में सक्षम बनाया जा सके। पंचायतें गांव, मध्यवर्ती और जिला स्तरों पर स्थापित की जाती हैं। 73वें और 74वें संविधान संशोधन अधिनियमों द्वारा पंचायत प्रणाली को संवैधानिक आधार दिया गया है। ग्राम पंचायत अपने या पूरे गाँव में से पंचायत के सदस्यों का चुनाव करती है। पंचायत साधारण प्रकृति के नागरिक (Civil) और आपराधिक (Criminal) मामलों से निपटती हैं। वे 15 रुपए से लेकर अधिकतम 250 रुपए तक जुर्माना लगा सकती हैं। आमतौर पर वे कारावास की किसी भी सजा को पारित नहीं कर सकती हैं।

परिवार न्यायालय (Family Court)

परिवार न्यायालय अधिनियम, 1984 के तहत राज्य के हर क्षेत्र में पारिवारिक न्यायालय स्थापित किए जाते हैं जिसकी आबादी दस लाख से अधिक होती है। पारिवारिक अदालतें परिवार से संबंधित विवादों का निपटान करती हैं, जैसे कि विवाह, तलाक, रखरखाव, अभिभावकता, और जीवनसाथी की संपत्ति आदि। परिवार न्यायालय द्वारा पारित निर्णय या आदेश किसी भी सिविल न्यायालय के निर्णय के समान प्रभावी होगा। यदि दोनों पक्षों की सहमति से आदेश पारित हो जाता है, तो पारिवारिक न्यायालय के निर्णय के विरुद्ध कोई अपील नहीं की जा सकती।

रात्रि अदालतें (Night Court)

लंबित मामलों के बोझ को कम करने के लिए रात्रि या सांध्यकालीन अदालतों संबंधी पहला प्रयोग नवंबर, 2006 में गुजरात में किया गया। सांध्यकालीन अदालतों में कामकाजी दिनों में शाम 5 से 7 बजे के बीच अतिरिक्त समय देकर मुकदमों की सुनवाई की जाती है। अहमदाबाद में आयोजित 17 सांध्यकालीन अदालतों में महज 45 दिनों में 16 हजार मामलों की सुनवाई की गई। इन अदालतों में छोटे-मोटे झगड़ों, सिविल मुकदमों, मोटर एक्ट संबंधी मामलों, औद्योगिक झगड़ों, तथा 3 साल तक कैद या एक लाख तक जुर्माने वाले अपराधों की सुनवाई की जाती है।

मोबाइल कोर्ट (Mobile Court)

न्याय को लोगों के दरवाजे तक पहुंचाने के उद्देश्य से केंद्र सरकार ने दिसंबर 2007 में पंचायत स्तर पर मोबाइल अदालतों की स्थापना के प्रस्ताव को मंजूरी प्रदान की और ग्राम न्यायालय अधिनियम, 2008 द्वारा नागरिक (संपत्ति और आपराधिक मामले) जिनमें (2 साल तक की जेल) मामलों की सुनवाई के लिए 5,000[2] मोबाइल अदालतों की स्थापना का लक्ष्य रखा गया। लेकिन अधिनियम को ठीक से लागू नहीं किए जाने के कारण देश में बहुत कम मोबाइल अदालतें काम कर पा रही हैं । ऐसी अदालतें बस या किसी अन्य वाहन से गांव-गांव जाकर मामलों की सुनवाई करती हैं। भारत में पहली मोबाइल अदालत हरियाणा के मेवात जिले में गठित हुई

फास्ट ट्रैक कोर्ट (Fast Track Court)

निचली अदालतों में लाखों की संख्या में लंबित मुकदमों की त्वरित सुनवाई के लिए केंद्र सरकार ने वर्ष 2000 में 502 करोड़ रुपए की लागत से जिला स्तर पर 1734 फास्ट ट्रैक कोर्ट खोलने की घोषणा की। वर्तमान में देश भर में 1400 से अधिक फास्ट ट्रैक कोर्ट सक्रिय हैं जो अभी तक हजारों मामलों की सुनवाई कर चुके हैं।

स्पेशल कोर्ट (Special Court)

इनका गठन स्पेशल कोर्ट एक्ट 1979 के अंतर्गत किया गया था। लंबित मुकदमों की त्वरित सुनवाई के लिए केंद्र सरकार स्पेशल कोर्ट के गठन के लिए अलग से अधिसूचना जारी करती है।

निष्कर्ष (Conclusion)

उपर्युक्त विवरण से स्पष्ट है कि जिस प्रकार न्याय किसी भी समाज का आवश्यक अंग होता है, उसी प्रकार एक गतिशील लोकतंत्र को एक स्वतंत्र न्यायपालिका की आवश्यकता होती है। ऐसी न्यायपालिका तभी कार्य कर सकती है जब वहां 'कानून का शासन' हो। चूंकि भारतीय संविधान व्यक्ति की स्वतंत्रता, समानता, और न्याय के साथ सभी के लिए बिना किसी भेदभाव के समान अवसर प्रदान करता है, जिनकी रक्षा करना न्यायपालिका का दायित्व हो जाता है। नागरिकों की स्वतंत्रता तथा गरिमा को सुनिश्चित करने के साथ ही यह भी महत्त्वपूर्ण है कि न्याय प्रशासन को सक्षम, कम समय लगाने वाला, तथा कम खर्चीला बनाया जाए जिससे कि जनसाधारण को न्याय उपलब्ध कराया जा सके और यह केवल विशेषाधिकार प्राप्त लोगों के अधिकारों की रक्षा करने वाला साधन मात्र बनकर न रह जाए।

अत: अब समय आ गया है कि सम्मान और आर्थिक न्याय की समानता से वंचित लाखों लोगों को समान हक और अधिकार दिए जाएं। इसलिए आवश्यक है कि न केवल मौजूदा

न्यायिक प्रणाली की निष्पक्षता और दक्षता में सुधार किया जाए, बल्कि विवाद समाधान के वैकल्पिक तंत्र को भी बढ़ावा दिया जाना चाहिए। इससे न्यायालयों पर बढ़ते अदालती मामलों के बोझ को काफी हद तक कम किया जा सकता है। यह हमारी कानूनी व्यवस्था से न्याय प्रणाली तक की लंबी यात्रा के लिए एक बहुत ही महत्त्वपूर्ण शुरूआत होगी।

संदर्भ सूची (References)

1. https://www.google.com/search?q=%E0%A4%85%E0%A4%A6%E0%A4%BE%E0%A4%B2%E0%A4%A4%E0%A5%8B%E0%A4%82+%E0%A4%AE%E0%A5%87%E0%A4%82+%E0%A4% B2%E0%A5%87&rlz=1C1GIWA_enIN910IN910&oq=adalato+me+lambit+&aqs=chrome.1.69i57j0.14777j0j7&sourceid=chrome&ie=UTF-8. retrived on July 20, 2019
2. https://en.wikipedia.org/wiki/Judiciary_of_India, retrieved on September 2019

संदर्भ-ग्रंथ (Reference Works)

- तिवारी, एम. के., (2014), *प्रशासनिक विधि*, सेन्ट्रल लॉ एजेन्सी, इलाहाबाद।
- दंड प्रक्रिया संहिता 1973, (2012), वेयर एक्ट, सेन्ट्रल लॉ एजेन्सी, इलाहाबाद।
- पाण्डेय, डॉ. जय नारायण, (2012), *भारत का संविधान*, सेन्ट्रल लॉ एजेन्सी, इलाहाबाद।
- Kelkar, R.V., (2005) *Criminal Procedure*, Eastern Book Company, Lukhnow.
- Shankaran, Kamala and Ujjwal Kumar Singh (ed.), (2008) *'Towards Legal Literacy: An Introduction to Law in India'*, Oxford University Press, New Delhi.
- दंड प्रक्रिया संहिता 1973, वेयर एक्ट, सेन्ट्रल लॉ एजेन्सी, इलाहाबाद, 2013.
- Mathur, C, (2019) *Your Laws Your Rights*, Shivalik Prakashan, New Delhi.

2 आपराधिक न्याय प्रशासन से संबंधित कानून

(Laws Relating to Criminal Justice Administration)

भारत के संविधान और आपराधिक न्याय प्रशासन का पारस्परिक संबंध है। जहां संविधान लोगों को न्याय दिलाने और राष्ट्र की एकता व अखंडता को बनाए रखने के लिए कुछ आदर्श सुनिश्चित करता है, वहीं आपराधिक न्याय प्रशासन उनकी प्राप्ति में महत्त्वपूर्ण भूमिका निभाता है। लोगों के अधिकारों का हनन होने से रोकना और सामाजिक व्यवस्था बनाए रखना आपराधिक न्याय प्रशासन की जिम्मेदारी है, जिसका सीधा प्रभाव संविधान के उद्देश्यों को प्राप्त करने की प्रक्रिया पर पड़ता है। यह आपराधिक न्याय प्रशासन ही है जो लोगों के विश्वास को पूरे न्याय वितरण प्रणाली में बनाए रखने में अधिक महत्त्वपूर्ण भूमिका निभाता है। एक कमजोर आपराधिक न्याय प्रशासन अपराधियों को रोकने के बजाय अपराध को बढ़ावा देता है। शंका, घृणा, भय और असुरक्षा के माहौल में लोग अपने संवैधानिक अधिकारों का खुलकर आनंद नहीं ले सकते।

आपराधिक न्याय प्रणाली

(Criminal Justice Administration)

अर्थ एवं उद्देश्य (Meaning & Objective)

आपराधिक न्याय प्रशासन से तात्पर्य सरकार की उन एजेंसियों (Agencies) जैसे कि पुलिस, बार (वकील) न्यायपालिका और जेल से है जो अपराध को रोकने, कानून को लागू करने और सही आचरण करने को विवश करती हैं। आपराधिक न्याय प्रणाली के मुख्य उद्देश्य निम्नलिखित हैं–

- अपराध की घटना को रोकना।
- अपराधियों को सजा देना।
- अपराधियों का पुनर्वास करना।
- जहां तक संभव हो पीड़ितों को मुआवजा देना।

डॉ. अनुला मौर्या, पूर्व प्राचार्य, कालिंदी कॉलेज, दिल्ली विश्वविद्यालय; संप्रति, उप-कुलपति, जगद्गुरु रामानंदाचार्य राजस्थान संस्कृत विश्वविद्यालय, जयपुर।

- समाज में कानून और व्यवस्था बनाए रखना।
- अपराधियों को भविष्य में आपराधिक कृत्य करने से रोकना।

हालांकि समाज परिवार, स्कूल आदि के माध्यम से सामाजिक दुर्व्यवहारों पर नैतिक रूप से नियंत्रण रखता है, लेकिन आपराधिक न्याय प्रणाली मूलतः सामाजिक नियंत्रण का एक ऐसा साधन है जो कानूनी रूप से समाज में घटित होने वाले कुछ खतरनाक और विनाशकारी व्यवहारों (Evils) को रोकती है, उन पर नियंत्रण रखती है या उन्हें सख्ती से उखाड़ फेंकती है। यह न्याय एजेंसियों का काम है कि वे संवैधानिक कानूनों द्वारा सुनिश्चित सिद्धांतों और प्रक्रियाओं के दायरे में रहकर अपराधियों को पकड़कर और उन्हें दंडित कर भविष्य में घटित होने वाली ऐसी घटनाओं को रोकें। केवल आपराधिक न्याय प्रणाली में अपराध को नियंत्रित करने और अपराधियों को दंडित करने की शक्ति है।

भारतीय आपराधिक न्याय प्रक्रिया में अभियोजकीय व्यवस्था (Adversarial or Accusatorial System) को अपनाया गया है, जिसमें मुख्यतः दो पक्ष होते हैं - एक अभियोजक पक्ष या पीड़ित और दूसरा बचाव पक्ष या मुलजिम। इसमें न्याय करने वाले जज की भूमिका तटस्थ रहती है जो दोनों पक्षों की दलीलों को सुनकर और प्रस्तुत किए गए साक्ष्यों का परीक्षण कर अपना निर्णय सुनाता है। अतः न्याय का अर्थ है-सच को ढूंढना (Search for Truth)। भारतीय न्यायिक व्यवस्था में अभियुक्त को निर्दोष मानते हुए उसे अभियोजन प्रक्रिया (Prosecution) से अलग रखा गया है, जिसके कारण आरोप को सिद्ध करने का भार (Burden of Proof) अभियोजन पक्ष (पीड़ित) पर होता है।

आपराधिक प्रक्रिया कानून

आपराधिक प्रक्रिया कानून दो प्रकार के होते हैं–

1. **विरोधात्मक अथवा अभियोजकीय व्यवस्था** (Adversarial or Accusatorial System) इस व्यवस्था में अभियोजक पक्ष या वादी (Prosecutor) और बचाव पक्ष या प्रतिवादी (Accused) होते हैं, जिसमें जज तटस्थ रहते हैं। जज सभी तथ्यों और साक्ष्यों की जांच करने के बाद निर्णय सुनाते हैं।
2. **परीक्षणीय व्यवस्था** (Inquisitorial System) इस व्यवस्था का उद्देश्य सत्य की खोज अर्थात् छानबीन करना (Search for Truth) करना होता है, जिसमें अभियोगी, बचाव पक्ष और जज सहित तीन पक्ष होते हैं जो सत्य की खोज करते हैं। इस व्यवस्था में जजों को ज्यादा स्वतंत्रता होती है, क्योंकि वह औपचारिक अथवा अनौपचारिक स्रोतों के आभार पर भी निर्णय ले सकते हैं।

अपराध (Crime)

साधारण भाषा में अपराध से अभिप्राय किसी कानून को तोड़ने और उसके लिए मिली सजा से है, लेकिन कानूनी भाषा में अपराध करना ऐसा कृत्य है जो सार्वजनिक विधि के उल्लंघन में किया गया हो और राज्य द्वारा निषिद्ध हो। स्टीफन (Stephen) के अनुसार, "अपराध से

अभिप्राय ऐसे अधिकारों के अतिक्रमण से है जिनका परिणाम उस अतिक्रमण से संबधित समाज में फैली हुई दुष्कृतियों से हो।" अर्थात् अपराध एक ऐसा कृत्य है जिसे कानून द्वारा प्रतिबंधित कर दिया गया हो और जो जनता के लिए खतरनाक और नुकसानदायक हो तथा जिसके लिए राज्य द्वारा सजा देने का प्रावधान हो।

ऑस्टिन (Austin) के अनुसार, "अपराध वे अवैधानिक कार्य हैं जिनके सिद्ध होने पर न्यायालय अपराधी को दंड देता है।" भारतीय दंड संहिता, 1860 (IPC) के अनुसार, अपराध में निम्नांकित तत्त्व शामिल होते हैं–

- दुराशय के साथ कोई कार्य किया जाना (A willed human action- Actus reus);
- ऐसा कार्य दुराशय या आपराधिक आशय से युक्त हो (The proscribed human conduct alone with the guilty mind- Mens Rea) ;
- अपराध करने वाले को भयानक या खतरनाक परिणामों की जानकारी हो (Intention or knowledge about harmful consequences in the mind of wrong doer)।

दुराशय (अपराधी मन–Mens Rea)

कोई कार्य तब तक अपराध नहीं माना जाएगा, जब तक कि वह कार्य किसी अपराध करने के आशय से प्रेरित होकर ना किया गया हो, अर्थात् जिसमें अपराध को अंजाम देते समय जानते हुए (knowingly), आशय (intentionally), बेईमानी (dishonestly), कपटपूर्ण ढंग (fraudulently) आदि जैसे विचार शामिल हों। अत: किसी कार्य को करते समय यदि कर्ता का विचार तथा आशय शुद्ध है तो वह अपराध की श्रेणी में नहीं आएगा।

आपराधिक न्याय प्रक्रिया : मुख्य विशेषताएं

(Criminal Justice Procedure: Salient Features)

आपराधिक कानून व्यवस्था में दंड देने की प्रक्रिया पहले से ही सुनिश्चित होती है। हमारे देश की भी आपराधिक न्याय प्रक्रिया मुख्यत: तीन कानूनों पर आधारित है। भारतीय दंड संहिता, 1860 (India Penal Code- IPC), भारतीय साक्ष्य अधिनियम, 1872 (Indian Evidence Act) और आपराधिक प्रक्रिया संहिता, 1973 (Criminal Procedure Code- Cr.P.C.) जो आपराधिक मामलों के प्रशासन से संबंधित हैं। सभी प्रकार के अपराध चाहे वो गंभीर हों अथवा साधारण, सभी को कानूनी रूप से निर्धारित एक सुनिश्चित प्रक्रिया से निपटाए जाने की आवश्यकता होती है।

अपराध के बारे में प्राथमिकी दर्ज करने अर्थात् प्रथम सूचना रिपोर्ट (First Information Report- FIR) के प्रारंभिक कदम से लेकर अपराध के सही निर्धारण और उपयुक्त सजा तक प्रत्येक अपराध अलग-अलग चरणों से होकर गुजरता है, जिन्हें तकनीकी भाषा में निम्नलिखित नामों से जाना जाता है–

- प्रथम सूचना रिपोर्ट (First Information Report)

- जांच पड़ताल (Investigation)
- शिकायत (Complaint)
- सुनवाई (Trial)
- गिरफ्तारी (Arrest)
- जमानत (Bail)
- सजा व सुधार (Sentencing or Correction)

उपर्युक्त सभी कार्य आपराधिक न्याय व्यवस्था से संबंधित अधिकारियों द्वारा संपादित किए जाते हैं, जैसे कि पुलिस, अभियोजक अर्थात् सरकारी वकील (Public Prosecuters), जज, बचाव पक्ष के वकील, जेल और जेल प्रशासन और अन्य अधिकारी। इसके अलावा गवाह, अभियुक्त, और पीड़ित भी आपराधिक न्याय व्यवस्था में महत्त्वपूर्ण भूमिका निभाते हैं।

प्रथम सूचना रिपोर्ट

(First Information Report (FIR))

प्रथम सूचना रिपोर्ट (दंड प्रक्रिया संहिता–सीआरपीसी, 1973, धारा 154) से अभिप्राय ऐसी सूचना से है जो किसी व्यक्ति द्वारा पुलिस अधिकारी को दी जाती है, जो किसी अपराध से संबंधित होती है। इसका मुख्य उद्देश्य अपराध के बारे में पुलिस से शिकायत करना है ताकि यह आपराधिक विधि को गति दे सके। **(स्टेट ऑफ बिहार, ए.आई.आर. 1972, एस.सी. 288)** ऐसी सूचना लिखित या मौखिक किसी भी रूप में दी जा सकती है। जब ऐसी सूचना मौखिक रूप में दी गई हो तो उसे पुलिस अधिकारी द्वारा लेखबद्ध किया जाएगा एवं उसे सूचना देने वाले व्यक्ति को पढ़कर सुनाया जाएगा। फिर ऐसी प्रत्येक सूचना पर सूचना देने वाले व्यक्ति के हस्ताक्षर लिए जाएंगे। यदि आहत व्यक्ति को अनेक गंभीर चोटें लगी हुई हो और वह अचेतन (बेहोशी) अवस्था में रहा हो तो पुलिस द्वारा प्रत्यक्षदर्शी साक्षी (गवाह) से शिकायत लिखाई जाएगी। **(मुरूगन बनाम स्टेट, ए.आई.आर. 2009 एस.सी. 72)**। इसके बाद ऐसी सूचना का सार राज्य सरकार द्वारा निर्दिष्ट पुस्तक (Diary) में अंकित किया जाएगा। जहां तक हो सके, प्रथम सूचना रिपोर्ट में संपूर्ण घटना का वृत्तांत अंकित किया जाना चाहिए। लेकिन कोई मामला केवल इस आधार पर खारिज नहीं किया जा सकेगा कि उसमें घटना का संपूर्ण वृत्तांत अंकित नहीं है।

प्रथम सूचना रिपोर्ट यदि किसी अशिक्षित, साधारण और ग्रामीण महिला द्वारा दर्ज करवाई गई हो, तो उसे मात्र इस आधार पर गलत नहीं समझा जा सकता कि उसमें घटना से संबंधित तथ्यों, जैसे–कपड़ों का खून से भर जाना, आदि का उल्लेख नहीं किया गया है। **(गुरनाम कौर बनाम बख्शीश सिंह और अन्य, ए.आई.आर. 1981 एस.सी. 631)**। इसी प्रकार यह भी आवश्यक नहीं है कि प्रथम सूचना रिपोर्ट में अभियुक्त का नाम लिखा ही जाए। यदि अभियुक्त कोई राज्य कर्मचारी है तो उसके पदनाम (Designation of Office) का उल्लेख भी पर्याप्त है। साक्ष्य (Evidence) को प्रथम सूचना रिपोर्ट में विलम्ब के आधार पर अस्वीकार नहीं किया जा सकता, विशेष रूप से ऐसी परिस्थिति में जब अन्य प्रत्यक्षदर्शी साक्षी घटना स्थल पर मौजूद हों। **(कर्नाटक राज्य बनाम भास्कर कुशाली कोठारकर, 2004 क्रि.लॉ.ज. 4229 एस.सी.)**।

ऑनलाइन एफआईआर **(Online FIR)**[1]

लोग ऑनलाइन माध्यम से भी एफआईआर दर्ज कर सकते हैं। ऑनलाइन एफआईआर दर्ज करने के लिए इन सरल चरणों का पालन करें:

चरण 1 : दिल्ली पुलिस की आधिकारिक वेबसाइट यानी www.delhipolice.nic.in पर जाएं

चरण 2 : 'सेवाओं' का चयन करें विकल्प नीचे स्क्रॉल करेगा।

चरण 3 : यदि आप ऑनलाइन पुलिस सेवा बॉक्स से पुलिस शिकायत दर्ज करना चाहते हैं तो विकल्प शिकायतों को चुनें।

स्टेप 4 : फाइल एफआईआर/शिकायत के अनुसार।

चरण 5 : अपनी शिकायत दर्ज करने के बाद, आपको अपनी ई.एफआईआर की एक प्रति प्राप्त होगी पीडीएफ फॉर्म। इसे डाउनलोड करें और रिपोर्ट का प्रिंट आउट लें।

प्रथम सूचना रिपोर्ट की प्रामाणिकता (Originality of FIR) **:** पुलिस अधिकारी का यह कर्तव्य है कि वह प्रथम सूचना रिपोर्ट की प्रामाणिकता (Originality) को बनाए रखे। यदि वह मूल रिपोर्ट के स्थान पर कोई अन्य रिपोर्ट लिख देता है और न्यायालय द्वारा रिपोर्ट से संबंधित थाने की डायरी पेश करने की अपेक्षा करने के बावजूद यदि मूल रिपोर्ट पेश नहीं की जाती है, तो यह माना जाएगा कि मूल प्रथम सूचना रिपोर्ट को दबा दिया गया है। रिपोर्ट दर्ज करने में अनावश्यक विलम्ब अभियोजन पक्ष (पीड़ित) के मामले को कमजोर बना देता है। यदि कोई पुलिस अधिकारी थाने में दी गई किसी अपराध की प्रथम सूचना को अभिलिखित (Record) करने से इनकार कर दे तो वह व्यक्ति ऐसी सूचना को संबंधित पुलिस अधीक्षक को स्वयं अथवा डाक (Post) द्वारा भी भेज सकता है। यदि कोई सूचना ऐसे किसी संज्ञेय अपराध (Cognizable offence) के बारे में है जो उस पुलिस थाने के क्षेत्राधिकार के अंतर्गत नहीं आता तो ऐसी सूचना को उक्त आधार पर लेखबद्ध किए जाने से इनकार नहीं किया जा सकता, क्योंकि भारसाधक अधिकारी (Officer Incharge) का यह कर्तव्य है कि वह ऐसी सूचना को लेखबद्ध करके उसे जांच-पड़ताल (Investigation) हेतु संबंधित पुलिस थाने को भेज दे। (**स्टेट ऑफ आंध्र प्रदेश बनाम पी रामूलू, ए.आई.आर. 1993 एस.सी. 2644**)।

आपराधिक न्याय प्रशासन में पुलिस की भूमिका

(Role of Police in Criminal Justice Administration)

'पुलिस' से अभिप्राय ऐसी संस्था से है जो समाज में कानून और व्यवस्था को बनाए रखती है। पुलिस कानून व्यवस्था को जनता के बीच बनाए रखने में प्रशासन की सहायता करती है। पुलिस राज्य का प्रतिनिधित्व करती है। पुलिस का उत्तरदायित्व कानून व्यवस्था को बनाए रखना है। पुलिस के कई विभाग होते हैं जैसे सामान्य पुलिस (अपराधों पर रोक लगाना), ट्रैफिक पुलिस (यातायात को नियंत्रित करना), रेलवे पुलिस (रेल विभाग में कानून व्यवस्था को देखना), मिलिट्री पुलिस, महिला पुलिस आदि। पुलिस का यह कर्तव्य है कि वह-

- जनता की रक्षा करे,
- लोगों के जीवन और संपत्ति की सुरक्षा करे,

- अपराध के विरुद्ध निर्दोष व्यक्तियों की रक्षा करे,
- असहाय और कमजोरों की सहायता करे,
- लोगों के संवैधानिक अधिकारों का सम्मान, और
- उनके प्रति समानता और न्याय की भावना रखे।

अपराधों पर रोक लगाना, अपराधियों को पकड़ना, न्यायालय के आदेशों को लागू करना, तलाशी करना, जांच-पड़ताल करना तथा पूछताछ करना और प्रशासन में सहायता करना पुलिस के प्रमुख कार्य हैं।

शिकायत (Complaint)

'शिकायत' शब्द से अभिप्राय किसी भी प्रकार के आरोप के लिए, पुलिस रिपोर्ट को छोड़कर, मजिस्ट्रेट से मौखिक रूप से अपराध करने वाले व्यक्ति के विरुद्ध आपराधिक प्रक्रिया संहिता के अनुसार कार्रवाई करने के लिए अपील करना है। अर्थात् शिकायत में शिकायतकर्ता अभियुक्त को उचित रूप से दंडित करने का अनुरोध करता है। आपराधिक प्रकिया संहिता (सीआरपीसी), 1973, की धारा 2(क) में शिकायत की परिभाषा इस प्रकार की गई है – ''शिकायत से अभिप्राय इस संहिता के अंतर्गत कार्यवाही किए जाने की दृष्टि से लिखित या मौखिक रूप से किसी मजिस्ट्रेट से कहा गया वह कथन है कि जब किसी व्यक्ति ने कोई अपराध किया है चाहे वह व्यक्ति ज्ञात हो या अज्ञात, लेकिन इसके अंतर्गत पुलिस रिपोर्ट सम्मिलित नहीं है।''

इलाहाबाद उच्च न्यायालय ने **म्युनिसिपल बोर्ड मिर्जापुर बनाम रेजिडेंट इंजीनियर, मिर्जापुर इलैक्ट्रिक कं., 1971 क्रि.लॉ.ज. 474** में शिकायत की परिभाषा इस प्रकार की है ''शिकायत से अभिप्राय ऐसे लिखित या मौखिक दोषारोपण से है जो मजिस्ट्रेट के समक्ष कार्यवाही के लिए प्रस्तुत किया जाता है।'' अर्थात् परिवाद (शिकायत) का वास्तविक आशय यह है कि मजिस्ट्रेट तक इस बात तक की सूचना पहुंच जाए कि अज्ञात जगह पर अपराध घटित हो गया है और उसकी कार्यवाही करनी है। इसलिए यह आवश्यक नहीं होता कि जो व्यक्ति पीड़ित हुआ हो केवल वही शिकायत कर सकता है।

आपराधिक प्रकिया संहिता (सीआरपीसी), 1973, धारा 2(r) के अनुसार सामान्यतः पुलिस रिपोर्ट को शिकायत नहीं माना जाता। लेकिन यदि किसी मामले में जांच-पड़ताल (Investigation) के पश्चात किसी असंज्ञेय अपराध का पाया जाना प्रकट होता है तो ऐसी दशा में पुलिस अधिकारियों द्वारा दी गई रिपोर्ट 'शिकायत' और पुलिस अधिकारी को 'शिकायतकर्ता' समझा जाएगा।

शिकायत के आवश्यक लक्षण (Essentials of Complaint) : शिकायत के निम्नलिखित आवश्यक लक्षण हैं:–

- शिकायत मौखिक अथवा लिखित किसी भी रूप में हो सकती है।
- शिकायत मजिस्ट्रेट के समक्ष की जाती है न कि पुलिस अधिकारी के समक्ष।
- शिकायत का मुख्य उद्देश्य उस मजिस्ट्रेट द्वारा कार्यवाही किया जाना है जिसके समक्ष शिकायत को प्रस्तुत किया गया है।
- पुलिस अधिकारी की रिपोर्ट को शिकायत नहीं माना जाता। उसे शिकायत उसी

अवस्था में माना जा सकता है जब वह जांच के पश्चात् असंज्ञेय अपराध का घटित होना प्रकट करती है।

- शिकायत होने पर मजिस्ट्रेट को दंड प्रक्रिया संहिता के अनुसार कार्यवाही करनी पड़ती है।
- शिकायत में अभियुक्त के नाम का उल्लेख होना आवश्यक नहीं है। आवश्यक यह है कि शिकायत अभियुक्त के दंडनीय चरित्र को स्पष्ट एवं निश्चित करती हो।

शिकायत की जांच (Examination of Complaint) : आपराधिक प्रकिया संहिता की धारा 200 के अनुसार, शिकायत पर किसी अपराध का संज्ञान करने वाला मजिस्ट्रेट शिकायतकर्ता की तथा यदि कोई अन्य गवाह हाजिर है तो उसकी भी शपथ पर जांच करेगा और ऐसी जांच-पडताल के सारांश को लेखबद्ध करेगा तथा शिकायतकर्ता, गवाहों एवं मजिस्ट्रेट द्वारा उस पर हस्ताक्षर किए जाएंगे।

शिकायतों का खारिज किया जाना (Dismissal of Complaints) : भारतीय आपराधिक प्रकिया संहिता की धारा 203 के अनुसार शिकायतकर्ता और साक्षियों के शपथ पर किए गए कथन पर और धारा 202 के अंतर्गत जांच या जांच के परिणाम पर विचार करने के बाद यदि मजिस्ट्रेट की राय है कि कार्यवाही के लिए कोई पर्याप्त आधार नहीं है तो वह शिकायत को खारिज कर देगा और ऐसे प्रत्येक मामले में ऐसा करने के अपने कारणों को वह संक्षेप में रिकॉर्ड करेगा।

किसी शिकायत की सुनवाई (Trial) को आरंभ करने से पहले कुछ औपचारिक कार्यवाहियों का पूरा किया जाना जरूरी होता है। ऐसा न करने पर जांच उचित प्रकार से नहीं हो सकती और तत्काल न्याय का उद्देश्य पूरा नहीं किया जा सकता। आपराधिक प्रकिया संहिता की धारा 204(1) के अनुसार, यदि किसी अपराध का संज्ञान करने वाले मजिस्ट्रेट की राय में कार्यवाही करने के पर्याप्त आधार हैं तथा यदि उसकी राय में ऐसा लगे कि वह मामला सम्मन केस (Summon Case) है तो वह अभियुक्त को हाजिर होने के लिए सम्मन जारी करेगा या वह मामला वारंट केस (Warrant Case) है तो वह अभियुक्त को किसी निर्धारित समय पर पेश कराने के लिए वारंट जारी कर सकता है। इस प्रकार, शिकायत मजिस्ट्रेट से की गई अपील का एक रूप है जो अपराध से संबंधित है और न्याय के लिए अनुरोध करता है, जो किसी न्यायिक कार्यवाही का प्रथम चरण है। शिकायत प्रस्तुत होने पर न्यायिक कार्यवाही का प्रारंभ होता है।

शिकायत (Complaint) और प्रथम सूचना रिपोर्ट (FIR) में अंतर[2]

क्र. सं.	शिकायत	प्रथम सूचना रिपोर्ट (एफआईआर)
1.	शिकायत में मजिस्ट्रेट से की गई अपील शामिल है, जिसमें आरोप लगाया गया है कि अपराध हुआ है और अभियुक्त को उचित रूप से दंडित करने का अनुरोध किया जाता है।	एफआईआर का तात्पर्य वादी या किसी अन्य व्यक्ति द्वारा संज्ञेय अपराध का ज्ञान होने पर पुलिस के पास दर्ज प्राथमिकी से है।
2.	कोई निर्धारित रूप नहीं	निर्धारित रूप
3.	मजिस्ट्रेट के समक्ष	पुलिस अधिकारी के समक्ष
4.	संज्ञेय और गैर-संज्ञेय अपराध दोनों में	केवल संज्ञेय अपराध
5.	कोई भी शिकायत कर सकता है।	कोई भी व्यक्ति जैसे पीड़ित पक्ष या गवाह।

जांच-पड़ताल (Investigation)

प्रथम सूचना रिपोर्ट प्राप्त होने पर सामान्यता अपराध की जांच-पड़ताल को शुरू कर दिया जाता है। आपराधिक प्रक्रिया संहिता. सीआर.पी.सी., 1973, धारा 2(h) 'जांच' को परिभाषित करती है जिसमें मजिस्ट्रेट द्वारा अधिकृत वे सभी कार्यवाहियां शामिल हैं जो किसी पुलिस अधिकारी या किसी व्यक्ति द्वारा सबूतों के संग्रह के लिए की जाती हैं। लेकिन इस संबंध में भी संज्ञेय और गैर-संज्ञेय अपराधों के बारे में भिन्न-भिन्न व्यवस्था की गई है जैसे कि –

संज्ञेय मामलों (Congnizable offences) में : आपराधिक प्रक्रिया संहिता. सीआर.पी.सी., 1973, धारा 2(c) 'संज्ञेय अपराध' को परिभाषित करती है। संज्ञेय अपराध से अभिप्राय है गंभीर अपराध, जिसमें एक पुलिस अधिकारी 'बिना वारंट के' अपराधी को गिरफ्तार कर सकता है। अर्थात् जैसे ही किसी संज्ञेय अपराध के कारित होने की सूचना पुलिस अधिकारी को दी जाती है, तुरंत ही उसका यह कर्तव्य एवं अधिकार है कि वह संबंधित रजिस्टर में तत्काल उसे दर्ज करे एवं तत्काल उसकी जांच-पड़ताल प्रारंभ कर दे और अंत में अपराधी को गिरफ्तार करे।

गैर-संज्ञेय मामलों (Non-Cognizable Offences) में : आपराधिक प्रक्रिया संहिता-सीआर.पी.सी., 1973, धारा 2(1)(c) 'गैर-संज्ञेय अपराध' को परिभाषित करती है। गैर-संज्ञेय अपराध से अभिप्राय है कम गंभीर अपराध, जिसमें एक पुलिस अधिकारी को 'बिना वारंट के' अपराधी को गिरफ्तार करने का कोई अधिकार नहीं है। अर्थात् संज्ञेय मामलों में पुलिस तत्काल जांच-पड़ताल आरंभ कर सकती है, लेकिन असंज्ञेय मामलों में नहीं। क्योंकि कम गंभीर प्रकृति के अपराधों में मामले के विनिश्चय तक अभियुक्त को अनावश्यक लंबे समय तक अभिरक्षा या कस्टडी (Custody) में रखा जाना उसकी वैयक्तिक स्वतंत्रता को प्रतिबंधित करना है। अत: ऐसी अवस्था में अभियुक्त व्यक्ति को जमानत पर रिहा कर दिया जाता है।

सुनवाई (Trial)

सुनवाई आपराधिक न्यायिक व्यवस्था में महत्त्वपूर्ण चरण है क्योंकि इसमें साक्ष्यों (Evidences) के आधार पर पुलिस चार्जशीट प्रस्तुत करती है और मजिस्ट्रेट या न्यायालय अपना निर्णय देते हैं। ट्रायल के लिए अपराधों को दो श्रेणी में बांटा गया है –सम्मन केस (जिनमें 2 वर्ष से कम सजा वाले अपराध होते हैं) और वारंट केस (जिनमें मृत्युदंड, आजीवन कारावास और 2 वर्ष से अधिक सजा वाले अपराध होते हैं)।

साक्ष्य (Evidence) : न्यायालय के सामने पेश किए गए साक्ष्य जिन पर न्यायालय विश्वास करे, साक्ष्य कहलाते हैं। अपराधी को सजा दिलाने में साक्ष्य महत्त्वपूर्ण भूमिका निभाते हैं। साक्ष्य गवाह के माध्यम से ही न्यायालय में पहुंचते हैं।

सबूत का भार (Burden of Proof) : अपराध सिद्ध किए जाने का दायित्व अर्थात् वे तथ्य जो किसी एक के पक्ष में रहते हैं तो दूसरे के विपक्ष में, जिन्हें सिद्ध या साबित किया जाता है। सबूत का भार प्रथमत: उस पक्ष पर होता है जो शिकायत लेकर आता है, लेकिन

यह बदलता रहता है। उदाहरणत: 'क' चाहता है कि 'ख' को उस अपराध के लिए सजा मिले जो 'ख' ने किया है तो 'सबूत का भार' 'क' पर है अर्थात् 'क' को साबित करना होगा कि 'ख' ने अपराध किया है। आपराधिक मामलों में राज्य अथवा सरकारी वकील (Public Prosecutor) के ऊपर 'सबूत का भार' होता है।

सक्षम गवाह (Competent Witness) : कोई भी व्यक्ति जो घटना के बारे में जानता हो और जो बयान, हस्ताक्षर और इशारों द्वारा बता सके, सक्षम गवाह माना जाएगा। यहां तक कि एक बालक जो घटना के बारे में बता सकता हो, को भी गवाह के रूप में माना जाएगा। न्यायाधीश गवाह से संतुष्ट है अथवा नहीं यह उसके विवेक पर निर्भर करता है।

सह-अपराधी (Accompile) **या मुखबिर** (Approver) : वह व्यक्ति होता है जो अपराध में शामिल होता है लेकिन बाद में सरकारी गवाह (State Witness) बनकर अपराध से संबंधित महत्त्वपूर्ण जानकारी देता है जिसको बाद में माफ कर दिया जाता है।

भारतीय आपराधिक प्रकिया संहिता की धारा 308 पहले बलात्कार मामलों में पीड़िता को भी सह-अपराधी माना जाता था जिसमें बाद में बदलाव लाया गया। यदि शिकायतकर्ता महिला यह कहती है कि सहवास (intercourse) उसकी सहमति के बिना किया गया तो न्यायालय यह मान लेगा कि इसमें उसकी इच्छा शामिल नहीं थी। (भारतीय आपराधिक प्रक्रिया संहिता की धारा 114-ए) गवाही के बाद बचाव पक्ष को भी गवाह से सवाल करने का मौका मिलता है और अपने गवाह पेश करता है। गंभीर अपराधों में गवाहों की सुरक्षा का भी ध्यान रखा जाता है।

मुकदमों को चलाने के लिए पदसोपानिक न्यायिक व्यवस्था (Hierarchical Judicial System for Prosecuting Cases) : प्रत्येक राज्य में मुकदमों को चलाने के लिए पदसोपानिक न्यायिक व्यवस्था है:

- *सेशन न्यायालय* (Session Court) – कोई भी दंड लेकिन मृत्युदंड की सजा उच्च न्यायालय की पूर्वानुमति से दे सकते हैं।
- *न्यायिक मजिस्ट्रेट के न्यायालय* (Courts of Judicial Magistrates) – मृत्यु या आजीवन कारावास या 7 वर्ष से अधिक का कारावास को छोड़कर कोई भी दंडादेश दे सकते हैं।
  - (i) प्रथम वर्ग न्यायिक मजिस्ट्रेट के न्यायालय (First Class Judicial Magistrates) – 3 वर्ष तक का कारावास या 5000/- रु. का जुर्माना लगा सकते हैं।
  - (ii) द्वितीय वर्ग न्यायिक मजिस्ट्रेट के न्यायालय (Second Class Judicial Magistrates)– 1 वर्ष तक का कारावास या 1000/- रु. का जुर्माना लगा सकते हैं।
- *मुख्य तथा अतिरिक्त मुख्य न्यायिक मजिस्ट्रेट के न्यायालय* (Chief and Additional Chief Judicial Magistrate) 3 वर्ष तक का कारावास या 5000/- रु. का जुर्माना लगा सकते हैं।
- विशेष न्यायिक मजिस्ट्रेट के न्यायालय (Special Judicial Magistrate)
- *महानगरीय मजिस्ट्रेट के न्यायालय* (Court of Metropolitan Magistrate) – मुख्य महानगरीय मजिस्ट्रेट को न्यायिक मजिस्ट्रेट के समान शक्तियां प्राप्त हैं अर्थात् वह मृत्यु,

आजीवन या 7 वर्ष से अधिक का कारावास के अलावा कोई भी दंडादेश दे सकते हैं तथा महानगरीय मजिस्ट्रेट को 3 वर्ष तक का कारावास या 5000/- रु. का जुर्माना लगाने का अधिकार है।

- विशेष महानगरीय मजिस्ट्रेट के न्यायालय (Special Metropolitan Magistrate)
- कार्यपालक मजिस्ट्रेट के न्यायालय (Executive Magistrate)
  (i) जिला मजिस्ट्रेट के न्यायालय (District Magistrate)
  (ii) उपखंडमजिस्ट्रेट के न्यायालय (Sub-Divisional Magistrate)
- *विशेष कार्यपालक मजिस्ट्रेट के न्यायालय* (Special Executive Magistrate)

उपर्युक्त पदसोपानिक व्यवस्था मजिस्ट्रेट द्वारा सजा सुनाने के अधिकार पर निर्भर करती है। आपराधिक मामले किसी भी कोर्ट में सुने जा सकते हैं।

अभियुक्त व्यक्ति के अधिकार (Rights of Accused Person) : मुकदमा चलने के दौरान अभियुक्त व्यक्ति के दो महत्त्वपूर्ण अधिकार हैं -

(i) ***दुगुनी सजा के विरुद्ध अधिकार*** (Right of Jeopardy) - भारतीय आपराधिक प्रक्रिया संहिता की धारा 300 में प्रावधान है कि एक बार सजा प्राप्त कर चुके दोषसिद्ध या दोषमुक्त किए गए व्यक्ति को दुबारा उसी अपराध के लिए सजा नहीं मिलेगी और न ही उन तथ्यों पर किसी अन्य अपराध के लिए विचारण का भागी होगा जो प्रथम अभियोग के दौरान लगाए गए थे। इस प्रावधान का उद्देश्य अभियुक्त को आपराधिक न्यायिक प्रक्रिया के दौरान अनावश्यक उत्पीड़न से बचाना है।

(ii) ***विधिक सहायता का अधिकार*** (Right of Legal Aid) - भारतीय संविधान के अनुच्छेद 22(1) के अंतर्गत प्रत्येक व्यक्ति को विधिक सहायता प्राप्त करने और अपनी पसंद का वकील करने का संवैधानिक अधिकार है। इसी अधिकार का भारतीय आपराधिक प्रक्रिया संहिता की धारा 303 और 304 में प्रावधान है कि अभियुक्त को अपनी पसंद का वकील चुनने और राज्य खर्चे पर विधिक सहायता पाने का अधिकार है, यदि वह व्यक्ति खर्चा उठाने में असमर्थ है। इसी अधिकार को भारतीय संविधान के अनुच्छेद 39(ए) में राज्य की जिम्मेदारी बताया गया है। सर्वोच्च न्यायालय ने भी संविधान के अनुच्छेद 21 के अंतर्गत गरीबों के लिए मुफ्त विधिक सहायता को आवश्यक माना है।

गिरफ्तारी (Arrest)

गिरफ्तारी से अभिप्राय है किसी प्राधिकार के अंतर्गत निभि द्वारा दी गई रीति से किसी व्यक्ति को गिरफ्तार करने के आशय से उसे निरुद्ध करना अथवा पकड़ कर अपनी कस्टडी (Custody) में लेना। गिरफ्तारी न्यायिक कार्यवाही का प्रथम चरण है। गिरफ्तारी का मुख्य उद्देश्य अभियुक्त को न्यायालय के समक्ष प्रस्तुत करना, जांच-परीक्षण, ट्रायल (Trial) के दौरान उपस्थित रखना एवं साक्ष्यों (Evidences) को भ्रमित करने से रोकना है। सामान्यत: अभियुक्त को दोष सिद्ध होने तक पुलिस अथवा न्यायालय की कस्टडी में रखा जाता है। केवल गंभीर एवं संगीन प्रकृति के अपराधों में उसे आरोप के सिद्ध होने तक कस्टडी में रखा जाता है।

गिरफ्तारी की रीति (Procedure of Arrest) : भारतीय आपराधिक प्रक्रिया संहिता की धारा, 46 के अनुसार, ''पुलिस अधिकारी या गिरफ्तार करने वाला अन्य कोई व्यक्ति गिरफ्तार किए जाने वाले व्यक्ति के शरीर को छूकर या निरुद्ध कर तब तक गिरफ्तार नहीं कर सकता, जब तक गिरफ्तार किए जाने वाला व्यक्ति स्वयं को वचन या कर्म द्वारा समर्पित न कर दे। लेकिन शब्दों के उच्चारण कर देने अथवा हाव-भाव प्रदर्शित कर देने अथवा आंखों से इशारा कर देने से तब तक गिरफ्तारी नहीं हो सकती है जब तक गिरफ्तार किए जाने वाला व्यक्ति अपने आप को गिरफ्तार करने वाले व्यक्ति की अभिरक्षा में समर्पित नहीं कर देता।'' **(रोशन बीवी व अन्य बनाम संयुक्त सचिव, तमिलनाडु व अन्य (A.I.R. 1994 एनओसी 103 मद्रास)** परंतु जहां किसी स्त्री को गिरफ्तार किया जाना है वहां गिरफ्तारी की मौखिक सूचना पर कस्टडी में उसके समर्पण कर देने की उपधारणा की जाएगी जब तक पुलिस अधिकारी महिला न हो, तब तक पुलिस अधिकारी महिला को गिरफ्तार करने के लिए उसके शरीर को नहीं छुएगा। भारतीय आपराधिक प्रक्रिया संहिता (संशोधन) अधिनियम 2005 के द्वारा धारा 46 में उपखंड (4) के द्वारा यह अधिनियमित किया गया है कि – ''असाधारण परिस्थितियों के सिवाय कोई महिला सूर्यास्त के पश्चात् और सूर्योदय से पहले गिरफ्तार नहीं की जाएगी और जहां ऐसी असाधारण परिस्थितियां विद्यमान हैं, वहां महिला पुलिस अधिकारी लिखित में रिपोर्ट करके, ऐसे प्रथम श्रेणी के न्यायिक मजिस्ट्रेट की पूर्व आज्ञा से ही, गिरफ्तार करेगी जिसकी स्थानीय अधिकारिता के भीतर अपराध किया गया है या गिरफ्तारी की जानी है।''

यदि गिरफ्तार किए जाने वाला व्यक्ति गिरफ्तारी का बलपूर्वक प्रतिरोध करे अथवा गिरफ्तारी से बचने का प्रयास करे तो पुलिस या गिरफ्तार करने वाला अन्य व्यक्ति, उसे गिरफ्तार करने के लिए आवश्यक साधनों या आवश्यक हिंसा का प्रयोग कर सकता है, लेकिन ऐसे किसी व्यक्ति को गिरफ्तार करते समय उसकी मृत्यु कारित नहीं की जाएगी जो मृत्यु या आजीवन कारावास से दंडनीय अपराध के लिए अभियुक्त नहीं है।

हथकड़ी का प्रयोग (Handcuffing) : गिरफ्तारी के समय हथकड़ी का प्रयोग आवश्यक होने पर ही किया जाना चाहिए। हथकड़ी का प्रयोग करते समय गिरफ्तार किए गए व्यक्ति की हैसियत को ध्यान में रखा जाना अपेक्षित है क्योंकि एक मामले में मुख्य न्यायिक मजिस्ट्रेट को गिरफ्तार किए जाने, उसे हथकड़ी लगाने एवं उसके साथ बल प्रयोग किए जाने की प्रवृत्ति को सर्वोच्च न्यायालय द्वारा अनुचित माना गया। **(*दिल्ली न्यायिक* सेवा संघ, तीस हजारी कोर्ट बनाम गुजरात राज्य, ए.आई.आर. 1991 एस.सी. 2176)** क्योंकि ये भारतीय संविधान के अनुच्छेद 14, 19, और 21 का उल्लंघन एवं अतिक्रमण करते हैं।

प्रेमशंकर बनाम दिल्ली प्रशासन, ए.आई.आर. 1980 एस.सी. 898 के मामले में न्यायालय ने निर्णय दिया कि हथकड़ी का प्रयोग तभी किया जा सकता है जब आरोपी का पुलिस-कस्टडी से भागने का 'स्पष्ट और वर्तमान खतरा' (Clear and Present Danger) हो और यदि ऐसा होता है तो उसके कारणों का स्पष्ट उल्लेख किया जाना चाहिए। इस प्रकार विशिष्ट परिस्थितियों में हथकड़ी का प्रयोग किया जा सकता है, किंतु अभिरक्षक प्राधिकारी को इसके लिए कारणों का उल्लेख करना आवश्यक होगा।

अपने एक अन्य महत्त्वपूर्ण निर्णय **सिटिजन फार डेमोक्रेसी बनाम स्टेट ऑफ असम (1995) 3 एस.सी.सी. 743** के मामले में सर्वोच्च न्यायालय ने इस बात पर गंभीर चिंता व्यक्त की कि विधि तथा न्यायालय के अनुदेशों का पुलिस प्राधिकारियों द्वारा उल्लंघन किया जा रहा था और परीक्षणाधीन तथा दोषसिद्ध व्यक्तियों को हथकड़ी लगाई जा रही थी। प्रस्तुत मामले के प्रति प्रसिद्ध पत्रकार श्री कुलदीप नायर ने एक पत्र के माध्यम से सर्वोच्च न्यायालय को यह ध्यान दिलाया था कि किस प्रकार असम राज्य के एक अस्पताल के वार्ड में टाडा अधिनियम के अंतर्गत निरुद्ध सात कैदियों को हथकड़ी लगाई गई थी और उन्हें लंबी रस्सी से बांधा गया था। वार्ड के बाहर सुरक्षा गार्ड भी पहरे पर थे। सर्वोच्च न्यायालय ने यह अभिनिर्धारित किया कि रोगी कैदियों को अस्पताल में हथकड़ी लगाना और रस्सी से बांधना अमानवीय है और भारतीय संविधान के अनुच्छेद 21 का उल्लंघन है और आदेश दिया कि उनकी हथकड़ी शीघ्र खोल दी जाए। ऐसा कोई तथ्य नहीं था जिससे यह प्रकट होता कि कैदी इतनी सुरक्षा के बावजूद भाग जाएंगे।

गिरफ्तार किए गए व्यक्ति के अधिकार (Rights during Arrest) **:** भारतीय आपराधिक प्रक्रिया संहिता की धारा 50(1) और 50(2) गिरफ्तार किए गए व्यक्ति को दो महत्त्वपूर्ण संरक्षण प्रदान करती है:-

(i) जहां किसी व्यक्ति को वारंट के बिना गिरफ्तार किया गया हो, वहां उसे गिरफ्तारी के कारणों से तुरंत अवगत कराया जाएगा; एवं

(ii) यदि गिरफ्तार किए जाने वाला व्यक्ति जमानतीय अपराध का अभियुक्त हो तो उसे यह इत्तिला दी जाएगी कि वह जमानत पर छोड़े जाने का अधिकारी है और जमानत (Sureties) की व्यवस्था करे।

जब कोई कोई व्यक्ति वारंट के बिना या वारंट के अधीन गिरफ्तार किया जाता है और वैध रूप से उसकी जमानत नहीं ली जा सकती है या वह जमानत देने में असमर्थ है, तो गिरफ्तारी करने वाला अधिकारी उस व्यक्ति की तलाशी (Search) ले सकता है और पहनने के आवश्यक वस्त्रों को छोड़कर उसके पास पाई गई सब वस्तुओं को सुरक्षित कर अपनी कस्टडी में रख सकता है जिसकी एक रसीद दी जाएगी जिसमें पुलिस अधिकारी द्वारा कब्जे में की गई वस्तुएं दर्शित होंगी। जब कभी किसी महिला की तलाशी करना आवश्यक हो तब ऐसी तलाशी अन्य महिला द्वारा शिष्टता का पूरा ध्यान रखते हुए की जाएगी।

गिरफ्तार किए गए व्यक्ति की रजिस्ट्रीकृत चिकित्सा-व्यवसायी द्वारा परीक्षा (examination) किए जाने के संबंध में आवश्यक व्यवस्था आपराधिक प्रक्रिया संहिता की धारा 53 एवं 54 में की गई है। शब्द *'परीक्षा' में केवल शरीर की बाहरी परीक्षा ही नहीं अपितु आंतरिक परीक्षा को भी सम्मिलित किया गया है।* **(जमशेद बनाम स्टेट ऑफ उत्तर प्रदेश, 1976 क्रि.ला. 1680)** दंड प्रक्रिया संहिता संशोधन (अधिनियम) 2005 द्वारा धारा 53 में स्पष्टीकरण (क) के अनुसार, *परीक्षा में खून, खून के धब्बों, सीमेन, लैंगिक अपराधों की दशा में थूक और स्वेद (Spit and Sweat), बाल के नमूने और अंगुली के नाखून की कतरनों का वैज्ञानिक परीक्षण और अन्य परीक्षाएं यदि किसी विशिष्ट मामले में रजिस्ट्रर्ड चिकित्सक आवश्यक*

समझता है, सम्मिलित होंगे। भारतीय आपराधिक प्रक्रिया संहिता धारा 54 (1) के अनुसार –परंतु जहां गिरफ्तार किया गया व्यक्ति महिला है, वहां उसके शरीर की परीक्षा केवल महिला चिकित्साधिकारी और जहां महिला चिकित्सा अधिकारी उपलब्ध नहीं हैं वहां रजिस्ट्रीकृत महिला चिकित्सा व्यवसायी द्वारा की जाएगी। और जांच–परीक्षण की रिपोर्ट की एक प्रति (Copy) गिरफ्तार किए व्यक्ति या गिरफ्तार किए गए व्यक्ति द्वारा नामित व्यक्ति को दी जाएगी।

भारतीय आपराधिक प्रक्रिया संहिता की धारा 56 और 57 गिरफ्तार किए गए व्यक्ति को 24 घंटों के अंदर न्यायालय के समक्ष पेश किए जाने का निर्देश देती है। यदि आवश्यक प्रतीत हो तो मजिस्ट्रेट के विशेष आदेश से ही किसी अभियुक्त को 24 घंटों से अधिक के लिए कस्टडी में निरुद्ध किया जा सकता है लेकिन 15 दिनों से अधिक नहीं। **(स्टेट बनाम आर.ए. चौधरी, ए.आई.आर 1955 इलाहाबाद 138)** यह एक संवैधानिक व्यवस्था है क्योंकि इसका उल्लेख भारतीय संविधान के अनुच्छेद 22 में किया गया है। लेकिन, यदि दंड प्रक्रिया संहिता की धारा 167(1) के अनुसार, गंभीर अपराधों की जांच–पड़ताल के लिए गिरफ्तार किए गए व्यक्ति को 90 दिनों की रिमांड (पुन: जेल भेजना) पर भेजा जा सकता है। यदि इसमें भी जांच पूरी नहीं होती है तो गिरफ्तार किए गए व्यक्ति को जमानत पर बाहर आने का अधिकार प्राप्त हो जाता है।

इस प्रकार यह सुस्थापित विधि है कि जैसे ही किसी व्यक्ति को वारंट के बिना गिरफ्तार किया जाता है तो उसे बिना किसी विलंब के उस मामले की सुनवाई (Trial) करने की अधिकारिता रखने वाले मजिस्ट्रेट के समक्ष ले जाना चाहिए। जहां किसी युवा स्त्री को मजिस्ट्रेट द्वारा न्यायिक अभिरक्षा (Judicial Custody) में भेजे जाने का आदेश दिया गया हो, लेकिन मुख्य अधिकारी (Jailor) द्वारा आदेश की अवहेलना करते हुए उस स्त्री को अपनी ही अभिरक्षा में रखा जाना अवैध है।

पुलिस कस्टडी में मृत्यु (Custodial Death) : अपने ऐतिहासिक महत्त्व के निर्णय **डी.के.वासू बनाम पश्चिमी बंगाल राज्य ए.आई.आर. 1997 एस.सी. 610** में सर्वोच्च न्यायालय ने यह अभिनिर्धारित किया है कि किसी भी प्रकार का उत्पीड़न या क्रूर, अमानवीय या अपमानजनक व्यवहार चाहे वह जांच के दौरान प्रश्न पूछने के दौरान या अन्य स्थान पर हो भारतीय संविधान के अनुच्छेद 21 का अतिक्रमण करता है, अत: वर्जित है। पुलिस कस्टडी में मृत्यु होना विधि शासन द्वारा शासित सभ्य समाज में सबसे खराब अपराध है। याची ने सर्वोच्च न्यायालय के मुख्य न्यायमूर्ति को एक पत्र लिखा था जिसमें पुलिस कस्टडी में हुई मौतों के विषय में देश के समाचार पत्रों में छपे समाचार की ओर न्यायालय का ध्यान आकृष्ट किया था। न्यायालय ने उक्त पत्र को रिट पिटीशन मानकर मामले की सुनवाई की और पुलिस कस्टडी में हुई मौतों के बारे में चिंता व्यक्ति करते हुए निर्धारित किया कि जब तक विधानमंडल इस संबंध में कोई विधि नहीं बनाता है, निम्नलिखित सिद्धांतों का पालन किया जाएगा:

- गिरफ्तारी करने वाला या जांच करने वाला पुलिस कर्मचारी के पद का नाम सही, प्रत्यक्ष और सुस्पष्ट होना चाहिए। ऐसे सभी पुलिस कर्मचारी जो गिरफ्तार व्यक्ति से पूछताछ करते हैं, उनका विवरण रजिस्टर में दर्ज होना चाहिए।

- गिरफ्तारी करने वाला पुलिसकर्मी गिरफ्तारी के समय एक मेमो बनाएगा जो कम से कम दो साक्षियों द्वारा प्रमाणित होगी, जो गिरफ्तार किए गए व्यक्ति के परिवार के होंगे या उसके मोहल्ले के प्रतिष्ठित व्यक्ति होंगे।
- गिरफ्तार या निरुद्ध व्यक्ति को यह अधिकार होगा कि उसके एक मित्र, संबंधी या किसी अन्य व्यक्ति जिसको वह जानता हो या जिसे उसकी कुशलता में दिलचस्पी हो, को इसकी सूचना दी जाए।
- गिरफ्तार किए गए व्यक्तियों को इस अधिकार के बारे में जानकारी होनी चाहिए कि उनकी गिरफ्तारी की सूचना यथाशीघ्र किसी को दी गई है।
- निरोध के स्थान पर गिरफ्तारी की सूचना डायरी में दर्ज करनी होगी जिसमें उस मित्र के नाम का उल्लेख होगा जिसे गिरफ्तारी की सूचना दी गई है और उस पुलिस कर्मचारी के नाम और विवरण का उल्लेख होगा जिसकी कस्टडी में व्यक्ति को गिरफ्तार किया गया है।
- गिरफ्तार किया गया व्यक्ति, यदि प्रार्थना करता है कि उसकी जांच-पड़ताल कराई जाए तो उसकी शरीर में पाई गई बड़ी और छोटी चीजों को भी दर्ज किया जाना चाहिए।
- व्यक्ति का उसकी गिरफ्तारी के 48 घंटे में प्रशिक्षित डॉक्टरों द्वारा राज्य या केंद्र राज्य क्षेत्र के स्वास्थ्य सेवा के निदेशक द्वारा अनुमोदित डॉक्टरों के पैनल में से किसी एक डॉक्टर द्वारा डॉक्टरी जांच कराना चाहिए। स्वास्थ्य निदेशक सभी तहसीलों और जिलों के लिए ऐसा पैनल बनाएगा।
- सभी दस्तावेजों जिसमें मेमो भी शामिल है, की प्रतिलिपियां क्षेत्र के मजिस्ट्रेट को रिकार्ड के लिए भेजी जाएंगी।
- गिरफ्तार व्यक्ति को पूछताछ के दौरान अपने अधिवक्ता से मिलने दिया जा सकता है, यद्यपि पूछताछ के पूरे दौरान में यह आवश्यक नहीं है।

न्यायालय ने यह स्पष्ट किया है कि उपर्युक्त मार्गदर्शक सिद्धांतों के पालन में विफलता पर संबंधित अधिकारी विभागीय कार्यवाही के अतिरिक्त न्यायालय अवमानना के लिए भी उत्तरदायी होगा और उसके विरुद्ध देश के किसी भी उच्च न्यायालय में, कार्यवाही प्रारंभ की जा सकेगी। न्यायालय ने यह आदेश दिया कि उपर्युक्त निर्देशों को संबंधित प्राधिकारियों में विस्तृत रूप से प्रसारित किया जाए और ऑल इंडिया रेडियो और दूरदर्शन पर भी प्रसारण किया जाना चाहिए।

पुलिस कस्टडी में मृत्यु के विरुद्ध संरक्षण (Protection Against Custodial Death) **नलबाती वेहरा बनाम उड़ीसा राज्य (1993) 2 एस. सी. 746** के मामले में उच्चतम न्यायालय ने यह अभिनिर्धारित किया है कि पुलिस कस्टडी में गिरफ्तार व्यक्तियों की तथा जेल में कैदियों की रक्षा करना राज्य का परम् कर्तव्य है और यदि पुलिस कस्टडी या जेल में व्यक्ति के मूल अधिकारों का राज्य या उसके सेवकों द्वारा उल्लंघन होता है तो राज्य को ऐसे नागरिक को उसकी क्षतिपूर्ति (Compensation) करनी होगी।

नलबाती वेहरा बनाम उड़ीसा राज्य (1993) मामला

मृतक एक 22 वर्ष का व्यक्ति था जिसे पुलिस द्वारा किसी अपराध के जांच के संबंध में दिसंबर, 1993 की शाम को 8:00 बजे गिरफ्तार किया गया और उसे थाने में बंद कर दिया गया। उसे हथकड़ी लगी हुई थी और पुलिस का एक कॉन्सटेबल रात में पहरे पर था। 2 दिसंबर 1993 को उसकी हथकड़ी लगी हुई जिस पर अनेक चोटें थीं, उसकी बॉडी रेलवे लाइन के किनारे पड़ी पाई गई। मृतक की माँ ने न्यायालय को पत्र द्वारा पुलिस कस्टडी में अपने पुत्र की मृत्यु की सूचना दी और क्षतिपूर्ति की मांग की। सर्वोच्च न्यायालय ने उसके पत्र को याचिका मानकर पूरे मामले की डॉक्टरी जांच कराई जिसमें यह पाया गया कि मृतक की मृत्यु पुलिस द्वारा मारने-पीटने से हुई थी। अत: उसकी माँ को मृतक पुत्र की उम्र और 1200 से 1500 रु. की आय को ध्यान में रखते हुए 1 ,50 ,000 रुपए की क्षतिपूर्ति दिलवाई।

पुलिस की कस्टडी में हुई मौतों के मामले में क्षतिपूर्ति के संबंध में न्यायालय ने कहा कि इसके लिए धनीय क्षतिपूर्ति (Monetary Compensation) ही सबसे उपयुक्त उपचार है।

जमानत (Bail)

जमानतीय अपराधों में जमानत (Bail in Bailable Offences) **:** जमानतीय अपराधों में जमानत पर छूटना अभियुक्त का एक वैधानिक अधिकार होता है। भारतीय आपराधिक प्रक्रिया संहिता की धारा 436 के अनुसार, जब कोई व्यक्ति जमानतीय अपराध के अंतर्गत आने वाला निम्न एवं सामान्य प्रकृति का कोई अपराध कारित करता है और उसे न्यायालय के समक्ष प्रस्तुत किया जाता है तो न्यायालय उसे जमानत पर अथवा जमानत (Sureties) रहित बंधपत्र (Bond) पर छोड़ देने का आदेश दे सकेगा। दूसरे शब्दों में, जमानतीय अपराध करने वाला कोई भी अभियुक्त जब भी, न्यायालय के समक्ष लाया जाए भारतीय आपराधिक प्रक्रिया संहिता की धारा 436 के अंतर्गत जमानत पर छोड़े जाने की मांगकर सकेगा। **(स्टेट बनाम शार्दूल सिंह , 1975 क्रि. लॉ. 1348 एवं रतिलाल भारजी मिठटानी बनाम असिस्टेंट कलेक्टर ऑफ कस्टम्स , बम्बई ए.आई.आर. 1967 एस.सी. 1639)** भारतीय आपराधिक प्रक्रिया संहिता (संशोधन) अधिनियम 2005 में स्पष्टीकरण द्वारा यह उपबंधित किया गया है कि यदि कोई व्यक्ति अपनी गिरफ्तारी के एक सप्ताह के भीतर जमानत देने में असमर्थ है तो न्यायालय के लिए यह पर्याप्त आधार होगा कि वह निर्धन व्यक्ति है। इस प्रकार दंड प्रक्रिया संहिता में निर्धन व्यक्ति को जमानत के उपबंधों का पालन किए बिना भी जमानत पर छोड़े जाने का प्रावधान है।

गैर-जमानतीय अपराधों में जमानत (Bail in Non-Bailable Offences) **:** भारतीय आपराधिक प्रक्रिया संहिता की धारा 437 में उन परिस्थितियों का उल्लेख किया गया है जिनके अंतर्गत गैर-जमानतीय अपराध करने वाले आरोपी व्यक्ति को न्यायालय अथवा पुलिस अधिकारी द्वारा जमानत पर छोड़ा जा सकता है, यदि वह स्त्री है, अथवा वह व्यक्ति सोलह वर्ष से कम आयु का है, अथवा रोगी या विकलांग है। लेकिन जमानत के प्रार्थनापत्र

पर विचार करते समय निम्नांकित बातों पर ध्यान दिया जाना चाहिए (**लोकेश सिंह बनाम स्टेट ऑफ उत्तर प्रदेश, ए.आई.आर. 2009 एस.सी. 94**)-

- अपराध की प्रकृति
- दंड की मात्रा (गंभीरता)
- साथियों के बहकावे या फुसलाए जाने की आशंका, तथा
- आरोप के संबंध में न्यायालय का प्रथम दृष्ट्या समाधान।

आपराधिक प्रक्रिया संहिता की धारा 438 के अनुसार, जिस व्यक्ति को तुरंत गिरफ्तार होने की आशंका हो, तो वह एंटीसिपेट्री जमानत (Anticipatory Bail) पा सकता है, लेकिन अपराध नियंत्रण और जांच-पड़ताल में गंभीर दखलअंदाजी की संभावनाओं के कारण अनेक राज्यों में इस तरह की याचिकाओं को रद्द कर दिया जाता है।

सजा (Sentencing)

मुकदमे की कार्यवाही पूरी होने के बाद अंततः अभियुक्त को सजा सुनाना होता है। विभिन्न अपराधों के लिए सजा का प्रावधान भारतीय आपराधिक प्रक्रिया संहिता 1960 के अध्याय तीन में दिया गया है। (संलग्नक 1) भारतीय आपराधिक प्रक्रिया संहिता में सजा का प्रावधान सुधारात्मक है। संहिता की धारा 235(2) और 248(2) प्रत्येक दोषसिद्ध या दोषमुक्त व्यक्ति की बात को सुने जाने का अधिकार देती है। 'सुने जाने का अधिकार' (Right to be Heard) को संविधान के अनुच्छेद 21 में दिए गए जीवन के अधिकार (Right to Life) के अंतर्गत स्वतंत्रता के अधिकार के अंतर्गत मान्यता दी गई है।

सजा को क्षमा करने (Pardon), कम करने (Commutation) और सजा का स्वरूप बदलने (Remission of Sentence) की शक्तियां केवल राज्यपाल और राष्ट्रपति को प्राप्त हैं, जो संविधान के अनुच्छेद 72 के अंतर्गत राष्ट्रपति और अनुच्छेद 161 के अंतर्गत राज्यपाल को दी गई हैं। लेकिन भारतीय आपराधिक प्रक्रिया संहिता की धारा 433 (ए) के द्वारा इन शक्तियों को प्रतिबंधित कर दिया गया है अर्थात् यदि किसी व्यक्ति की मृत्युदंड की सजा को, आजीवन कारावास के रूप में लघुकरण किया गया है तो उस व्यक्ति को कारावास से तब तक नहीं छोड़ा जाएगा जब तक कि उसने 14 वर्ष के कारावास की सजा न काट ली हो। ये सभी प्रतिबंध सर्वोच्च न्यायालय द्वारा वैध ठहराए गए हैं। चूंकि सजा का प्रावधान सुधारात्मक है, इसलिए उस अपराधी को जो कि एक युवा है और उसने प्रथम अपराध किया है, को उसके अच्छे व्यवहार के आधार पर छोड़ भी दिया जाता है और कभी-कभी सजा भी माफ कर दी जाती है।

निष्कर्ष (Conclusion)

आपराधिक न्याय प्रशासन की विफलता न केवल संवैधानिक गारंटी का उल्लंघन करती है, बल्कि पूरे नागरिक समाज को भी खतरे में डालती है, जो एक अराजक स्थिति की

ओर ले जाती है, जहां संविधान एक मजाक के अलावा कुछ नहीं होगा। क्योंकि अपराधी पर कोई अभियोग न चलाए जाने या दंडित नहीं किए जाने की संभावना की स्थिति लोगों को अपने हाथों में कानून लेने, बदला लेने आदि के लिए असामाजिक तत्त्वों की मदद लेने के लिए उकसाती है। ऐसी परिस्थितियों में अपराधी पनपते हैं और कानून का पालन करने वाले नागरिकों का जीवन, स्वतंत्रता, गरिमा, और संपत्ति लगातार खतरे में रहती है, जो पूरे राज्य तंत्र में से लोगों के विश्वास को मिटा देता है। इसलिए, निष्पक्ष आपराधिक न्याय के लिए लोगों को आपराधिक न्याय प्रशासन की मदद करने के लिए अपने कानूनी और नैतिक कर्तव्यों का पालन करना भी आवश्यक है।

संदर्भ सूची (References)

1. https://www.indiatoday.in/information/story/how-to-file-an-fir-online-a-complete-guide-1551930-2019-06-19, retrieved on 10.08.2020
2. https://keydifferences.com/difference-between-complaint-and-fir.html, accessed on 20.06.2020

संदर्भ-ग्रंथ (Reference Works)

- तिवारी, एम.के., (2014), *प्रशासनिक विधि*, सेंट्रल लॉ एजेन्सी, इलाहाबाद।
- दंड प्रक्रिया संहिता 1973, (2013), वेयर एक्ट, सेंट्रल लॉ एजेन्सी, इलाहाबाद।
- पाण्डेय, डॉ. जय नारायण, (2012), *भारत का संविधान*, सेंट्रल लॉ एजेन्सी, इलाहाबाद।
- बबेल, बसंती लाल, (2012), दंड *प्रक्रिया संहिता 1973*, सेंट्रल लॉ एजेन्सी, इलाहाबाद।
- भारतीय दंड संहिता, (2012), *वेयर एक्ट (द्विभाषी संस्करण)*, सेंट्रल लॉ पब्लिकेशंस, इलाहाबाद।
- भारतीय दंड संहिता, (2007), *1860, 2006 वेअर एक्ट*, प्रोफेशनल बुक पब्लिशर्स।
- मिश्र, प्रो. सूर्यनारायण, (2012), *भारतीय दंड संहिता*, सेंट्रल लॉ एजेन्सी, इलाहाबाद।
- सिंह, के.के., (2011), *साक्ष्य विधि*, सेंट्रल लॉ एजेंसी, इलाहाबाद।
- Jain, Ashok Kumar, (2013), *Civil Procedure Code, Evidence Act, Criminal Act*, Acsent Publication, Delhi.
- Kelkar, R.V., (2005) *Criminal Procedure,* Eastern Book Company, Lucknow.
- Shankaran, Kamala and Ujjwal Kumar Singh (ed.), (2008) *Towards Legal Literacy: An Introduction to Law in India*, Oxford University Press, New Delhi.

3 लिंग, जाति, वर्ग आधारित भेदभाव और समानता

(Gender, Caste, Class Based Discrimination and Equality)

संयुक्त राष्ट्र चार्टर[1] हमेशा से ही महिलाओं की गरिमा और महिला–पुरुष समानाधिकारों की बात करता रहा है। चार्टर के अनुच्छेद 1 के अनुसार, "संघ का एक प्रमुख उद्देश्य यह है कि मूल, वंश, लिंग, भाषा या धर्म के आधार पर भेद किए बिना सभी के लिए मानवाधिकारों और मूल स्वतंत्रताओं के प्रति सम्मान की अभिवृद्धि करने और उसको प्रोत्साहित करने के लिए अंतर्राष्ट्रीय सहयोग प्राप्त करना है।" संयुक्त राष्ट्र महासभा द्वारा 2 दिसंबर, 1981 को चार्टर में स्वीकार किया गया कि महिलाओं तथा पुरुषों के बीच समानता को लागू करना है। महिलाओं के विरुद्ध भेदभाव, विशेष रूप से जबरदस्ती, विवाह, घरेलू हिंसा व शिक्षा प्राप्त करने में असमर्थता, स्वास्थ्य, सार्वजनिक जीवन और कार्य में भेदभाव को रोकना है।

भारतीय संविधान महिला व पुरुष दोनों को समान अधिकार प्रदान करता है। महिलाओं के पक्ष में बनाए गए कानूनों में भी पुरुषों के प्रति कोई अत्याचार नहीं किया गया है। मार्क्स ने कहा था, "महिलाओं की सामाजिक स्थिति से सामाजिक प्रगति को ठीक–ठाक मापा जा सकता है। सामाजिक परिवर्तन का असर महिलाओं की आर्थिक स्थिति पर भी देखा जा सकता है।" मनुस्मृति में लिखा है, "यत्र नार्यस्तु पूज्यन्ते, रमन्ते तत्र देवताः" अर्थात् देवता वहां वास करते है जहां स्त्रियों का सम्मान होता है। हड़प्पा व मोहनजोदड़ो के मूक प्रमाण भी यही बताते हैं कि सिंधु समाज में महिलाएं, पुरुषों के समान दर्जा रखती थीं। वैदिक काल को तो महिलाओं के लिए 'स्वर्ण काल' ही माना जाता है। इस कालखंड में महिलाओं की समाज में अत्यंत उन्नत स्थिति थी। पुत्र–पुत्रियों को समान अवसर व समान सुविधाएं दी जाती थी। वेदों व अन्य पवित्र पुस्तकों के अध्ययन का भी अधिकार कन्याओं को दिया गया था। ऐसा कहा जाता है कि ऋग्वेद की रचना में लगभग 20 महिलाओं ने भी अपना योगदान दिया था। वैदिक काल में कन्याओं के साथ–साथ महिलाओं को भी पर्याप्त स्वतंत्रता प्रदान की गई थी। वे न केवल समाज में स्वतंत्र विचरण करती थीं बल्कि धार्मिक व सामाजिक गतिविधियों में भी पुरुषों के साथ बराबर का सहयोग करती थीं। शाही परिवारों में तो

डॉ. राखी चौहान, असिस्टेंट प्रोफेसर, राजनीति विज्ञान विभाग, कालिंदी कॉलेज, दिल्ली विश्वविद्यालय।

'स्वयंवर प्रथा' के द्वारा आजादी से अपना वर भी चुन सकती थीं। विधवा विवाह की भी अनुमति थी। पितृसत्तात्मक व्यवस्था होते हुए भी पति-पत्नी बराबर के अधिकार रखते थे।

वैदिक युग के अंतिम समय से ही महिलाओं की स्थिति में बदलाव आने शुरू हुए। बौद्ध व जैन धर्मों में भिक्षुणी व साधवी को भिक्षुकों और साधकों से निम्न दर्जे का माना जाने लगा। इसी समय के हिंदू समाज में भी धार्मिक संस्कारों में महिलाओं को दोयम दर्जा दिया गया। विवाह के समय 'कन्यादान' करने की प्रथा प्रचलित हुई। संपत्ति पर भी महिलाओं का अधिकार खत्म कर दिया गया। विधवाओं के लिए विवाह अनुमति विशेष परिस्थितियों में दी जाने लगी। महिलाओं की आजादी पर कई प्रकार के बंधन लगा दिए गए। गुप्तयुग में तो वह दासी का जीवन जीने लगी। धार्मिक अनुष्ठानों से उन्हें दूर रखा जाने लगा। मध्यकाल, मुगलकाल और ब्रिटिशकाल में भी स्थिति में बदलाव नहीं आया। स्वतंत्र भारत के संविधान में एक बार फिर महिला-पुरुष समानता परिलक्षित हुई।

जब अंग्रेज भारत में आए तब उन्होंने भी अपने शासन को बनाए रखने के लिए जाति के औजार का प्रयोग किया फलस्वरूप वर्गीय शोषण जारी रहा। एक विदेशी होने के नाते इस व्यवस्था को दूर करना या इसमें बदलाव लाना न तो उनकी आवश्यकता थी और न ही मजबूरी। लेकिन ब्रिटिश शासकों का स्वयं का शासन ब्रिटेन में विधि का शासन था, जो समानता पर आधारित था। इसीलिए 17वीं शताब्दी में शासकों के ना चाहते हुए भी कुछ सामाजिक परिवर्तन होते गए। हिंदू समाज में भी ब्रह्म समाज, प्रार्थना समाज, आर्य समाज, रामकृष्ण मिशन, थियोसोफिकल सोसाइटी आदि के नेतृत्व में कुछ सुधारवादी आंदोलन हुए। इन आंदोलनों ने जाति प्रथा और हिंदू सामाजिक व्यवस्था पर कड़ा प्रहार किया। दूसरी तरफ, ब्रिटिश शासकों के अंतर्गत औद्योगीकरण व शहरीकरण की प्रक्रिया ने जाति व्यवस्था की जकड़न को कुछ ढीला किया। राष्ट्रीय आंदोलन के दौरान भी अनेक नेताओं का ध्यान शूद्रों की सामाजिक दुर्दशा की ओर गया। 19वीं व 20वीं शताब्दी में अनेक ऐसे राजनीतिक व सामाजिक नेता सामने आए जिन्होंने वर्षों से चली आ रही सामाजिक कुरीतियों को समाप्त करने की बात की।

जेंडर : घरेलू हिंसा, बलात्कार तथा यौन उत्पीड़न के खिलाफ महिलाओं का संरक्षण

(Gender: The Protection of Women against Domestic Violence, Rape and Sexual Harassment)

भारतीय संविधान के अनुसार, महिलाओं को पुरुष के समान ही मौलिक अधिकार व स्वतंत्रताएं प्रदान की गई हैं। संविधान में लिंग के आधार पर किसी प्रकार का भेदभाव निषेध माना गया है। संविधान के अनुच्छेद 14 जिसका संबंध 'विधि के समक्ष समानता' से है उसमें उल्लिखित है कि "भारत में किसी भी व्यक्ति को कानून के समक्ष समानता या कानून के समान संरक्षण से वंचित नहीं किया जाएगा"। संविधान के अनुच्छेद 15 में भी धर्म, वंश, जाति, लिंग या जन्म स्थान के आधार पर भेदभाव की मनाही है। उल्लेखनीय है कि संविधान

के अनुच्छेद 15 के कुछ अपवाद हैं जो भारतीय सरकार को महिलाओं तथा बच्चों के लिए विशेष प्रावधान करने की शक्ति प्रदान करता है।

भारतीय संविधान का अनुच्छेद 16 भी 'सरकारी नियुक्तियों में अवसरों की समानता' की बात करता है:-

- सरकारी नियुक्तियों के लिए सभी नागरिकों को समान अवसर प्राप्त होंगे।
- किसी भी सरकार के अधीन कार्यालयों तथा रोजगारों में कोई भी नागरिक धर्म, वंश, जाति, लिंग, जन्म स्थान, निवास स्थान या इसमें से किसी भी आधार पर सरकारी नियुक्तियों के लिए अयोग्य नहीं माना जाएगा।
- पिछड़े वर्गों/अनुसूचित जाति या जनजाति के लिए सरकारी नौकरियों में कुछ स्थान आरक्षित रखे जा सकते हैं।

मौलिक अधिकारों में मानव व्यापार व बेगार की भी मनाही है। संविधान के अनुच्छेद 23 के अनुसार, मानव व्यापार व बेगार को गैरकानूनी घोषित किया गया है। इतिहास इस बात का गवाह है कि बलात् मजदूरी की महिलाएं ही सबसे ज्यादा शिकार रहीं हैं। यही नहीं सर्वोच्च न्यायालय द्वारा दिए गए एक निर्णय में जबरन (Forced) शब्द का अर्थ बताया, जिसके अनुसार, "केवल शारीरिक या कानूनी ताकत नहीं, बल्कि ऐसी ताकत से भी है जो आर्थिक मजबूरियों के रूप में पैदा होती हैं और जिसकी वजह से जरूरतमंद आदमी के सामने इसके अलावा और कोई चारा नहीं रहता कि वह मजबूर होकर ऐसा काम करें जिसका पारिश्रमिक न्यूनतम मजदूरी से भी कम हो।" (Asiad Workers' Case, 1982)

मौलिक अधिकार महिलाओं के अधिकारों की दृष्टि से अत्यंत महत्त्वपूर्ण माने जाते हैं। लास्की के शब्दों में, "अधिकार सामाजिक जीवन की वे दशाएं हैं जिनके बिना कोई व्यक्ति अपने व्यक्तित्त्व का सर्वोच्च विकास नहीं कर सकता।" जीवन की रक्षा, आर्थिक सुरक्षा, धार्मिक स्वतंत्रता, विचार अभिव्यक्ति का अधिकार और अवसरों में महिला-पुरुष समानता ये कुछ ऐसे अधिकार हैं जो आधुनिक जीवन के अभिन्न अंग हैं, जो हर व्यक्ति के व्यक्तित्त्व को ऊंचाइयां प्रदान करने के लिए आवश्यक हैं और सभी के लिए उपयोगी हैं तथा लोकतंत्र का मूलमंत्र भी हैं। इसीलिए ये अधिकार मौलिक कहलाते हैं। भारतीय संविधान में मूल अधिकारों के साथ-साथ कर्त्तव्यों का भी उल्लेख है। वास्तव में, हर अधिकार के साथ कुछ कर्त्तव्य भी जुड़े हुए हैं। दिसंबर 1976 में संविधान के 42वें संशोधन के द्वारा संविधान में 10 कर्त्तव्यों को भी जोड़ा गया। इस प्रकार संविधान के अनुच्छेद 51-। के अनुसार, "देश में धार्मिक, भाषाई तथा प्रादेशिक भेदभाव मौजूद हैं। विभिन्न समुदायों के बीच भाइचारे को बनाए रखना हर नागरिक का कर्त्तव्य है। नागरिकों का कर्त्तव्य है कि वे उन प्रथाओं का बहिष्कार करें जो महिलाओं के सम्मान के विरुद्ध हैं।"

नीति निर्देशक सिद्धांत भी भारतीय संविधान की एक मुख्य विशेषता है। मौलिक अधिकारों की तरह इन नीति निर्देशक सिद्धांतों को न्यायालय द्वारा लागू नहीं कराया जा सकता, लेकिन इन्हें लागू करवाना और उन्हें अमल में लाना राज्य का कर्त्तव्य माना गया है। नीति निर्देशक सिद्धांत जिनका संविधान के चौथे भाग में वर्णन किया गया है, संविधान के अनुच्छेद 37 के

अनुसार, ''राज्य का यह कर्त्तव्य है कि वह कानून बनाते समय इन सिद्धांतों को अपनाए।'' इनका उद्देश्य सामाजिक और आर्थिक क्षेत्र में 'समता व न्याय' की स्थापना है। जिसके अनुसार, राज्य महिलाओं की प्रसूति सहायता प्रदान करने की व्यवस्था करेगा।

अनुच्छेद 39 के अनुसार:-

- राज्य सभी नागरिकों के लिए रोजगार के साधन जुटाने की कोशिश करेगा।
- महिला व पुरुष दोनों को समान कार्य के लिए समान वेतन मिलना चाहिए।
- राज्य का कर्त्तव्य है कि वह यह देखे कि पुरुष महिलाओं और बालकों को आर्थिक मजबूरी के कारण ऐसे रोजगारों में न जाना पड़े जो उनकी आयु व शक्ति के अनुकूल न हों।

कानूनन महिला व पुरुष का दर्जा बराबर है लेकिन क्या वास्तविकता भी यही है? 2001 की जनगणना आंकड़ों के अनुसार, पुरुष-महिला लिंगानुपात 933:1000 था, जबकि 2011 में आए आंकड़ों में यह संख्या बढ़कर 940:1000 हो गई है। जम्मू कश्मीर, बिहार व गुजरात ही ऐसे तीन राज्य हैं जहां यह लिंगानुपात पहले से गिरा है। हालांकि दिल्ली और हरियाणा आज भी ऐसे राज्य हैं जहां यह लिंगानुपात सबसे खराब हालात में हैं। दिल्ली में 866:1000 तथा हरियाणा मे 877:1000 है। जबकि केरल में यही अनुपात 1084:1000 है। देश के एक बड़े हिस्से में यह लैंगिक असमानता दर्शाती है कि पहले से ही पुरुष व महिलाओं के बीच विभाजन स्पष्ट है जो केवल शारीरिक अंतर को ही नहीं दर्शाता है बल्कि गृहकार्यों में, कामकाज के स्थान पर, धार्मिक तौर पर और सामाजिक आधार पर भी भेदभाव किसी से छिपा नहीं है। महिलाओं की स्थिति स्पष्ट तौर पर दोयम दर्जे की है, शक्तिहीन है, विकास वंचित व पितृसत्ता से शोषित है। समाज में महिलाओं के खिलाफ हिंसा में तेजी आई है। आज समाज विकसित है लेकिन फिर भी महिलाओं के प्रति अपराध और हिंसा बढ़ रही है। विडंबना यह है कि आज संविधान है, कानून है, सरकार का लक्ष्य लोक कल्याणकारी राज्य की स्थापना भी है। शिक्षा का स्तर बढ़ा है, फिर भी महिलाओं के विरुद्ध होने वाले हिंसक अपराधों मे लगातार वृद्धि होती जा रही है। यही नहीं इन अपराधों को अक्सर सामाजिक प्रतिष्ठा खोने के डर से परिवार में ही दफन कर दिया जाता है। यदि थाने पहुंच भी जाए तो वहां रिपोर्ट दर्ज नहीं होती, यदि दर्ज हो भी जाए तो अदालतों में पहुंच कर सालों साल इंतजार में लगा देती आगे हम कुछ लैंगिक अपराधों तथा उन पर बनाए गए कानूनों पर चर्चा करेंगे ।

घरेलू हिंसा (Domestic Violence)

साधारण भाषा में उग्र व आक्रामक व्यवहार को हिंसात्मक व्यवहार की संज्ञा दी जाती है। हिंसा शक्ति का प्रयोग है जिसके द्वारा दूसरे व्यक्ति के शरीर व भावना को चोट पहुंचाई जाती है और कानून का उल्लंघन भी किया जाता है। हिंसा एक व्यक्ति की दूसरे पर तथा एक समुदाय की दूसरे समुदाय पर भी हो सकती है। हिंसा किसी भी प्रकार की हो या किसी भी रूप में यह व्यक्ति की मनोवृत्ति को दर्शाती है। परिवार एक ऐसी संस्था है जो एक-दूसरे

के साथ मिल कर रहना, सहायता करना, प्यार, परंपराओं व रीति रिवाजों का पालन करना सिखाती है। लेकिन कुछ परिवारों में महिला को गुलाम समझा जाता है और उन्हें वह महत्त्व नहीं दिया जाता जो पुत्र को मिलता है। प्राचीन परंपराएं भी महिलाओं के प्रति हिंसा को प्रेरित करती हैं। परिवार में जब महिला को उसके परिवार के लोगों द्वारा हिंसक रूप से तंग किया जाता है इसे हम घरेलू हिंसा कह सकते हैं। यह हिंसा शारीरिक तथा मानसिक किसी भी प्रकार की हो सकती है। जहां मनोवैज्ञानिक हिंसा, अमानवीय व्यवहार, बेइज्जत करके और धमकी देकर की जा सकती है, वहीं शारीरिक हिंसा पति या उसके परिवार वालों के द्वारा पत्नी या बहू को शारीरिक नुकसान पहुंचा कर भी की जाती है।

भले ही भारत का संविधान बराबरी के अधिकार प्रदान करता हो लेकिन वास्तविकता यह है कि महिला परिवार में पुरुष से नीची ही समझी जाती है। अक्सर परिवार में महिला शारीरिक व मनोवैज्ञानिक दोनों तरह की हिंसा को सहन करती है। विडंबना तो यह है कि महिला परिवार में वह जिन पर सबसे ज्यादा विश्वास और प्यार करती है जैसे पिता, भाई, अंकल और पति, वही उस पर हिंसा करते हैं। आज सबसे ज्यादा मनोवैज्ञानिक घरेलू हिंसा के मामले सामने आ रहे हैं। यह हिंसा हर वर्ग की महिला झेल रही है भले ही वह शहरों में है या गांव में, पढ़ी-लिखी है या अनपढ़।

घरेलू हिंसा के कई रूप हैं। भारतीय समाज में बेटियों को सहनशीलता और स्व-बलिदानी बनाया जाता है। यदि कोई महिला पति के अत्याचार से तंग हो विवाह से बाहर निकलना भी चाहती है, तो उसे माता-पिता की इज्जत को ध्यान में रख मरते दम तक वहीं रहने की शिक्षा दी जाती है। पति के इस अत्याचार का पत्नी के ऊपर काफी प्रभाव भी पड़ता है। बहुत-सी महिलाएं और कोई रास्ता ना देख आत्महत्या कर बैठती हैं, जबकि कई बार मार-पीट के दौरान भी दम तोड़ देती हैं।

निःसंदेह घरेलू हिंसा महिलाओं के प्रति किए जाने वाला एक भयानक अपराध है जो महिला को शारीरिक हानि तो पहुंचाता ही है, साथ ही मानसिक तौर पर भी खोखला करता जाता है। घरेलू हिंसा में केवल मारना-पीटना ही नहीं बल्कि जबरदस्ती बलात्कार, आर्थिक शोषण व मानसिक उत्पीड़न भी शामिल है। 2005 में संसद में घरेलू हिंसा अधिनियम (Domestic Violence Act, 2005)[2] पारित किया गया। हालांकि इससे पहले भी भारतीय दंड संहिता की धारा 498 घरेलू हिंसा को अवैधानिक घोषित करती है और इसे ना केवल शारीरिक हिंसा बल्कि मानसिक हिंसा भी घोषित करती है। इसके अनुसार, "वह भले ही कोई भी व्यक्ति हो पति या उसके संबंधी जो भी महिला के प्रति क्रूरता या अमानवीय व्यवहार का दोषी पाया जाएगा, उसे कारावास की सजा होगी जो तीन साल तक बढ़ाई जा सकती है और साथ ही जुर्माना भी लगाया जा सकता है।" तीन साल की सजा का प्रावधान बिना जमानत के था। यही नहीं इसमें क्रूरता को भी अलग से पारिभाषित किया गया था। 80 के दशक की स्थिति के अनुरूप यह कानूनी प्रावधान काफी ऐतिहासिक रहा, लेकिन घरेलू हिंसा का पूरी तरह सफाया नहीं कर पाया। घरेलू हिंसा अधिनियम, 2005, महिलाओं को घरेलू हिंसा के खिलाफ शक्ति प्रदान करता है।

परिभाषानुसार यदि किसी व्यक्ति द्वारा अपने घर में जिसके साथ उसी घर में आप रहती हैं आपको पीटा जाता है, धमकी दी जाती है या उत्पीड़ित की जाती हैं तो आप घरेलू हिंसा का शिकार है। महिला संरक्षण अधिनियम, 2005 आपको घरेलू हिंसा के विरुद्ध संरक्षण और सहायता का अधिकार देता है। महिलाएं इस अधिनियम के अधीन संरक्षण और सहायता प्राप्त कर सकती हैं, यदि वह जिस व्यक्ति या व्यक्तियों के साथ उसी घर में निवास करती है और महिला या उसकी देख-रेख में रह रहे किसी बालक के विरुद्ध हिंसा के निम्न कृत्य होते हैं:

शारीरिक हिंसा : मारपीट करना, थप्पड़ मारना, ठोकर मारना, दांत से काटना, लात मारना, मुक्का मारना, धक्का देना, धकेलना या अन्य किसी रीति से शारीरिक पीड़ा या क्षति पहुंचाना।

मौखिक और भावनात्मक हिंसा : इसमें अपमान, गालियां देना, चरित्र और आचरण इत्यादि पर दोषारोपण करना, पुरुष संतान न होने के लिए अपमान करना, दहेज इत्यादि न लाने पर अपमान करना, महिला कस्टडी में किसी बालक को विद्यालय, या महाविद्यालय या किसी अन्य शैक्षिक संस्था में जाने से रोकना, नौकरी करने से निवारित करना, नौकरी छोड़ने के लिए मजबूर करना, घटनाओं के सामान्यक्रम में महिला को किसी व्यक्ति से मिलने से निवारित करना, महिला को विवाह करने के लिए मजबूर करना, पसंद के व्यक्ति से विवाह करने से महिला को रोकना या अपनी पसंद के विशेष व्यक्ति से विवाह करने के लिए मजबूर करना, आत्महत्या करने की धमकी देना, कोई अन्य मौखिक या भावनात्मक दुर्व्यवहार करना आदि को शामिल किया गया है।

आर्थिक हिंसा : इसमें महिला को या बच्चों को धन, खाना, कपड़े या दवाइयां उपलब्ध न कराना, रोजगार चलाने से रोकना या उसमें विघ्न डालना, महिला के वेतन पारिश्रमिक को ले लेना, घर से बाहर निकलने को मजबूर करना या किसी भाग का उपभोग करने से रोकना, यदि महिला किराए के घर में रह रही हो तो किराया अदा ना करना भी शामिल है।

वह महिला जो घरेलू हिंसा की शिकार है उसे निम्न अधिकार भी प्राप्त होंगे-

- अपने अधिकारों व अनुतोष के बारे मे जानने के लिए संरक्षण अधिकारी और सेवा प्रदाता की सहायता प्राप्त कर सकती है।
- घरेलू हिंसा के कृत्यों से स्वयं व बालकों के लिए संरक्षण प्राप्त कर सकती है।
- खतरों या असुरक्षाओं से संरक्षण के उपाय व आदेश प्राप्त करने का अधिकार है।
- घर मे रहने वाले व्यक्तियों के हस्तक्षेप को रोकने व सुविधाओं का शांतिपूर्वक उपभोग करने के अधिकार को सुरक्षित करना।
- स्त्री धन, आभूषण, कपड़ों व दैनिक उपयोग की वस्तुओं व अन्य घरेलू चीजों पर कब्जा वापस लेने का अधिकार।
- घरेलू हिंसा के कारण हुई किसी शारीरिक या मानसिक क्षति या धन नुकसान के लिए प्रतिकार।
- खतरे से बचाव के लिए पुलिस या संरक्षण अधिकारी की सहायता लेना।

उल्लेखनीय है कि इस अधिनियम के अनुसार, यदि संरक्षण अधिकारी को ई-मेल या टेलीफोन पर भी स्वयं महिला द्वारा या अन्य किसी व्यक्ति द्वारा विश्वसनीय सूचना प्राप्त होती है तो

ऐसी आपातकालीन स्थिति में यथास्थिति संरक्षण अधिकारी या सेवा प्रदाता तत्काल पुलिस की सहायता मांगेगा, जो घटनास्थल पर जाकर रिपोर्ट लिखेंगे। यह सर्वविदित है कि भारत में परिवार एक महत्त्वपूर्ण स्थान रखता है, अत: अधिनियम में यह व्यवस्था भी की गई है कि यदि व्यक्ति महिला दांडिक कार्यवाही प्रारंभ नहीं करना चाहती है लेकिन घरेलू हिंसा के विरुद्ध संरक्षण के लिए दीवानी उपाय जारी रखना चाहती है तो प्रथम सूचना रिपोर्ट (FIR) के रजिस्ट्रीकरण से पहले मामले को जांच के लिए लंबित रखा जाएगा। व्यक्ति महिला संरक्षण अधिकारी, सेवा प्रदाता, पुलिस या मजिस्ट्रेट किसी के पास भी जा कर शिकायत कर सकती है।

संरक्षण अधिकारी के कर्त्तव्यों के आधार पर वह व्यथित महिला को निम्नलिखित सहायता प्रदान करेगा।

- व्यथित महिला के अधिकारों की जानकारी अंग्रेजी या स्थानीय भाषा में;
- आवेदन देने में और मुफ्त विधिक सहायता देना;
- अधिनियम के विभिन्न उपबंधों की जानकारी;
- आवश्यकतानुसार महिला व बालक को आश्रय स्थल व चिकित्सा सुविधा देना;
- संरक्षण अधिकारी को शिकायत के तीन दिन के भीतर ही सुनवाई करनी होगी और 60 दिन के भीतर उसका निपटारा हो जाना चाहिए। संरक्षण अधिकारी यदि अपने कर्त्तव्यों का निर्वहन ठीक प्रकार से नहीं करता है तो उसे भी 1 साल तक की जेल तथा 20 हजार रुपए तक का जुर्माना किया जा सकता है।

घरेलू हिंसा अधिनियम, 2005, को भली प्रकार से लागू करने के लिए ग्यारहवीं पंचवर्षीय योजना (2009-12) में भी कई प्रावधान किए गए-

- अधिनियम अधिकारियों, सेवा प्रदाताओं, न्यायिक अधिकारियों, पुलिस, चिकित्सीय अधिकारियों, काउंसलरों, वकीलों आदि को अधिनियम की पूरी जानकारी तथा आवश्यकतानुसार ट्रेनिंग प्रदान की जाए।
- संरक्षण अधिकारियों की सभी राज्यों में नियुक्ति की जाए।
- अधिनियम को लागू करने के लिए यथासंभव कर्मचारियों की नियुक्ति की जाए।
- अधिनियम को यथासंभव देश के कोने-कोने तक पहुंचाया जाए।

2005 के घरेलू हिंसा अधिनियम से पूर्व भी अनेक कानून बनाए गए ताकि महिलाओं को पुरुषों के सामने समानता का अहसास कराया जा सके। इनमें से कुछ हैं- विशेष विवाह अधिनियम (1954), पारिवारिक न्यायालय अधिनियम (1954), दहेज निषेध अधिनियम (1961) (इसे 1984 व 1986 में संशोधित किया गया), बाल-विवाह अधिनियम, समान पारिश्रमिक अधिनियम आदि। यह अधिनियम महिलाओं की स्थिति में सुधार के लिए सराहनीय कदम हैं। लेकिन वास्तविकता यह है कि एक बड़ी संख्या महिलाओं की ऐसी भी है जो इन अधिनियमों की जानकारी तक नहीं रखतीं। संयुक्त राष्ट्र के प्रावधान 48/104 (1993) के अनुसार, महिलाओं पर हिंसा होने का अर्थ है मानवाधिकारों का हनन। भारत महिलाओं संबंधी प्रसंविदा का सदस्य 1992 से ही है। फिर भी भारत के हर राज्य में महिलाओं के

साथ घरेलू हिंसा एक सामान्य घटना है। सैद्धांतिक तौर पर तो महिलाओं को समान अधिकार प्रदान किए गए हैं लेकिन व्यवहार में कदम-कदम पर भेदभाव बरता जाता है। महिलाओं को उनके अपने ही परिवारों में शारीरिक व मानसिक उत्पीड़न का शिकार होना पड़ता है। इसका सबसे बड़ा कारण यही है कि कानूनों और अधिकारों के होते हुए भी महिलाओं को उनका ज्ञान ही नहीं होता। इसके अतिरिक्त न्यायिक प्रक्रिया में विलंब और उस दौरान होने वाला खर्च भी एक बड़ी समस्या है। महिलाओं में निरक्षरता भी एक बड़ी मुश्किल है। अतः महिला अधिकारों तथा समाज एवं महिलाओं के बीच समानता के संबंध में जागरूकता व ज्ञान फैलाना अत्यंत आवश्यक है। लैंगिक असमानता और महिलाओं के विरुद्ध हिंसा रोकने का सबसे बड़ा तरीका है समाज के हर वर्ग की मानसिक स्थिति में बदलाव। बड़े-बड़े कानून, अधिनियम, अधिकार तथा कार्यक्रम केवल तभी कार्यशील हो पाएंगे जब समाज में बदलाव आएगा। कानूनों का उद्देश्य महिला-पुरुष समानता को प्रदर्शित करना होता है, महिलाओं की स्थिति को दृढ़ करना होता है। उन्हें समाज में सम्मान व प्रतिष्ठा के उचित अवसर उपलब्ध कराना है, लेकिन इस सबके लिए उसे स्वयं जागरूक भी होना होगा।

विवाह संबंधी अपराध (Crimes Related to Marriage)

भारतीय संविधान में दिए गए समानता के मौलिक अधिकार को लिंग तथा परिवारवादी अवधारणा के संदर्भ में परखने की आवश्यकता है। भारत में प्रत्येक नागरिक जो विवाह की निश्चित आयु प्राप्त कर चुका हो, विवाह कर सकता है। इस विधि के अनुसार, लड़के के लिए यह न्यूनतम आयु 21 वर्ष व लड़की के लिए 18 वर्ष निर्धारित की गई है। स्पष्ट है कि हिंदू विवाह अधिनियम 18 साल की लड़की को पत्नी बनने की इजाजत दे देता है लेकिन भारतीय दंड संहिता, 1860 की धारा 375 में प्रावधान है, "अपनी ही पत्नी जिसकी उम्र 15 से कम न हो, के साथ सहवास करना बलात्कार नहीं है।" जबकि धारा 375 (6) के अनुसार, 'किसी भी पुरुष द्वारा 16 वर्ष से कम उम्र की युवती सहमति या असहमति से उसके साथ सहवास करना बलात्कार है।"

लार्ड इरविन के शासनकाल में बाल विवाह निरोधक अधिनियम, 1929 (शारदा एक्ट) पारित किया गया है। आजादी के बाद इस एक्ट में संशोधन कर लड़के व लड़की की वैवाहिक आयु क्रमशः 19 वर्ष व 15 वर्ष कर दी गई। 1987 में पुनः संशोधन कर यह आयु क्रमशः 21 व 18 वर्ष कर दी गई । हिंदू विवाह अधिनियम 1955 की धारा (3) के अनुसार, यदि आयु कम होगी तो शिकायत होने पर दोषी व्यक्ति को 15 दिन तक कैद या एक हजार रुपए जुर्माना या दोनों भी हो सकता है। लेकिन इस आधार पर विवाह को गैर कानूनी या रद्द नहीं माना जाएगा। हालांकि हिंदू विवाह अधिनियम की धारा -13 (2)iv के अंतर्गत हिंदू लड़की तलाक दे सकती है। एक नया कानून बाल विवाह निरोधक कानून, 2006 के अनुसार, बाल विवाह के 2 साल के अंदर यदि विवाह समाप्त किया जाता है तो शादी का खर्चा, जेवर तथा तोहफे आदि जो शादी के समय दोनों परिवारों ने एक-दूसरे को दिए वापस कर दिए जाएंगे। सख्त कानून के साथ-साथ ढांचागत बदलाव की भी आवश्यकता है। कानूनों को

लागू हुए इतने सालों के बाद भी बाल-विवाह जैसी बुराई को मिटाने में भारत सरकार असमर्थ रही है।

परिवार समाज की एक ऐसी इकाई है जिसमें कुछ व्यक्ति मिल-जुलकर रहते हैं। परिवार की अवधारणा व इसका महत्त्व विश्व के सभी देशों तथा संस्कृतियों में मान्य है। वंश को चलाए रखने का सशक्त माध्यम परिवार है और इसी कारण से भारत के बहुत से राज्यों में पितृसत्तामक परिवारों की परंपरा है। परिणामस्वरूप परिवार जैसी संस्था के अंदर भी महिला का शोषण होता है। भारतीय दंड संहिता में महिलाओं पर होने वाले अत्याचार व निर्दयता के विरुद्ध सजा देने की व्यवस्था है। दहेज प्रतिषेध अधिनियम 1961 दहेज जैसी गंभीर समस्या पर अंकुश लगाने के लिए एक महत्त्वपूर्ण कानून है। समय के साथ उसमें संशोधन भी किए गए और इसे कठोर बनाया गया। 1984 व 1986 में किए गए संशोधनों के अनुसार एक वर-वधू भेंट सूची बनाई जाएगी, जिसमें शादी के समय दी जाने वाली सभी भेंटों का विवरण होगा, दोनों वर-वधू के हस्ताक्षर भी होंगे। यह प्रावधान आदेशात्मक है जिसे दोनों पक्ष मानने को बाध्य हैं। 1986 में पारित संशोधन के अनुसार, धारा (3) के तहत दहेज देने व लेने वाले दोनों व्यक्ति दोषी हैं। इसके अलावा धारा (4) के अनुसार, वर अथवा वधू के माता-पिता अथवा अन्य कोई रिश्तेदार प्रत्यक्ष अथवा अप्रत्यक्ष रूप से दहेज मांगने के दोषी पाए जाते हैं तो ऐसे व्यक्ति को 6 महीने की जिसे दो साल तक बढ़ाया जा सकता है एवं दस हजार रुपए तक का दंड का भी प्रावाधान है। 1986 में संशोधन द्वारा धारा 304 (अ व ब) भी जोड़ी गई, जिसके अनुसार, अगर शादी के सात साल के अंदर महिला की मृत्यु प्राकृतिक कारणों से हुई है एवं इस बात का प्रमाण हो कि महिला की मृत्यु उसके पति या अन्य रिश्तेदार द्वारा निर्दयतापूर्वक व्यवहार व प्रताड़ना की वजह से हुई है तो इस प्रकार की मृत्यु को हत्या माना जाएगा। इसके लिए कम-से-कम सात साल व अधिक-से-अधिक आजीवन कारावास तक की सजा दी जाएगी। भारतीय आपराधिक प्रक्रिया संहिता की धारा 498(अ) के अनुसार, किसी स्त्री का पति अथवा रिश्तेदार उसके साथ क्रूरता करता है तो ऐसा प्रत्येक व्यक्ति दो वर्ष तक की सजा या दोनों प्रकार की सजा का दोषी होगा।

अनैतिक व्यापार (निवारक) अधिनियम, 1956, के द्वारा महिलाओं के शोषण के विरुद्ध आवाज उठाई गई है। इस कानून के अनुसार, अगर कोई व्यक्ति किसी महिला का शोषण व्यापारिक दृष्टि से करता है तो उसे सख्त सजा देने के प्रावधान किए गए हैं। इसी प्रकार यदि कोई व्यक्ति वेश्यालय चलाता है या अपनी जगह का प्रयोग वेश्यावृत्ति के लिए करता है और अवयस्क बच्चों को अनैतिक व्यापार में ढकेलता है तो ऐसे दोषी व्यक्ति को सात साल तक की सजा दी जा सकती है। 1978 व 1986 में इस एक्ट में संशोधन किए गए जिसके अनुसार वेश्याओं की पुन: स्थापना व पुनर्वास किया जा सके।

सती प्रथा का सर्वप्रथम विरोध करने वाले राजा राममोहन रॉय ने इसे रोकने के उद्देश्य से हिंदू विधवा पुनर्विवाह अधिनियम पारित किया। इसके बाद भी सती निवारक अधिनियम, 1987 व राजस्थान सती (निवारक) अधिनियम, 1987 पारित किया, जिसके द्वारा सती प्रथा व उसको महिमामंडित करने से रोकने हेतु सख्त कदम उठाए गए। यह अधिनियम 22

धाराओं तक फैला हुआ है। धारा (3) के अनुसार, सती होने का प्रयास करने वाली स्त्री को एक साल की सजा या जुर्माना या दोनों का प्रावधान है। अधिनियम की धारा (4) के अनुसार, यदि कोई व्यक्ति सती होने के लिए भड़काता है ऐसे व्यक्ति को आजीवन कारावास या मृत्युदंड तक की सजा दी जा सकती है। अधिनियम की धारा (4) व (5) के अनुसार, सती मंदिर बनाना या उससे आर्थिक फायदा पाने वाला भी सजा का हकदार होगा।

बालिकाओं पर होने वाले अत्याचार (Atrocities on Girl Child)

21वीं सदी में भी भारतीय समाज में कन्या भ्रूण हत्या का सिलसिला जारी रहना समाज की मानसिकता पर एक बड़ा प्रश्नचिन्ह लगाता है। पितृसत्ता समर्थक आज भी सिर्फ पुत्र की ही कामना करते हैं। कन्या भ्रूण हत्या के पीछे सामाजिक, धार्मिक और आर्थिक तीनों कारण जिम्मेदार हैं। विडंबना है कि समाज के सुशिक्षित वर्ग कहे जाने वाले इस घृणित कार्य में सबसे अधिक लिप्त हैं। इसी कारण से लड़के-लड़कियों का असंतुलित अनुपात भी चिंता का विषय है।

एक शोध के अनुसार, भारत में प्रतिवर्ष पांच लाख कन्या भ्रूणों की हत्या कर दी जाती है। आंकड़ों[3] के अनुसार, देश में वर्ष 2019 तक 44,000 सोनोग्राफी की मशीनें पंजीकृत थी। लेकिन गैर-पंजीकृत मशीनों का धंधा अबाध रूप से चल रहा है। लिंग परीक्षण रोकने के लिए गर्भधारण पूर्व व प्रसव पूर्व निदान तकनीक (लिंग चयन प्रतिषेध, 1996) लागू किया है। जिसके अनुसार, शिशु के लिंग का पता लगाने व जानकारी देने के लिए अल्ट्रासोनोग्राफी, एम्निओसेटेसिस (Aminosetasis) जैसी प्रसव पूर्व जांच तकनीकों का उपयोग इस अधिनियम के अनुसार, दंडनीय अपराध है। इसके अलावा, अल्ट्रासाउंड क्लीनिक भी पंजीकृत होने चाहिए। उन पर अंग्रेजी व स्थानीय भाषा में इस बात का नोटिस लगा होना चाहिए कि भ्रूण का लिंग निर्धारण कानूनन निषिद्ध है। ऐसा ना करने पर तीन साल की कैद व 50 हजार का जुर्माना या पांच वर्ष का कठोर कारावास की सजा भी चिकित्सक तथा रेडियोलॉजिस्ट को दी जा सकती है। इसी प्रकार समय से पहले जन्म लेने वाले भ्रूण की हत्या को हत्या की श्रेणी में रखा गया है। 1996 के इस अधिनियम में 2002 में संशोधन किया गया। इस संशोधन के बाद यदि प्रसव पूर्व लिंग बताने वाली मशीनों का प्रचार भी किया जाता है तो भी पांच साल की सजा व एक लाख का आर्थिक दंड देने का प्रावधान है। कन्या भ्रूण हत्या एक भयानक एवं खतरनाक मनोवृत्ति है, जिसका सीधा प्रभाव लिंगानुपात पर पड़ता है।

महिलाओं तथा बालिकाओं का व्यापार
(Trafficking of Women and Girls)

महिलाओं का अपहरण व उनकी खरीद-फरोख्त एक सामाजिक अपराध है। अक्सर इनके पीछे बलात्कार, कामवासना की पूर्ति, जबरन विवाह, वेश्यावृत्ति या आर्थिक लाभ जैसे कारण होते हैं। कई बार दुश्मन परिवार से बदला लेना या एकतरफा प्रेम के वशीभूत होकर भी यह अपराध किए जाते हैं। विश्वभर के साथ भारत में भी यह अपराध तेजी से बढ़ रहे

हैं। अमेरिका में एक रिपोर्ट[4] के अनुसार, हर साल 50,000 लोगों का व्यापार किया जाता है। इसमें से 80 प्रतिशत महिलाएं व बालिकाएं हैं। इनमें से भी 50 प्रतिशत नाबालिग बालिकाएं हैं। भारत में 1923 से ही भारतीय दंड संहिता में इसके खिलाफ वैधानिक व्यवस्था है। इसके अतिरिक्त, वेश्यावृत्ति पर रोक के लिए अनैतिक व्यापार निवारण अधिनियम 1956 पारित किया गया। इसमें 1986 में संशोधन भी किया गया। जिसके अनुसार, लड़कियों को यदि वेश्यावृत्ति के लिए खरीदा जाता है तो वह अपराधी 10 साल की सजा पाएगा। लड़कियों का व्यापार विश्वभर में सबसे ज्यादा आकर्षक व अवैध अपराध बन गया है। प्रायः तस्करी की शिकार लड़कियों को अच्छी जिंदगी व अधिक आय के झूठे वादे देकर फंसाया जाता है और फिर उन्हें आगे बेच दिया जाता है। लड़कियों के व्यापार का महत्त्वपूर्ण पहलू पलायन व खो जाने वाले लोगों के साथ भी जुड़ा है। गरीब लड़कियों को बिहार, राजस्थान, छत्तीसगढ़, आदि राज्यों से लाकर दिल्ली, मुंबई, कोलकाता व चेन्नई जैसे महानगरों में बेच दिया जाता है, जहां उन्हें देह व्यापार में धकेल दिया जाता है। एक रिपोर्ट के अनुसार, देश में मानव व्यापार रोकने के लिए जो प्रयास किए जा रहे हैं, वह कम और धीमे भी हैं। हमारे संविधान के अनुच्छेद 24 में भी 14 वर्ष से कम आयु के बच्चों को कारखानों या किसी खतरनाक व्यवसाय में लगाने पर प्रतिबंध लगाया गया, लेकिन बच्चियों के साथ अमानवीय कुकृत्य करते समय मर जाने की खबरें कोई नई बात नहीं रह गई हैं।

विश्व में मानव व्यापार, नशीली दवाओं तथा हथियारों के अनैतिक कुकृत्यों के बाद तीसरा सबसे बड़ा अपराध माना गया है। 1987 में अनैतिक व्यापार निवारण अधिनियम (Immoral Traffic Prevention Act) पारित किया गया। इस एक्ट के दो उद्देश्य थे- महिलाओं व बालिकाओं पर यौन शोषण को रोका जा सके व ऐसे अपराधियों को कड़ी सजा दी जाए।

बलात्कार (Rape)

महिला शारीरिक रूप से पुरुष से भिन्न और भावनात्मक रूप से कमजोर भी होती हैं, इसीलिए उसके विरुद्ध पुरुष हिंसा करता आया है। महिलाओं की इस अवस्था के लिए पितृसत्ता को जिम्मेदार माना जाता रहा है। यह केवल उस व्यवस्था को ही नहीं दर्शाता जिसमें समाज कार्य करता है, बल्कि यह भी बताता है कि किस प्रकार पुरुषों का महिलाओं पर नियंत्रण स्थापित किया जाए। यह ऐसी सामाजिक सत्ता है जिसमें हमेशा पुरुषों का ही पलड़ा भारी रहता है। आधुनिक समय में ज्यादातर देशों के समाज इसी आधार पर स्थापित किए जाते हैं। पुरुषों के स्त्रियों पर प्रभुत्व का सबसे बड़ा आधार यौनिक है, जिसके आधार पर महिलाओं को उनके अधिकारों से वंचित रखा जाता है। यही वह सोच है जिसमें महिला एक वस्तु से ज्यादा कुछ नहीं समझी जाती है और समाज में वह एक उपभोग की चीज बन कर रह जाती है। जैसे-जैसे समाज में महिला उन्नति करती जाती है, वैसे-वैसे पुरुषों की नजरों में किरकरी बनती जाती हैं। यदि महिला कमजोर है, पुरुष के नियंत्रण में है, तभी पितृसत्तात्मक समाज को खुशी मिलती है। ऐसे में महिलाओं को कई प्रकार के यौन उत्पीड़नों का सामना करना पड़ता है। भारतीय दंड संहिता में कुछ अपराधों को अत्यंत हिंसात्मक यौन अपराधों

की संज्ञा दी गई है– इसमें से बलात्कार सबसे आक्रामक व हिंसात्मक माना जा सकता है। यह पुरुष द्वारा किया जाने वाला सबसे पैशाचिक तथा अमानवीय कृत्य है। विश्व का शायद ऐसा कोई देश नहीं जहां इस अपराध से पीड़िता ना हों। बलात्कार की परिभाषा अलग-अलग देशों मे भिन्न-भिन्न है।

भारत में बलात्कार की परिभाषा वही है जो ब्रिटिश राज के दौरान 1860 में पारिभाषित की गई थी। भारतीय दंड संहिता 1860 की धारा 375 के अनुसार, जो पुरुष अपवादित दशा के सिवाय किसी स्त्री के साथ निम्न 6 प्रकार की परिस्थितियों में से किसी भी परिस्थिति में मैथुन करता है, वह पुरुष बलात्कार करता है–

- *पहला*–उस स्त्री की इच्छा के विरुद्ध।
- *दूसरा*– उस स्त्री की सम्मति के बिना।
- *तीसरा*– उस स्त्री की सम्मति से, जब कि उसकी सम्मति उसे या ऐसे किसी व्यक्ति को, जिससे वह हितबद्ध है मृत्यु या अपहति के भय में डाल कर अभिप्राप्त की गई है।
- *चौथा*–उस स्त्री की सम्मति से, जब कि वह पुरुष यह जानता है कि वह उस स्त्री का पति नहीं है और उस स्त्री ने सम्मति इसलिए दी है कि वह विश्वास करती है कि वह पुरुष है जिससे वह विधिपूर्वक विवाहित है या विवाहित होने का विश्वास करती है।
- *पांचवां*– उस स्त्री की सम्मति से, जब कि ऐसी सम्मति देने के समय वह विकृत, चिंता या मत्तता के कारण उस पुरुष द्वारा व्यक्तिगत रूप से या किसी अन्य व्यक्ति के माध्यम से कोई संज्ञा शून्यकारी (बेहोशी) या अस्वास्थ्यकर पदार्थ दिए जाने के कारण, उस बात की, जिसके बारे में वह सम्मति देती है प्रकृति और परिणामों को समझने में असमर्थ है।
- *छठा*– उस स्त्री के सम्मति से या बिना सम्मति के जबकि वह 14 वर्ष से कम आयु की है। (मणिपुर राज्य संशोधन)

स्पष्टीकरण - बलात्कार के अपराध के लिए आवश्यक मैथुन गठित करने के लिए प्रवेशन पर्याप्त है।

अपवाद– पुरुष का अपनी पत्नी के साथ सहवास करना बलात्कार नहीं माना गया है अगर उसकी पत्नी 13 वर्ष से कम आयु की नहीं है।[5] (मणिपुर अधिनियम, 1950, धारा 4)

बलात्कार भारत में स्त्रियों के साथ बड़े पैमाने पर होने वाला अपराध है। प्राचीन काल से ही यह अपराध भारत के समाज में स्त्रीत्त्व को रौंदता रहा हैं। इसके कई रूप देखने को मिलते हैं:

- भूस्वामियों द्वारा बंधुआ महिला श्रमिकों या दैनिक मजदूरी करने वाले बंधुआ पुरुष मजदूरों की पत्नियों के साथ।
- अधिकारी वर्ग का अपनी स्त्री सहकर्मियों के साथ या इसी प्रकार के उच्च अधिकारियों का निम्न महिला अधिकारी वर्ग के साथ।
- ऊंची जातियों के धनवान लोगों द्वारा नीची जातियों, दलित-आदिवासियों आदि की महिलाओं के साथ।
- पुलिस में रिपोर्ट लिखाने आई स्त्रियों से या किसी भी स्त्री से बलात्कार करना।

- सैनिकों द्वारा बलात्कार।
- वैवाहिक बलात्कार।
- परिवार के अंदर तथा किसी जान पहचान के व्यक्ति द्वारा।
- छोटी उम्र की बालिकाओं से जो अभी अवयस्क होती हैं उनसे बलात्कार करना।
- वेश्या बलात्कार करना आदि।

बलात्कार एक अकेला ऐसा अपराध है जो हर मिनट कहीं ना कंहीं किया जा रहा होता है लेकिन इसकी रिपोर्ट पुलिस में सबसे कम दर्ज कराई जाती है। दिल्ली का निर्भया कांड जिसने केवल भारत की जनता को नहीं बल्कि पूरे विश्व की मानवता को हिला के रख दिया था, का उल्लेख करना यहां आवश्यक है। 16 दिसंबर 2012 की रात में बस में निर्भया के साथ क्रूरतापूर्ण, अमानवीय तरीके से ना केवल बलात्कार होता है बल्कि उसको इस तरह से पीटा भी गया कि उसकी कुछ दिनों बाद सिंगापुर में मृत्यु हो जाती है। दोषियों में से एक ने दिल्ली की तिहाड़ जेल मे फांसी लगा कर आत्महत्या कर ली थी और बाकियों को मृत्युदंड दिया गया।

इस घटना के विरोध में दिल्ली, कोलकाता, हैदराबाद, कोच्चि, मुंबई, चेन्नई, तिरुवनंतपुरम और विशाखापटनम में रैलियां निकाली गई। यही नहीं पाकिस्तान, बांग्लादेश, नेपाल, श्रीलंका यहां तक की पेरिस और अमेरिका में भी विरोध प्रदर्शन किए गए। इन धरनों व रैलियों ने सोती सरकारों को जगाया। कर्नाटक में 24 घंटे की महिला हेल्पलाइन की घोषणा की। तमिलनाडु ने भी 13 सूत्रीय कार्यक्रम की घोषणा की ताकि राज्य में महिलाओं की सुरक्षा को कायम किया जा सके।

हिमाचल सरकार ने महिलाओं के विरुद्ध होने वाले अपराधों के खिलाफ नए कानून लाने की बात की और राज्य तथा जिला स्तर पर कमेटियां बनाई गईं ताकि पुराने कानूनों पर पुनर्विचार किया जा सके। 22 दिसंबर 2012 को पूर्व मुख्य न्यायधीश श्री जे.एस. वर्मा की अध्यक्षता में केंद्र सरकार द्वारा एक कमेटी का गठन किया गया। जिसे एक महीने में अपनी रिपोर्ट देनी थी ताकि यौन उत्पीड़न के मामलों मे बने हुए कानूनों को संशोधित किया जा सके। कमेटी ने कानून के जानकारों, महिला संगठनों, नागरिक समाजों और सेनानिवृत्त न्यायाधीशों से उनके विचार आमंत्रित किए। 29 दिन बाद रिपोर्ट सरकार को सौंप दी गई। रिपोर्ट में कहा गया कि सरकार व पुलिस दोनों महिलाओं के प्रति होने वाले अपराधों में जिम्मेदार हैं और उन्हें रोकने में नाकामयाब रही हैं। बलात्कार की सजा के रूप में मृत्युदंड को भी गलत ठहराया और कमेटी ने जुविनाइल की उम्र घटा कर 18 से 16 वर्ष करने का भी विरोध किया।

दिल्ली उच्च न्यायालय की न्यायाधीश। श्रीमती उषा मेहरा की अध्यक्षता में 26 दिसंबर 2012 को एक कमीशन बिठाया गया और कहा गया कि वह ना केवल इस घटना के दौरान बरती गई लापरवाहियों को प्रकाश में लाए बल्कि ऐसे सुझाव देने को भी कहा जो दिल्ली व राजधानी क्षेत्र दिल्ली को महिलाओं के लिए सुरक्षित बना सके। 1 जनवरी 2013 को केंद्रीय गृह मंत्रालय ने 'एक टास्क फोर्स बनाने की घोषणा भी की, जो महिला सुरक्षा विषयों पर विशेष ध्यान देगी और शहर की पुलिस के कार्यों का मुआयना भी समय-समय पर करेगी।

3 फरवरी 2013 को राष्ट्रपति द्वारा अध्यादेश जारी किया गया जिसके अनुसार, भारतीय दंड

संहिता, भारतीय साक्ष्य अधिनियम 1872 और दंड प्रक्रिया संहिता 1973 (Indian Evidence Act 1872, Code of Criminal Procedure, 1973) कानून जो कि यौन उत्पीड़न से संबंधित है, में महत्त्वपूर्ण संशोधन किए गए, जिसके अनुसार बलात्कार की सजा मृत्युदंड की गई। हालांकि वर्मा कमेटी द्वारा सुझाए गए 90 प्रतिशत सिफारिशों को मान लिया गया है, लेकिन आलोचकों के अनुसार, वैवाहिक बलात्कार तथा सैनिकों द्वारा किए गए बलात्कारों को अब भी अनदेखा कर दिया गया। निर्भया की घटना के बाद जहां एक ओर जनता में जागरूकता आई है वहीं हमारी वैधानिक व्यवस्था भी कुछ गतिशील हुई है। सरकार ने बहुत से यौन उत्पीड़न कानूनों को बनाने का मन बनाया है। 6 नई फास्ट ट्रैक (fast track), कोर्ट जो केवल बलात्कार के मामलों की ही सुनवाई करेंगी, खोलने का फैसला किया गया है। सामूहिक बलात्कार के लिए कम–से–कम 20 साल की सजा देने का प्रावधान लाने की बात की जा रही है। 16 दिसंबर 2012 से 4 जनवरी 2013 के बीच यौन उत्पीड़न के 501 और बलात्कार के 64 मामले दर्ज किए गए। राष्ट्रीय अपराध रिकॉर्ड ब्यूरो (National Crime Records Bureau) की एक रिपोर्ट के अनुसार, लगभग 95 प्रतिशत मामलों में चार्जशीट दाखिल कर दी गई है। ब्रिटेन के एक प्रख्यात अखबार में यह खबर दी गई है कि ब्रिटेन में केवल 70 प्रतिशत, स्वीडन में 10 प्रतिशत, फ्रांस में 25 प्रतिशत और भारत में 24.2 प्रतिशत बलात्कारियों को उनके किए की सजा मिल पाती है।

2012 के निर्भया कांड के बाद मीडिया में बलात्कार की रिपोर्ट बढ़ी है। लेकिन इसके साथ ही सच्चाई यह भी है कि क्योंकि बलात्कार हो रहें है इसीलिए अखबारों की सुर्खियां भी बन रहे हैं। दिल्ली को विश्व के बहुत से अखबारों ने बलात्कार की नगरी मान लिया है। बार–बार मीडिया में दिल्ली इसलिए सुर्खियों में रहती है कि वह महिलाओं के लिए सुरक्षित नहीं है। स्वयं दिल्ली सरकार के आंकड़े[6] इसके गवाह हैं:

	वर्ष				
अपराध	2009	2010	2011	2012	2013 (15 अक्टू. तक)
बलात्कार	469	507	572	706	1330
छेड़छाड़ Molestation	552	601	657	727	2844
छेड़खानी Eve Teasing	238	126	165	236	793
अपहरण	1655	1740	2055	2210	2906
पति या अन्य संबंधियों द्वारा उत्पीड़न	1297	1410	1585	2046	2487
दहेज हत्या	141	143	142	134	123

शेष भारत के हालात भी दिल्ली से कुछ अलग नहीं हैं। सितंबर 2013 में उत्तर प्रदेश, मुजफ्फरनगर से सांप्रदायिक हिंसा के बाद लगभग 40000 लोग अपने घरों को छोड़ कर सरकारी टैंटों में समय गुजार रहे हैं। इस हिंसा के बीच भी लगातार बलात्कार की खबरें आ रही हैं। पीड़िताओं के नामजद रिपोर्ट लिखाने के बाद भी फरवरी 2014 तक एक भी गिरफ्तारी नहीं हो पाई है। देश के बड़े नाम भी गोवा में बलात्कार कांड के साथ जुड़ रहे हैं। यही नहीं आस्था के नाम पर बड़े-बड़े धर्मगुरु अपनी साधिकाओं के साथ चुपचाप सालों-साल बलात्कार को अंजाम देते रहे हैं और आज पिता-पुत्र दोनों इस अपराध में जेल में बंद हैं। पिछले कुछ सालों में पुलिस बलात्कार की घटनाएं भी लगातार बढ़ रही हैं। कुछ पुलिस कर्मियों ने बागपत (उत्तर प्रदेश) में महिला के साथ सामूहिक बलात्कार किया और फिर निर्वस्त्र कर गालियों में घुमाया। सरकारी आंकड़ों से यह ज्ञात होता है कि हर साल ऐसे बलात्कारों की संख्या बढ़ती ही जा रही है जिसमें दलित स्त्रियों व जनजातीय महिलाओं को शिकार बनाया जाता है। दलित स्त्रियों को गांव की उच्च जाति और रसूखदार व्यक्ति अपना शिकार बनाते हैं जबकि जनजातीय महिलाओं को सुरक्षा बल के सैनिकों से खतरा बना रहता है। त्रिपुरा में ऐसी अनेकं रिपोर्ट दर्ज की गई जिसमें एक ओर तो अर्धसैनिक बलों द्वारा और दूसरी तरफ सेना द्वारा तथा तीसरी तरफ आंतकवादियों ने वहां की महिलाओं को अपनी वासना का शिकार बनाया। उत्तर-पूर्व के राज्यों में सेना छापेमारी के दौरान स्थानीय महिलाओं के साथ छेड़खानी से लेकर बलात्कार तक करती है। पूरे देश की नजरें उस समय उत्तर-पूर्व की ओर मुड़ गईं, जब मनोरमा देवी, एक 32 वर्षीय महिला जिसे एक आतंकवादी संस्था का सदस्य बता कर सेना द्वारा गिरफ्तार कर लिया गया और लगभग तीन घंटे बाद उसे मृत पाया गया। मनोरमा देवी के साथ ना केवल अमानवीय रूप से बलात्कार किया गया था, बल्कि उसके अंदरूनी अंगों में गोली भी मारी गई थी। उसकी जनजातीय बहनों ने निर्वस्त्र होकर सेना के विशेष अधिकार एक्ट (AFSPA)[7] के खिलाफ प्रदर्शन किए।

बाल एवं महिला विकास मंत्रालय द्वारा दिए गए आंकड़ों के अनुसार, हर दस बलात्कार में से पांच ऐसे होते हैं जो दस साल या उससे भी कम आयु के बच्चों के साथ किए जाते हैं और ऐसी घटनाओं में बलात्कारी कोई घर का सदस्य या जान-पहचान का ही व्यक्ति होता है। यही नहीं हमारे नैतिक मूल्य इतने अधिक गिर चुके हैं कि बच्चों के इस तरह से शोषण के पीछे कई बार अपना पिता, भाई या उनके दोस्त, चाचा या दादा तक हो सकते हैं। मुंबई की एक घटना में पिता ने अपने गुरु को अपनी पुत्रियां इसीलिए सौंप दी थीं ताकि उसका काम धंधा उन्नति कर सके। ऐसी बहुत-सी घटनाओं में अपराधी का शारीरिक प्रहार इतना शक्तिशाली होता है कि पीड़िता की मृत्यु तक हो जाती है।

इसी प्रकार की घटनाएं शिक्षा संस्थानों में भी देखने को मिलती हैं, जबकि ग्रामीण इलाकों में छोटी बच्चियों के साथ अध्यापक ही बलात्कार करते हैं। 1992 के अमेरिका के एक अनुसंधान में यह परिणाम निकला कि बलात्कार और हिंसा का आपस में सीधा संबंध है। भारत में बलात्कार और हिंसा की बढ़ती घटनाएं इस अध्ययन के परिणामों को पुख्ता करती

हैं। जिन देशों में जातीय व सांप्रदायिक हिंसा की मात्रा अधिक होती है, वहां बलात्कार की घटनाएं भी ज्यादा होती है।

भारतीय दंड संहिता की धारा 375 के अनुसार, बलात्कार की परिभाषा अभी भी सीमित है जिसमें केवल मैथुन प्रक्रिया पर ही ध्यान दिया गया है। उग्र रूप से की गई शारीरिक छेड़छाड़ को नहीं। बलात्कार की बहुत-सी घटनाओं में ऐसा भी देखा गया है कि महिला के साथ अत्यंत अमानवीय क्रूरता से शारीरिक छेड़छाड़ की जाती है जो अब भी बलात्कार की श्रेणी में नहीं आया है। इसके अतिरिक्त कई घटनाओं में बलात्कारी बाहरी वस्तुओं का प्रयोग करते हुए अत्यंत अमानवीय तरीके से बलात्कार करते हैं। मथुरा रेप कांड, निर्भया कांड, उन्नाव रेप केस, कठुआ रेप केस में और उसके बाद भी कई घटनाओं में ऐसा देखा गया है कि बलात्कारी ने ना केवल बलात्कार की वारदात की, बल्कि उसके बाद भी महिला के साथ अमानुषिकता की हद से बाहर व्यवहार किया है जिसके खिलाफ भारतीय दंड संहिता 1983, 2013 और 2018 में बलात्कार संबंधी प्रावधानों और सजा में बदलाव किए गए और अब एक अलग कानून की आवश्यकता महसूस की जा रही है।

भारतीय दंड सहिता की धारा 376 में बलात्कार के लिए दंड व्यवस्था (सजा) : धारा 375 की उपधारा (1) व (2) के द्वारा उपबंधित मामलों में बलात्कार करेगा, वह दोनों में से किसी भांति के कारावास से, जिसकी अवधि सात वर्ष से कम की नहीं होगी। किंतु जो आजीवन या दस वर्ष तक की हो सकेगी, दंडित किया जाएगा और जुर्माने से भी दंडनीय होगा, किंतु यदि पीड़िता उसकी पत्नी है और 12 वर्ष से ज्यादा आयु की है तो अभियुक्त को दो वर्ष की अवधि के कारावास या जुर्माने से अथवा दोनों से दंडित किया जाएगा। परंतु न्यायालय ऐसे पर्याप्त और विशेष कारणों से जो निर्णय में उल्लिखित किए जाएंगे, सात वर्ष से कम की अवधि के कारावास का दंडादेश दे सकेगा।

जो कोई

(a) पुलिस अधिकारी होते हुए– (i) उस पुलिस थाने की सीमाओं के भीतर जिसमें वह नियुक्त है बलात्कार करे,

(ii) किसी भी थाने के परिसर में चाहे वह ऐसे पुलिस थाने में जिसमें वह नियुक्त है, स्थित है या नहीं, बलात्कार करे,

(iii) अपनी अभिरक्षा (कस्टडी) में या अपने अधीनस्थ किसी पुलिस अधिकारी की अभिरक्षा में किसी स्त्री से बलात्कार करे,

(b) लोक सेवक होते हुए, अपनी शासकीय स्थिति का लाभ उठाकर, किसी ऐसी स्त्री से, जो ऐसे लोक सेवक की रूप में उसकी अभिरक्षा में या उसके अधीनस्थ किसी लोक सेवक की अभिरक्षा में है, बलात्कार करे,

(c) किसी विधि द्वारा या उसके अधीन स्थापित किसी जेल, प्रतिप्रेषण गृह (Remand Home) या अभिरक्षा (Custody) के अन्य स्थान के या स्त्रियों या बालकों की किसी संस्था के प्रबंधक या कर्मचारी होते हुए, अपनी शासकीय स्थिति का लाभ उठाकर ऐसी जेल, प्रतिप्रेषण गृह, स्थान या संस्था की किसी निवासी से बलात्कार करे,

(d) किसी अस्पताल के प्रबंधक या कर्मचारी होते हुए, अपनी शासकीय स्थिति का लाभ उठाकर उस अस्पताल में किसी स्त्री से बलात्कार करे,

(e) किसी महिला से, यह जानते हुए कि वह गर्भवती है, बलात्कार करे,

(f) किसी महिला से जो बारह वर्ष से कम आयु की है, बलात्कार करे,

(g) सामूहिक बलात्कार करे।

उसे कठोर कारावास से, जिसकी अवधि दस वर्ष से कम नहीं होगी, किंतु जो आजीवन हो सकेगी, दंडित किया जाएगा और जुर्माने से भी दंडनीय होगा। परंतु न्यायालय ऐसे पर्याप्त और विशेष कारणों से, जो निर्णय में उल्लिखित किए जाएंगे दोनों में से किसी भांति के कारावास का, जिसकी अवधि दस वर्ष से कम की हो सकेगी, दंडादेश दे सकेगा।

स्पष्टीकरण (1)-जहां व्यक्तियों के समूह में से एक या अधिक व्यक्तियों द्वारा सबके सामान्य आशय को अग्रसर करने में किसी स्त्री से बलात्कार किया जाता है, वहां ऐसे व्यक्तियों में से हर व्यक्ति के बारे में यह समझा जाएगा कि उसने इस उपधारा के अर्थ में सामूहिक बलात्कार किया है।

सन् 2000 में न्यायाधीश ने एक बलात्कार मामले (**टी.के. गोपाल उर्फ गोपी बनाम कर्नाटक राज्य**) में टिप्पणी करते हुए कहा कि "एक हत्यारा तो अपने शिकार के भौतिक शरीर को समाप्त करता है किंतु बलात्कारी तो एक असहाय महिला की आत्मा को ही मार देता है। इसलिए बलात्कार के अभियुक्त के मामले की सुनवाई या ट्रायल करने के दौरान न्यायालय के कंधे पर एक बड़ी जिम्मेदारी होती है। उन्हें ऐसे मामलों का ट्रायल या सुनवाई अत्यंत संवेदनशीलता से करनी चाहिए।"

376-A पृथक रहने के दौरान किसी पुरुष द्वारा अपनी पत्नी के साथ संभोग- जो कोई अपनी पत्नी के साथ, जो पृथक्करण की किसी डिक्री के अधीन या किसी प्रथा अथवा रूढ़ि के अधीन उससे पृथक रह रही है, उसकी सम्मति के बिना मैथुन करेगा, वह दोनों में से किसी भांति के कारावास से, जिसकी अवधि दो वर्ष तक की हो सकेगी दंडित किया जाएगा और जुर्माने से भी दंडनीय होगा।

376-AA जो कोई 16 वर्ष से कम उम्र की महिला से बलात्कार करता है उसे कठोर कारावास की सजा दी जाएगी जो 20 वर्ष से कम नहीं होगी, जो आजीवन कारावास (Till Death) तक बढ़ सकती है।

376-AB 12 वर्ष से कम उम्र की महिला से बलात्कार करने पर कठोर कारावास की सजा दी जाएगी जो 20 वर्ष से कम नहीं होगी जो शेष जीवन तक बढ़ सकती है (Till Death) या मृत्युदड भी हो सकती है।

376-B लोक सेवक द्वारा अपनी कस्टडी में की किसी स्त्री के साथ संभोग- जो कोई लोक सेवक होते हुए अपनी शासकीय स्थिति का लाभ उठाकर किसी स्त्री को जो ऐसे लोक सेवक के रूप में उसकी अभिरक्षा में है या उसके अधीनस्थ किसी लोक सेवक की अभिरक्षा में है, अपने साथ ऐसा मैथुन करने के लिए उत्प्रेरित या विलुब्ध करेगा, जो मैथुन बलात्कार के अपराध की कोटि में नहीं आता है, वह दोनों में से किसी भांति के कारावास

से जिसकी अवधि पांच वर्ष तक की हो सकेगी, दंडित किया जाएगा और जुर्माने से भी दंडनीय होगा।

376-C जेल, प्रतिप्रेषण गृह आदि के अधीक्षक द्वारा संभोग जो कोई तत्समय प्रवृत्त किसी विधि द्वारा या उसके अधीन स्थापित किसी जेल, प्रतिप्रेषण गृह या अभिरक्षा के अन्य स्थान का या महिलाओं या बालकों की किसी संस्था का अधीक्षक या प्रबंधक होते हुए अपनी शासकीय स्थिति का लाभ उठाकर जेल, प्रतिप्रेषण गृह, स्थान या संस्था किसी महिला निवासी को अपने साथ ऐसा मैथुन करने के लिए उत्प्रेरित या विलुब्ध करेगा जो बलात्कार के अपराध की कोटि में नहीं आता है, वह दोनों में से किसी भांति के कारावास से जिस की अवधि पांच वर्ष तक की हो सकेगी, दंडित किया जाएगा और जुर्माने से भी दंडनीय होगा।

376-D अस्पताल के प्रबंध या कर्मचारी आदि के किसी सदस्य द्वारा उस अस्पताल में किसी स्त्री के साथ संभोग-जो कोई, किसी अस्पताल के प्रबंध में होते हुए या किसी अस्पताल में कर्मचारी होते हुए, अपनी शासकीय स्थिति का लाभ उठाकर अस्पताल में, किसी स्त्री के साथ, ऐसा मैथुन करेगा जो मैथुन बलात्कार की कोटि में नहीं आता है, वह दोनों में से किसी भांति के कारावास से जिसकी अवधि पांच वर्ष तक की हो सकेगी, दंडित किया जाएगा और जुर्माने से भी दंडनीय होगा।

376-DA 16 वर्ष से कम उम्र की महिला के साथ एक से अधिक व्यक्तियों द्वारा सामूहिक बलात्कार करने वाले प्रत्येक व्यक्ति को अपराधी मानकर दंडित किया जाएगा, जो आजीवन कारावास (Till Death) होगा, जुर्माना के साथ या मृत्युदंड भी दिया जा सकता है।

376-DB 12 वर्ष से कम उम्र की महिला के साथ सामूहिक बलात्कार करने वाले प्रत्येक व्यक्ति को अपराध के लिए आजीवन कारावास (Till Death) जुर्माने के साथ या मृत्युदंड।

376-E बार-बार अपराध करने वाले को आजीवन कारावास (Till Death) या मृत्युदंड दिया जाएगा।

धारा 377 प्रकृति विरुद्ध अपराधों के विषय में है जिसके अनुसार जो कोई किसी पुरुष, स्त्री या जीव-जंतु के साथ प्रकृति की व्यवस्था के विरुद्ध स्वेच्छा इन्द्रिय भोग करेगा, वह आजीवन कारावास, या दोनों में से किसी भांति के कारावास से, जिसकी अवधि दस वर्ष तक की हो सकेगी, दंडित किया जाएगा और जुर्माने से भी दंडनीय होगा। लेकिन सर्वोच्च न्यायालय ने 6 सितंबर, 2018 को एक ऐतिहासिक फैसला दिया। इससे न सिर्फ सदियों पुरानी सामाजिक बेड़ियों को झटका लगा बल्कि एक बड़े वर्ग को प्यार करने की आज़ादी मिल गई। न्यायालय ने दो बालिगों के बीच समलैंगिक संबंधों को वैध करार दिया। इसी के साथ भारतीय दंड संहिता (IPC) की धारा 377 के उस प्रावधान को हटा दिया, जिसके तहत समान लिंग के दो लोगों को संबंध बनाने की इजाजत नहीं थी। न्यायालय ने धारा 377 के प्रावधान को संविधान के अनुच्छेद 14, 15 और 21 का उल्लंघन माना। हालांकि न्यायालय ने नाबालिगों, जानवरों और बिना सहमति के बनाए संबंधों पर इस प्रावधान को लागू रखा है।[8]

इन धाराओं के अतिरिक्त भारतीय दंड संहिता, 1860 की धाराएं 497 (जारकर्म), 498 (विवाहित स्त्री को आपराधिक आशय से फुसलाकर ले जाना, या निरुद्ध रखना), 354 (स्त्री की लज्जा भंग करने के आशय से उस पर हमला या आपराधिक बल का प्रयोग), 354 (क) (किसी स्त्री के कपड़े उतारने के आशय से उस पर हमला या आपराधिक बल प्रयोग), 376 (वेश्यावृत्ति आदि के प्रयोजन के लिए खरीद-फरोख्त) आदि भी स्त्री का बलात्कार व निरादर करने से संबधित है जिनमें अलग-अलग तरह की सजाओं का प्रावधान किया गया है।

संविधान के अनुसार, महिलाओं के लिए समान अधिकारों की व्यवस्था है, कानून के द्वारा भी उन्हें सशक्त करने का प्रयास किया गया है, लेकिन फिर भी बलात्कार की घटनाओं में निरतंर वृद्धि होती ही जा रही है। इस प्रकार की वारदातें समाज और मन को आतंक-असुरक्षा के निरंतर भय से रूग्ण बना देते हैं। विधि आयोग की सिफारिशें, भारतीय दंड संहिता की बलात्कार संबंधी धाराओं का संशोधन, नए कानून में कड़ी सजाओं का प्रावधान, आपराधिक कानून (संशोधन) अधिनियम, कठोर सजाएं, मानसिक गड़बड़ी, नासमझी या नशे की हालात में स्त्री से प्राप्त की गई संभोग की स्वीकृति को बलात्कार की परिभाषा में लाना, बलात्कार मामलों की सुनवाई खुली अदालत के बजाए बंद कमरे में करना, महिला का नाम प्रकाश में ना आने देना, बलात्कारियों को मीडिया में दिखाना, कोर्ट की कार्यवाही की रिपोर्टिंग व प्रकाशन पर रोक लगाने जैसे महत्त्वपूर्ण प्रावधानों की व्यवस्था कर पीड़ित महिला को सुरक्षा प्रदान करने की कोशिश भी की गई है। महिला आयोगों व गैर-सरकारी संस्थाओं द्वारा पीड़ित महिलाओं की सहायता भी की जाती है, सरकार द्वारा भी विशेष सेल खोले जाते रहें हैं, जैसे: महिला पुलिस स्टेशनों की व्यवस्था, महिलाओं के प्रति होने वाले अपराधों के लिए विशेष सेल आदि। लेकिन समस्या का निदान होने की बजाय यह बढ़ती ही जा रही है।

सारी स्थिति को ध्यान में रखते हुए यह जरूरी हो गया है कि भारत के समाज को बलात्कार जैसे अमानवीय अपराध से मुक्त करना आवश्यक है जिसके लिए सरकार और समाज दोनों को ही कुछ कदम उठाने होंगे।

- बलात्कार के अपराधों में न्यायिक प्रक्रिया को द्रुत (तेज़) करना होगा।
- पुलिस व्यवस्था को भी इस अपराध के विरुद्ध और शिक्षित व व्यावसायिक सोच अपनाने की आवश्यकता है, जिसमें सबसे ज्यादा जरूरी है कि पुलिस को इन अपराधों की जांच के लिए विशेष प्रशिक्षण दिया जाना चाहिए।
- कुछ न्यायिक सुधार भी किए जाने चाहिए ताकि पीड़ित महिला के दिमाग से पुलिस व न्यायालय तक जाने का डर निकाला जा सके।
- छोटी बच्चियों के साथ बलात्कार के लिए एक अलग दंड का विधान किया जाना चाहिए।
- यदि संभव हो तो बलात्कार की घटना की सुनवाई महिला जजों द्वारा ही होनी चाहिए।
- सरकार तथा सामाजिक संगठनों को मिलकर पीड़िता की स्थिति का अच्छी तरह अध्ययन कर उसे पुनर्स्थापित करना चाहिए।
- सबसे बड़ी आवश्यकता है सामाजिक सोच को बदलने की। खासतौर पर परिवार में पुरुषों को महिलाओं के प्रति शिक्षित करने की आवश्यकता है। यदि बचपन से ही

लड़के अपनी माँ, बहन और हर स्त्री को आदर भाव से देखेंगे और सीखेंगे तो बड़े होकर भी उनकी इज्जत करना अपना नैतिक कर्त्तव्य समझेंगे।

- आज की सबसे बड़ी जरूरत है कि लड़कियां व महिलाएं अपने अधिकारों को जानें। इसके लिए छोटी बच्चियों को परिवार में शिक्षित करना चाहिए। स्कूलों तथा कॉलेजों में भी ऐसे पाठ्यक्रमों को जगह दी जानी चाहिए जिनसे महिलाएं अपने अधिकारों के प्रति सजग हों। पीड़ित महिलाओं को मुफ्त कानूनी सलाह की व्यवस्था की जानी चाहिए।

जब भी कोई अवांछित घटना होती है कुछ कानाफूसी होती है, कुछ क्रोधित स्वर उठते हैं, शोर-शराबा होता है, विरोध प्रदर्शन, जुलूस, रैलियां आयोजित होती हैं, महिला आंदोलनों के नए तेवर होते हैं। धीरे-धीरे उबाल ठंडा होने लगता है और फिर सब चलता है वाली उदासीनता और तटस्थता, गैर-जिम्मेदाराना मुद्दा फिर से कायम हो जाता है। इतिहास साक्षी है कि जब-जब हमारे समाज में असुरक्षा की स्थितियां बढ़ी, स्त्री की स्वतंत्रता को ही सीमित किया गया, उसी पर बंधन लगाए, उनकी प्रगति के पैरों में ही बेड़ियां पड़ी। इसलिए महिलाओं को आत्मरक्षा के लिए ट्रेनिंग दी जानी चाहिए। संवैधानिक समानता, कानूनी संरक्षण और शारीरिक बल सब मिला कर महिला को समर्थ, सशक्त व आत्मनिर्भर बनाया जा सकेगा। शक्ति व संरक्षण दोनों मिला कर महिलाएं निश्चित तौर पर अपनी दिशा तय कर पाएंगी।

कार्यस्थल पर यौन उत्पीड़न (Sexual Harassment at Work Place)

पितृसत्ता का पलड़ा हमेशा पुरुषों की ओर झुका होता है। इसके अनुसार, पुरुष महिलाओं से अधिक श्रेष्ठ हैं, तथा महिलाओं पर पुरुषों का नियंत्रण होना चाहिए और महिलाएं पुरुषों की संपत्ति मानी जानी चाहिए। पितृसत्ता को बनाए रखने के लिए पुरुष घर के अंदर और बाहर भी महिला पर नियंत्रण की स्थिति में रहता है, जहां एक ओर वह महिला की लैंगिकता (Sexuality) पर नियंत्रण रखता है, वहीं दूसरी तरफ उसकी श्रम शक्ति पर भी उसकी मनमानी चलती है। इस प्रकार महिला की आजादी पूरी तरह सीमित हो जाती है। भारतीय संविधान ने महिलाओं को पुरुषों के बराबर ही अधिकार दिए हैं और प्रत्येक नागरिक को सभी प्रकार के अत्याचारों से सुरक्षा प्रदान की है। लेकिन वास्तविकता क्या इतनी सरल है जितनी संविधान और कानूनी किताबों में दिखाई देती है। महिलाओं को दोयम दर्जे का नागरिक मानना केवल भारत की ही स्थिति नहीं है। 1900 से पहले केवल न्यूजीलैंड में महिलाओं को वोट डालने की अनुमति थी। स्विट्जरलैंड में 1971 में महिलाओं को मताधिकार दिया गया। चीन की कनफ्यूशियनवादी विचारधारा महिलाओं को ना तो संपत्ति के अधिकार देती है और ना शिक्षा का। 1921 के आंदोलन के बाद महिलाओं की स्थिति में कुछ सुधार आया। पश्चिमी यूरोप में 16वीं व 17वीं शताब्दी में महिलाओं को डायन कहकर प्रताड़ित किया जाता था और जिंदा भी जलाया जाता था। आज भी दक्षिणी एशियाई देशों में महिलाओं को परंपराओं के नाम पर तरह-तरह की यातनाएं दी जाती हैं और चरित्रहीन बताकर पत्थरों द्वारा ही मार डाला जाता है।

पितृसत्ता का चिरंतन सत्य शारीरिक व मानसिक उत्पीड़न भी है। समाज में विद्यमान कामवासना भी इसी का एक रूप है, जहां सत्ता पर पुरुषों का अधिकार रहता है और महिलाएं

उन पर आश्रित रहती हैं। महिलाओं को सेक्स की वस्तु माना जाता है तथा पुरुषों व महिलाओं के लिए अलग-अलग नैतिक नियम तय होते हैं। इस संदर्भ में, पुरुषों और महिलाओं के बीच समानता का आधार नहीं पाया जाता, बल्कि यह महिलाओं के प्रति जघन्य अपराधों को अपने अंदर समेटे होता है। आधुनिक समाज में महिला घर के कामों के साथ-साथ बाहर भी पुरुष के साथ सभी जिम्मेदारियों को बांटने में बराबर का सहयोग कर रही हैं। बदलती सामाजिक व आर्थिक परिस्थितियां महिला को आत्मनिर्भर बनाने में योगदान दे रही हैं। एक ओर शिक्षा और रोजगार के अवसर हैं तो दूसरी ओर अभिव्यक्ति की आजादी। जैसे-जैसे कामकाजी महिलाओं की संख्या में वृद्धि होती जा रही है, वैसे-वैसे ही यौन उत्पीड़न के मामलों में भी प्रगति हो रही है। यौन उत्पीड़न एक ऐसा अपराध है जो विश्व के हर एक देश में किसी-न-किसी रूप में मौजूद है।

यौन उत्पीड़न को यदि साधारण शब्दों में परिभाषित किया जाए तो इसका अर्थ है किसी महिला की शीलता को भंग करना। महिला का महिला होने का फायदा उठाना, उसके साथ गलत काम करना जिसका उद्देश्य यौन आनंद उठाना हो, यौन उत्पीड़न कहलाता है।

कार्यस्थल पर किए जाने वाले शारीरिक शोषण को इसी श्रेणी में रखा जा सकता है। 13 अगस्त 1997 को देश के सर्वोच्च न्यायालय ने **विशाखा बनाम राजस्थान सरकार**[9] के एक महत्त्वपूर्ण निर्णय में उन सभी कृत्यों को यौन उत्पीड़न माना जिनके कारण किसी महिला को शर्मिंदगी उठानी पड़ती है। इसमें निम्न कृत्य शामिल हैं:

- सीटी बजाना।
- किसी महिला को अश्लील इशारे करना।
- महिला के शरीर को घूरना।
- महिला पर सेक्स संबंधी फब्तियां कसना।
- महिला को उसकी मर्जी के बगैर गले लगाना और छूना या बेवजह स्पर्श करना।
- महिला से यौन संबंध स्थापित करने को मजबूर करना या इसकी मांग करना।
- महिला की निजता का उल्लंघन इस प्रकार करना कि उसे असुविधाजनक लगे।
- महिला के साथ किसी भी प्रकार का भौतिक, मौखिक या अमौखिक यौन कृत्य करना।
- महिला को भद्दे फोन करना और अश्लील संदेश भेजना।
- यौन प्रकृति से प्रेरित उपहार भेजना।
- महिला को अश्लील चित्र, साहित्य आदि दिखाना।
- महिला को अश्लील चित्र, फिल्म, साहित्य, कविताएं, कहानियां आदि देखने के लिए प्रेरित करना।
- महिला को यौन संबंधी और अश्लील चुटकले, कार्टून आदि दिखाना जिसे देख कर उसे शर्मिंदगी महसूस होती है।
- यौनाकर्षण विषयक सेवाओं के लिए मजबूर करना।
- पीछा करना, आदि।

यही नहीं सर्वोच्च न्यायालय ने ऐसे कृत्यों को भी यौन उत्पीड़न की श्रेणी में रखा, जहां पुरुष सहकर्मी या कोई उच्च पद पर बैठा व्यक्ति, महिला सहकर्मी की आर्थिक मजबूरी का लाभ उठाने के उद्देश्य से उसकी सहायता करता है ताकि समय आने पर उसका शारीरिक शोषण कर सके या कोई और अनैतिक मांग रख सके। पुरुष प्रधान समाज और कार्यस्थल पर अक्सर यह देखा गया है कि महिलाओं के भविष्य को उसके यौनाकर्षण के साथ जोड़ कर देखा जाता है। उसके साथ काम करवाने के नाम पर शारीरिक छेड़छाड़ ही नहीं की जाती, बल्कि मौखिक रूप से भी अश्लील फब्तियां कसी जाती हैं। कहीं-कहीं अश्लील इशारे और टिप्पणियां भी की जाती हैं और शारीरिक संबंध बनाने को मजबूर किया जाता है। पुरुषों की यह सोच केवल भारत, एशिया या प्रगतिशील देशों तक ही सीमित नहीं है, बल्कि अंतर्राष्ट्रीय श्रम संगठन के आंकड़ों से यह स्पष्ट होता है कि विकसित राष्ट्रों में इसका प्रतिशत विकासशील राष्ट्रों से और भी ज्यादा है और फ्रांस ऐसे राष्ट्रों में सबसे ऊपर है, जबकि अमेरिका शुरू के दस देशों में से एक है। इंग्लैंड में हर सातवीं महिला इस समस्या की शिकार है। इन आंकड़ों को देखकर साफ है कि विकसित देशों में कामकाजी महिलाओं की स्थिति इतनी दयनीय है तो विकासशील देशों में जहां वे पहले ही द्वेषपूर्ण वातावरण में काम करती हैं तो स्थिति और खराब ही होगी। वस्तुत: महिलाओं का यौन उत्पीड़न किसी एक सामाजिक वर्ग, आय वर्ग या क्षेत्र विशेष तक ही सीमित नहीं है बल्कि सभी वर्ग की महिलाएं अपने-अपने क्षेत्रों में यौन उत्पीड़न का शिकार होती हैं। कार्यालय में महिला अधीनस्थ और बॉस तक यौन उत्पीड़न का शिकार होती हैं। कभी नौकरी देने के बहाने, कभी काम करवाने के लिए, कभी काम निकलवाने के लिए, कभी पुरुष सहकर्मी के मजे के लिए चारों ओर महिलाएं इस प्रकार के शोषण का शिकार हो रहीं हैं। बात चाहे वकीलों की करें या डॉक्टरों की, अध्यापिकाओं की या छात्राओं की, क्षेत्र सरकारी हो या निजी, कर्मचारी हो या बॉस, किशोरी हो या प्रौढ़ महिला, हर आयु वर्ग और सामाजिक-आर्थिक वर्ग की महिलाएं यौन उत्पीड़न का शिकार बनती हैं।

कुछ व्यवसायों के साथ यौन उत्पीड़न की समस्या नजदीक से जुड़ी हुई है। इन व्यवसायों में कार्यरत महिलाएं भी इसे अच्छे से जानती भी हैं और समझती भी हैं:- जैसे मॉडलिंग करना, बार और होटलों में नृत्य करना, फिल्मों से जुड़े व्यवसायों में कार्य करना, विज्ञापन उद्योग में कार्य करना, जनसंपर्क कार्यालय आदि में कार्य करना। आंकड़े बताते हैं कि निजी और कॉरपोरेट क्षेत्र में काम करने वाली महिलाएं यौन उत्पीड़न का शिकार अधिक होती हैं। सरकारी कार्यालयों और विद्यालयों में भी यौन उत्पीड़न के मामले रिपोर्ट होते हैं। यौन उत्पीड़ित महिलाओं का एक वर्ग ऐसा भी है जो केवल दो वक्त की रोटी में ही मालिकों के जुल्म का शिकार हो जाता है। यह वर्ग यौन उत्पीड़न का विरोध कर पाने में स्वयं ही अक्षम होता है, क्योंकि परिवार का पालन-पोषण करने और घर का खर्च उठाने हेतु वे अपने मालिकों पर ही निर्भर होती हैं। सरकारी कार्यालयों में अप्रत्यक्ष रूप से उन पर अश्लील फब्तियां कसी जाती हैं और द्विअर्थी शब्दों का प्रयोग किया जाता है। कॉरपोरेट क्षेत्रों में खुलेआम महिलाओं से आधुनिक कपड़े पहनने को कहा जाता है और अशोभनीय व्यवहार किया जाता है,

कभी-कभी तो शारीरिक संबंधों की मांग भी की जाती है। कॉल सेंटरों में काम करने वाली युवतियों का भी यौन शोषण किया जाता है, उनके नजदीक जाने, उनसे संबंध बनाने और उन्हें छूने की कोशिश की जाती है।

वास्तविकता यही है कि महिलाएं कहीं भी सुरक्षित नहीं हैं। महिलाओं को व्यावसायिक परिसरों, पार्कों, बाजारों, दुकानों, बसों, सड़कों, मंदिरों आदि सभी जगहों पर उन्हें घूरने और छेड़छाड़ का शिकार होना ही पड़ता है। महिलाएं अस्पताल जाती हैं इलाज के लिए वहां भी उन्हें छेड़छाड़ का शिकार होना पड़ता है। उत्पीड़क डॉक्टर भी हो सकता है और वॉर्ड बॉय भी, सफाई कर्मचारी भी और अस्पताल का मालिक भी।

कानूनी सुरक्षा (Legal Protection)

यौन उत्पीड़न की शिकार महिलाओं के लिए कानून में बहुत से प्रावधान किए गए हैं **विशाखा गाइडलांइस** ऐसे ही दिशा निर्देश हैं जो यौन उत्पीड़न के मामलों को रोक पाने में कामयाब होंगे। **विशाखा गाइडलाइंस** निम्नलिखित हैं-

- प्रत्येक संस्था में नियोक्ता (Employer) को यौन उत्पीड़न की शिकायतों को सुनने व उसके निस्तारण के लिए समुचित प्रणाली विकसित करनी चाहिए। इसके अलावा शिकायत सुनने के लिए कमेटी का गठन किया जाना चाहिए और जिसकी अध्यक्ष अनिवार्यत: महिला ही होनी चाहिए। समिति के सदस्यों में आधी महिला सदस्य होनी ही चाहिए।
- यौन उत्पीड़न के मामलों में नियमानुसार भारतीय दंड संहिता या किसी अन्य कानून के अधीन दंड सुनिश्चित किया जाना चाहिए।
- संस्था कार्यस्थल के नियोक्ता या उच्च पदाधिकारी की यह जिम्मेदारी होगी कि वह यौन उत्पीड़न मामले में इसके निदान, दंड प्रावधान के लिए आवश्यक उपाय करें।
- सरकारी व सार्वजनिक क्षेत्र के उपक्रमों को यौन उत्पीड़न रोकने के लिए परस्पर व्यवहार व अनुशासन से संबंधित प्रावधानों में यौन उत्पीड़न रोकने के लिए उचित प्रावधानों का समावेश करना चाहिए।
- निजी क्षेत्र के नियोक्ताओं को औद्योगिक रोजगार (चालू आदेश) अधिनियम 1946 के तहत इससे संबंधित प्रावधानों को सम्मिलित करना चाहिए। इसके अलावा इन नियमों को उचित रीति से वितरित, सूचित व प्रकाशित भी किया जाना चाहिए।
- यौन उत्पीड़न के मामलों में पीड़ित महिला को स्वयं या आरोपी का स्थानातंरण कराने का अधिकार मिलना चाहिए।
- यदि यौन उत्पीड़न कार्यालय से बाहर के किसी व्यक्ति द्वारा किया जा रहा है तो नियोक्ता द्वारा उस महिला को समुचित मार्गदर्शन एवं सहायता प्रदान की जानी चाहिए।
- केंद्र व राज्य सरकारों को इस आदेश द्वारा जारी दिशा-निर्देश व कानून को निजी क्षेत्र में भी प्रभावी कराने के प्रयास करने चाहिए।

इन दिशा निर्देशों के अनुसार, नियोक्ता कार्यस्थल पर हुए यौन उत्पीड़न को पीड़िता का निजी मामला कह कर पल्ला नहीं झाड़ सकेगा। यह नियोक्ता की जिम्मेदारी होगी कि वह पीड़िता को इंसाफ दिलाए और उत्पीड़क के खिलाफ अनुशासनात्मक कार्यवाही भी करे।

विशाखा दिशा निर्देश के अतिरिक्त भी निम्नलिखित कृत्यों को महिला अपराधों की श्रेणी में रखा जाता है और भारतीय दंड संहिता के अंतर्गत सजा के योग्य है:

- बलात्कार (धारा 376)
- अपहरण (धारा 363-373)
- मानसिक व शारीरिक अत्याचार (धारा 498)
- छेड़छाड़ (धारा 354)
- यौन शोषण (धारा 509)
- लड़कियों की खरीद-फरोख्त (धारा 366ठ)

इनके अतिरिक्त भी पहले से ही कुछ विशिष्ट कानून हैं जो महिलाओं को कानूनी सुरक्षा प्रदान करते हैं:

- अनैतिक व्यापार (प्रतिबंध) कानून, 1956
- महिलाओं का अश्लील निरूपण (प्रतिबंध) कानून, 1986
- सती आयोग (निरोधक) कानून, 1987

यौन शोषण आधुनिक जीवन की कड़वी सच्चाई है। यह समस्या केवल भारत की ही हो ऐसा भी नहीं है पूरे विश्व में और हर समाज में यह पाई जाती है। भारत सरकार की एक रिपोर्ट के मुताबिक, भारत में हर 15 मिनट में किसी एक महिला का यौन उत्पीड़न किया जाता है। यह केवल वही अपराध हैं जिनकी सूचना या रिपोर्ट थाने तक पहुंचती है। चाहे गांव हों या शहर, हर जगह महिलाएं विभिन्न प्रकार के यौन अपराधों का शिकार हो रही हैं। महिला छेड़छाड़ के अपराध को भारतीय दंड संहिता की धारा 354 और यौन शोषण की धारा 509 के अंतर्गत दर्ज किया जाता है। लेकिन प्रश्न यह है कि कुल अपराधों की कितनी प्रतिशत घटनाएं दर्ज कराई जाती हैं। बड़े-बड़े महानगरों में तेजाब फेंकने की घटनाओं में दिन-प्रतिदिन बढ़ोत्तरी हो रही है। दहेज उत्पीड़न की घटनाएं गांवों, कस्बों और महानगरों सभी जगह दर्ज की जा रहीं हैं। आजादी के 73 साल बाद भी नाबालिग लड़कियों को खरीदा और बेचा जा रहा है। सरकार महिला विकास के लिए गंभीर है, लक्ष्य है, योजनाएं हैं, क्रियान्वयन की नियत भी है बस जरूरत है तो इन्हें अमली जामा पहनाने की। कामकाजी महिलाओं के लिए घरों में सहयोगी और कार्यस्थल पर सहज, स्वच्छ वातावरण का निर्माण करने के लिए व्यापक स्तर पर जागरूक करने की जरूरत है। पुरुषों के दृष्टिकोण में भी परिवर्तन लाना होगा, उन्हें बालपन से ही महिलाओं की इज्जत करना सिखाना होगा। महिलाओं को यह संकल्प लेना है कि वैधानिक रूप से स्वाधीन होकर वह समाज की उच्छृंखलता व अनैतिकता की शिकार नहीं बनी रहेगी।

जाति: अस्पृश्यता निषेध कानून और अत्याचार के विरुद्ध संरक्षण
(Caste: Laws Abolishing Untouchability and Providing Protection against Atrocities)

भारतीय समाज में हजारों सालों से वर्ण व्यवस्था का आधिपत्य रहा है। वर्ण व्यवस्था तो प्राचीन काल से ही भारतीय सामाजिक एवं आर्थिक स्थिति का केंद्रीय तत्त्व रहा है। जाति भारतीय समाज के संगठन की एक विशेषता भी है और शोषण की तकनीक भी है। भारत को छोड़कर विश्व का कोई अन्य समाज इस प्रकार की जाति व्यवस्था पर शायद ही आधारित हो। समाजशास्त्रियों का यह मानना है कि जाति व्यवस्था का मूल तथा केंद्रीय तत्त्व सहधर्मिता है। जाति व्यवस्था की मौलिकता को इसके स्तर तथा पदसोपान व्यवस्था के रूप में वर्णित किया जा सकता है। हालांकि वर्ण व्यवस्था जाति की समानार्थी नहीं है लेकिन भारतीय संदर्भ में बहुत से विचारकों ने जाति व वर्ण को एक ही रूप में पारिभाषित किया है। सैद्धांतिक रूप से, प्रत्येक जाति अपने सामाजिक पद सोपान में एक निश्चित स्थान रखती है।

वर्ण शब्द का अर्थ है चुनी हुई वस्तु, रंग या वर्णन करना। वह वस्तु जो, किसी पुरुष के द्वारा जीविका के लिए चुनी जाए और जिसके द्वारा उस व्यक्ति का समाज में क्या स्थान है, इसका परिचय मिले, वही उसका वर्ण है। कालांतर में वर्ण शब्द का अर्थ बदलने लगा और यह शब्द जाति का पर्याय बन गया। इस प्रकार वर्ण सामाजिक जीवन का वह संगठन है, जिसमें प्रत्येक मनुष्य अपनी योग्यता व शक्ति के अनुसार अपना समुचित स्थान ग्रहण करता है। मनु के अनुसार, जिस प्रकार शरीर में मस्तिष्क, भुजा, उदर, तथा पैर ये चार प्रधान अंग हैं, उसी प्रकार इस समाज रूपी शरीर में चारों अंगों का होना स्वाभाविक है। एक पूर्ण विकसित समाज के लिए ब्राह्मण, क्षत्रिय, वैश्य तथा शूद्र इन चारों वर्णों की कल्पना भी इसी आधार पर की गई। इस व्यवस्था में भी प्राणियों के गुण और कर्म प्रमुख रहे हैं। इस श्रेणीक्रम में सबसे निचला स्थान शूद्रों को दिया गया है जो उपरोक्त तीनों जातियों की सेवा में लगे रहे। ब्राह्मण इस व्यवस्था में सबसे ऊपर थे जिन्हें पुजारी या पुरोहित वर्ग का दर्जा दिया गया। उन्होंने ही क्षत्रियों को राज करने का अधिकार सौंपा। वैश्य और शूद्रों को सत्ता से बाहर रखा गया। वैश्य व्यापार व खेती-बाड़ी के काम में लग गए और शूद्रों को बाकी तीनों वर्गों की सेवा करने का काम सौंपा गया था। इस व्यवस्था को और ज्यादा पुख्ता करने के लिए जन्म से ही जाति व्यवस्था को जोड़ दिया गया। समाज के इस विभाजन को कठोर बनाने के लिए कठोरतम नियम बनाए गए। इस प्रकार समाज को जाति के आधार पर विभाजित कर दिया गया था। जाति व्यवस्था का तत्त्व इतना प्रभावी व निर्णायक था, जिससे अनेकानेक नई जातियां अस्तित्व में आई और अपनी सामाजिक-आर्थिक हैसियत के अनुसार जातीय ढांचे में फिट होती चली गई। धीरे-धीरे यह व्यवस्था इतनी कठोर होती गई कि अनेक समाज-सुधारकों को आगे आना पड़ा और जातिगत विषमता को समाप्त करने के विचार देने पड़े।

शूद्रों के स्वतंत्र मानवीय अस्तित्व को लगभग नकार कर उन्हें जाति व्यवस्था में सबसे नीचे स्थापित कर उन्हें पराधीन बनाया गया और समस्त सभ्य नागरिक अधिकारों से वंचित रखा

गया। यहां तक कहा गया कि "पूजो विप्न सकल गुणहीना तारही शूद्र सकल गुण प्रवीणा",[10] मनुस्मृति में लिखा गया है कि कुत्ता, बिल्ली, मैना को मारने में जितना पाप लगता है, उससे भी कम पाप शूद्र को मारने में लगता है। शूद्र में जन्मे बच्चों को प्रतिभावान होने के बावजूद भी पढ़ाई-लिखाई, राज करने, व्यापार, खेती बाड़ी करने का अधिकार नहीं दिया गया। उन्हें सफाई करने, जूता बनाने, पाखाना साफ करने, मैला ढोने जैसे कार्य दिए गए। साथ ही यह आदेश भी दिए कि शूद्र मुख्य गांव से दूरी पर बसें, गांव के कुएं से पानी न भरें, मंदिरों में ना आएं, जनेऊ धारण ना करें और धार्मिक ग्रंथों को ना पढ़ें। शूद्रों को संपत्ति पर भी अधिकार नहीं दिया गया और ना ही अपने खेतों पर खेती-बाड़ी का अधिकार दिया जाता था। धीरे-धीरे उनका अधिकार अपनी पत्नी पर भी समाप्त कर दिया गया। इन रीति-रिवाजों और परंपराओं ने मानों शूद्रों से उनका आत्मसम्मान ही छीन लिया और उनकी जिंदगी जानवरों से भी बदत्तर बना दी। सदियों तक शूद्रों को गुलाम बना कर रखा गया और उन्हें सभी सामाजिक, आर्थिक, राजनीतिक और यहां तक की मानवीय अधिकारों से भी वंचित रखा गया।

इतिहास क्रम में शूद्रों को अनेक नामों से जाना गया। कभी अछूत तो कभी अस्पृश्य और कभी दलित।[11] अलग-अलग समय पर अलग-अलग उच्च जातियों ने इन्हें अलग-अलग संज्ञाओं से नवाजा। नाम बदलते गए लेकिन उनकी सामाजिक स्थिति में कोई खास परिवर्तन नहीं आया। शासक बदलते रहे लेकिन वह व्यवस्था उनके स्वयं के अस्तित्व के लिए भी आवश्यक थी इसलिए जाति व्यवस्था के विरुद्ध चलने वाली मुहिमों को शासकों ने आत्मसात कर लिया और एक वर्ग का बाकी वर्गों द्वारा शोषण बदस्तूर चलता रहा। शासक का सर्वप्रथम उद्देश्य रहा जाति व्यवस्था की रक्षा करना। इस कार्य में जाति की अभियांत्रिकी उसकी बराबर मदद करती रही। कबीर, नानक, रविदास आदि समाज सुधारकों ने तात्कालिक सामाजिक तंत्र की आलोचना की और सामाजिक सहिष्णुता पर उपदेश भी दिए, लेकिन कोई खास बदलाव नहीं ला पाए। ऐसा भी नहीं कहा जा सकता कि उच्च वर्गों व जातियों ने सामाजिक कुरीतियों के खिलाफ कुछ ना बोला हो। महात्मा बुद्ध जो स्वयं एक क्षत्रिय थे, उन्होंने एक समतामूलक समाज की बात कही। दयानंद सरस्वती स्वयं एक ब्राह्मण थे। उन्होंने भी जाति व्यवस्था की खुलकर आलोचना की। शायद वह ऐसे पहले समाज सुधारक थे जिन्होंने वैदिक धर्म की पुनःस्थापना की बात की और जाति व्यवस्था व उसके पाखंडों पर कड़ा प्रहार किया। भगवान बुद्ध ने 'सर्वजन हिताय, सर्वजन सुखाय' की बात की। इसीलिए उस समय बहुत से शूद्रों ने बौद्ध धर्म को अपनाया भी। इस्लाम धर्म के भारत में आने के बाद भी समाज में कोई खास परिवर्तन नहीं आया, हालांकि उन्होंने भी बराबरी की बात की, लेकिन इस बात का कोई प्रमाण नहीं मिलता कि मुस्लिम शासकों ने हिंदू जाति व्यवस्था में किसी परिवर्तन की बात की हो या कोई प्रयत्न भी किया हो। इसी प्रकार सिख और जाट शासक भी आए, लेकिन जाति समीकरणों में कोई खास परिवर्तन नहीं कर पाए। हां, कुछ धर्म-परिवर्तन अवश्य हुए। शूद्रों ने इस्लाम और सिख धर्म को भी अपनाया। शायद अपने धर्म और जाति के वे कड़े नियम ही थे जिनके कारण शूद्रों को हिंदू धर्म छोड़कर दूसरे धर्मों को अपनाना पड़ा।

ब्रिटिश शासकों ने जहां जाति का परंपरागत रूप बदलने में सहायता की, वहीं शिक्षा के विस्तार ने निम्न वर्ग की जातियों को इन प्रतिबंधों से बाहर निकलने की शक्ति भी प्रदान की। निम्न वर्ग की जातियों में भी धीरे-धीरे शिक्षित विशिष्ट वर्ग पैदा हुआ। बाबासाहेब डॉ. भीमराव अंबेडकर (1891-1956) की निम्न जातियों को आत्मसम्मान लौटाने में भूमिका निर्णायक व अभूतपूर्व सिद्ध हुई। उनके विचारों में सामाजिक, शैक्षणिक, राजनीतिक, संवैधानिक व आर्थिक पहलू महत्त्वपूर्ण थे, जिन्हें व्यक्त कर उन्होंने पूरे भारत में घूम-घूम कर निम्न वर्ग की जातियों को इकट्ठा किया और शासन के भीतर और बाहर ऐसी स्थायी संस्थाओं की नींव डाली जो उनकी मृत्यु के बाद भी आज तक जिंदा है। उनके विचारों के आधार पर करोड़ों दलितों में सामाजिक-राजनीतिक चेतना का संचार हुआ और राष्ट्रीय आंदोलन के साथ-साथ निम्न वर्ग की जातियों के उत्पीड़न के खिलाफ भी नेतृत्व को इकट्ठा कर पाए ताकि ब्रिटिश शासकों का ध्यान इस ओर दिलाया जा सके। दलितों के उत्थान को लेकर एक और महत्त्वपूर्ण नाम स्वतंत्रता आंदोलन के साथ जुड़ा, वह था महात्मा गांधी का। उन्होंने निम्न जातियों के दर्द को महसूस किया कि एक इंसान दूसरे इंसान की परछाई से दूर भागते हैं। उन्होंने इस समाज को एक नया शब्द दिया- हरिजन। जिसके पीछे उनका मंतव्य था कि यही लोग हरि के जन हैं। उन्होंने भी यह कोशिश की कि स्वतंत्रता आंदोलन के साथ-साथ निम्न वर्ग की जातियों का भी उद्धार किया जा सके।

दलितों को संवैधानिक संरक्षण
(Constitutional Protection to Dalits)

ऐसा नहीं है कि भारत अकेला एक ऐसा देश है जिसमें व्यक्ति-व्यक्ति के बीच भेदभाव बरता जाता रहा है। संयुक्त राज्य अमेरिका जैसे आधुनिक देश में अश्वेत लोगों के साथ सालों तक भेदभाव बरता गया। संविधान में समानता को लक्ष्य बनाया लेकिन फिर भी काले-गोरे का भेद अमेरिकी समाज में बना रहा और उन्हें मूल नागरिक अधिकारों से वंचित भी रखा गया। अफ्रीका में तो हाल के कुछ वर्षों तक रंगभेद (Apartheid) की नीति को अपनाकर काले लोगों को समाज से अलग-थलग बनाए रखा। अश्वेत जाति के लोगों का राजनीति में भी प्रवेश वर्जित था। सामाजिक जीवन में भी उन्हें मुख्यधारा से बाहर कर दिया गया था और उनके अधिकार अछूतों की तरह थे। 1994 में नेल्सन मंडेला का दक्षिण अफ्रीका के राष्ट्रपति बनने के बाद नस्ल भेद समाप्त हुआ। इसी तरह जापान में भी बुराकमिन जाति, भारत के हरिजनों जैसा जीवन व्यतीत करती थी। डॉ. अंबेडकर अछूतों को टूटे हुए लोग कहा करते थे, क्योंकि इन लोगों में से बहुत से ऐसी जनजातियों से संबंधित थे जो अपनी जातियों से अलग हो गए थे, बेघर थे और गांव की सीमाओं से बाहर रहते थे। ये लोग सामाजिक, आर्थिक रूप से कमजोर और जरूरतमंद थे तथा राजनीतिक रूप से हमेशा सत्ता से दूर रहे।

भारत के संविधान में दलितों या अनुसूचित जातियों, जनजातियों, पिछड़ों व अल्पसंख्यकों के चौतरफा विकास को निश्चित करने के लिए मौलिक अधिकारों की स्थापना हुई। भारतीय

संविधान में सामाजिक समरसता पर बल दिया गया है। इसमें अस्पृश्यता उन्मूलन कर छुआछूत को दंडनीय अपराध घोषित किया गया है। भारतीय संविधान के तीसरे भाग में अनुच्छेद 14 से 18 तक समानता के सिद्धांत का उल्लेख किया गया है। अनुच्छेद 14 के अनुसार, "राज्य भारत के राज्य क्षेत्र में किसी व्यक्ति को विधि के समक्ष समता से या विधियों के समान संरक्षण से वंचित नहीं करेगा"। इस प्रकार भारत के संविधान में मूल अधिकारों के अध्याय की यह विशेषता है कि वह न केवल राजनैतिक या विधिक समानता बल्कि सामाजिक समानता भी सुनिश्चित करता है। इसके अनुसार, राज्य नागरिकों के बीच केवल धर्म, मूलवंश, जाति, लिंग या जन्म स्थान के आधार पर राज्य द्वारा या अन्य नियोजन की दिशा में भेद नहीं करेगा। यह भी अधिकथित किया गया है कि किसी भी नागरिक को धर्म, मूलवंश, जाति, लिंग या जन्म स्थान के आधार पर किसी सामाजिक सुविधा या विशेषाधिकार के उपयोग से वंचित नहीं किया जाएगा। दूसरे शब्दों में, विशेषाधिकार देने में या जिम्मेदारियों के आवंटन दोनों में ही एकसमान परिस्थितियों में मौजूद सभी लोगों एवं वस्तुओं के साथ एकसमान ही व्यवहार किया जाना चाहिए।

पिछड़े वर्गों के लिए विशेष प्रावधान : अनुच्छेद 15 (4) का समावेश[12] भी असमानता मिटाने के उद्देश्य से उठाया गया एक कदम है। अनुच्छेद 15(1) व (2) के अनुसार भी राज्य दुकानों, सार्वजनिक भोजनालयों, होटलों या सार्वजनिक स्थानों में प्रवेश करने के लिए राज्य धर्म, मूलवंश, जाति, लिंग, जन्म स्थान या इनमें से किसी भी आधार पर कोई भेद नहीं करेगा। इसी प्रकार अनुच्छेद 15(2) के भाग (ख) में यह उल्लिखित है कि राज्य पूर्णत: या भागत: राज्य निधि से पोषित या साधारण जनता के प्रयोग के लिए समर्पित कुओं, तालाबों, स्नानघाटों, सड़कों और सार्वजनिक स्थानों के उपयोग के संबंध में किसी भी निर्योग्यता, दायित्व, निर्बंधन या शर्त के अधीन नहीं होगा। संविधान में 93वां संशोधन कर अनुच्छेद 15 में खंड(5)को 2005 में जोड़ा गया। इसमें राज्य को ऐसी विधियां बनाने के लिए सशक्त किया गया है, जो सामाजिक और शैक्षिक रूप से पिछड़े वर्ग के नागरिकों, अनुसूचित जातियों व जनजातियों के लिए विशेष उपबंध करती हों। किंतु इन उपबंधों का प्रयोजन शिक्षा संस्थाओं में प्रवेश दिलाना होना चाहिए।

भारतीय संविधान का अनुच्छेद 16(1) राज्य के अधीन किसी पद पर नियोजन या नियुक्ति से संबंधित विषयों में सभी नागरिकों के लिए अवसर की समानता से संबंधित है। राज्य के अधीन कोई नियोजन या पद के संबंध में धर्म, मूलवंश, जाति, लिंग, जन्म स्थान, निवास या इनमें से किसी के आधार पर ना तो कोई नागरिक अपात्र होगा और ना ही उससे विभेद किया जाएगा। राज्य नागरिकों के पिछड़े वर्गों के लिए पद आरक्षित कर सकते हैं। नागरिकों के पिछड़े वर्ग में अनुसूचित जाति और अनुसूचित जनजातियां आती हैं।

संविधान का अनुच्छेद 17 और 18 समानता के एक विशिष्ट पक्ष को उजागर करते हैं। अनुच्छेद 17 अस्पृश्यता का अंत करता है। हिंदुओं में सदियों से यह व्यवहार चला आ रहा था कि कुछ समुदाय या जातियां ऐसी है कि उनके शरीर के स्पर्श से ही दूसरे लोग दूषित हो जाते थे। ऐसी जातियों को अस्पृश्य कहा जाता था और उन्हें उच्च जातियों के कुओं,

तालाबों, पोखरों को प्रयोग करने की इजाजत भी नहीं थी। उन्हें मंदिरों व बहुत से सार्वजनिक स्थलों पर भी जाने की इजाजत नहीं थी। संविधान का अनुच्छेद 17 यह घोषणा करता है "अस्पृश्यता का अंत किया जाता है और उसका किसी भी रूप में आचरण निषिद्ध किया जाता है। अस्पृश्यता से उपजी किसी निर्योग्यता को लागू करना अपराध होगा, जो विधि के अनुसार दंडनीय होगा।" इस प्रकार संविधान का यह उपबंध अस्पृश्यता के व्यवहार को निषिद्ध करता है। इससे यह प्रकट होता है कि संविधान निर्माता इस कुरीति को समाप्त करना चाहते थे। यह अधिकार केवल संस्थाओं या सरकार के खिलाफ नहीं है बल्कि प्रत्येक उस व्यक्ति के भी आचरण को गलत ठहराता है जो छुआछूत को उचित मानता है। अनुच्छेद 17 के साथ अनुच्छेद 35 संसद को अस्पृश्यता के आचरण के लिए दंड निर्धारित करने की शक्ति भी प्रदान करता है। इसी अधिकार का प्रयोग करते हुए संसद ने अस्पृश्यता (अपराध) अधिनियम, 1955 बनाया जिसे 1976 में और अधिक कठोर कर दिया गया और इसका नाम भी बदल कर सिविल अधिकार संरक्षण अधिनियम 1955[13] रखा गया। इस अधिनियम के अनुसार निम्न आचरणों के लिए दंड निश्चित किए गए:

- किसी व्यक्ति को सार्वजनिक पूजा स्थल में प्रवेश करने से या ऐसे स्थान में पूजा करने से रोकना।
- अस्पृश्यता के आधार पर अनुसूचित जाति के किसी सदस्य का अपमान करना।
- प्रत्यक्ष या अप्रत्यक्ष रूप से अस्पृश्यता का उपदेश देना।
- ऐतिहासिक, दार्शनिक, धार्मिक या अन्य आधार पर अस्पृश्यता को न्यायोचित ठहराना।
- किसी दुकान, जलपान गृह, होटल या सार्वजनिक मनोरंजन के स्थान पर प्रवेश ना करने देना।
- अस्पताल में प्रवेश रो इनकार करना।
- किसी भी माल को बेचने या किसी भी प्रकार की सेवाएं देने से इनकार करना।

अनुच्छेद 15(2) भी अस्पृश्यता की समाप्ति का समर्थन करता है क्योंकि उसमें कहा गया है कि जाति के आधार पर किसी व्यक्ति को दुकानों, कुओं, तालाबों, आदि के प्रयोग करने से रोका नहीं जा सकता।

अनुच्छेद 39(क) भी कमजोर वर्गों के लिए निःशुल्क कानूनी सहायता की व्यवस्था की बात करता है।

अनुच्छेद 46 के अनुसार, राज्य जनता के दुर्बल वर्गों के विशिष्टतया अनुसूचित जातियों और अनुसूचित जनजातियों के शिक्षा और अर्थ संबंधी हितों की विशेष सावधानी से अभिवृद्धि करेगा और सामाजिक न्याय और सभी प्रकार के शोषण से उसकी रक्षा करेगा।

अनुच्छेद 243(घ) व (न) के द्वारा पंचायतों तथा नगरपालिकाओं में अनुसूचित जनजातियों व जातियों के लिए स्थान आरक्षित किए गए हैं। आरक्षित स्थानों की कुल संख्या कम-से-कम एक-तिहाई स्थान इन्हीं जातियों की महिलाओं के लिए आरक्षित रखे गए हैं। इसी प्रकार 330 के अनुसार, लोक सभा व राज्य की विधान सभाओं (अनुच्छेद 332) में भी स्थान आरक्षित रहेंगे। आरक्षित स्थानों की संख्या का अनुपात जनसंख्या के अनुपात से निश्चित होगा।

अनुच्छेद 338 के अनुसार, अनुसूचित जातियों व जनजातियों के लिए एक आयोग बनाया जाएगा जिसका नाम राष्ट्रीय अनुसूचित जाति व अनुसूचित जनजाति आयोग होगा। 2003 में 87वें संशोधन द्वारा एक के स्थान पर दो आयोग बना दिए गए। एक राष्ट्रीय अनुसूचित जाति आयोग व दूसरा राष्ट्रीय अनुसूचित जनजाति आयोग। इन आयोगों को निम्न कार्य सौंपे गए:

- संविधान या किसी विधि या सरकार के किसी आदेश के अधीन उपबंधित रक्षोपायों से संबंधित सभी विषयों का अन्वेषण करना और उन पर निगरानी रखना।
- अधिकारों से वंचित करने की बाबत विनिर्दिष्ट शिकायतों की जांच करना।
- अनुसूचित जातियों व जनजातियों के सामाजिक-आर्थिक विकास की योजना प्रक्रिया में भाग लेना और उन पर सलाह देना।

भारत का संविधान अनूठा माना जा सकता है, जिस प्रकार पिछड़े वर्गों को संरक्षण दिया गया है, स्पष्टत: संविधान सभा एक समानता पर आधारित समाज का निर्माण करना चाहती थी। भारतीय संविधान के जनक डॉ. अंबेडकर जिस प्रकार के समाज की स्थापना का स्वप्न देखते रहे उसे उन्होंने संविधान में व्यवस्थित करने का भी प्रयत्न किया।

छुआछूत का अंत तथा अत्याचारों के खिलाफ संरक्षण

(End of Untouchability and Protection against Atrocities)

संविधान के अनुच्छेद 17 में 'छुआछूत' शब्द को इन्वर्टेड कॉमा में रखा गया है। स्पष्ट है कि संविधान निर्माता सदियों से चली आ रही हिंदू समाज की एक सड़ी-गली प्रथा की समाप्ति चाहते थे। इस आदेश को प्रभाव में लाने के लिए संसद ने छुआछूत (अपराध) अधिनियम 1955 लागू किया। इस अधिनियम के प्रभावों की जांच करने के लिए 1965 में छुआछूत तथा अनुसूचित जातियों के आर्थिक व शैक्षणिक विकास के लिए एक समिति का गठन किया गया। इस समिति की सिफारिशों को लागू कर नागरिक अधिकार संरक्षण अधिनियम-1955 बनाया जिसके मुख्य उपबंध निम्नलिखित हैं:

- छुआछूत की समाप्ति व्यक्ति को दिया गया एक अधिकार है।
- छुआछूत से संबंधित सभी अपराधों को कानूनन जुर्म करार दिया गया जिसके लिए कम-से-कम 3 महीने की सजा मिल सकती है।
- छुआछूत से संबंधित सजाओं को बढ़ा दिया गया।
- छुआछूत संबंधित अपराधों की जांच सरकारी कर्मचारियों का उत्तरदायित्व घोषित कर दिया गया।
- यदि कोई कर्मचारी जान-बूझकर इस अधिनियम के तहत आने वाले अपराधों की जाँच लापरवाही से करता है तो उसे अपराधी माना जाएगा और वह सजा पाएगा।
- निजी धार्मिक स्थानों को भी इस अधिनियम की सीमा के अंतर्गत लाया जाएगा।
- छुआछूत का प्रचार तथा उसे सही ठहराना दोनों सजा योग्य अपराध हैं।

- राज्य सरकारों को उन क्षेत्रों में रह रहे लोगों पर अधिनियम के तहत किए गए अपराध के लिए सामूहिक जुर्माना करने का अधिकार दिया गया।
- इस अधिनियम के अनुसार प्रावधान लागू करने के लिए बेहतर प्रशासनिक तंत्र की स्थापना की बात की गई है।

अत्याचार निवारण अधिनियम (Prevention of Atrocities (POA), 1989) के प्रभावी होने से अनुसूचित जातियों-जनजातियों की और बेहतर सुरक्षा निश्चित हुई और अनुच्छेद 21 के तहत उन्हें बेहतर ढंग से जीने का अधिकार हासिल हुआ। इन दोनों ही अधिनियमों के तहत पुलिस को बिना वारंट के गिरफ्तारी का आदेश दिया गया और छुआछूत से संबंधित केस में वह बिना कोर्ट के आर्डर के भी केस में जांच-पड़ताल शुरू कर सकती है। पीओए अधिनियम के अनुसार, विशेष अदालतें भी गठित की गई जो इन मामलों की सुनवाई तेजी से करेंगी। कार्यान्वयन मशीनरी का गठन करने से निश्चित रूप से इन दोनों ही अधिनियमों का फायदा हुआ। नागरिक अधिकार संरक्षण अधिनियम, 1955, ने छुआछूत के दो प्रकारों का विस्तार से वर्णन भी किया–

- **धार्मिक :** जिसमें निजी धार्मिक स्थानों में प्रवेश, पूजा करने या किसी भी प्रकार के धार्मिक अनुष्ठान करने, पवित्र नदियों, तालाबों आदि में स्नान करने, पानी भरने आदि को रोकना भी अपराध माना गया।
- **सामाजिक :** जिसमें किसी भी दुकान, खाना खाने के स्थान अर्थात् रेस्टोरेंट, होटल, सराय, धर्मशालाएं, मुसाफिरखानों या ऐसे ही सार्वजनिक स्थानों पर बर्तनों का प्रयोग ना करने देना, सार्वजनिक परिवहन के प्रयोग करने की मनाही आदि पर भी रोक लगाई गई है। यह दोनों ही अधिनियम और इसके प्रावधान जल्द से जल्द न्याय दिलवाने के उद्देश्य से उठाए गए कदम हैं, लेकिन इसके तहत दी जाने वाली सजा सिर्फ छह माह की जेल तथा 100 से 500 रुपए तक का जुर्माना ही है। इन अधिनियमों के अतिरिक्त कुछ और प्रावधान भी दलितों पर अत्याचार की रोकथाम के लिए किए गए हैं:
- बंधित श्रम पद्धति (उत्सादन) अधिनियम, 1976 (The Bonded Labour (Abolition) Act, 1976)
- सफाई कर्मचारी नियोजन और शुष्क शौचालय सन्निर्माण (प्रतिषेध) अधिनियम, (1993 The Employment of Manual Scavengers and Construction of Dry Latrines (Prohibition) Act, 1993)

अनुसूचित जाति व जनजाति (अत्याचारों की रोकथाम) अधिनियम, 1989

(Scheduled Castes/Scheduled Tribes (Prevention of Atrocities) Act, 1989

इनमें से अनुसूचित जाति व जनजाति (अत्याचारों की रोकथाम) अधिनियम 1989 दलितों के लिए काफी प्रभावी सिद्ध हुआ क्योंकि इसमें अनेक ऐसे सामाजिक अपराधों पर रोकथाम की कोशिश की गई थी जिनके शिकार दलित सदियों से हो रहे थे। अगर कोई व्यक्ति जो अनुसूचित जाति/जनजाति से संबंधित नहीं है और वह इन जातियों के लोगों के प्रति किए

गए निम्नलिखित अत्याचार के अपराधों के लिए अधिनियम की धारा 3 के अनुसार दंडित किया जाएगा–

(i) घायल या बेइज्जत करता है या अनुसूचित जाति/जनजाति के लोगों से मैला ढोने को जबरदस्ती करता है।

(ii) कुछ अनचाही चीज खाने या पीने की जबरदस्ती करता है।

(iii) निर्वस्त्र करके घुमाता है या मुंह पर कालिख पोतता है या अमानवीय व्यवहार करता है।

(iv) इन जातियों के लोगों की भूमि पर कब्जा करता है या जबरदस्ती भूमि अपने नाम करवाता है।

(v) पानी पीने या उनकी भूमि पर अधिकार जमाता है।

(vi) बेगारी करवाता है।

(vii) जबरदस्ती वोट के अधिकार का हनन करता है या किसी व्यक्ति को वोट डलवाता है।

(viii) किसी व्यक्ति को इस प्रकार की सूचना पहुंचाता है जिससे अनुसूचित जाति/जनजाति के व्यक्ति का और उसकी शक्तियों का हनन होता है।

(ix) जनता के बीच अनुसूचित जाति/जनजाति के व्यक्ति के साथ अमानवीय व्यवहार।

(x) अनुसूचित जाति/जनजाति की महिलाओं पर अत्याचार, छेड़खानी या अभद्र व्यवहार।

(xi) अनुसूचित जाति/जनजाति की महिला को उसकी मर्जी के बिना अपनी शक्ति का लाभ उठाते हुए यौनाचार करना।

(xii) किसी तालाब, पोखर आदि के पानी को इसलिए इस्तेमाल ना करना कि उसे अनुसूचित जाति/जनजाति के व्यक्ति प्रयोग कर रहे हों।

(xiii) अनुसूचित जाति/जनजाति के लोगों को सार्वजनिक स्थानों पर जाने से रोकना।

(xiv) अनुसूचित जाति/जनजाति के लोगों को जबरदस्ती घर छोड़ने पर मजबूर करना।

यह सभी ऐसे अपराध घोषित किए गए हैं जिसमें अपराधी को छह महीने से 5 साल की सजा जुर्माने के साथ हो सकती है। इस प्रकार 1989 के इस एक्ट के द्वारा कानून निर्माताओं ने कम-से-कम उन अपराधों को पहचाना और उनके लिए सजा की व्यवस्था की जिन को देश के हर कोने में सदियों से दलित झेल रहे थे। इस एक्ट के द्वारा उन सरकारी कर्मचारियों को भी जिम्मेदार ठहराया गया है, जो जान बूझकर अपने कर्त्तव्यों से विमुख होकर अनुसूचित जाति/जनजातियों पर अत्याचारों को होते देखते रहते हैं। ऐसे कर्मचारियों को भी छह महीने से एक साल तक की सजा का प्रावधान किया गया है। यही नहीं इस एक्ट से संबंधित दर्ज केसों पर जल्दी-से-जल्दी और बिना पक्षपात के संबंधित कर्मचारियों को कार्यवाही करने का निर्देश भी दिया गया है। अनुच्छेद 7(1) के अनुसार, जाँच अधिकारी उप पुलिस अधीक्षक से निम्न दर्जे का नहीं होना चाहिए। 30 दिन के अंदर ही जांच रिपोर्ट उच्च अधिकारी तक पहुंच जानी चाहिए, जो इस रिपोर्ट को सर्वोच्च पुलिस अधिकारी तक जमा करेगा। सारी जांच रिपोर्ट का गृह मंत्रालय तथा सामाजिक कल्याण मंत्रालय द्वारा पुनः परीक्षण किया

जाएगा। इस प्रकार 1989 के इस अधिनियम द्वारा कानूनी तंत्र को ना केवल मजबूत बनाया गया बल्कि उच्च अधिकारियों पर जिम्मेदारी भी डाली ताकि दलितों के खिलाफ होने वाले अत्याचारों को रोकने व नियंत्रित करने में मददगार साबित हो।

संवैधानिक संरक्षण : कितने प्रभावी

(Effectiveness of Constitutional Protection)

राष्ट्रीय अपराध रिकॉर्ड ब्यूरो, भारत सरकार के आंकड़े यह बताते हैं कि देशभर में दलितों के खिलाफ काफी अधिक संख्या में अपराध हो रहे हैं। इसमें सबसे चौंकाने वाला तथ्य यह है कि दलितों पर अत्याचार के मामले या तो पुलिस थानों पर पहुंच ही नहीं पाते और यदि दलित अपनी शिकायत लेकर थाने तक पहुंचता भी है तो पुलिस वाले उसे भगा देते हैं। दलितों के खिलाफ अत्याचारों में सबसे आगे मध्य प्रदेश है। इसके अलावा, राजस्थान और आंध्र प्रदेश में भी यह संख्या काफी बड़ी है। भारत एक कल्याणकारी राज्य है। इसीलिए समाज के सबसे पिछड़े वर्गों के लिए सरकार विभिन्न प्रकार के कानूनों का निर्माण करती है और अपराधों के खिलाफ दलित लोगों को संरक्षण प्रदान करती है। अनुसूचित जाति/जनजाति में भी दलित महिला सबसे ज्यादा दबा-कुचला वर्ग है। इसीलिए दलित महिलाओं पर यौन उत्पीड़न के भी अनेक मामले सामने आते हैं। इनमें से 2006 की खैरलांजी की घटना एक भयावह मंजर प्रस्तुत करती है जब जमीनी विवाद के चलते एक दलित परिवार का क्रूरतम ढंग से नरसंहार कर दिया गया था। घर की औरतों के साथ न केवल बलात्कार किया गया था, बल्कि उन पर अमानवीय अत्याचार भी किया। यह केवल एक अकेली घटना नहीं बल्कि देश के विभिन्न हिस्सों से भी इसी प्रकार की हृदय विदारक घटनाएं समय-समय पर दर्ज की जाती रही हैं। तमिलनाडु के शमनाथपुरम दंगे, किलावेनमणी विध्वंस, बिहार के बेलछी, पिपरा गांव में किए गए अत्याचार, उत्तर प्रदेश के कफालता नरसंहार और पनवारी कांड, राजस्थान के नाथद्वारा तथा हरियाणा के गोहाना मिर्चपुर और झज्जर की घटनाएं ज्यादा पुरानी नहीं हैं। डॉ. अंबेडकर द्वारा आजादी से पहले और भारत के संविधान में नीतियों के जरिए और उन्हीं की प्रेरणा से अनेक कानूनों के निर्माण से दलितों के अस्तित्व को महत्त्व देने के बाद भी उनकी स्थिति पतन की ओर हैं। इसके अनेक कारण हैं:

- सरकारी नौकरियों में तो आरक्षण है लेकिन निजी क्षेत्रों में दलितों को मौके नहीं मिल पाते हैं।
- अनुसूचित जाति की आर्थिक स्थिति अब भी संतोषजनक नहीं है। दलित समुदाय अभी भी पारंपरिक पेशों से जुड़े हैं जिसमें आगे बढ़ने की संभावना ना के बराबर है।
- इसमें कोई शक नहीं कि दलित समुदाय की साक्षरता दर में सुधार आया है लेकिन यह दर शहरी क्षेत्रों में जरूर संतोषजनक है पर ग्रामीण क्षेत्रों में हालत में कोई सुधार नहीं है।
- अनुसूचित जातियों के रहन-सहन का स्तर भी खराब है। ग्रामीण इलाके हों या शहरी बस्तियां इन्हें पेयजल, बिजली और शौचालय जैसी सुविधाएं उपलब्ध नहीं है।

- दलित जातियों की आमदनी का स्तर भी नीचा है।
- ग्रामीण इलाकों में दलितों की बड़ी आबादी आज भी खेतिहर मजदूर हैं, जिनकी दशा सदियों पुरानी जैसी ही है।

दलितों की समस्याओं का समाधान करने के लिए उन्हें सामाजिक, आर्थिक व शैक्षिक स्तर पर समानाधिकार दिए जाने की जरूरत है जो उन्हें संविधान द्वारा दिए भी गए हैं। इसके साथ-साथ अनुसूचित जाति/जनजाति को आर्थिक आजादी, शैक्षणिक समानता व व्यक्तिगत प्रतिष्ठा को भी ऊंचा उठाने की जरूरत है। स्वतंत्रता के बाद से ही सभी राजनीतिक दल और सरकारें अपने कार्यक्रमों और एजेंडों में इस समस्या को मुख्य रूप से रखते रहे हैं। फिर भी परिणाम आशाजनक नहीं हैं। इसके लिए सरकार और समाज दोनों को ही अपने-अपने स्तर पर प्रयास करने होंगे। सबसे पहले स्वयं अनुसूचित जाति व जनजाति के लोगों को ही अपने अंदर आत्मसम्मान जगाना होगा। सभी संवैधानिक अधिकारों और अन्य प्रावधानों तथा कानूनों को ईमानदारी व गंभीरता के साथ लागू किया जाना चाहिए। छुआछूत जैसी समस्या की जड़ें भारतीय मानसिकता में गहरी बैठी हुई हैं जिसे दूर करने की जरूरत है। राष्ट्रीय स्तर पर दलितों के लिए शिक्षा तथा सरकारी व निजी क्षेत्रों में ज्यादा से ज्यादा अवसर प्राप्त हों। इसके अलावा, दलितों को भी जमीनी स्तर पर लोकतांत्रिक संस्थाओं में ईमानदारी से शामिल किए जाने की जरूरत है। इन सबके लिए दलित जातियों के बीच शिक्षा के प्रचार-प्रसार के स्तर को बढ़ाना होगा। डॉ. अबेडकर का विचार और चिंतन एक ऐसे समाज की स्थापना का था, जिसमें हिंसा नहीं हो, भय और आशंका ना हो, मिथ्या, अपेक्षाएं व आशाएं ना हो, असत्य आश्वासन नहीं और अंतर्विरोध भी ना हो।

वर्ग : न्यूनतम मजदूरी संबंधी विधियां
(Class: Laws Concerning Minimum Wages)

औद्योगिक क्रांति ने मजदूरी पर निर्भर रहने वाले श्रमिक वर्ग को जन्म दिया। पश्चिमी देशों में उद्योगों में कार्य करने वाले श्रमिकों का एक स्थायी वर्ग होता है, जिसका कृषि आदि से कोई संबंध नहीं रहता। लेकिन भारत में यह स्थिति नहीं है यहां स्थायी औद्योगिक श्रमिक वर्ग का बहुत लंबे समय तक अभाव रहा। आज भी यह श्रमिक वर्ग ग्रामीण क्षेत्रों से ही शहरों में कार्य करने आते हैं। यथाशीघ्र अवसर मिलने पर ये अपने गांवों को लौट भी जाते हैं। इनमें से अधिकांश मजदूरों का खेती से प्रत्यक्ष या परोक्ष रूप से संबंध बना रहता है। इस प्रकार आज भी भारत में पश्चिमी देशों की तरह औद्योगिक श्रमिकों का एक स्थायी वर्ग तैयार नहीं हो पाया है।

सभी पूंजीवादी देशों की भांति कारखानों के मालिक मजदूरी के बदले में श्रम शक्ति को खरीदते हैं। भारतीय अर्थव्यवस्था संगठित व असंगठित क्षेत्रों में विभाजित है। असंगठित क्षेत्र बहुत बड़ा है। संपूर्ण कृषि क्षेत्र असंगठित में ही शामिल है। इसके अलावा, अधिकतर खनन, विनिर्माण, निर्माण, परिवहन व संचार, सामाजिक व वैयक्तिक सेवाएं असंगठित क्षेत्र का ही हिस्सा हैं। मोटे तौर पर संगठित क्षेत्र विनिर्माण बिजली, परिवहन तथा वित्तीय सेवाओं

तक सीमित है। जहां संगठित क्षेत्र में केवल 6 से 8 प्रतिशत लोग कार्यरत हैं। वहीं 92 से 94 प्रतिशत लोग असंगठित क्षेत्रों का हिस्सा हैं।

यदि औपचारिक(संगठित) और अनौपचारिक(असंगठित) क्षेत्रों में कार्यरत महिला पुरुष श्रमिकों का तुलनात्मक अध्ययन करें तो स्पष्टत: 24 मिलियन पुरुष और केवल 6 मिलियन महिलाएं संगठित क्षेत्रों में कार्यरत हैं जबकि असंगठित क्षेत्रों में 310 मिलियन पुरुष और 193 मिलियन महिला श्रमिक काम कर रही हैं। कृषि क्षेत्र के लगातार घटने से पुरुष कृषि से हटकर अर्थव्यवस्था के अन्य क्षेत्रों में काम करने लगे हैं। लगभग 90 प्रतिशत से ज्यादा महिलाएं असंगठित क्षेत्रों में कार्यरत हैं। केवल शहरी महिला वर्ग ही एक ऐसा वर्ग है जिसमें नियमित व वेतनभोगी कर्मचारियों के अनुपात में वृद्धि दिखाई देती है। भारत में असंगठित क्षेत्रों में अनियमित रोजगार, कम मजदूरी तथा शोषणकारी प्रवृत्तियां मौजूद हैं।

भारत में श्रम संबंधी कानून (Labour Legislation in India)

श्रमिकों के निम्नतम जीवन स्तर को बनाए रखना ना केवल वांछनीय है बल्कि आवश्यक भी है। इसीलिए न्यूनतम मजदूरी निश्चित करने के लिए कई देशों में व्यवस्था की गई है। उन उद्योगों में जहां श्रमिक असंगठित हैं और दशा भी दयनीय है, दूसरी ओर मिल मालिकों द्वारा उनका शोषण भी किया जाता है, उन व्यवसायों में विशेषतौर पर न्यूनतम मजदूरी कानून लागू किए जाने की आवश्यकता है। भारत में श्रम-संबंधी नियमों का इतिहास काफी पुराना है। इसे निम्नलिखित चार कालों में विभाजित किया जा सकता है:

- **1881 से 1921** तक के काल में श्रम सन्नियम विशेष उद्योगों के संबंध में ही बनाए जाते थे जैसे कारखाना, खान तथा बागान आदि।
- **1922-34** के बीच 1922 का कारखाना अधिनियम बनाया गया। 1926 में औद्योगिक संघर्ष अधिनियम भी ब्रिटिश सरकार द्वारा पारित किया गया। इसी अवधि में प्रांतीय सरकारों द्वारा भी बहुत से अधिनियम बनाए गए, जिसमें बंबई व अन्य कई राज्यों के मातृत्व लाभ अधिनियम (Maternity Benefit Acts) विशेष रूप से उल्लेखनीय है।
- **1935-47** के दौरान भी भारतीय ब्रिटिश सरकार ने श्रमिकों के लिए कुछ अधिनियम पारित किए। विशेष रूप से खानों में कार्य करने वाले श्रमिकों की खराब स्थिति, अंतर्राष्ट्रीय श्रम सम्मेलन की सिफारिशों, तथा देश के खान उद्योगों में बढ़ती श्रमिकों की संख्या को ध्यान में रखते हुए खान अधिनियम में 1936, 1937, 1940 व 1946 में पुनः संशोधन किए गए।

स्वतंत्रता प्राप्ति के बाद की स्थिति (Post-Independence Situation)

न्यूनतम मजदूरी अधिनियम, 1948 (Minimum Wages Act, 1948)

देश भले ही विकसित हो या विकासशील लगभग विश्व के सभी देशों में यह स्वीकृति बन

चुकी है कि समाज में जीवन का एक न्यूनतम स्तर सभी नागरिकों के लिए आवश्यक हैं। मजदूर और उसके परिवार का स्वास्थ्य तथा कार्यक्षमता एवं आत्म-प्रतिष्ठा बनाए रखने के लिए सभी उद्योगों में मजदूरों को एक न्यूनतम मजदूरी दी जानी चाहिए। इस मान्यता के पीछे मंशा यह थी कि श्रम केवल बाजार में खरीदी व बेची जाने वाली वस्तु ही नहीं है, बल्कि यह उत्पादन का एकमात्र मानवीय साधन भी है। और साथ ही श्रमिक को मिलने वाला प्रतिफल भी है जिस पर उसकी कार्यक्षमता के साथ-साथ मानव सभ्यता का अस्तित्व भी निर्भर करता है। अतः मजदूर के लिए मजदूरी कम-से-कम इतनी अवश्य होनी चाहिए, जिससे कि मजदूर और उसके परिवार के स्वास्थ्य, कार्यक्षमता और आत्मप्रतिष्ठा को कायम रखने के लिए वर्तमान मूल्य-स्तर पर आवश्यकतानुसार वस्तुएं प्राप्त हो सकें। इस प्रकार, कहा जा सकता है कि न्यूनतम मजदूरी वह सीमा है जिससे कम पैसा मिलने पर श्रमिक के लिए आत्मसम्मानपूर्वक जीवनयापन असंभव हो जाता है तथा आदर्शतम मजदूरी वह है जिस स्तर पर मजदूर अन्य सभ्य नागरिकों की तरह अपना जीवनयापन कर सके। इस प्रकार न्यूनतम मजदूरी तथा आदर्शतम मजदूरी के बीच एक उचित मजदूरी का स्तर है जो श्रम की मांग तथा पूर्ति, उत्पादकता तथा उद्योग धंधे के सामर्थ्य द्वारा निश्चित होता है।

भारत में स्वतंत्रता प्राप्ति से पहले न्यूनतम मजदूरी विधान पर कोई खास ध्यान दिया ही नहीं गया। 1948 में पहली बार न्यूनतम मजदूरी विधान बना। इस अधिनियम द्वारा केंद्रीय व राज्य सरकारों को कुछ विशेष उद्योगों में, जहां श्रमिकों को शोषण अथवा उसकी संभावना अधिक होती है, न्यूनतम मजदूरी निश्चित करने का अधिकार दिया गया है। ये उद्योग व व्यापार वे हैं जिनमें शोषित श्रमिक वर्ग अधिकता में पाया जाता है। इसमें बागान, चावल और आटे की मिलें, तेल की मिलें, सड़क परिवहन, सड़क निर्माण कार्य, ऊनी दरियां बनाने, शॉलें व कालीन बनाने के उद्योग, तंबाकू उद्योग, पत्थर कूटना, लाख निर्माण व शीशा आदि उद्योगों को शामिल किया गया है। इस अधिनियम को मध्य प्रदेश में सीमेंट, चीनी के बर्तन बनाने के उद्योग और शीशा उद्योग में भी लागू कर दिया गया है। अजमेर में वस्त्र उद्योग, बंबई में नमक उद्योग और दिल्ली में ऑटोमोबाइल, इंजीनियरिंग धातु का काम करने वाले प्रतिष्ठान, फाउण्ड्रीज और छापेखानों में भी लागू कर दिया गया है। अन्य उद्योगों में भी राज्य सरकारें तीन महीने की पूर्व सूचना पर इसे लागू कर सकती हैं। इसके अंतर्गत कृषि को भी लाया गया है जिसमें कुछ राज्यों द्वारा यह आंशिक रूप से लागू भी किया गया है। इसके द्वारा कृषि में तीन वर्ष तथा अन्य उद्योगों में दो वर्षों के भीतर न्यूनतम मजदूरी निर्धारित हो जानी चाहिए। हालांकि बाद में संशोधन के द्वारा इस अवधि में वृद्धि की गई है। 1957 के एक संशोधन के द्वारा 1959 के अंत तक उल्लिखित उद्योगों के सभी श्रमिकों को इस अधिनियम के अंतर्गत लाने का आयोजन था।

न्यूनतम मजदूरी अधिनियम, 1948 न्यूनतम समय दर, न्यूनतम पीस दर, गारंटी समय दर, अधिसमय दर (Overtime Rate) निर्धारित करता है जो कि विभिन्न व्यवसायों, स्थानों तथा काम के स्वरूप के अनुसार होती है। न्यूनतम मजदूरी की दर में मजदूरी की बुनियादी दर और जीवन निर्वाह खर्च भत्ता अथवा मजदूरी की न्यूनतम दर, निर्वाह खर्च के भत्ते

के साथ अथवा उसके बिना और कुछ आवश्यक पदार्थों की रियायती दर पर पूर्ति करने का नकद मूल्य, सबको मिलाकर दर सम्मिलित है। इस अधिनियम का आशय पुरुष, महिला, बच्चों, शिष्यों, कार्यकर्त्ताओं आदि जो फैक्ट्रियों तथा घर में काम करते हैं, को संरक्षण देना है।

इस अधिनियम के अनुसार, न्यूनतम मजदूरी तय करने के लिए राज्य सरकारें सलाहकार समितियां नियुक्त करती हैं, जो राज्य सरकारों को इस विषय की जांच के बाद सलाह देती हैं।

न्यूनतम मजदूरी की दरों में समय-समय पर सरकार द्वारा परिवर्तन भी किया जा सकता है। इस नियम के अंतर्गत केंद्रीय अथवा राज्य सरकारें अतिरिक्त कार्य के लिए मजदूरी, काम के घंटे, अवकाश की अवधि इत्यादि निर्धारित करती हैं।

फैक्ट्री में कार्य की दशाओं का नियमन 1948 के फैक्ट्री अधिनियम के द्वारा होता है। इस अधिनियम के अंतर्गत निम्न व्यवस्थाएं की गई हैं–

- फैक्ट्री में सप्ताह में काम के 48 घंटे होने चाहिए।
- 14 वर्ष से कम आयु के बच्चों को फैक्ट्री में काम पर रखना गैर-कानूनी है।
- फैक्ट्री अधिनियम श्रमिकों के कल्याण तथा उनकी सुरक्षा के अतिरिक्त फैक्ट्री की इमारत में प्रकाश, हवा, स्वच्छता आदि की व्यवस्थाओं को अनिवार्य ठहराता है।
- जिन कारखानों में 250 से अधिक श्रमिक कार्य करते हैं, वहां पर श्रमिकों के लिए कैंटीन की व्यवस्था आवश्यक है।
- कारखानों व मिलों में नहाने तथा वस्त्र सुखा सकने की सुविधा, विश्राम गृह, प्राथमिक चिकित्सा आदि होना आवश्यक है।
- महिला श्रमिकों की संख्या 50 से अधिक होने पर शिशु पालन गृह की व्यवस्था हो।
- फैक्ट्री में काम करने वाले श्रमिकों की संख्या 500 से अधिक होने पर श्रम कल्याण कार्य की देखभाल के लिए श्रम कल्याण अधिकारी की नियुक्ति भी आवश्यक है।

इसके अतिरिक्त, कुछ राज्य सरकारों ने भी विभिन्न उद्योगों के श्रमिकों के लिए कल्याणकारी कार्यों को व्यावहारिक रूप देने के उद्देश्य से अधिनियम बनाए हैं जिनमें बंबई श्रम कल्याण निधि अधिनियम (1953) तथा उत्तर प्रदेश में चीनी व अल्कोहल उद्योग श्रम कल्याण तथा विकास निधि अधिनियम (1950) पास किए गए हैं।

अधिनियमों की इन व्यवस्थाओं के साथ-साथ श्रमिकों से संबंधित अनेक अधिनियम भारतीय संविधान के अनुच्छेद 41, 42, 43, 43 (क) आदि को लागू करने के उद्देश्य से बनाए गए हैं। इनके उदाहरण हैं: न्यूनतम मजदूरी अधिनियम, कर्मकार प्रतिकार अधिनियम, प्रसूति प्रसुविधा अधिनियम, औद्योगिक नियोजन अधिनियम, कारखाना अधिनियम आदि। संसद द्वारा पारित जल प्रदूषण, वायु प्रदूषण, पर्यावरण प्रदूषण से संबंधित अधिनियम, संविधान के अनुच्छेद 48(क) को अग्रसर करने के लिए बनाए गए हैं।

अधिनियमों की इन व्यवस्थाओं से लगता है कि भारत में फैक्ट्री मालिकों के शोषण से श्रमिकों को बचाने के लिए पर्याप्त व्यवस्था की गई है। परंतु वास्तविकता यह है कि प्राय: न्यूनतम मजदूरी इतनी कम रहती है कि श्रमिकों के जीवन निर्वाह का स्तर ऊंचा हो ही नहीं पाता। न्यूनतम मजदूरी अधिनियम, 1948 वास्तव में प्रशंसनीय है लेकिन इसका क्षेत्र संकीर्ण है। बड़े पैमाने के उद्योगों में भी मजदूरी की दर अनिश्चित रहती है। साथ ही, इस अधिनियम में न्यूनतम मजदूरी तय करने के लिए जिस मशीनरी की व्यवस्था की गई है, वह भी संतोषजनक नहीं है। वास्तव में, इस अधिनियम में न्यूनतम मजदूरी की स्पष्ट व्याख्या करना अनिवार्य है। मिल मालिकों के लिए श्रमिकों की मजदूरी रोकना अवैध है, परंतु जो मिल मालिक ऐसा करते हैं उनके विरुद्ध सरकार द्वारा कोई कार्यवाही नहीं की जाती है। 1965 के बोनस भुगतान अधिनियम के अनुसार, श्रमिकों को बोनस भी मिलना चाहिए। 1976 में समान प्रतिफल अधिनियम (Equal Remuneration Act) के अनुसार, महिला-पुरुषों की मजदूरी भी समान कर दी गई है। विकासशील देशों में आर्थिक विकास को स्थिरता तथा सामाजिक न्याय संहिता में लाने के लिए एक उपयुक्त मजदूरी नीति की आवश्यकता है।

भारत में विभिन्न उद्योगों में मजदूरी बोर्डों की नियुक्ति की गई है। उनका कार्य उचित मजदूरी के सिद्धांत के आधार पर उद्योगों में मजदूरी ढांचा निश्चित करना है। भारतीय श्रम कान्फ्रेंस 1957 ने यह विचार प्रस्तुत किया कि न्यूनतम मजदूरी आवश्यकतानुसार मजदूरी के आधार पर निश्चित की जानी चाहिए। 1957 के बाद भी हर श्रम कान्फ्रेंस में यह सिफारिश की गई कि न्यूनतम मजदूरी केवल जीवन निर्वाह के खर्च को ही पूरा न करें बल्कि यह मजदूरों की कार्य कुशलता को भी बनाए रखने के लिए पर्याप्त हों।

पूंजीवाद की एक बड़ी विशेषता औद्योगिक विवाद है और औद्योगिक विवादों का बड़ा परिणाम है ट्रेड यूनियनों का संगठन। 1917 की रूसी क्रांति ने लगभग पूरे विश्व में श्रमिकों को संगठित होने के लिए उत्साहित किया। वैसे भी अंतर्राष्ट्रीय श्रमिक संगठन की स्थापना भी हो चुकी थी। प्रथम विश्वयुद्ध के बाद से ही भारतीय श्रमिकों ने भी अपनी दशा में सुधार के लिए अनेक हड़तालें की। सन् 1920 में ऑल इंडिया ट्रेड यूनियन कांग्रेस (AITUC) के नाम से श्रमिकों का प्रथम अखिल भारतीय संगठन स्थापित हुआ। लगभग पांच वर्षों के अथक प्रयास के बाद सन् 1926 में प्रथम श्रमिक संघ कानून पास हुआ जो श्रमिक संघ आंदोलन के इतिहास में एक महत्त्वपूर्ण घटना थी।

श्रमिक संघ कानून 1926 (Trade Union Act, 1926)

भारत में पहला श्रमिक संघ अधिनियम 1926 में पारित हुआ। इस अधिनियम द्वारा श्रमिक संघों को रजिस्टर्ड कराने की सुविधा तथा अन्य बहुत से कानूनी अधिकार प्रदान किए गए। 1947 तक इस अधिनियम में कोई संशोधन नहीं हुआ। 1948 में हुए संशोधन के द्वारा मिल मालिकों को प्रतिनिधि श्रमिक संघों को मान्यता प्रदान करने के लिए बाध्य

किया गया। इस कानून में यह भी व्यवस्था की गई कि यदि कारखाने का स्वामी मान्यता प्राप्त संघ से बातचीत करने से इनकार करे तो उस पर जुर्माना किया जा सकता है। भारतीय संविधान के अनुच्छेद 19 में छह मूल स्वतंत्रताओं में संगम या संघ बनाने की स्वतंत्रता का उल्लेख है।

स्वतंत्रता से लेकर अब तक मजदूर संघ आंदोलन काफी फैल गया है और उसकी जड़ें निरंतर मजबूत होती जा रही हैं। आज पांच मुख्य मजदूर संघ हैं- इंडियन नेशनल ट्रेड यूनियन कांग्रेस (INTUC), हिंद मजदूर सभा, भारतीय मजदूर सभा (BMS), ऑल इंडिया ट्रेड यूनियन कांग्रेस (AITUC), और सेंटर ऑफ इंडियन ट्रेड यूनियन (CITU) जो कुल सदस्यता के लगभग 74 प्रतिशत के लिए जिम्मेदार है। श्रमिकों के हितों की सर्वोत्तम रूप से रक्षा करने और इन्हें बढ़ाने के लिए अनिवार्य है कि उनकी सौदा शक्ति मिल मालिकों के बराबर हो।

भारत में पहला औद्योगिक विवाद संघर्ष अधिनियम (Industrial Dispute Act) 1929 में पारित हुआ, जिसके अनुसार मालिकों व मजदूरों के झगड़ों को समाप्त करने के लिए ऐच्छिक समझौते की व्यवस्था की गई। स्वतंत्रता के बाद भी औद्योगिक विवादों को समाप्त करने के लिए समितियों, समझौते, अफसरों, औद्योगिक अदालतों की स्थापना की व्यवस्था की गई। 1956 में तीन प्रकार के नए न्यायालयों की भी व्यवस्था की गई - श्रमिक न्यायालय, औद्योगिक न्यायालय तथा राष्ट्रीय न्यायालय।

10 दिसंबर 1948 को संयुक्त राष्ट्र ने भी मानवाधिकारों की विश्वव्यापी घोषणा[14] की जिसके अनुसार:

- सभी व्यक्ति जन्म से स्वतंत्र हैं और अधिकारों तथा प्रतिष्ठा में समान हैं। (A1)
- समाज में प्रत्येक व्यक्ति अधिकारों की दृष्टि से समान हैं अर उनके साथ रंग, जाति, लिंग, भाषा, धर्म, राजनीतिक या अन्य किसी विचार के आधार पर राष्ट्रीय व सामाजिक वंश आदि के कारण, संपत्ति, जन्म या प्रतिष्ठा के आधार पर कोई भेदभाव नहीं होना चाहिए। (A2)
- प्रत्येक व्यक्ति को जीवन की स्वतंत्रता तथा व्यक्तिगत सुरक्षा का अधिकार है। (A3)
- किसी भी व्यक्ति के साथ अमानवीय अत्याचार, क्रूरता, दंड रूप अवनति करना या ऐसी कोई सजा नहीं दी जानी चाहिए। (A5)
- किसी भी व्यक्ति को दास बना कर नहीं रखा जागा चाहिए। (A6)
- किसी भी व्यक्ति को उसकी संपत्ति से अलग नहीं किया जाना चाहिए। (A7)
- प्रत्येक व्यक्ति को उसकी मानवीय प्रतिष्ठा व उसके परिवार के भरण-पोषण के आधार पर पारिश्रमिक मिलना चाहिए। (A23[2])
- प्रत्येक व्यक्ति को शिक्षा का अधिकार है। (A26)

भारत में सामाजिक सुरक्षा (Social Security in India)

मजदूरों को बीमारी, बुढ़ापा, दुर्घटना, अकाल मृत्यु आदि जोखिमों व अनिश्चितताओं से मुक्त करने या बचाने की व्यवस्था को ही सामाजिक सुरक्षा कहा जाता है। इस संबंध में भारत सरकार द्वारा समय-समय पर भिन्न सुविधाएं प्रदान करने के उद्देश्य से विभिन्न अधिनियम तैयार किए गए हैं। 1923 में पहली बार कर्मचारी क्षतिपूर्ति अधिनियम पास किया गया, जिसके अनुसार औद्योगिक दुर्घटना या चोट लगने की हालत में श्रमिकों को क्षतिपूर्ति उपलब्ध कराई गई।

1948 में कर्मचारी राज्य बीमा अधिनियम (Employees State Insurance Act) पास किया गया जिसका उद्देश्य श्रमिकों को अनिवार्य व योगदत्त स्वास्थ्य बीमा सेवा उपलब्ध कराना था। इस अधिनियम के अंतर्गत बिजली से चलने वाले व गैर-मौसमी कारखाने (Non-Seasonal Factories) आते हैं। बिजली से चलने वाले कारखाने वे हैं जिनमें 10 या इससे अधिक श्रमिक काम करते हों और बिजली से ना चलने वाले कारखाने वे हैं जिनमें 20 या इससे अधिक श्रमिक काम करते हों। 1 मार्च 2010 से इस अधिनियम के अंतर्गत उन कर्मचारियों को भी सामाजिक सुरक्षा का लाभ मिलेगा जिनकी मासिक मजदूरी 15,000 रुपए से कम है। कर्मचारी राज्य बीमा अधिनियम के अंतर्गत बीमाकृत कर्मचारियों को मुख्य रूप से छह तरह के लाभ प्राप्त हैं। ये हैं: चिकित्सा लाभ, अस्वस्थता लाभ, विकलांगता लाभ, मातृत्व लाभ, आश्रितों को लाभ और अंत्येष्टि लाभ।

कर्मचारी भविष्य निधि तथा विविध धारा अधिनियम, 1952 के अंतर्गत कर्मचारियों को भविष्य निधि, परिवार पेंशन तथा जमा पूंजी से जुड़े बीमा के रूप में सेवानिवृत्त लाभ की व्यवस्था की गई है। यह अधिनियम 186 उद्योगों पर लागू है। इसी प्रकार कर्मचारी भविष्य निधि योजना कर्मचारियों को वित्तीय सुरक्षा प्रदान करने की दिशा में एक प्रशंसनीय प्रयास है। इसके अधीन अनिवार्य बचत की व्यवस्था है। सामाजिक सुरक्षा की कुछ अन्य योजनाएं हैं जैसे कर्मचारी जमा संबद्ध बीमा योजना, ग्रेच्युटी भुगतान योजना, कर्मचारी पेंशन योजना, 1995 आदि।

मातृत्त्व लाभ अधिनियम, 1961 (Maternity Benefit Act, 1961) कुछ विशेष उद्योगों में महिला श्रमिकों को मातृत्त्व लाभ की व्यवस्था करता है। इस अधिनियम के अंतर्गत महिला श्रमिकों को बच्चे के जन्म से 6 सप्ताह पहले और छह सप्ताह बाद तक मजदूरी सहित छुट्टी पाने का अधिकार है। यही नहीं, यदि महिला श्रमिक चाहे तो बच्चे के जन्म की अनुमानित तारीख से एक माह पहले की अवधि में उसे कोई भारी काम नहीं दिया जाएगा। यह अधिनियम उन कारखानों, खानों, सर्कस, बागान, दुकानों व प्रष्ठिानों पर भी लागू होता है जिनमें 10 या 10 से अधिक व्यक्ति काम करते हों। मातृत्व लाभ अधिनियम, 1961 में लाभ प्राप्त करने के लिए मजदूरी के बारे में कोई प्रतिबंध नहीं है।

1 मार्च 1971 से सरकार ने दो परिवार पेंशन योजनाएं भी शुरू की हैं- कोयला खानों की पेंशन योजना व कर्मचारी परिवार पेंशन योजना। इन दोनों ही योजनाओं का उद्देश्य किसी

कर्मचारी की असामयिक मृत्यु हो जाने की अवस्था में उसके परिवार को दीर्घकालीन वित्तीय सुरक्षा प्रदान करने से संबंधित है। मार्च 2010 तक लगभग 200 लाख कर्मचारी परिवार पेंशन योजना के अधीन लाए गए।

सामाजिक सुरक्षा के उपायों की समीक्षा के आधार पर यह माना जा सकता है कि सामाजिक सुरक्षा के उपाय श्रमिक को बुरे स्वास्थ्य, दुर्घटना व वृद्धावस्था में काफी हद तक सहायता देते हैं। भारत में बेरोजगारी के खिलाफ सुरक्षा की आज भी कोई योजना नहीं है। असंगठित क्षेत्र में कार्यरत लोगों के लिए तो सामाजिक सुरक्षा जैसी कोई योजना नहीं है। श्रमिकों के पास पूंजीपतियों की तरह कोई संचित संपत्ति नहीं होती इसलिए यह सरकार का कर्त्तव्य हो जाता है कि श्रमिकों को इन विपत्तियों के विरुद्ध सामाजिक सुरक्षा दे।

बालश्रम और संविधान (Child Labour and Constitution)

होमर फ्लेक्स के अनुसार, बच्चों द्वारा किया जाने वाला कोई भी ऐसा कार्य जिससे उनके पूर्ण भौतिक विकास, आवश्यक न्यूनतम शिक्षा तथा आवश्यक न्यनूतम मनोरंजन में बाधा पड़ती हो, बालश्रम कहलाता है। इस प्रकार बालश्रम का अर्थ - बच्चों को उत्पादन से संबंधित ऐसे लाभकारी व्यवसाय में लगाना है जिससे उनके स्वास्थ्य को खतरा हो तथा उनके विकास के अवसरों में बाधा उत्पन्न हो। मात्र उद्योगों में नियोजित करना ही बालश्रम की परिभाषा में नहीं आता, बल्कि व्यापक अर्थों में सभी ऐसे व्यवसायों में बच्चों से श्रम कराना जिससे उनके भौतिक, मानसिक, सामाजिक तथा नैतिक विकास में बाधा पड़े बालश्रम में शामिल किया जाता है।

भारत में बालश्रम को गैरकानूनी घोषित किया गया है। यह स्थिति संविधान लागू होने के साथ ही शुरू हो गई थी। संविधान के अनुच्छेद 24 में कारखानों आदि में बच्चों से श्रम कराने का प्रतिषेध किया गया है। इस अनुच्छेद के अनुसार, 14 वर्ष से कम आयु के बच्चों को किसी कारखाने अथवा खान में कार्य करने हेतु लगाया नहीं जा सकता है। स्वतंत्रता के पूर्व बालश्रम को रोकने के लिए बाल अधिनियम, 1933, बाल रोजगार अधिनियम, 1938, भारतीय फैक्ट्री अधिनियम, 1940 लागू किए गए थे। ये अधिनियम आज भी लागू हैं। 1952 में पारित औद्योगिक विवाद अधिनियम में भी बालश्रम का प्रतिषेध किया गया है। ये सभी अधिनियम बाल कल्याण को दृष्टि में रखकर बाल श्रमिकों की सेवाओं, कार्य दशा, सेवा की अवधि पारिश्रमिक की दर इत्यादि को नियमित करते हैं। 1986 में बालश्रम (निषेध एवं नियमन) अधिनियम को पारित कर परिसंकटमय उद्योगों में बाल मजदूर को नियुक्त करना एक दंडनीय अपराध घोषित किया गया तथा इस अपराध के लिए अपराधी को 6 माह से 3 वर्ष तक की सजा का प्रावधान किया गया है। इस अधिनियम के अनुसार, बीड़ी निर्माण, कालीन उद्योग, सीमेंट उत्पादन, माचिस एवं पटाखा उद्योग, रंगाई उद्योग तथा निर्माण कार्य इत्यादि में 14 वर्ष से कम आयु के बालकों से श्रम करवाना गैर-कानूनी है। वैसे तो इस अधिनियम को पारित हुए 28 वर्ष हो गए हैं, परंतु यह भी एक सच्चाई है कि इस अधिनियम

के अंतर्गत आज तक किसी अपराधी के विरुद्ध कोई कार्रवाई नहीं हुई है जबकि 1986 से अब तक बाल श्रमिकों की संख्या में 20 प्रतिशत से अधिक की वृद्धि हुई है। जहां तक इस संबंध में संवैधानिक व्यवस्था और उसे करवाने का प्रश्न है हमारी सरकार इसमें भी विफल रही है। स्वतंत्रता के इतने सालों बाद भी हम बालश्रम उन्मूलन की दिशा में कोई उल्लेखनीय उपलब्धि हासिल नहीं कर पाए हैं। यहां यह उल्लेखनीय है कि साल 2014 का नोबेल पुरस्कार एक भारतीय श्री कैलाश सत्यार्थी को दिया गया है जिन्होंने बाल मजदूरी के खिलाफ पिछले 30 सालों से काम किया है और आवाज उठाई है।

संविधान के भाग III के अनुच्छेद 24 के अतिरिक्त भाग IV के अनुच्छेद 41 में भी बालश्रम उन्मूलन[15] हेतु निर्देश दिए गए हैं। राज्यों को दिए गए ये निर्देश यद्यपि विधिक महत्त्व के नहीं हैं तथापि राज्यों से बालकों के उन्नयन हेतु प्रयास करने की अपेक्षा की गई है।

इसी प्रकार अनुच्छेद 39(च) में उल्लिखित है कि बालकों को स्वतंत्र और गरिमामय वातावरण में स्वस्थ विकास के अवसर तथा सुविधाएं दी जाएं और बालकों के शोषण से तथा नैतिक एवं आर्थिक परित्याग से रक्षा की जाए।

संविधान के अनुच्छेद 45 में 14 वर्ष तक के बालकों के लिए निःशुल्क एवं अनिवार्य शिक्षा की व्यवस्था करने का निर्देश राज्यों को दिया गया है।

दिसंबर 1998 में सर्वोच्च न्यायालय की तीन सदस्यीय खंडपीठ ने समाज सेवा अधिवक्ता एम. सी. मेहता द्वारा दायर की गई याचिका पर निर्णय देते हुए कई महत्त्वपूर्ण निर्देश दिए। खंडपीठ ने अपने निर्णय में इस राष्ट्रव्यापी बुराई को न केवल प्रतिबंधित घोषित किया बल्कि खतरनाक उद्योगों में काम कर रहे करोड़ों बाल श्रमिकों के अभिशप्त बचपन को बचाने के लिए बाल पुनर्वास एवं कल्याण कोष (Child Labour Rehabilitation Welfare Fund) बनाने का निर्देश भी दिया है। कोष के गठन के सर्वोच्च न्यायालय द्वारा दिए गए निर्देश के अनुसार, प्रत्येक बाल श्रमिक के लिए उसके अपराधी द्वारा 20 हजार रुपए कोष में जमा कराने होंगे तथा बाल श्रमिक के माता-पिता, अभिभावक अथवा उसके घर के अन्य वयस्क सदस्यों में से किसी एक को रोजगार देना होगा। अगर अपराधी ऐसा करने में चूक करता है तो अपराधी तथा सरकारी संस्थान के मामले में राज्य सरकार को पांच हजार रुपए कोष में दंड स्वरूप जमा कराने होंगे। कोष के संबंध में जिले को एक इकाई माना जाएगा और जिला मजिस्ट्रेट इस कोष के उपयोग पर निगरानी रखेगा।

सर्वोच्च न्यायालय ने इस याचिका पर निर्णय देते हुए देश के नौ उद्योगों को भी चिन्हित किया है। खंडपीठ ने इन उद्योगों को बेहद खतरनाक माना है और बच्चों को इन उद्योगों में काम कराने पर पूरी तरह पाबंदी लगा दी है। खतरनाक माने गए उद्योगों के नाम इस प्रकार हैं-

माचिस एवं पटाखा उद्योग (शिवकाशी, तमिलनाडु- एम.सी. मेहता द्वारा याचिका इसी उद्योग में काम कर रहे बालकों की ओर से दाखिल की गई थी), जवाहरात पालिश उद्योग (जयपुर, राजस्थान), हीरा पालिश उद्योग (सूरत, गुजरात), शीशा उद्योग (फिरोजाबाद, उत्तर प्रदेश), बर्तन उद्योग (मुरादाबाद, उत्तर प्रदेश), ताला उद्योग (अलीगढ़, उत्तर प्रदेश), कालीन उद्योग (मिर्जापुर एवं भदोही, उत्तर प्रदेश), स्लेट उद्योग (माराकपुर, आंध्र प्रदेश)।

खंडपीठ ने गैर-खतरनाक उद्योगों में काम करने वाले बाल श्रमिकों के लिए भी निर्देश देते हुए कहा है कि गैर-खतरनाक उद्योगों में काम करने वाले बच्चों के काम की अवधि 4 घंटे से अधिक नहीं होनी चाहिए तथा नियोक्ता को चाहिए की वह ऐसे बच्चों की शिक्षा के लिए उचित व्यवस्था करें। खंडपीठ ने काम के बाद कम-से-कम दो घंटे शिक्षा की व्यवस्था नियोक्ता को करने का निर्देश दिया है।

बालश्रम प्रथा उन्मूलन हेतु सरकार द्वारा अपनाए गए उपाय
(Government Policies to Abolish Child Labour)

बच्चों को उनके शिक्षा के अधिकार से वंचित रखने वाली बालश्रम प्रथा के उन्मूलन हेतु सरकार द्वारा महत्त्वपूर्ण प्रयास एक विस्तृत अधिनियम बनाकर किया गया, जिसे 'बालश्रम निषेध एवं नियमन, अधिनियम 1986' कहा जाता है। इस अधिनियम के माध्यम से 14 वर्ष से कम आयु के बच्चों को 18 हानिकारक उद्योगों जैसे – कालीन बुनाई, बीड़ी बनाने, सीमेंट उत्पादन, भवन निर्माण कार्य, माइका कटिंग, कपड़ों की बुनाई और रंगाई, माचिस और विस्फोटक सामग्री, साबुन निर्माण और पत्थर काटने आदि में कार्य करने पर रोक लगाई गई है। जोखिम वाले व्यवसायों के अतिरिक्त कुछ अन्य क्षेत्रों में भी उनको काम से रोकने हेतु कई संबंधित नियम बनाए गए। 27 जनवरी, 1999 को जारी एक और अधिसूचना के जरिए अधिनियम की सूची का काफी विस्तार किया गया और इसमें उल्लिखित व्यवसायों और प्रक्रियाओं की संख्या बढ़ाकर क्रमश: 13 और 51 कर दी गई है।

वर्ष 1987 में 'राष्ट्रीय बालश्रम नीति' की घोषणा और इसके क्रियान्वयन हेतु सरकार द्वारा प्रभावी कदम उठाए गए। सितंबर, 1990 में 'राष्ट्रीय श्रमिक संस्थान' में श्रम मंत्रालय और यूनिसेफ के सहयोग से श्रमिकों के संबंध में अध्ययन शिक्षण और प्रशिक्षण, शोध परियोजनाएं आदि चलाने हेतु 'बाल श्रमिक सेल' की स्थापना की गई है ताकि उन्हें यथासमय मुक्त कराकर उनके अधिकार दिए जा सकें। सरकार द्वारा घोषित 'राष्ट्रीय एजेंडा' (1998) में भी सरकार द्वारा सभी बच्चों के लिए शिक्षा, पोषण और चिकित्सा सुविधा हेतु विशेष प्रयास करने की प्रतिबद्धता प्रदर्शित की गई है। सड़कों पर घूमकर जीविका कमाने वाले बच्चों के कल्याण हेतु केंद्र सरकार द्वारा विशेष कदम उठाए गए हैं। राष्ट्रीय मानवाधिकार आयोग द्वारा भी विभिन्न क्षेत्रों में सेवारत बच्चों की समस्याओं का अध्ययन करके संबंधित राज्य सरकारों के माध्यम से इनकी समस्याओं के निराकरण, बालश्रम उन्मूलन एवं शिक्षा की समुचित व्यवस्था के प्रभावी कदम उठाने हेतु अनेक प्रयास किए जा रहे हैं। राष्ट्रीय मानवाधिकार आयोग के तर्ज पर देश में एक 'राष्ट्रीय बाल आयोग' गठित किया जा रहा है जो बच्चों के विकास और उनकी समस्याओं के निराकरण के लिए विशेष प्रयास करेगा। इसके अध्यक्ष सुप्रीम कोर्ट या हाई कोर्ट के न्यायाधीश होंगे तथा इसमें 6 सदस्य रहेंगे जिनमें एक-एक प्रसिद्ध शिक्षाविद्, बाल स्वास्थ्य विशेषज्ञ, बाल देख-रेख, बाल न्याय तथा बालश्रम विशेषज्ञ तथा बाल मनोविज्ञानी सम्मिलित होंगे। बच्चों की पर्याप्त सुरक्षा और आवश्यक देखभाल

सुनिश्चित करने के लिए 'बाल न्याय (बच्चों की सुरक्षा और देखभाल) अधिनियम, 2000' भी संसद द्वारा पारित किया जा चुका है जो 'किशोर न्यायिक अधिनियम, 1986' के स्थान पर बनाया गया है। विपत्ति में फंसे बच्चों को राहत पहुंचाने के उद्देश्य से सरकार द्वारा वर्ष 2001 में 'नि:शुल्क चाइल्ड लाइन फोन सेवा' भी प्रारंभ की गई है। यद्यपि इस सेवा का अभी भरपूर उपयोग नहीं हो रहा है लेकिन आशा है निकट भविष्य में यह अत्यधिक कारगर और उपयोगी सेवा साबित हो सकेगी।

इस प्रकार देश में बच्चों को उनके बुनियादी अधिकार दिलाने और उनकी आवश्यकताओं की पूर्ति के लिए कानूनी प्रावधानों के अतिरिक्त विभिन्न पंचवर्षीय योजनाओं और विकास कार्यक्रमों में अनेकानेक व्यवस्थाएं और प्रावधान भी किए गए हैं। पूरे देश में 'समन्वित बाल विकास' (1975) जैसा महत्त्वपूर्ण कार्यक्रम भी चलाया जा रहा है।

संदर्भ एवं टिप्पणियां (Notes and References)

1. चार्टर की प्रस्तावना में उल्लिखित है कि "हम संयुक्त राष्ट्र के लोग मूलभूत मानवाधिकारों में मानव व्यक्ति की गरिमा और मूल्य में पुरुष और महिला के समान अधिकारों में आस्था व्यक्त करते हैं।"
2. An act provides for more effctive protection of the rights of women guaranteed under the constitution, who are victims of violence of any kind occurring within the family and for matters there with or incidental thereto. See Domestic Violence Act, 2005.
3. https:/www.expresshealthcare.in/specials/in-imaging-specials/pest-le-analysis-ultrasound-market/62498/accessed on 11.08.2020
4. https:/www.dosomething.org/us/facts/11-facts-about-human-trffaickingaccessed on 11.08.2020
5. भारतीय दंड संहिता 1860, धारा 375.
6. दिल्ली सरकार द्वारा जारी आंकड़ें 2012-2013, https:/ncrb.gov.in/en/2019, accessed on 11.08,2020
7. This is an act that enables certain special powers to be conferred upon members of the armed forces in disturbed areas in the state of Assam, Manipur, Meghalaya, Nagaland, Arunachal Pradesh, Mizoram and Tripura. See indianarmy.nic.in.
8. https://www.google.com/amp/s/navbharattimes.indiatimes.com/india/all-you-need-to-know-about-section-377/amp_articleshow/66232485.cms accessed on 20th November 2020.
9. Vishaka Guidelines against sexual harassment at workplace. These are guidelines and norms laid down by the Hon'ble Supreme Court in Vishaka and others vs State of Rajasthan and others (Jt 19979(7)SC 384)
10. अर्थात् ब्राह्मण यदि गुण विहीन भी है तब भी उसकी पूजा की जानी चाहिए और शूद्र सभी गुणों से लैस है तब भी उसकी प्रताड़ना करनी चाहिए।

11. भारत सरकार द्वारा जिस वर्ग को अनुसूचित जाति कहा जाता है, उसे ही आमतौर पर भारत में दलित कहा जाता है।
12. अनुच्छेद 15(4)के अनुसार पिछड़ेपन का मापदंड सामाजिक व शैक्षणिक है, जिसके अनुसार शैक्षणिक संस्थाओं में पिछड़े वर्ग के सदस्यों के लिए आरक्षण कियां जा सकता है।
13. Civil Rights Protection Act, 1995
14. The Universal Declaration of Human Rights adopted by the General Assembly in 1948 has been accepted by all the nations even those who were abstained when the declaration was approved.
15. संविधान में 42वें संशोधन अधिनियम के द्वारा बालकों को शोषण से रक्षा पाने का और स्वतंत्रता और गरिमामय वातावरण में स्वस्थ विकास के अवसर पाने का अधिकार दिया गया है।

4 विकलांगता: भागीदारी एवं अवसर की समानता

(Disability : Equality of Participation and Opportunity)

भूमिका (Introduction)

विकलांगजनों को सहभागिता व समान अवसर दिलाने के उद्देश्य से भारत सरकार ने कई कानूनी प्रयास किए हैं। भारतीय संसद ने 1995 में विकलांगजन समान अवसर, अधिकार सुरक्षा व पूर्ण सहभागिता कानून (The Persons With Disabilities (Equal Opportunities, Protection of Rights and Full Participation Act, 1995) बनाकर विकलांगजनों को कानूनी पहचान प्रदान की। 1995 के अधिनियम के दायरे को विस्तृत करते हुए भारतीय संसद ने 1999 में राष्ट्रीय न्यास (National Trust Act, 1999) कानून बनाकर कुछ अन्य विकलांगताओं का समावेश कर पूर्णता देने की कोशिश की एवं अधिकारों में वृद्धि व सुरक्षा की जिम्मेदारी ली। 2006 में विकलांगजन नीति को लाकर संसद ने विकलांगजन सशक्तिकरण को अपना समर्थन दिया। जनगणना 2011 के अनुसार, भारत में कुल 2.21 प्रतिशत विकलांग हैं। इन्हें मुख्यधारा में लाने हेतु विकलांग अधिनियम, 1995 ने विकलांग आयोग के गठन (Commission for Persons with Disabilities) की व्यवस्था दी और आगामी सरकारों को निर्देश दिया कि समय-समय पर विकलांगजन नीति लाकर विकलांगजनों को मुख्यधारा में जोड़ने के प्रयास करें। राष्ट्रीय समर्थन व अंतर्राष्ट्रीय निर्देशों के पालन हेतु भारत सरकार ने "भारतीय विकलांग अधिकार अधिनियम - 2016" को मान्यता दी और विकलांगजन सशक्तिकरण अभियान को नई दिशा दी।

तमाम कानूनी प्रयासों के बावजूद विकलांगजन व उनसे जुड़े विषय मुख्यधारा की विषयवस्तु नहीं बन सके। उनके लिए चलाए जा रहे विशेष विद्यालयों को शिक्षा विभाग के विषय के बजाय सामाजिक न्याय व अधिकारिता मंत्रालय के मुख्य कार्यों में सम्मिलित किया गया, जिसका प्रमुख उद्देश्य सामाजिक कल्याण था। इस अध्याय में विकलांगजनों को मुख्यधारा में लाने के लिए कौन-कौन से कानूनी प्रयास हुए हैं। उनका विवेचन पांच बिंदुओं के अंतर्गत किया जाएगा। *प्रथमत:* विकलांगता को समझने के प्रचलित सिद्धांत, *द्वितीय*, भारतीय कानूनी व्यवस्था के कानूनी प्रयास, *तृतीय*, रोजगार के समान अवसर का

• पंकज सिंह कुशवाहा, शोधार्थी, सेंटर फॉर पॉलिटिक्स एंड इंटरनेशनल स्टडीज, स्कूल ऑफ इंटरनेशनल स्टडीज, जवाहरलाल नेहरू विश्वविद्यालय।

• शिप्रा शुक्ला, असिस्टेंट प्रोफेसर, हिंदी विभाग, तेजपुर केंद्रीय विश्वविद्यालय, असम।

वृहद् विवेचन, *चतुर्थ*, शिक्षा व उससे जुड़े विषय, *पंचम* और अंतिम भाग निष्कर्ष, जिसका उद्देश्य सरकार द्वारा किए गए कानूनी प्रयासों का तार्किक मूल्यांकन करना है जो विषय का आलोचनात्मक दृष्टिकोण विकसित करेगा।

विकलांग विमर्श के प्रमुख सिद्धांत

विकलांगता को समझने के लिए हर सभ्यता, धर्म व विचारधारा ने अपने-अपने प्रयास किए हैं। धार्मिक दृष्टिकोणों ने विकलांगता को दंड का प्रतिफल माना व भगवान की इच्छा का मूर्तरूप बताया। हिंदू धर्म ने इसे पिछले जन्म के कर्मों का परिणाम कहा, वहीं मेसोपोटामियन, सुमेरियन आदि सभ्यताओं ने विकलांगता को समाज का अभिन्न अंग स्वीकार किया। औद्योगिक क्रांति ने समाज में आमूलचूल परिवर्तन किए, ज्ञानोदय (Renaissance) के बाद संपूर्ण समाज ने नए सामाजिक, आर्थिक व राजनीतिक ढांचे में प्रवेश किया, जिसमें विकलांगता को शारीरिक 'अक्षमता' के रूप में देखा गया इसे विकलांगता का चिकित्सीय सिद्धांत (Medical Model of Disability) कहा जाता है। यह सिद्धांत बिना किसी चुनौती के बीसवीं सदी के उत्तरार्ध तक पहुंच गया। 1960 के दशक में इसके वैकल्पिक सिद्धांत ने विकलांग विमर्श में प्रवेश किया, जिसका यह मानना था कि विकलांगता शारीरिक दुर्बलता नहीं, अपितु सामाजिक भेदभाव है। आगे इसे विकलांगता का समाजवादी सिद्धांत (Social Model of Disability) कहा गया है। इन दो सिद्धांतों के अलावा, विकलांगता को समझने हेतु कुछ अन्य दृष्टिकोण भी चर्चा में रहे, जैसे - विकलांगता का नारीवादी दृष्टिकोण (Feminist Perspective of Disability), विकलांगता का आलोचनात्मक अध्ययन (Critical Disability Study), विकलांगता का संबंधवादी दृष्टिकोण (Relational Model of Disability) तथा विकलांगता का जैविक-मनोवैज्ञानिक-सामाजिक दृष्टिकोण (Bio-Psycho-Social Model of Disability)।

विकलांगता का चिकित्सीय सिद्धांत (Medical Model of Disability)

विकलांगता के चिकित्सीय सिद्धांत का जन्म ज्ञानोदय काल से माना जाता है। वैज्ञानिक विकास और औद्योगिक क्रांति ने सामाजिक समझ और राजनीतिक स्वरूप का नया व्याकरण प्रस्तुत किया, जिसमें वैज्ञानिक सोच को प्राथमिकता दी गई और धार्मिक समझ को दरकिनार करते हुए समाज का औद्योगिक व्याख्यान प्रस्तुत किया गया। इसके तहत समाज को मुख्यत: दो भागों में बांटा गया- *प्रथमत:* उपयोगी या योग्य (Abled), *द्वितीय* अनुपयोगी या अयोग्य (Disabled)। अर्थात् जो लोग औद्योगिक दृष्टि से उपयोगी थे, उन्हें समाज का उपयोगी वर्ग और जो लोग औद्योगिक ढांचे में नहीं आ सके, उन्हें अनुपयोगी व विकलांग वर्ग कहा गया। इस औद्योगिक समझ ने विकलांगजनों को शारीरिक दृष्टि से अक्षम और सामाजिक दृष्टि से अनुपयोगी सिद्ध करते हुए समाज में सबसे निचले तबके में रखने का तकनीकी प्रयास किया। इस काल में प्रगतिशील कदम यह उठाया गया कि

विकलांगता को धार्मिक समझ से मुक्ति देकर एक शारीरिक अक्षमता के रूप में प्रस्तुत किया और दूसरा विकलांगों को तकनीक के माध्यम से औद्योगिक ढांचे में लाने का सफल प्रयास किया गया।

धार्मिक व्याख्या से मुक्ति के बाद विकलांगता को शारीरिक ढांचे में परिभाषित किया गया है अर्थात् विकलांगता का चिकित्सीय सिद्धांत विकलांगता को एक शारीरिक समस्या मानता है जो व्यक्ति की क्षमता (Ability) को प्रभावित करती है और अंततः उसे कार्यहीन व असक्षम (Disabled and Impaired) बना देता है। विकलांगता के चिकित्सीय सिद्धांत की संस्थापना 1980 में हुई, जब प्रोफेसर फिलिप वुड ने अपनी खोज संयुक्त राष्ट्र महा सभा के समक्ष रखी। इस शोध में मुख्यत: मेडिकल कंडीशन पर चर्चा की गई है। आयोग के अनुसार, 350 से अधिक ऐसी चिकित्सीय स्थिति (Conditions) हैं जिन्हें विकलांगता का कारक माना गया है। इस आयोग ने अपनी छानबीन में यह पाया कि यही चिकित्सीय स्थितियां ही विकलांगता के प्रमुख कारण हैं। यही समझ इस सिद्धांत की आलोचना का विषय बना। संक्षेप में, विकलांगता शारीरिक उत्पत्ति है। यह व्यक्ति की शारीरिक क्षमता व अक्षमता पर आधारित है। इसी वजह से चिकित्सीय सिद्धांत ने तकनीक के माध्यम से विकलांगजनों को शिक्षण और औद्योगिक दृष्टि से उपयोगी बनाने का सफल प्रयास किया जिसे आज विशेष शिक्षा (Special Education) का नाम दिया जाता है।

विकलांगता का समाजवादी सिद्धांत (Social Model of Disability)

विकलांगता का समाजवादी दृष्टिकोण चिकित्सीय सिद्धांत की प्रतिक्रियास्वरूप सामने आता है। इसकी स्थापना बीसवीं सदी के सातवें दशक में यूनियन ऑफ फिजिकली इमपेयर्ड अगेंस्ट सेग्रगेशन–यूपीआईएएस (Union of Physically Impaired Against Segregation – UPIAS) की स्थापना के साथ हुई। इस सिद्धांत का मानना है कि विकलांगता समाज की उपज है (Disability is socially created.)। इस सिद्धांत की प्रमुख मान्यता यह है कि सामाजिक रीति–रिवाजों, परंपराओं आदि ने विकलांगता को सामाजिक अभिशाप के रूप में प्रस्तुत किया। इस सिद्धांत के अनुसार, सामाजिक परंपराओं की असहिष्णु प्रकृति (Un-adoptive Nature) ने विकलांगता के प्रति नकारात्मक रवैये को सामाजिक वैधता प्रदान करने में महत्त्वपूर्ण भूमिका अदा की है। इस सिद्धांत के जनक माइकल ओलिवर 1990 में प्रकाशित अपनी पुस्तक *द पॉलिटिक्स ऑफ डिसेबल्मेंट* में लिखते हैं कि हर संस्कृति /सभ्यता का अपना–अपना ज्ञानकोश होता है और उसके निर्माण का अपना एक विशेष तरीका भी। अर्थात् विभिन्न संस्कृतियों के ज्ञान उत्पादन ने विकलांगजनों को अपनी प्रक्रिया से बाहर रखा जिसने विकलांगता को समाज से परे अर्थात् निचले तबके का हिस्सा बना दिया।

चिकित्सीय सिद्धांत के विरुद्ध समाजवादी दृष्टिकोण सामाजिक रीतियों को विकलांगता के स्रोत के रूप में देखता है अर्थात् विकलांगता व अक्षमता उस समाज में है जो व्यक्ति की आवश्यकताओं को नहीं समझता और आवश्यकताओं की आपूर्ति में बाधा डालता है। संक्षेप में, यह सिद्धांत मानता है, कि विकलांगता शारीरिक अक्षमता नहीं बल्कि सामाजिक

असहिष्णुता है, जो व्यक्ति की भिन्न-भिन्न आवश्यकताओं को समाजीकरण की प्रक्रिया में शामिल नहीं कर पाती। उदाहरण के लिए, समावेशी शिक्षा की मांग इसलिए की गई कि वर्तमान शिक्षा व्यवस्था विकलांगों व अन्य वंचित वर्गों की आवश्यकताओं को अपने शिक्षण का अंग नहीं बना सकी।

विकलांगता के समाजवादी सिद्धांत ने विकलांगता (Disability) और अक्षमता (Impairment) के बीच के अंतर को स्पष्ट किया, जो नारीवादी विमर्श से प्रभावित है। उदाहरण के लिए, जिस प्रकार नारीवाद ने यह बात स्पष्ट तरीके से सामने रखी कि स्त्री एक जैविक संरचना का अंग है और लिंग एक सांस्कृतिक संरचना का पक्ष है। इसी धरातल पर समाजवादियों ने यह स्पष्ट किया कि अक्षमता (Impairment) चिकित्सीय पक्ष है, जबकि विकलांगता (Disability) सांस्कृतिक अभिव्यक्ति है। इस विचार के जनक फिन्क्लेस्तिएन के अनुसार, "विकलांगता सामाजिक भेदभाव से निर्मित होती है जबकि अक्षमता शारीरिक दुर्बलता से निकलती है।" संक्षेप में यह सिद्धांत व्यक्ति की निजी विशेषताओं पर विचार नहीं करता, बल्कि उसके समाजीकरण की प्रक्रिया पर बल देता है। इसका मानना है कि सामाजिक सोच और परंपराओं के बदलाव से विकलांगता को समाप्त किया जा सकता है। शिक्षा व समान भागीदारी के प्रश्न पर यह विचारधारा विशेष शिक्षा का पुरजोर विरोध करती है। इसकी मान्यता है कि विशेष शिक्षा भेदभाव पर आधारित है। यह शिक्षा व्यवस्था विकलांगजनों को एक सामान्य इंसान न मानकर उन्हें दैवीय शक्ति के रूप में प्रस्तुत करती है जो प्रशासनिक स्तर पर दया भाव (Charity) का निर्माण करता है। अत: यह सिद्धांत विशेष शिक्षा व्यवस्था के स्थान पर समावेशी शिक्षा की मांग करता है, जहां हर विद्यार्थी की समान भागीदारी सुनिश्चित हो सके तथा उन्हें शारीरिक एवं मानसिक आधार पर भेदभाव का सामना न करना पड़े। भागीदारी के प्रश्न पर यह विचारधारा राज्य के हस्तक्षेप की मांग करती है। संक्षेप में, विकलांगता का समाजवादी सिद्धांत विकलांगजन के अधिकारों की पैरवी करते हुए उनकी समान भागीदारी व समान अवसर की उपलब्धता के लिए मजबूती से आवाज उठाता है। विकलांगों को दिव्यांगजन कहने के पीछे छिपी मानसिकता का विरोध करता है अर्थात् यह सिद्धांत समाज में विकलांगों की सहभागिता सुनिश्चित करने की वकालत करता है।

विकलांगजन और भारतीय कानून
(Persons with Disability and Laws in India)

1. विक्षिप्तता अधिनियम, 1912 (Indian Lunacy Act, 1992)

भारत बहुसंस्कृतियों का देश है। तमाम अलगाववादी संस्कृतियों व प्रथाओं के बावजूद विकलांगजन मानवजाति के महत्त्वपूर्ण अंग रहे हैं। 1912 का विक्षिप्तता अधिनियम भारत में एक ऐसी कानूनी पहल थी जिसने विकलांगजनों को सामुदायिक सदस्यता से वंचित किया। उनके अधिकारों, स्वास्थ्य, समस्याओं व आवश्यकताओं को मूल व्यवस्था का अंग नहीं बनने दिया गया।

हालांकि यह कानून विशेष रूप से मंदबुद्धिजनों हेतु लाया गया था, परंतु फिर भी इसने संपूर्ण विकलांग वर्ग को प्रभावित किया। इस कानून ने यह व्यवस्था दी कि विकलांगों को समाज की मुख्यधारा से अलग रखा जाए, उनके लिए चिकित्सकों की विशेष निगरानी में, चिकित्सालय में निवास की व्यवस्था की जाए, उनके जीवन के निर्णय हेतु संस्थागत संरक्षक (Institutional Guardianship) की व्यवस्था की जाए, जिससे आमजनों पर पड़ने वाले नकारात्मक प्रभाव को रोका जा सके। संक्षेप में, यह कानून भारतीय परिप्रेक्ष्य में 'विकलांगता के अलगाव' का प्रारंभिक स्रोत है। इसने अलगाववादी मानसिकता का मूल आधार स्थापित किया, जिसे औपनिवेशिक मानसिकता कहा जा सकता है। अर्थात् कानूनी अलगाव का प्रारंभ औपनिवेशिक कानून से ही हो गया था, जिसका प्रभाव स्वतंत्र भारत के कानून पर स्पष्ट दिखाई देता है।

2. मानसिक स्वास्थ्य अधिनियम 1987
(Mental Health Act, 1987)

यह कानून स्वतंत्र भारत का पहला कानूनी प्रयास था जिसने विकलांगजनों को भारतीय राजनीति में सम्मिलित किया। यह कानून भी विशेष तौर पर मंदबुद्धिजनों के लिए था। अतः इसने विक्षिप्तता अधिनियम 1912 को निरस्त किया और मंद विकलांगता (Mentally Handicapped) को भारतीय परिप्रेक्ष्य में परिभाषित किया। पर दुर्भाग्य की बात यह रही कि औपनिवेशिक मानसिकता को जारी रखते हुए, इस कानून ने भी उन्हें नागरिकता से वंचित रखा, उनके अधिकारों को सुनिश्चित करने के बजाए उन्हें कानूनी तौर पर संस्थागत कारावास (Institutional Confinement) में रखने की वकालत की, जिसे विकलांगता अध्ययन के विद्वान 'अंग्रेजी मानसिकता का भारतीय स्वरूप' कहते हैं। मानसिक स्वास्थ्य अधिनियम के अनुसार, हर मंदबुद्धि व्यक्ति, 'आवश्यक चिकित्सा' (Essential Medicare) हेतु बाध्य किया जा सकता है। यह कानून उन्हें सामुदायिक सेवाओं में भाग लेने से भी रोकता है। इसके अनुसार, राज्य ऐसा प्रयास करे कि मंदबुद्धि बच्चों व व्यक्तियों से सामान्य जनजीवन प्रभावित ना हो सके। राज्य उनके चिकित्सीय सुधार हेतु आवश्यक कदम उठाएगा। संक्षेप में, यह कानून मंदबुद्धि विकलांगता को चिकित्सा का विशेष विषय मानता है जिस वजह से सामाजिक पुनर्वास (Community based Rehabilitation) के क्षेत्र में यह कहीं न कहीं असफल रह जाता है। इसी वजह से मंदबुद्धिजन अस्पताल तक ही सीमित रह गए, और आज तक समाज का हिस्सा नहीं बन सके। अतः यह कानून अपने अलगाववादी उद्देश्य में तो सफल रहा, परंतु आमजनों के लिए लाभकारी सिद्ध नहीं हो सका।

3. भारतीय पुनर्वास परिषद अधिनियम, 1992
(The Rehabilitation Council of India Act, 1992

सन् 1992 तक विकलांगजन, भारतीय कानून व्यवस्था में कल्याणकारी विषय के रूप में चिह्नित थे और तमाम सहकारी संस्थाओं में उन्हें 'दानपात्र' समझा जाता था। उनके कल्याण के छिटपुट प्रयास भी हुए जिसका कोई विशेष प्रभाव नहीं दिखाई पड़ता। संस्थाओं ने ऐसा

कोई प्रयास नहीं किया जिससे विकलांगजन मुख्यधारा का विषय बन सकें और उनसे जुड़ी हुई नकारात्मक सोच को खत्म किया जा सके। इसे ही ध्यान में रखते हुए 'भारतीय पुनर्वास परिषद् अधिनियम' संसद में पारित हुआ, जिसे यह जिम्मेदारी दी गई कि संस्थागत स्तर पर विकलांगों को सशक्त बनाया जाए, जो उनमें सकारात्मक ऊर्जा का संचार करे और पुनर्वास हेतु नवीन प्रयास करे। पुनर्वास के क्रम में इस कानून ने विकलांगों के शिक्षण प्रशिक्षण की जिम्मेदारी ली। इसके तहत विशेष पाठ्यक्रम विकसित करने, विशेष विद्यालयों का ढांचा प्रस्तुत करने, उन्हें मान्यता देने, विशेष तकनीक का विकास करने से लेकर तमाम सहकारी कार्यरत संस्थाओं के मध्य सामंजस्य स्थापित करने का प्रयास किया। शायद यही वजह रही कि आगामी कानून पुनर्वास व कल्याण नीतियों से ओतप्रोत रहे और अधिकार जैसी अवधारणाओं से वंचित रहे।

यह कानून विकलांगों को विशेष व्यक्ति (Special Individual) मानता है और उनके लिए विशेष प्रावधान (Special Arrangement) की वकालत करता है, जिसमें विशेष संस्थाओं (Special Institutes) व विशेष विद्यालय (Special Schools) समेत विशेष पाठ्यक्रम (Special Currriculum) विकसित करने पर जोर देता है। विशेष शिक्षा के इसी क्रम में 2020 तक 1500 विशेष विद्यालय बनाने तथा विशेष शिक्षक (Special Educator) प्रशिक्षित करने का लक्ष्य रखा, जिसके लिए इसने प्राथमिक व द्वितीय स्तर पर प्रशिक्षण हेतु विशेष पाठ्यक्रम का प्रारंभ 1914 में किया, जिसे आज हम 'डी.एड. – डिप्लोमा इन स्पेशल एजुकेशन और 'बी.एड. – बैचलर इन स्पेशल एजुकेशन' के नाम से जानते हैं। इसका प्रमुख उद्देश्य विशेष बच्चों के लिए विशेष शिक्षक तैयार करना है। इसका विस्तार करते हुए अधिनियम ने अलग-अलग चिह्नित विकलांगताओं के अनुसार, अलग-अलग पाठ्यक्रम विकसित किए, जैसे – D.Ed in VI[1], D.Ed in HI[2] , D.Ed in MR[3] , B.Ed in VI[4] , B.Ed in HI[5] , B.Ed in MR[6] ।

संक्षेप में, यह अधिनियम विशेष शिक्षा के 'जनक कानून' के रूप में जाना जाता है। इसने विशेष बच्चों की आवश्यकताओं को विशेष माध्यम से पूर्ण करने का प्रयास किया है। इसी वजह से इस कानून को समावेशी शिक्षा के विकास में बाधा के रूप में भी देखा जाता है। परंतु इसका योगदान विकलांगता शिक्षा में स्मरणीय है। यही संस्थान विकलांगों की जनसंख्या, नीति आदि की जानकारी हेतु विशेष रिपोर्ट भी प्रकाशित करता है, जिसका पहला प्रकाशन 2007 में तथा दूसरा प्रकाशन 2012 में हुआ है, जिसे 'डिसेबिलिटी स्टेट्स' के नाम से जाना जाता है। इसके साथ-साथ वार्षिक रिपोर्ट का भी प्रकाशन करता है, जो विकलांगों से जुड़ी व्यवस्थाओं, कानूनों, सुविधाओं, सरकारी प्रयासों आदि की जानकारी का एक स्रोत है। शोध को बढ़ावा देने के लिए द्विमासिक पत्रिका का भी प्रकाशन करता है। अत: भारतीय पुनर्वास अधिनियम विकलांगता कानून के क्षेत्र में एक अहम कदम माना जा सकता है।

4. नि:शक्तजन अधिनियम 1995, (Persons with Disabilities (Equal Opportunities, Protection of Rights and Full Participation) Act, 1995))

संयुक्त राष्ट्र के विकलांग दशक 1983-1992[7] में भाग लेने, समान अवसर नियमावली 1993[8] में उपस्थिति दर्ज कराने, यूनेस्को (UNESCO) द्वारा आयोजित सालामान्का सम्मलेन(स्पेन)

1994[9] तथा एशिया प्रशांत विकलांग दशक 1993–2002[10] में सहभागिता निभाने के बाद भारतीय सरकार पर एक नैतिक जिम्मेदारी बन गई थी कि वे अपने विकलांग नागरिकों के लिए कानून का निर्माण करें और उनसे जुड़े विषयों को राष्ट्रीय कानून का हिस्सा बनाएं। इसी उद्देश्य से निःशक्तजन अधिनियम को भारतीय संसद ने 1995 में पारित किया। यह अधिनियम जनवरी 1996 में लागू हुआ। यह पहला कानून था जिसने विकलांग लोगों को कानूनी नागरिकता प्रदान की। उन्हें परिभाषित करते हुए सात विशेष चिकित्सीय स्थितियों (Medical Conditions) को विकलांगता के दायरे में शामिल किया।

सर्वप्रथम, यह अधिनियम विकलांगता आधारित भेदभाव को असंवैधानिक घोषित करता है। यह निर्देश देता है कि राज्य व उसकी संस्थाएं विकलांगों के अधिकार सुनिश्चित कराने में अहम् भूमिका अदा करें, ऐसा माहौल सुनिश्चित करें जहां वे अपने अधिकारों, अवसरों व सामुदायिक सेवाओं का सदुपयोग कर सकें। इसी उद्देश्य से सरकार ने कई कल्याणकारी योजनाओं का शुभारंभ किया। राष्ट्रीय स्तर पर सात विभिन्न राष्ट्रीय संस्थानों का सहयोग किया– राष्ट्रीय दृष्टि दिव्यांग सशक्तिकरण संस्थान[11] राष्ट्रीय बौद्धिक दिव्यांगजन सशक्तिकरण संस्थान[12] अली यावर जंग राष्ट्रीय श्रवण विकलांग संस्थान[13] राष्ट्रीय चलन दिव्यांग संस्थान[14] राष्ट्रीय बहुदिव्यांगता जन सशक्तिकरण संस्थान[15] स्वामी विवेकानंद राष्ट्रीय पुनर्वास प्रशिक्षण एवं अनुसंधान संस्थान[16]। शिक्षा व रोजगार की दृष्टि से यह कानून विकलांगों के लिए मील का पत्थर साबित हुआ, जिसमें प्रत्येक सहकारी संस्थान व आर्थिक मदद प्राप्त कर रहे निजी संस्थाओं में 3 प्रतिशत आरक्षण की व्यवस्था की। उनसे जुड़े कानूनी प्रश्नों के हल हेतु विकलांग आयोग के गठन की स्वीकृति प्रदान की।

शिक्षा के विशेष संदर्भ में यह कानून 2 प्रकार की व्यवस्था करता है –

(i) **विशेष शिक्षाः** विशेष शिक्षा को लेकर यह अधिनियम राज्य को निर्देश देता है कि प्रत्येक छात्र को विशेष विद्यालय में पढ़ने, निवास करने, भोजन प्राप्त करने, आवश्यकता अनुसार चिकित्सीय सहयोग प्राप्त करने का पूर्ण अधिकार है जिसके लिए राज्य आवश्यक कदम उठाएगा।

(ii) **समावेशी शिक्षाः** समावेशी शिक्षा के संदर्भ में यह कानून कहता है कि राज्य समावेशी शिक्षा के लिए निरंतर प्रयास करता रहेगा। यह कानून विशेष शिक्षा को लेकर उत्साहित और समावेशी शिक्षा को लेकर हतोत्साहित दिखाई पड़ता है। साथ ही, इस अधिनियम ने विकलांगों के लिए पूर्ण सहभागिता, अधिकारों का संरक्षण तथा समान अवसर जैसे सकारात्मक मापदंड तय किए। यह अधिनियम पहला भारतीय कानून था जिसने विकलांगों को औपनिवेशिक मानसिकता से मुक्ति दिलाई। विकलांगता परक भेदभाव को समाप्त करने का प्रयास किया और सम्मानजनक जीवन का कानूनी अधिकार प्रदान किया। रोजगार, शिक्षा व अन्य सेवाओं में 3 प्रतिशत आरक्षण प्रदान कर विकलांगों को समाज की मुख्यधारा से जोड़ने की दिशा में महत्त्वपूर्ण भूमिका निभाई।

5. राष्ट्रीय न्यास कानून, 1999 (National Trust Act, 1999)

इस अधिनियम की आवश्यकता नि:शक्तजन अधिनियम 1995 को व्यापक रूप देने हेतु पड़ी। 1995 का अधिनियम कहता है कि समय-समय पर भारतीय संसद विभिन्न कानून, नीति व अधिसूचना के माध्यम से विस्तार कर सकती है और आगामी विषयों को हल करने का प्रयास कर सकती है। इसी दिशा में राष्ट्रीय न्यास कानून, 1999 पारित हुआ। इस कानून ने विकलांगों से जुड़े हुए तमाम विषयों को ना छूते हुए बची हुई कुछ विकलांगताओं को विकलांगता के दायरे में लाने का कार्य किया है। जिसके तहत 4 अन्य वर्गों को विकलांग प्रमाण पत्र जारी करने का निर्देश दिया गया। जो इस प्रकार है– 1. स्वलीनता (Autism) 2. प्रमस्तिष्क आघात (Cerebral Palsy) 3. बौद्धिक अशक्तता/मानसिक मंदता (Mental Retardation) 4. एकाधिक विकलांगता (Multiple Disability)। यह कानून विकलांगों की वित्तीय आवश्यकताओं को चर्चा का विषय बनाता है, इसने एनएचएफडीसी (NHFDC -National Handicapped Finance and Development Corporation) की स्थापना की, जिसे पुनर्वास के क्रम में अहम प्रयास माना जाता है। अत: यह अधिनियम 1995 के अधिनियम का विस्तार माना जाता है, जिसने विकलांगता के क्षेत्र में विकास नीति की स्थापना की।

6. विकलांगजन नीति, 2006 (Policy for Persons with Disability, 2006)

राष्ट्रीय न्यास कानून, 1999 के बाद राष्ट्रीय विकलांगजन नीति, 2006, विकलांग अधिनियम, 1995 का दूसरा संसदीय चरण था। 1999 के विकलांगता विस्तार, वित्तीय समस्याओं के समाधान के बाद विकलांगजन नीति, 2006 ने अपना पूरा ध्यान विकलांगों की शिक्षा पर केंद्रित किया। इस नीति में यह कहा गया कि आगामी शिक्षा व्यवस्था अनिवार्यत: 'समावेशी शिक्षा' होगी जिसके लिए केंद्र सरकार, राज्य सरकार व स्थानीय इकाइयां मिलकर प्रयास करेंगी। विद्यालयों के ढांचागत परिवर्तन से लेकर पाठ्यक्रमों के कथ्य परिवर्तन तक की जिम्मेदारी सरकारी संस्थान लेंगे। यहां यह भी महसूस किया गया कि शिक्षण संस्थाओं के अलावा सार्वजनिक सेवाओं जैसे – यातायात, सूचना, सामुदायिक सेवाओं को भी सुगम बनाया जाए जिससे समावेशी शिक्षा का उद्देश्य पूर्ण हो सके। यह नीति यह भी निर्देश देती है, कि राज्य व केंद्र मिलकर प्रत्येक छात्र को गुणात्मक शिक्षा सुनिश्चित करेंगे, उनकी असफलता की स्थिति में संबंधित संस्थान, विभाग, राज्य ही जिम्मेदार होगा। अर्थात् इस नीति ने विकलांगता की विभिन्न आवश्यकताओं की पूर्ति की जिम्मेदारी संस्थाओं पर डाल दी। यह भी कहा गया कि विशेष आवश्यकताएं (Special Needs) समावेशी ढंग (Inclusive Means) से ही सामान्य शैक्षणिक माहौल (General Educational Environment) में ही पूर्ण की जाएंगी। संक्षेप में, यह जननीति राष्ट्रीय प्रगतिशील कानून व्यवस्था की द्योतक और अंतर्राष्ट्रीय सोच की प्रवर्तक बन गई। जिसने मात्र शिक्षा को विद्यालय की चारदीवारी का विषय नहीं अपितु समाज का एक महत्त्वपूर्ण कार्य समझा और शिक्षा से जुड़ी तमाम सुविधाएं जैसे – यातायात, सूचना तकनीक, सामुदायिक सेवाओं आदि को भी शिक्षा के दायरे में लाया गया।

7. दिव्यांगजन अधिकार अधिनियम, 2016 (Rights of Persons with Disabilities Act, 2016)

2006 में संयुक्त राष्ट्र ने सीआरपीडी (Convention on the Rights of Persons with Disabilities (CRPD)) का मसौदा महा सभा (General Assembly) के समक्ष प्रस्तुत किया, जिसे दिसंबर 2006 को स्वीकार कर लिया गया। इस अधिवेशन में भारत ने एक अग्रणी राष्ट्र की भूमिका अदा की। 30 मार्च 2007 को भारत सरकार ने अधिवेशन पत्र पर हस्ताक्षर किए और भारतीय संसद ने नवंबर 2007 में ही इसे स्वीकार कर लिया। सीआरपीडी को लागू करने हेतु दिव्यांगजन अधिकार अधिनियम, 2016 पारित हुआ, जिसने विकलांग कानून 1995 का स्थान 19 अप्रैल 2017 को ले लिया। इसने विकलांग शब्दावली की जगह 'दिव्यांग' को प्रयोग में लाने का दिशा-निर्देश जारी किया। दिव्यांगता (Disability) की संख्या में वृद्धि की और सामाजिक स्थितियों को भी दिव्यांगता के दायरे में लाने का प्रयास किया। इस कानून के तहत रोजगार के क्षेत्र में 4 प्रतिशत तथा शिक्षा के क्षेत्र में 5 प्रतिशत आरक्षण की व्यवस्था की गई, जिसकी संक्षिप्त विवेचना आगे की जाएगी।

इस अधिनियम ने विकलांगों को स्वाभिमान के साथ जीवन जीने का अवसर देने का प्रयास किया। यह अधिनियम सामाजिक समावेशन हेतु सरकारी भवनों, उपक्रमों, सामुदायिक सेवाओं तथा सार्वजनिक स्थानों को विकलांगानुकूल बनाने का निर्देश देता है, परंतु विकलांगता की सटीक परिभाषा देने से बचता है। अधिनियम नियमावली में यह स्पष्ट किया गया है कि विश्व स्वास्थ्य संगठन द्वारा दी गई परिभाषा को ही राज्य व उससे संबंधित उपक्रम प्रयोग में लाएंगे जिसकी चर्चा पहले ही की जा चुकी है। रोजगार के क्षेत्र में विकलांगों का आरक्षण 3 से बढ़ाकर 4 प्रतिशत करके इसने विकलांगों के जीवन स्तर को सुधारने का अहम प्रयास किया है। उनके नियमित प्रशिक्षण व तकनीकी प्रशिक्षण हेतु विकास योजनाएं चलाने का भी निर्देश जारी किया है। किंतु शिक्षण संस्थानों में विकलांगों का आरक्षण 5 प्रतिशत है। यहां दिलचस्प प्रश्न यह है कि जिस वर्ग को शिक्षा में 5 प्रतिशत आरक्षण दिया गया उसी वर्ग को रोजगार में 4 प्रतिशत आरक्षण ही क्यों? क्या यह 1 प्रतिशत शिक्षित लोगों को बेरोजगार रखने का कानूनी प्रयास है? यह प्रश्न पाठकों के लिए चिंतन का विषय जरूर होना चाहिए।

शिक्षा को परिभाषित करते हुए यह कानून कहता है कि शिक्षा एक साथ सीखने की व्यवस्था है। इसने जहां सीखने संबंधी बाधाओं को मुख्य शिक्षा व्यवस्था का अंग माना और उसे उसी व्यवस्था के तहत उनका समाधान ढूंढ़ने का निर्देश भी दिया। अर्थात् यह अधिनियम समावेशी शिक्षा का प्रबल समर्थक प्रतीत होता है। जिसके लिए इसने सामुदायिक सेवाओं को अनुकूल बनाने का प्रयास किया। संक्षेप में यह अधिनियम विकलांगजनों के लिए 'दिव्यांग' शब्दावली का प्रयोग करता है और विकलांग वर्ग में बढ़ोत्तरी करते हुए 21 स्थितियों को स्थान देता है। जिसमें चिकित्सीय स्थितियों के साथ-साथ सामाजिक भेदभाव तथा असामायिक दुर्घटनाओं से उत्पन्न शारीरिक विकृतियों को भी शामिल किया है। उदाहरणार्थ – 'तेजाब पीड़ित स्त्रियों' को भी इसने विकलांगता की सूची में

सम्मिलित किया, यहां यह ध्यातव्य है कि यदि तेजाब पीड़ित पुरुषों को भी दिव्यांगता प्रमाण पत्र प्रदान किया जाता तो यह अधिनियम और अधिक प्रगतिशील तथा समावेशी बन पाता। इस कानून के तहत रोजगार तथा शिक्षा संबंधी प्रावधान प्रगतिशील नजर आते हैं क्योंकि इसके अंतर्गत शिक्षा को समावेशी बनाने का ढांचागत प्रयास दिखाई देता है। इसके अतिरिक्त इस कानून ने कार्य स्थलों, रोजगार संगठनों को समावेशी सुगम तथा अनुकूल बनाने का कानूनी प्रयास किया है। अत: यह कानून आज की दृष्टि में संयुक्त राष्ट्र द्वारा प्रदत्त निर्देशों के अनुकूल जान पड़ता है। भविष्य के परिणाम इसकी वास्तविक क्षमता का प्रमाण प्रस्तुत करेंगे।

विकलांगजन और उनकी कानूनी परिभाषा
(Definition of Disabled Persons)

पिछले हिस्से में विकलांगता संबंधी दो प्रमुख विचारधाराओं पर चर्चा की गई। अब विकलांगता को भारतीय कानूनों के संदर्भ में समझेंगे। 1995 तक भारत में कोई ऐसा कानून नहीं था जो संपूर्ण विकलांग वर्ग को परिभाषित करने का काम करता हो। विकलांगजन अधिनियम 1995 से पूर्व तीन विभिन्न कानून भारतीय राजनीतिक व्यवस्था में गतिशील थे। उनमें से एक कानून जिसे भारतीय विक्षिप्तता अधिनियम, 1912 (Lunacy Act, 1912) के नाम से जाना जाता है। औपनिवेशिक सरकार ने इसे अस्तित्व में लाने का कार्य किया। यह कानून मात्र मंदबुद्धि वर्ग के विकलांगों को ही परिभाषित करता है, जिसे आज हम बौद्धिक अशक्तता/मानसिक मंदता (Person with Mental Retardation) के नाम से जानते हैं। इस वर्ग के विकलांगों को सभ्य सामाजिक व राजनीतिक व्यवस्था में स्वीकार्य नहीं माना गया है।

1987 में भारतीय संसद ने मानसिक स्वास्थ्य अधिनियम (Mental Health Act) लाकर 1912 के औपनिवेशिक कानून को समाप्त किया। यह कानून भी मात्र मानसिक रूप से विकलांग लोगों को ही अपनी परिभाषा के दायरे में स्थान देता है। इस कानून के अनुसार, मंदबुद्धिजनों को अपने जीवन के विषय में विभिन्न निर्णयों के लिए कानूनी संरक्षकता (Legal Guardianship) का प्रावधान किया गया, जिसके अंतर्गत उन्हें एक विश्वसनीय व्यक्ति उपलब्ध कराया जाएगा, जो उससे संबंधित निर्णयों की पूरी जिम्मेदारी ले सके। संक्षेप में, यह कानून मंदबुद्धिजनों के लिए कुछ खास न कर सका। इन छुटपुट प्रावधानों से उन्हें थोड़ी-बहुत सहूलियत तो मिली, लेकिन उन्हें पूर्ण नागरिकता का स्थान नहीं मिल सका और उनके सामुदायिक पुनर्वास के क्षेत्र में कोई महत्त्वपूर्ण कदम नहीं उठाए गए।

1992 में भारत सरकार ने भारतीय पुनर्वास अधिनियम पारित कर विकलांगजनों को संस्थागत पहचान प्रदान करने का कानूनी प्रयास किया। इस कानून का प्रमुख उद्देश्य भारत सरकार के विभिन्न विभागों, उपक्रमों, निगमों, स्वायत्त संस्थाओं व अन्य इकाइयों में विकलांगजनों के प्रति जागरूकता फैलाना था। साथ ही, विकलांगों के प्रति संस्थाओं के

रवैये में अनुकूल परिवर्तन लाना तथा उन तमाम संस्थाओं को पुनर्वास के दायरे में लाना भी इस अधिनियम का उद्देश्य था जो भारत सरकार के अधीन कार्यरत थे। संक्षेप में, यह अधिनियम अपने उद्देश्यों में पूर्णतः सफल नहीं रहा। आज भी तमाम सरकारी निकायों, विभागों में विकलांगतापरक भेदभाव जारी हैं जिससे यह स्पष्ट हो जाता है कि जिन उद्देश्यों को लेकर यह अधिनियम भारतीय संसद ने पारित किया था, उनका अनुकूल परिणाम हमारे सामने नहीं आया है।

भारतीय कानूनी इतिहास में 1995 विकलांगजनों के अधिकारों की दृष्टि से मील का पत्थर साबित हुआ, जिसने पहली बार विकलांगजनों को पूर्ण नागरिक होने का अधिकार दिलाया तथा उन्हें कानूनी पहचान भी दिलाई। इस कानून के अनुसार, हर वह व्यक्ति विकलांग है जो दृष्टि बाधा, श्रवण बाधा, हाथ-पैर से अक्षमता, अविकसित बुद्धि, पूर्ण बुद्धिहीनता आदि से ग्रसित हो। परिभाषा की दृष्टि से यह कानून विकलांगता के चिकित्सीय सिद्धांत को अपनाता है, क्योंकि सामाजिक भेदभाव के बजाय चिकित्सीय स्थितियों (Medical Conditions) को ही विकलांगता का एक मात्र आधार बनाया। इसी कारण यह कानून विकलांगता की व्यावहारिक परिभाषा प्रस्तुत करने में असफल रहा। कुछ ऐसा ही कार्य पश्चिमी राष्ट्रों ने भी किया, जबकि 1995 के ब्रिटिश विकलांगता भेदभाव अधिनियम (Disability Discrimination Act, 1995) ने विकलांगता को परिभाषित करते हुए लिखा है कि - मानसिक व शारीरिक दृष्टि से कमजोर हर वह व्यक्ति विकलांगता के दायरे में आएगा जो अपने दैनिक जीवन के एक से अधिक कार्य करने में असमर्थ हो। कुछ ऐसी ही परिभाषा विकलांगता को लेकर अमेरिका ने अपने विकलांग अधिनियम (American with Disability Act, 1990) में प्रस्तुत की जिसे संयुक्त राष्ट्र (UNCRPD-2006) भी उसी रूप में पालन करता है। इसी आधार पर भारतीय विद्वान जेना कोठारी लिखती हैं, कि भारतीय विकलांगजन अधिनियम, 1995 एक प्रगतिशील परिभाषा देने के बजाय विकलांगता को रूढ़ एवं संकीर्ण परिभाषा में बांधता है जिसकी प्रकृति अलगाववादी है। अतः वे आगे पूछती हैं कि आगे आने वाली तमाम विकलांगताओं को इस कानून में कैसे शामिल किया जाएगा। इस के समाधान हेतु वे आगामी कानूनों को संयुक्त राष्ट्र के दिशा-निर्देशानुसार बनाने की मांग करती हैं।

विकलांगता संबंधी शब्दावली और उस पर बहस
(Vocabulary related to Disability and Debates)

विकलांगता के अध्ययन में यह एक अहम् प्रश्न रहा है कि किस शब्दावली का प्रयोग अधिक उचित होगा, परंतु आज तक यह प्रश्न पूरी तरह किसी उचित हल तक नहीं पहुंच सका है जिसका प्रमुख कारण यह है कि विकलांगता को लेकर हर राष्ट्र तथा उनके विद्वान अपनी व्यक्तिगत सैद्धांतिक समझ के अनुसार शब्दों का चयन करते आए हैं जैसे- संयुक्त राज्य अमेरिका विकलांगजनों को 'पर्सन्स विद डिसेबिलिटीज' (Persons with Disabilities) कहता है और यूनाइटेड किंगडम 'डिसेबल्ड पर्सन्स' (Disabled Persons) कहता है। जो

विद्वान चिकित्सीय समझ के समर्थक हैं वे विकलांगजनों को 'पर्सन्स विद इमपेयरमेंट' (Persons with Impairment) जबकि समाजवादी चिंतक 'डिसेबल्ड पर्सन/' पर्सन्स विद डिसेबिलिटी' (Disabled Person/Persons with Disability) कहना उचित समझते हैं। भारतीय कानूनी व्यवस्था ने नि:शक्त जन के स्थान पर दिव्यांगजन की नई शब्दावली प्रस्तुत की है। अब हम इन शब्दावलियों के विषय में विस्तार से चर्चा करेंगे।

नि:शक्तजन (Persons with Impairment) : यह शब्द चिकित्सीय विचारकों का है। उनका तर्क है कि व्यक्ति के शरीर में कुछ समस्याएं हैं जिनके कारण वह अपने दैनिक कार्यों को सुगमतापूर्वक नहीं कर पाता है। उन्हीं अक्षम अंगों ने विकलांगता उत्पन्न की है, जिनके ठीक होने पर विकलांगता खत्म हो सकती है, अर्थात् वह व्यक्ति अपने कुछ अंगों के सुधार की आवश्यकता महसूस करता है। संक्षेप में, चिकित्सीय सिद्धांत विकलांगजनों को नि:शक्तजन (Persons with Impairment) कहता है। इसे परिभाषित करते हुए डॉ. आर. के. सरीन लिखते हैं कि विकलांगता की चिकित्सीय समझ विकलांगों को अपूर्ण, अक्षम व विकल अंग के रूप में देखती है, अत: उन्हें विकलांग कहती है, जिसे भारतीय कानूनी व्यवस्था में नि:शक्तजन कहा जाता था।

विकलांगजन (Persons with Disability) : यह शब्द अमेरिकी समाजवादी चिंतकों द्वारा प्रयुक्त किया गया है जिसे विकलांगता का अल्पसंख्यक सिद्धांत (Minority Model of Disability) ने व्यवस्थित रूप प्रदान किया है। इस अवधारणा का मानना है कि विकलांगता व्यक्ति के शरीर की विशेषता है अर्थात् उसका संबोधन व्यक्ति के पश्चात आना चाहिए। अत: पर्सन्स विद डिसेबिलिटी के संबोधन में व्यक्ति को महत्त्व देते हुए अमेरिकी विद्वानों ने व्यक्ति (Persons with) को पहले स्थान पर रखा है और उसकी विशेषता अर्थात् विकलांगता (Disability) को उसके पश्चात रखा है। यह सिद्धांत चिकित्सीय समझ से बिल्कुल अलग समझ रखते हुए व्यक्ति की शारीरिक अक्षमता को नकारात्मक दृष्टि से नहीं देखता।

विकलांगजन (Disabled Person) : इस शब्दावली का विकास ब्रिटिश विकलांगता के समाजवादी चिंतकों द्वारा किया गया। इसकी मान्यता है कि विकलांगजनों को समाज में उनकी विकलांगता के आधार पर ही पहचाना जाता है और उसी आधार पर समाज उनके साथ व्यवहार करता है। अर्थात् विकलांगजनों को समाज में व्यक्ति के तौर पर नहीं अपितु एक विकलांग के तौर पर ही मान्यता दी जाती है। यही कारण है कि उन्हें विकलांगजन अर्थात् (Disabled Person) कहा जाना चाहिए।

विकलांगजन और भारत में जनगणना
(Disability and Census in India)

जनगणना से अभिप्राय किसी एक भौगोलिक क्षेत्र में रहने वाले व्यक्तियों की गणना से है। भारत में जनगणना का प्रारंभ औपनिवेशिक सरकार द्वारा हुआ। *नि:शक्त सांख्यिकी पुस्तिका* (Manual) भारत सरकार, 2012, पृष्ठ 13 के अनुसार, नि:शक्तता, रुग्णता से

संबंधित आंकड़ों के संग्रहण के कार्य की शुरुआत आधुनिक भारतीय जनगणना में 1872 से हुई। इस जनगणना का प्रमुख उद्देश्य जनसामान्य की गणना कर उन्हें सरकारी नीति के दायरे में लाना था। जनगणना के दौरान लिंग एक प्रमुख पहलू था। इसके अतिरिक्त शहरी और ग्रामीण क्षेत्रों की जनसंख्या का आकलन भी इसका एक महत्त्वपूर्ण बिंदु था। किंतु इस जनगणना में विकलांगता, जो समाज की एक अपरिहार्य सच्चाई है, को जनगणना का अंग नहीं बनाया गया। इसके बावजूद जनगणना विभाग ने विकलांगता को एक स्वयं रिपोर्टिंग श्रेणी के रूप में रखा, जो पूर्णतः स्वेच्छा पर आधारित थी अर्थात् व्यक्ति, परिवार और अन्य संस्थाएं विकलांगता संबंधी जानकारी देने के लिए बाध्य नहीं थी। जनगणना का यह क्रम 1931 तक इसी रूप में चलता रहा। 1931 के जनगणना आयुक्त ने सेल्फ रिपोर्टिंग डाटा पर संदेह व्यक्त करते हुए जनगणना संबंधी विकलांगों की प्राप्त जानकारी पर प्रश्न चिन्ह लगाया और यह मांग की कि इस प्रक्रिया को विश्वसनीयता एवं पारदर्शिता के अभाव में बंद कर देना चाहिए, जिसे औपनिवेशिक ब्रिटिश सरकार ने बिना किसी विचार के बंद करने का निर्णय ले लिया।

स्वतंत्रता के बाद पहली बार जनगणना 1951 में हुई, जिसका स्वरूप प्रत्यक्ष व परोक्ष दोनों ही स्तरों पर औपनिवेशिक मानसिकता का ही पुनर्स्थापन था। विकलांगजन संबंधी कार्यरत तमाम संस्थाओं के प्रयासों के परिणामस्वरूप 1981 में विकलांगों को भारतीय जनगणना का पहली बार औपचारिक अंग बनाया गया, जिसके तहत मुख्यतः तीन वर्ग चिह्नित किए गए– 1. श्रवण बाधा, 2. दृष्टि बाधा 3. गतिबाधा।

इस जनगणना के अनुसार, विकलांगों की जनसंख्या कुल जनसंख्या की 0.03 प्रतिशत बताई गई । 1981 में विकलांगों की औपचारिक जनगणना आरंभ होने के बावजूद जनगणना विभाग, भारत सरकार द्वारा 1991 में आयोजित दशकीय जनगणना से विकलांगजनों को पुनः निष्कासित कर दिया गया, जबकि भारत सरकार का एक प्रमुख संगठन एनएसएसओ (NSSO) ने विकलांगों की जनगणना 1959 से ही जारी रखी। विकलांगता संबंधी जनगणना को समाप्त किए जाने को लेकर विकलांगजन संबंधी विभिन्न संगठनों जैसे– राष्ट्रीय दृष्टिहीन संघ, विकलांग अधिकार समूह आदि ने राष्ट्रव्यापी आंदोलन छेड़कर अपना व्यापक एवं जोरदार विरोध दर्ज किया, जिसके फलस्वरूप 2001 की राष्ट्रीय जनगणना में विकलांगता को पुनः औपचारिक अंग बनाया गया। इस जनगणना के अनुसार, विकलांगों की जनसंख्या कुल जनसंख्या का 2.13 प्रतिशत बताया गया। जिसे स्पष्ट एवं विस्तारपूर्वक नीचे दी गई सारणी में देखा जा सकता है।

वहीं एनएसएसओ ने अपनी 58वीं जनगणना आकलन 2002 में विकलांगों की संख्या को 1.8 प्रतिशत बताया। जिसे स्पष्ट एवं विस्तारपूर्वक अगले पृष्ठ पर दी गई सारणी में देखा जा सकता है।

प्रति 1,00,000 व्यक्तियों पर नेत्रहीन विकलांग व्यक्तियों की व्यापकता और घटना

(एनएसएसओ 36वें, 47वें और 58वें राउंड से पूरे भारत में)

क्षेत्र	36वां दौर (जुलाई–दिसम्बर, 1981)			47वां दौर (जुलाई–दिसम्बर, 1991)			58वां दौर (जुलाई–दिसम्बर, 2002)		
	पुरुष	स्त्री	कुल	पुरुष	स्त्री	कुल	पुरुष	स्त्री	कुल
(1)	(2)	(3)	(4)	(5)	(6)	(7)	(8)	(9)	(10)
प्रसार की दर									
ग्रामीण	444	670	553	471	548	525	276	326	296
शहरी	444	670	553	471	548	525	276	326	296
घटना दर									
ग्रामीण	32	45	38	22	28	25	10	16	13
शहरी	23	38	30	15	25	20	7	10	9

* डिसेबिलिटी स्टेटस 2012 (Disability Status 2012), published by Rehabilitation Council of India–RCI.

इन दोनों विभागों द्वारा प्रस्तुत विकलांगता संबंधी जनसंख्या के आंकड़ों में काफी अंतर दिखाई देता है जिसके पीछे के कारणों को खंगालते हुए सप्तऋषि मंडल ने इसका प्रमुख कारण संगठनों की विकलांगता संबंधी परिभाषा में विद्यमान अंतर को माना है। उदाहरणार्थ– भारतीय जनगणना विभाग के अनुसार, दृष्टिबाधा के संदर्भ में एक आंख से दृष्टिहीन व्यक्ति को विकलांगता की श्रेणी में रखा गया जबकि एनएसएसओ के अनुसार, ऐसे किसी भी व्यक्ति को विकलांगता की श्रेणी में नहीं गिना गया।

आगामी जनगणना 2011 में विकलांगों को जनगणना का प्रमुख अंग बनाया गया। विकलांगता संबंधी परिभाषाओं में सुधार करते हुए एक निश्चित और राष्ट्रीय परिभाषा देने का व्यवहारिक प्रयास हुआ। इस तरह 2001 की जनगणना में प्रयुक्त विकलांगता की परिभाषा में सुधार करते हुए एक आंख से दृष्टिहीन तथा 40 प्रतिशत से कम विकलांगता को इस जनगणना से बाहर कर दिया गया। फलत: विकलांगों की कुल जनसंख्या 2.21 प्रतिशत घोषित हुई, जिसमें 2001 की जनगणना से प्राप्त आंकड़े से मात्र 0.8 प्रतिशत की मामूली वृद्धि दिखाई देती है। भारतीय जनगणना के समानांतर भारत के गैर–सरकारी संगठनों एवं अंतर्राष्ट्रीय संस्थाओं ने भी विकलांगों की जनसंख्या पर अपनी रिपोर्ट प्रस्तुत की है। विश्व बैंक ने 2007 में भारत की विकलांग जनसंख्या पर अपनी रिपोर्ट प्रस्तुत की। इसके अनुसार, भारत में विकलांगों की कुल संख्या 5–6 प्रतिशत के आसपास बताई गई। वहीं विश्व स्वास्थ्य संगठन (WHO) ने 2011 की अपनी विश्व रिपोर्ट में भारत में विकलांगों की आबादी लगभग 10 से 15 प्रतिशत के बीच में बताई।

इसके उपरांत, भारतीय संसद द्वारा 2016 में, दिव्यांगजन अधिकार अधिनियम (Rights of Persons with Disabilities Act, 2016) पारित हुआ, जिसमें संयुक्त राष्ट्र विकलांगजन अधिकार अधिवेशन UNCRPD 2006 (United Nations Convention on the Rights of Persons with Disabilities-2006) को अपनाने का कानूनी प्रयास किया गया।

अधिनियम के अनुसार, भारतीय नीति निर्माण संस्थाओं को यह निर्देश दिया गया कि विश्व स्वास्थ्य संगठन द्वारा दी गई विकलांगता संबंधी परिभाषा को अपनाया जाए, जिसके तहत विकलांगता संबंधी कई मापदंडों में आमूलचूल परिवर्तन किए गए। उदाहरण के लिए, दृष्टिबाधा के संदर्भ में नि:शक्तजन अधिनियम 1995 के अनुसार 6/60 अर्थात् 6 मीटर तक देखने में समर्थ व्यक्ति को विकलांगता के कानूनी दायरे में रखा गया। किंतु विश्व स्वास्थ्य संगठन द्वारा नवीन सुधारों के बाद 6/60 को 3/60 कर दिया गया, जिसका परिणाम यह हुआ कि 2011 की जनगणना में दृष्टिबाधितों की जनसंख्या एक करोड़ बीस लाख से घटकर 80 लाख पर आ गई। संक्षेप में, विकलांगता संबंधी जनगणना करने वाली संस्थाओं की अपनी-अपनी भिन्न परिभाषाएं होने के कारण यह जनगणना हमेशा प्रभावित रही, जिस कारण आज भी इसे एक ठोस आधार नहीं मिल सका और विश्वसनीय आंकड़े प्रस्तुत करने में यह जनगणना पूर्णत: सफल नहीं हुई। इस दिशा में राष्ट्रीय और अंतर्राष्ट्रीय मापदंडों को समान स्वरूप प्रदान करने के लिए दिव्यांगजन अधिकार अधिनियम, 2016 ने कानूनी प्रयास किए हैं। आवश्यकता इस बात की है कि 2021 की भावी जनगणना में उचित और व्यवहारिक निर्धारित मापदंडों का पालन करते हुए विकलांगों की जनसंख्या व उनकी सामाजिक, राजनीतिक, आर्थिक एवं शैक्षणिक स्थिति पर विश्वसनीय एवं पारदर्शी आंकड़े प्रस्तुत किए जाएं।

विकलांगता प्रमाण पत्र
(Disability Certificate)

विकलांगजनों को अपने अधिकार प्राप्त करने के लिए उनके पास विकलांग प्रमाण पत्र होना आवश्यक है। दिव्यांगजन अधिकार अधिनियम, 2016 के नियमावली 2017 के अनुसार, इसे दिव्यांग प्रमाण पत्र कहा जाने लगा है। 2011 की जनगणना के अनुसार, भारत में 2.68 करोड़ लोग विकलांग पाए गए, जिनमें से मात्र 30 प्रतिशत लोगों के पास ही दिव्यांग प्रमाण पत्र उपलब्ध हैं। इसीलिए विकलांगता के क्षेत्र में कार्यरत व्यक्तियों व संस्थाओं की मांग है, कि दिव्यांग प्रमाण पत्र बनाने तथा जारी करने की प्रक्रिया को आसान किया जाए तथा इससे संबंधित संपूर्ण जानकारी लोगों तक सुगमतापूर्वक पहुंचाई जाए।

विकलांगजन अधिनियम 1995 के अनुसार, एक चिकित्सा परिषद, जिसके कम-से-कम तीन सदस्य अनिवार्य हैं, विकलांगता की जांच के लिए गठित की जाए। इस कानून के तहत प्रत्येक जिले के सरकारी अस्पतालों में सप्ताह में एक दिन प्रमाण पत्र बनाने की प्रक्रिया के लिए सुनिश्चित होगा।

दिव्यांगजन अधिकार अधिनियम, 2016 में प्रमाण पत्र बनाने की प्रक्रिया में कुछ सुधार और बदलाव किए गए। इस अधिनियम के अनुसार, आवेदन करने के एक माह के अंदर प्रमाण पत्र जारी करने का निर्देश है। साथ ही, यह भी बताया गया है कि इस प्रमाण पत्र की वैधता की समय सीमा भी बताई जाए। चिकित्सीय दृष्टि से विकलांगता में सुधार की स्थिति में अस्थायी तथा सुधार के अभाव में स्थायी प्रमाण पत्र जारी करने के निर्देश हैं। यह प्रमाण पत्र संपूर्ण भारत तथा निजी संस्थाओं में भी पूरी तरह मान्य होंगे।

भारत सरकार ने प्रमाण पत्र जारी करने की प्रक्रिया को और आसान बनाने की दिशा में अनोखा दिव्यांगता प्रमाण पत्र (Unique Disability ID-UDID), नामक प्रस्ताव लाया है, जिसमें विकलांगता प्रमाण पत्र के साथ-साथ आधार, पैन कार्ड तथा अन्य जानकारियों का समावेश करते हुए केवल एक राष्ट्रीय पहचान पत्र जारी करने की योजना बनाई है। इसका उपयोग दिव्यांगता प्रमाण पत्र के साथ-साथ पहचान पत्र के रूप में भी किया जा सकता है। संक्षेप में, दिव्यांग प्रमाण पत्र की प्रक्रिया को और आसान तथा सशक्त बनाने की जरूरत है। इसकी उपलब्धता को बढ़ाने के लिए इसके प्रति जागरूकता अभियान और तेज करने की जरूरत है ताकि देश के सभी विकलांगों को यह प्रमाण पत्र बिना किसी कठिनाई के उपलब्ध हो सके, जिससे उन्हें कानूनी पहचान मिले और मुख्यधारा में जुड़ने का समान अवसर मिल सके।

विकलांगजन और आरक्षण नीति
(Disabled Persons and Policy of Reservation)

आरक्षण एक कानूनी व्यवस्था है जिसके माध्यम से समाज के पिछड़े, वंचित एवं शोषित वर्गों को सामाजिक, राजनीतिक एवं आर्थिक रूप से सशक्त करने एवं उन्हें समाज की मुख्यधारा से जोड़कर समान अधिकार उपलब्ध करने का कानूनी प्रयास किया जाता है। आरक्षण भारतीय राजनीति की एक वैधानिक सच्चाई है जिसका प्रमुख उद्देश्य सामाजिक एकरूपता एवं समानता को पुनर्गठित करना है। इसी उद्देश्य से भारतीय संविधान के निर्माता डॉ. भीम राव अंबेडकर ने आरक्षण की व्यवस्था की। उनके अनुसार, आरक्षण एक राजनीतिक तंत्र होगा जो सामाजिक समानता और आर्थिक एकरूपता के लिए प्रभावी कदम साबित होगा। विकलांग वर्ग समाज की एक अपरिहार्य सच्चाई है, किंतु इस संवैधानिक व्यवस्था में उन्हें आरक्षण के दायरे से दूर रखा गया। गत 200 वर्षों में संपूर्ण विश्व में विकलांगता से संबंधित विकलांग नीति, संस्थागत देखभाल, विशिष्ट शिक्षा व पुनर्वास से लेकर जीवन के प्रत्येक क्षेत्र में समान अवसरों की प्राप्ति हेतु धीरे-धीरे विकास हुआ है। राष्ट्रीय एवं अंतर्राष्ट्रीय स्तर पर विभिन्न संगठनों ने विकलांगों हेतु बेहतर सुविधाएं मुहैय्या कराने की वकालत की है। भारत के संदर्भ में देखें तो स्वतंत्रता प्राप्ति के बाद संवैधानिक रूप से आरक्षण से विकलांगों को बाहर रखा गया, उनके पुनर्वास एवं सशक्तिकरण हेतु कानूनी तौर पर एक लंबी लड़ाई लड़ी गई। लंबे संघर्ष एवं अथक प्रयासों के परिणामस्वरूप 1995 में नि:शक्तजन अधिनियम को संसदीय कानून का रूप प्राप्त हुआ जिसमें विकलांगजनों को रोजगार व शिक्षण संस्थाओं में

तीन प्रतिशत आरक्षण देने का प्रावधान किया गया। इस अधिनियम का प्रमुख उद्देश्य विकलांग समाज को राजनीतिक पहचान देना, आर्थिक मजबूती प्रदान करना तथा सामाजिक व्यवस्था में समान भागीदारी स्थापित करना था। भारतीय कानूनी व्यवस्था में मुख्यत: दो प्रकार के आरक्षण की व्यवस्था है:

ऊर्ध्वाधर आरक्षण (Vertical Reservation) : इस आरक्षण के अंतर्गत अनुसूचित जाति जनजाति तथा अन्य पिछड़े वर्गों को आरक्षण के दायरे में रखा जाता है जो जाति व्यवस्था पर आधारित है और सभी जाति वर्गों के लिए पृथक रूप से चिह्नित किया गया है।

क्षैतिज आरक्षण (Horizontal Reservation) : इस तरह के आरक्षण का प्रावधान मुख्यत: महिलाओं और विकलांगों के लिए किया गया है, जिसका मूलभूत और प्राथमिक आधार जाति न होकर व्यक्ति का विकलांग या महिला वर्ग में होना होता है।

निष्कर्ष (Conclusion)

उपर्युक्त विवेचन में यह पाया गया कि विकलांगता संबंधी कानूनों का निर्माण भारत में काफी विलंब से प्रारंभ हुआ। 1987 तक भारतीय मंदबुद्धिजन औपनिवेशिक विक्षिप्तता अधिनियम 1912 द्वारा प्रभावित थे। 1995 से पूर्व कोई ऐसा कानून नहीं था जो भारतीय विकलांगजनों को कानूनी स्वीकृति दे, उन्हें स्वतंत्र नागरिकता प्रदान करे और कानूनी तौर पर उन्हें सुरक्षा प्रदान करे। कहने का आशय यह है कि 1995 से पूर्व विकलांगजनों के अधिकार सामान्य कानूनी व्यवस्था से ही प्राप्त होते थे जो लगभग उनके प्रति नकारवादी मानसिकता एवं बहिष्करण की सोच से पोषित थे। 1995 से पहले भारतीय संविधान में इनके अधिकारों की चर्चा नहीं हुई। छिटपुट कानूनों ने विकलांगता की चर्चा की पर उनके संदर्भ में नकारात्मक अवधारणा पैदा करने के अलावा और कुछ नहीं किया। 1995 के अधिनियम को राष्ट्रीय न्यास कानून, 1999 और राष्ट्रीय विकलांग जननीति, 2006 के माध्यम से विस्तार दिया गया। इसी विस्तारीकरण ने भारतीय सरकार को यूएनसीआरपीडी, 2006 पर हस्ताक्षर करने और भारतीय संसद को अनुमोदन करने के लिए बाध्य किया। परिणामत: विकलांगजनों के विषय अन्य कानूनों में भी शामिल होने लगे। यूएनसीआरपीडी को मूर्त रूप देने हेतु भारतीय संसद ने दिव्यांगजन अधिकार अधिनियम, 2016 पारित किया जो मुख्यत: शिक्षा, रोजगार, गरिमापूर्ण जीवन आदि विषयों पर विशेष ध्यान देता है। संक्षेप में, अब तक के कानूनी प्रयास अपने निर्दिष्ट उद्देश्यों में असफल ही रहे हैं। परिभाषा के स्तर पर 1995 का कानून 'विकलांगजनों को नि:शक्तजन' अर्थात् जिसमें कोई शक्ति अथवा कार्य करने की क्षमता न होने में परिभाषित करता है, वहीं रोजगार व शिक्षा के अवसरों को भी सीमित कर देता है। क्योंकि यह राज्य को खुली आजादी देता है कि रोजगार को निश्चित (Identification) किए बिना रोजगार का अवसर नहीं प्रदान कर सकता। जिसकी स्थिति यह रही कि 2003 तक मात्र सार्वजनिक उपक्रमों के 10 प्रतिशत पदों का ही चिह्नितकरण हो सका जिसका 3 प्रतिशत की दृष्टि से देखें तो कुल पदों का आधे प्रतिशत से भी कम हो जाता है। विश्व बैंक के 2007 के आंकड़ों के अनुसार, भारत में मात्र 400 विशेष विद्यालय ही कार्यरत थे। 2006 के संयुक्त राष्ट्र दिशा

निर्देशों के बावजूद भारतीय कानून व उपक्रम अपने रुख में परिवर्तन नहीं कर सके। यूनेस्को 2010 के अनुसार मात्र 10 प्रतिशत विकलांग बच्चे विद्यालय में दाखिल हो सके। इस स्थिति को बदलने और संयुक्त राष्ट्र निर्देशों को धरातल पर लाने के लिए दिव्यांग जन अधिकार अधिनियम 2016 पारित हुआ जो एक सकारात्मक एवं सुधारवादी कदम दिखाई पड़ता है। जिसने विकलांगजनों को अधिकारपूर्ण जीवन जीने, समावेशी शिक्षा पाने तथा रोजगार के अवसर हासिल करने का एक उचित अवसर और अनुकूल वातावरण प्रदान किया। संक्षेप में, भारतीय विकलांग कानूनों में सुधारात्मकता और कर्मठता का अभाव दिखाई देता है क्योंकि अबतक कोई भी कानून ऐसे ठोस निर्देश जारी नहीं कर सका जिसकी सकारात्मक परिणति वास्तविक धरातल पर दिखाई पड़े। कानूनों का क्रियान्वयन समुचित रूप से न होने के कारण इनका उचित लाभ प्राप्त करने में आज भी विकलांगों का एक बड़ा तबका वंचित है। अत: इस दिशा में सरकारों के साथ-साथ अन्य समाजसेवी संस्थाओं, संगठनों को भी प्रयासरत होना पड़ेगा ताकि कानून के प्रावधानों का उचित क्रियान्वयन हो सके तथा उनका पूर्ण लाभ विकलांग समाज को मिल सके। अंत में यह स्वीकार करना उचित होगा कि विकलांग परक कानूनी प्रयास दिव्यांग जन अधिकार अधिनियम के साथ संतोषजनक दिशा में गतिशील हैं जिनका वास्तविक प्रभाव अभी आना बाकी है।

संदर्भ सूची (References)

1. Diploma in Visual Impairement
2. Diploma in Hearing Impairement
3. Diploma in Mental Retardation
4. Bachelor in Visual Impairement
5. Bachelor in Hearing Impairement
6. Bachelor in Mental Retardation
7. https://www.un.org/development/desa/disabilities/united-nations-decade-of-disabled-persons-1983-1992.html Accessed on 18/03/2020
8. https://www.un.org/development/desa/disabilities/standard-rules-on-the-equalization-of-opportunities-for-persons-with-disabilities.html Accessed on 18/03/2020
9. https://unesdoc.unesco.org/ark:/48223/pf0000098427 Accessed on 18/03/2020
10. https://digitallibrary.un.org/record/173354?ln=en Accessed on 18/03/2020
11. http://nivh.gov.in/ Accessed on 18/03/2020
12. http://niepid.nic.in/index.php Accessed on 18/03/2020
13. http://ayjnihh.nic.in/ Accessed on 18/03/2020
14. http://www.niohkol.nic.in/ Accessed on 18/03/2020
15. http://niepmd.tn.nic.in/ Accessed on 18/03/2020
16. http://www.svnirtar.nic.in/ Accessed on 18/03/2020

संदर्भ-ग्रंथ (Reference Works)

करना, गजेन्द्र नारायण, (2001), *डिसेबिलिटी स्टडी इन इंडिया: रेट्रोस्पेक्ट्स एंड प्रोस्पेक्टस*, नई दिल्ली: ज्ञान पब्लिशिंग।

घई, अनीता, (2015), *रीथिंकिंग डिसेबिलिटी इन इंडिया*, नई दिल्ली: रूटलेज।

जोसेफ, आर.ए., (2003), *पुनर्वास के आयाम*, वाराणसी: समाकलन प्रकाशन।

झा, एम. एम., (2010), *फ्रॉम स्पेशल टू इंक्लूसिव एजुकेशन इन इंडिया: केस स्टडीज ऑफ थ्री स्कूल्ज इन डेल्ही*, हैदराबाद: लोंगमन एंड पिअरसन।

________(2012), डिसेबिलिटी स्टेटस 2012. भारतीय पुनर्वास परिषद। नई दिल्ली: कनिष्क प्रकाशन।

________(2016), दिव्यांगजन अधिकार अधिनियम – 2016, दिव्यांगजन अधिकार अधिनियम – 2016, नई दिल्ली, दिल्ली, भारत: भारत सरकार, दिसंबर 2016.

________(2017), दिव्यांगजन अधिकार नियम – 2017, दिव्यांगजन अधिकार नियम – 2017, नई दिल्ली, दिल्ली, भारत: भारत सरकार, जून 15, 2017.

प्रसाद, शारदा, (2003), *विकलांग विमर्श: विविध आयाम*, नई दिल्ली: भावना प्रकाशन।

मंडल, केदार कुमार, (2016), *हिंदी उपन्यासों में विकलांगों का जीवन*, नई दिल्ली: ईशा ज्ञानदीप।

मल्होत्रा, नीलिका, (2013) *डिसेबिलिटी, जेंडर एंड स्टेट पालिसी*, जयपुर: रावत पब्लिशर्स।

माइकल, ओलिवर, (1990) *द पॉलिटिक्स ऑफ डिसेबल्मेंट*, न्यूयॉर्क: मैकमिलन।

माहेश्वरी, सुरेश, (2014) *विकलांग विमर्श और वैश्विक परिदृश्य*, नई दिल्ली: भावना प्रकाशन।

________(2002), *विकलांगता: समस्याएं और समाधान*, नई दिल्ली: जगतराम एंड संस, 2002.

(2006), यू. एन. सी. आर. पी. डी. यू. एन. सी. आर. पी. डी. न्यूयॉर्क, संयुक्त राज्य अमेरिका : संयुक्त राष्ट्र, दिसंबर 13, 2006.

(1995), विकलांगजन समान अवसर अधिकार रक्षा एवं पूर्ण सहभागिता अधिनियम –1995, विकलांगजन समान अवसर अधिकार रक्षा एवं पूर्ण सहभागिता अधिनियम –1995, नई दिल्ली, दिल्ली, भारत: भारत सरकार, 1995.

शेक्सपियर, टॉम. (2014), *डिसेबिलिटी राइट एंड रोंग*, लंदन: रूटलेज।

5 सशक्तिकरण : सूचना का अधिकार

(Empowerment : Access to Information)

प्रजातांत्रिक प्रणाली में सूचना का अधिकार प्राणवायु ऑक्सीजन के समान है, जिसे भारत समेत विश्व के कई देशों के संविधान में शामिल किया गया है तथा लिखित कानून के माध्यम से सूचना एवं जानने के अधिकार को नागरिकों को सुलभ करवाया गया है। किसी भी राज्य में नागरिकों को प्राप्त सूचना का अधिकार जवाबदेह, पारदर्शी, सहभागितापूर्ण शासन और जन-केंद्रित विकास के लिए प्राथमिक शर्त है। यह नागरिकों का सशक्तिकरण करता है और राजनीतिक प्रक्रियाओं पर उनके नियंत्रण में वृद्धि करता है। यह राज्य की निरंकुश शक्ति के विरुद्ध एक हथियार की तरह काम करता है। यह आम लोगों को इस बात के लिए समर्थ बनाता है कि वह लोक अधिकारियों को नियमित तौर पर जनता के प्रति जवाबदेह बनाए रख सकें। वह शासन व प्रशासन में लोक भागीदारी को व्यापक बनाकर जमीनी लोकतंत्र को संपन्न व सुदृढ़ बनाने का काम करता है। सरल शब्दों में, सूचना का अधिकार सुशासन की मौलिक जरूरत है। सूचना के अधिकार के माध्यम से जनमानस की उन कमजोर आवाजों को पहचान मिली है जो शासन की लालफीताशाही में दबा दी जाती थीं। इस प्रकार सूचना का अधिकार सरकार और नागरिक दोनों को कर्त्तव्यों से बांधता है।

सूचना का अधिकार : वैश्विक परिदृश्य

(Right to Information: Global Scenario)

वर्तमान समय में सूचना के अधिकार को पूरी दुनिया में पारदर्शी और प्रभावी प्रशासन के लिए पूर्व शर्त माना जाता है। 1946 में संयुक्त राष्ट्र महासभा ने इसके महत्त्व को रेखांकित करते हुए कहा था कि 'सूचना की स्वतंत्रता एक मौलिक मानव अधिकार है और संयुक्त राष्ट्र जितनी भी स्वतंत्रताओं के लिए समर्पित है, उन सभी के लिए यह एक महत्त्वपूर्ण कसौटी की तरह है।' आगे चलकर 1948 में यह मानव अधिकारों के सार्वभौमिक घोषणापत्र का भी भाग बना। हालांकि वैश्विक स्तर पर इसकी शुरूआत 1766 से ही मानी जाती है, जब स्वीडन ने अपने नागरिकों को यह अधिकार प्रदान किया। स्वीडन में सूचना का अधिकार प्रेस एक्ट का हिस्सा था जो अत्यधिक प्रशासनिक गोपनीयता के साथ-साथ प्रेस सेंसरशिप

डॉ. मधु दम्मानी, असिस्टेंट प्रोफेसर, राजनीति विज्ञान विभाग, दौलत राम कॉलेज, दिल्ली विश्वविद्यालय।

की प्रतिक्रियास्वरूप अस्तित्व में आया था।[1] अब तक विश्व के लगभग 70 से ज्यादा देशों ने सूचना के अधिकार पर अपने कानून बना लिए हैं।

भारतीय परिदृश्य (Indian Scenario)

भारत में सूचना के अधिकार की पथ प्रणेत्री बनने का श्रेय श्रीमती अरुणा राय को जाता है। तमिलनाडु के पूर्व मुख्यमंत्री एम. करुणानिधि ने सूचना का अधिकार पर भारत में सबसे पहला कानून बनाया था। भारत में गोवा, तमिलनाडु, मध्य प्रदेश, कर्नाटक, महाराष्ट्र, राजस्थान, दिल्ली, आंध्र प्रदेश, उत्तर प्रदेश, असम, केरल, उड़ीसा, जम्मू एवं कश्मीर एवं गुजरात राज्यों की विधानपालिका ने भी इस संबंध में पहल की है। भारतीय संसद ने मई, 2005 में सूचना का अधिकार अधिनियम पारित किया। जून, 2005 में इसे राष्ट्रपति ने अपनी स्वीकृति प्रदान की और 12 अक्टूबर, 2005 से यह पूरी तरह अमल में आ गया। स्वाधीनता के लगभग 7 दशकों में यह पहला अवसर है, जब भारत के नागरिकों को इस महत्त्वपूर्ण अधिकार के उपयोग का अवसर प्राप्त हुआ है। 'सूचना का अधिकार' देश के संविधान के अनुच्छेद-19(1)(d) एवं अनुच्छेद-21 के अंतर्गत एक मौलिक अधिकार है। भारतीय संसद ने 2002 में पारित 'सूचना की स्वतंत्रता अधिनियम' को संशोधित कर 2005 में सूचना का अधिकार अधिनियम बनाया। सूचना का अधिकार अधिनियम प्रत्येक नागरिक को सरकार से प्रश्न पूछने का अधिकार देता है और इसमें टिप्पणियां, सारांश अथवा दस्तावेजों या अभिलेखों की प्रमाणित प्रतियों या सामग्री के प्रमाणित नमूनों की मांग की जा सकती है। सूचना का अधिकार अधिनियम के तहत ऐसे सभी निकाय और गैर-सरकारी संगठन (NGOs) भी शामिल हैं जिनका स्वामित्व, नियंत्रण अथवा आंशिक निधिकरण सरकार द्वारा किया गया है।

सूचना का अधिकार, 2005 (Right to Information, 2005)

सूचना का अधिकार : आशय
(RTI–Meaning)

सूचना का अधिकार का अर्थ लोक प्राधिकरण के पास या उसके नियंत्रण की सूचना की पहुंच के अधिकार से हैं। इसमें निम्न अधिकार हैं –

- संकर्म (कार्य) दस्तावेजों, अभिलेखों का निरीक्षण
- दस्तावेजों या अभिलेखों के नोट्स, उद्धरण या प्रमाणित प्रतियां लेना
- सामग्री के प्रमाणित नमूने लेना
- डिस्क, फ्लोपी, टेप, वीडियो कैसेट के रूप में या किसी अन्य इलेक्ट्रॉनिक तरीके से या प्रिंटआउट के जरिए सूचना प्राप्त करना, जहां ऐसी सूचना कंप्यूटर में या किसी अन्य उपकरण में संचित की जाती है। इस अधिनियम के प्रावधानों के अनुसार, सभी नागरिकों के पास सूचना का अधिकार होगा।

सूचना (Information)

'इन्फार्मेशन' शब्द की उत्पत्ति लैटिन शब्द 'फार्मेशन' और 'फर्मा' से हुई है जिसका अर्थ क्रमश: किसी चीज को आकार प्रदान करना और एक पैटर्न में ढालना है। सूचना का अधिकार कानून में 'सूचना' शब्द को विस्तार से परिभाषित किया गया है। 'सूचना' किसी भी रूप में कोई सामग्री, जिसमें अभिलेख, दस्तावेज, ज्ञापन, ई-मेल, राय, सलाह, प्रेस रिलीज, परिपत्र, आदेश, लॉगबुक, संविदाएँ, रिपोर्ट, कागजात, नमूने, मॉडल, किसी इलेक्ट्रॉनिक रूप में महत्त्वपूर्ण डाटा सम्मिलित होते हैं।

वे सूचनाएँ जो सूचना का अधिकार अधिनियम की सीमा से बाहर हैं–

सूचना का अधिकार अधिनियम, 2005 की द्वितीय अनुसूची में वर्णित केंद्रीय सरकार के आसूचना या गुप्तचर और सुरक्षा से संबंधित निम्न 18 संगठनों या उनके द्वारा सरकार को उपलब्ध कराई गई सूचना इस अधिनियम की सीमा से बाहर है –

(i) इंटेलीजेंस ब्यूरो
(ii) मंत्रिमंडल सचिवालय की अनुसंधान और विश्लेषण शाखा
(iii) राजस्व इंटेलीजेंस सचिवालय
(iv) केंद्रीय आर्थिक इंटेलीजेंस ब्यूरो
(v) प्रवर्तन निदेशालय
(vi) नारकोटिक्स कंट्रोल ब्यूरो
(vii) विमानन अनुसंधान केंद्र
(viii) विशेष सीमांत बल
(ix) सीमा सुरक्षा बल
(x) केंद्रीय रिजर्व पुलिस बल
(xi) भारत-तिब्बत सुरक्षा पुलिस
(xii) केंद्रीय औद्योगिक सुरक्षा बल
(xiii) राष्ट्रीय सुरक्षा गार्ड
(xiv) असम राईफल्स
(xv) विशेष सर्विस ब्यूरो
(xvi) विशेष शाखा, सीआईडी, अंडमान और निकोबार
(xvii) क्राइम ब्रांच, सीबीआई, दादरा और नागर हवेली
(xviii) लक्षद्वीप पुलिस की विशेष शाखा।[2]

सूचना का अधिकार : अधिकार क्षेत्र एवं व्यापकता
(RTI: Jurisdiction and Scope)

यह अधिनियम केंद्र और सभी राज्य सरकारों तथा स्थानीय सरकारी निकायों पर लागू है। कार्यपालिका के अतिरिक्त न्यायपालिका एवं विधायिका भी इसके अधिकार क्षेत्र में आती है। गैर-सरकारी संस्थाओं तथा सरकार से प्रत्यक्ष या परोक्ष रूप से सहायता पाने वाली अन्य निजी संस्थाओं पर भी

यह लागू होता है। प्रत्यक्ष या अप्रत्यक्ष रूप से निजी क्षेत्र की कुछ विशेष तरह की जानकारी लेने का अधिकार भी इस कानून में जोड़ दिया गया है। जैसे किसी निजी उपक्रम या संस्था को वित्तीय योगदान सरकार से प्राप्त होता है तो उससे भी जानकारी प्राप्त की जा सकती है। यदि लोकहित में इनमें से कुछ जानकारियां देना बहुत जरूरी हो जाएं तो वे जानकारियां भी दी जा सकती हैं।

सूचना का अधिकार : गैर-सरकारी संगठन

(RTI – Non-Governmental Organisation)

सूचना अधिकार कानून में स्पष्ट उल्लेख होने के बावजूद भी सूचना अधिकार कानून के लागू होने के बाद से ही गैर-सरकारी संगठनों (एनजीओ) को लेकर भ्रम की स्थिति रही है। एनजीओ सरकार से अनुदान लेते हैं लेकिन सूचना अधिकार के दायरे से उनको बाहर रखने का प्रयास होता रहा है। इस संबंध में कोई दिशानिर्देश न मिल पाने के कारण बहुत से गैर-सरकारी संगठन सरकारी सहायता प्राप्त करने के बावजूद सूचना अधिकार अधिनियम की बाध्यताओं से अपने को मुक्त रखे हुए हैं। केंद्रीय सूचना आयोग ने प्रदीप गुप्ता के मामले में सहायक निबंधक को गैर-सरकारी संगठन सर्वेन्ट ऑफ दी पीपुल सोसायटी की जांच करने का आदेश किया कि यह कंपनी पर्याप्त रूप से वित्तपोषित (Substantially Financed) की श्रेणी में आती है या नहीं। इस मामले में यह बात सामने आई कि कोई भी एनजीओ जो नियंत्रक एवं महालेखा परीक्षक (CAG) के अंकेक्षण (Audit) के दायरे में आती है वो पर्याप्त रूप से वित्तपोषित कहलाएगी और लोक सूचना अधिकार के अंतर्गत आएगी। ''जहाँ किसी निकाय या प्राधिकारी को भारत सरकार या राज्य सरकार या किसी केंद्रशासित प्रदेश जहाँ विधानमंडल हो, की संचित निधि से किसी वित्तीय वर्ष में 25 लाख रुपए का अनुदान या वित्तीय सहायता प्राप्त होती हो और यह अनुदान उस संस्था या निकाय की कुल खर्च का 75 प्रतिशत से कम न हो, ऐसी संस्था सूचना अधिकार अधिनियम की धारा 2 की उपधारा (ii) के अंतर्गत सरकार द्वारा प्रत्यक्ष या अप्रत्यक्ष रूप से वित्तपोषित मानी जाएगी।''[3] इसके अतिरिक्त, ऐसी कोई भी संस्था जो सरकार से किसी भी प्रकार की रियायत प्राप्त करती है, वह सूचना अधिकार के दायरे में आनी चाहिए।

इनके द्वारा व्यय धन का सामाजिक अंकेक्षण हो और सूचना अधिकार के तहत व्यय धन का ब्यौरा आम व्यक्ति को उपलब्ध हो।

केंद्र सरकार द्वारा बनाया गया शुल्क ढांचा

कार्य	शुल्क
आवेदन शुल्क	10/- रुपए बीपीएल आवेदकों के लिए कोई शुल्क नहीं
अतिरिक्त पृष्ठ के लिए शुल्क	2 रुपए प्रति पृष्ठ 1.4 या 1.3 आकार
बड़े आकार का कागज	वास्तविक शुल्क
अभिलेखों का निरीक्षण	पहले घंटे के लिए कोई शुल्क नहीं पहले घंटे के बाद रुपए 5/-प्रति 60 मिनट
फ्लॉपी / डिस्केट	50/- रुपए
अपील	शून्य

सूचना हेतु आवेदन प्रक्रिया (Procedure for Obtaining Information)

सूचना के अधिकार अधिनियम, 2005 के अंतर्गत किसी लोक प्राधिकरण; सरकारी संगठन या सरकारी सहायता प्राप्त गैर-सरकारी संगठनों से सूचना प्राप्त करने के लिए आवेदन इस प्रकार करना चाहिए –

1. आवेदन हस्तलिखित या टाइप किया होना चाहिए। आवेदन प्रपत्र भारत विकास प्रवेशद्वार पोर्टल से भी डाउनलोड किया जा सकता है। संदर्भित राज्य की वेबसाइट से आवेदन प्रपत्र डाउनलोड करें।
2. आवेदन अंग्रेजी, हिन्दी या अन्य प्रादेशिक भाषाओं में तैयार होना चाहिए।
3. अपने आवेदन में निम्न सूचनाएं दें–
    - सहायक लोक सूचना अधिकारी, लोक सूचना अधिकारी का नाम व उसका कार्यालय पता
    - विषय, सूचना का अधिकार अधिनियम-2005 की धारा 6(1) के अंतर्गत आवेदन
    - सूचना का ब्यौरा, जिसे आप लोक प्राधिकरण से प्राप्त करना चाहते हैं
    - आवेदनकर्त्ता का नाम
    - पिता/पति का नाम
    - वर्ग– अनुसूचित जाति/अनुसूचित जनजाति/अन्य पिछड़ी जाति
    - आवेदन शुल्क
    - क्या आप गरीबी रेखा से नीचे; बीपीएल, परिवार से आते हैं. हाँ/नहीं
    - मोबाइल नंबर व ई-मेल पता; मोबाइल तथा ई-मेल पता देना अनिवार्य नहीं
    - पत्राचार हेतु डाक पता
    - स्थान तथा तिथि
    - आवेदनकर्त्ता के हस्ताक्षर
    - संलग्नकों की सूची
4. आवेदन जमा करने से पहले लोक सूचना अधिकारी का नाम, शुल्क, उसके भुगतान की प्रक्रिया आदि के बारे में जानकारी प्राप्त कर लें।
5. सूचना के अधिकार अधिनियम के अंतर्गत सूचना प्राप्त करने हेतु आवेदन पत्र के साथ शुल्क भुगतान का भी प्रावधान है। परंतु अनुसूचित जाति/अनुसूचित जनजाति या गरीबी रेखा से नीचे के परिवार के सदस्यों को शुल्क नहीं जमा करने की छूट प्राप्त है।
6. जो व्यक्ति शुल्क में छूट पाना चाहते हों उन्हें अनुसूचित जाति/अनुसूचित जनजाति/बीपीएल प्रमाणपत्र की फोटोकॉपी जमा करनी होगी।
7. आवेदन हाथों-हाथ, डाक द्वारा या ई-मेल के माध्यम से भेजा जा सकता है।
8. यदि आप आवेदन डाक द्वारा भेज रहे हैं तो उसके लिए केवल पंजीकृत; रजिस्टर्ड, डाक सेवा का ही इस्तेमाल करें। कूरियर सेवा का प्रयोग कभी न करें।

9. आवेदन ई-मेल से भेजने की स्थिति में जरूरी दस्तावेज की स्केन कॉपी अटैच कर भेज सकते हैं। लेकिन शुल्क जमा करने के लिए आपको संबंधित लोक प्राधिकारी के कार्यालय जाना पड़ेगा। ऐसी स्थिति में शुल्क भुगतान करने की तिथि से ही सूचना आपूर्ति के समय की गणना की जाती है।
10. आगे उपयोग के लिए आवेदन पत्र; अर्थात् मुख्य आवेदन प्रपत्र, आवेदन शुल्क का प्रमाण, स्वयं या डाक द्वारा जमा किए, गए आवेदन की पावती की 2 फोटोकॉपी बनाएं और उसे सुरक्षित रखें।
11. यदि अपना आवेदन स्वयं लोक प्राधिकारी के कार्यालय जाकर जमा कर रहे हों, तो कार्यालय से पावती पत्र अवश्य प्राप्त करें, जिसपर प्राप्ति की तिथि तथा मुहर स्पष्ट रूप से अंकित हों। यदि आवेदन रजिस्टर्ड डाक द्वारा भेज रहे हों तो पोस्ट ऑफिस से प्राप्त रसीद अवश्य प्राप्त करें और उसे संभाल कर रखें।
12. सूचना आपूर्ति के समय की गणना लोक सूचना अधिकारी द्वारा प्राप्त आवेदन की तिथि से आरंभ होती है।

सूचना प्राप्ति की अवधि (Time limit for Receiving Information)

सूचना प्राप्त करने की सीमा इस प्रकार है –

1. सार्वजनिक सूचना आवेदन करने की दिनांक से 30 दिनों के अंदर प्राप्त हो जाएगी।
2. किसी व्यक्ति के जीवन या उसकी स्वतंत्रता से संबंधित सूचना 48 घंटे में।
3. यदि आवेदन-पत्र सहायक लोक सूचना अधिकारी को दिया गया है तो सूचना उपलब्ध कराने की अवधि 5 दिन होगी।
4. यदि तृतीय पक्ष के हित निहित हैं तो सूचना की समयावधि 40 दिन है। इसमें तृतीय पक्ष को अपना पक्ष प्रस्तुत करने के लिए दी गई 10 दिन की अवधि भी सम्मिलित है।
5. मानवीय अधिकारों के हनन के आरोपों संबंधी सूचना केंद्रीय सूचना आयोग या राज्य सूचना आयोग, जैसी भी स्थिति हो, के पूर्व अनुमोदन के पश्चात् 45 दिनों में उपलब्ध कराई जाएगी।
6. निर्धारित समय अवधि में यदि सूचना नहीं प्राप्त होती है तो उक्त असफलता स्वतः अस्वीकृत मानी जाएगी।

सूचना आवेदन निरस्त होने के कारण
(Reasons for Suspension of Application)

सूचना आवेदन-पत्र निरस्त होने के निम्न कारण हो सकते हैं –

- यदि यह सूचना के प्रकटीकरण से छूट में शामिल है।
- यदि यह सरकार के अतिरिक्त किसी व्यक्ति के कापीराइट का उल्लंघन करती है।

सूचना का अधिकार : अपील तथा शिकायत की व्यवस्थाएँ[4]
(RTI Act : Appeal and Complaint Mechanism)

लोक सूचना अधिकारी सारहीन आधारों पर अक्सर सूचना के अधिकार के तहत आए आवेदनों को रद्द कर देते हैं। उदाहरण के लिए, लोक सूचना अधिकारियों ने इसलिए आवेदनों को रद्द किया क्योंकि मांगी गई सूचनाएं उनके नियंत्रण में नहीं थी, जबकि उनका कानूनी दायित्व यही बनता था कि वे ऐसे मामलों में आवेदन को संबंधित प्राधिकरण को हस्तांतरित कर देते। लोक प्राधिकरणों और सरकारी अधिकारियों के खराब प्रदर्शन के विरुद्ध शिकायत करने के सस्ते और सरल विकल्प प्रदान करती हैं। आवेदक संबंधित विभाग के नामित वरिष्ठ अधिकारी; जिसे अपील प्राधिकरण कहा गया है, के यहां अपील कर सकते हैं या वे संबंधित सूचना आयोग को शिकायत कर सकते हैं।

अपील की प्रक्रिया अधिनियम की धारा 19 के तहत आती हैं और उनकी परिकल्पना दो चरणों वाली प्रक्रिया के रूप में की गई है। पहले विभाग के अपील प्राधिकारी के पास अपील और दूसरे नए बनाए गए सूचना आयोगों में से संबंधित आयोग में अपील। अपील की प्रक्रिया को अदालतों के मुकाबले एक अपेक्षाकृत तीव्र और सस्ता तरीका माना गया है जिसके जरिए आवेदक फैसलों की समीक्षा करा सकते हैं। आप निम्न स्थितियों में अपील प्राधिकारी से अपील कर सकते है:

- आप किए गए फैसले से असंतुष्ट हैं।
- लोक सूचना अधिकारी द्वारा तय समयावधि के भीतर कोई फैसला नहीं लिया गया।
- आप तीसरा पक्ष हैं जिससे आवेदन पर कार्रवाई करने के दौरान विचार-विमर्श किया गया था, लेकिन आप लोक सूचना अधिकारी द्वारा किए गए निर्णय से संतुष्ट नहीं हैं।

आपको लोक सूचना अधिकारी के फैसले का नोटिस मिलने की तिथि या जिस तिथि को आपको यह नोटिस मिल जाना चाहिए था, के 30 दिनों के भीतर अपील प्राधिकारी के पास अपील करनी होगी। लेकिन, अगर आप इस समयावधि के भीतर अपील नहीं कर पाते और अपील प्राधिकारी को लगता है कि आप किन्हीं उचित कारणों से तय समयावधि के भीतर अपील नहीं कर पाए, तो वह आपको 30 दिन की अवधि के समाप्त हो जाने के बाद भी अपील करने की स्वीकृति दे सकती/सकता है।

आपको अपनी अपील संबंधित अपील प्राधिकारी के पास लिखित में भेजनी होगी। कुछ राज्य सरकारों ने अपील के लिए खास फार्म निर्धारित किए हैं। आपको संबंधित अपील प्राधिकारी से पता करना चाहिए कि क्या आपके राज्य ने ऐसा कोई फार्म निर्धारित किया है। आप अपील को स्वयं सीधे दे सकते हैं या डाक/कूरियर से भिजवा सकते हैं। इसके अलावा, आप संबंधित प्राधिकरण के सहायक लोक सूचना अधिकारी को भी अपनी अपील भेज सकते हैं। अपील को संबंधित अपील प्राधिकारी को अधिकतम 5 दिनों के भीतर आगे भेजना उसका कार्य है।

सूचना का अधिकार अधिनियम किसी अपील प्राधिकारी के पास; या सूचना आयोग में अपील करने के लिए आवेदक से कोई शुल्क लेने की इजाजत नहीं देता। सभी अपीलों में कम से कम निम्न सूचनाएं शामिल होनी चाहिए–

- आपका नाम और संपर्क विवरण, डाक पते, मकान नंबर तथा ई-मेल पते सहित।
- लोक सूचना अधिकारी का नाम और पता जिसके फैसले के विरुद्ध अपील की जा रही है।
- जिस आदेश के विरुद्ध आप अपील कर रहे हैं, उससे संबंधित ब्यौरे, क्रम संख्या सहित।
- अगर अपील आवेदन पर कोई जवाब न मिलने के कारण की जा रही है; या जिसे 'डीम्ड रेफ्यूजल' कहा जाता है, तो आवेदन की पावती संख्या, जमा कराने की तिथि, लोक सूचना अधिकारी के नाम और पते सहित आवेदन संबंधी ब्यौरे।
- अपने मामले के संक्षिप्त तथ्य।
- आपके द्वारा मांगी जाने वाली राहत और राहत के आधार, उदाहरण के लिए, आप निवेदित सूचना को जारी कराना चाहते हैं क्योंकि वह कानूनन छूट की श्रेणी में नहीं आती।
- आपके द्वारा पुष्टि, जैसे यह वक्तव्य 'मैं प्रमाणित करता हूं कि इस आवेदन की सभी सूचनाएं मेरी जानकारी के अनुसार सच और सही हैं', और
- कोई अन्य उपयोगी सूचना जो आपके अनुसार आपकी अपील के फैसले में मदद कर सकती है।

सामान्यतः अपील प्राधिकारी को आपकी अपील प्राप्त होने के तीस दिनों के भीतर अपना फैसला देना होता है, लेकिन इस सीमा को आगे बढ़ाया जा सकता है। पर अपील प्राधिकारी के लिऐ फैसले की अधिकतम समय सीमा 45 दिन है। अगर फैसले में 30 दिन से ज्यादा का समय लिया जाता है तो अपील प्राधिकारी को समय सीमा बढ़ाने के कारण लिखित में दर्ज करने होंगे और अपना अंतिम फैसला सुनाते वक्त आपको भी सूचित करने होंगे।

सूचना आयोग में अपील : अगर आप अपील प्राधिकारी के फैसले से असंतुष्ट हैं, तो सूचना का अधिकार अधिनियम आपको केंद्र व राज्यों में नवस्थापित सूचना आयोगों के पास दूसरी अपील करने का विकल्प प्रदान करता है। दूसरी अपील अपील प्राधिकारी का फैसला आपको प्राप्त होने की तिथि या जिस तिथि को वह फैसला हो जाना चाहिए था, उसके 90 दिनों के भीतर की जानी चाहिए। लेकिन सूचना आयोग को यह समय सीमा समाप्त हो जाने के बाद भी अपील की स्वीकृति देने की शक्ति प्राप्त है।

कार्यान्वयन की निगरानी करना : हर साल के अंत में केंद्रीय और राज्य सूचना आयोगों को एक वार्षिक रिपोर्ट तैयार करनी होती है। केंद्रीय आयोग की रिपोर्ट को संसद और राज्य आयोगों की रिपोर्टों को संबंधित राज्य के विधान मंडल के पटल पर प्रस्तुत किया जाता है।

हर रिपोर्ट में मूल आवेदनों तथा अपील संबंधी आंकड़ों के साथ कार्यान्वयन के प्रयासों पर टिप्पणी तथा सुधार के लिए सिफारिशें शामिल होती हैं। आयोग की वार्षिक रिपोर्ट, आयोग के अधिकार क्षेत्र में आने वाले हर प्राधिकरण द्वारा सौंपी गई सूचनाओं के निरीक्षण पर आधारित होती है।

विशेष रूप से मानवाधिकार संबंधित सूचना पर निगरानी : कुछ गुप्तचर और सुरक्षा एजेंसियों को अधिनियम के दायरे के बाहर रखा गया है, लेकिन जब मामला भ्रष्टाचार के आरोपों और मानवाधिकारों के उल्लंघन का हो, तो वे भी इस दायरे में आ जाती हैं। सूचना आयोग के पास संबंधित लोक प्राधिकरण या अन्य अधिकारी को सूचना का अधिकार अधिनियम का पालन करने के लिए सभी कदम उठाने के आदेश देने की व्यापक और बाध्यकारी शक्तियां प्राप्त हैं। उदाहरण के लिए, वह आपके द्वारा निवेदित सूचना को देने, आवेदनों को प्राप्त और उन पर कार्रवाई करने के लिए लोक सूचना अधिकारियों को मनोनीत करने या स्वयं अपनी पहल पर सूचनाओं को बेहतर तरीके से सार्वजनिक करने के आदेश दे सकता है। सूचना आयोग आपको पहुंचे किसी नुकसान के लिए लोक प्राधिकरण को मुआवजा देने का आदेश भी दे सकता है। वह अधिनियम की पालना न करने वाले अधिकारियों को दंडित कर सकता है। अगर सूचना आयोग पाता है कि आपकी शिकायत उचित नहीं थी, तो वह उसे रद्द कर सकता है। ऐसी स्थिति में आप राज्य के उच्च न्यायालय या दिल्ली स्थित सर्वोच्च न्यायालय में अपील कर सकते हैं।

सूचना का अधिकार: व्यावहारिक अनुभव

(RTI : An Experience)

सूचना का अधिकार अधिनियम आम नागरिकों के हाथ में दिन-प्रतिदिन के जीवन से संबंधित भ्रष्टाचार से लड़ने के लिए एक प्रमुख हथियार है। इस कानून के माध्यम से सूचना प्राप्त करके वे अपने संवैधानिक और लोकतांत्रिक अधिकारों का बेहतर तरीके से प्रयोग कर सकते हैं। सूचना का अधिकार आज एक मूलभूत मानव अधिकार है जो आम लोगों की गरिमा को बनाए रखने में मदद करता है। सूचना का अधिकार अन्य सभी मानवाधिकार व्यवस्था का सार है क्योंकि यह नागरिकों को अन्य अधिकारों के अर्थपूर्ण प्रयोग में समर्थ बनाता है। सूचना का अधिकार लोकतंत्र और विकास की कुंजी है। सूचनाओं तक पहुंच के माध्यम से प्रक्रियात्मक लोकतंत्र से तात्त्विक लोकतंत्र की ओर बढ़ने में मदद मिलती है।

सूचना का अधिकार सरकार को जिम्मेदार बनाए रखने में भी हमारी मदद करता है। यदि नागरिकों को सरकारी निर्णयों और कार्यप्रणालियों के संबंध में मूलभूत सूचनाएं होंगी तो वे सरकार पर निगरानी रख सकते हैं। यह नागरिकों को सिर्फ सूचनाएं प्राप्त करने का ही नहीं बल्कि उन्हें प्रभावित करने वाले मुद्दों पर सरकार से प्रश्न करने का अधिकार भी देता है। सूचना के अधिकार के माध्यम से एक खुला और पारदर्शी समाज बनाया जा सकता है और लोगों का सरकार के प्रति भरोसा बहाल किया जा सकता है। अगर किसी समस्या की पहचान करके उसका समाधान करना है तो इसकी सबसे महत्त्वपूर्ण शर्त सूचनाओं का स्वतंत्र प्रवाह

है। नागरिकों में सरकार के प्रति विश्वास बहाल करके संघर्षों को कम किया जा सकता है। सरकार की पारदर्शिता और सूचनाओं की साझेदारी से न केवल किसी राष्ट्र की स्थिरता और अखंडता में वृद्धि की जा सकती है बल्कि राज्य और नागरिकों के बीच दोतरफा संवाद कायम किया जा सकता है। सूचनाओं तक पहुंच नागरिकों को सरकार के नीति-निर्णयों और लोक व्ययों के प्रति जवाबदेह बनाए रखने में मदद करती है।

सूचना का अधिकार लोक केंद्रित विकास को बनाए रखने में और गरीबी को कम करने में मदद करता है। इससे न्यायसंगत आर्थिक संवृद्धि को पाने में भी मदद मिलती है। सूचना का अधिकार गरीब समुदायों को अपनी परिस्थिति से लड़ने में मदद पहुंचा सकता है। गरीबी निवारण से संबंधित रणनीति में सबकी राजनीतिक भागीदारी की जरूरत होती है, ताकि सरकार में जवाबदेही और पारदर्शिता विकसित की जा सके। राजनीति के अपराधीकरण पर अंकुश लगाया जा सके और सूचनाओं के स्वतंत्र प्रवाह के माध्यम से विभिन्न समुदायों की नीति-निर्माण और विधायी निर्णय-निर्माण में महत्त्वपूर्ण भूमिका सुनिश्चित की जा सके। इसके अतिरिक्त, सूचना का अधिकार भ्रष्टाचार से लड़ने में भी मदद करता है। भ्रष्टाचार ना सिर्फ कानून के शासन को भंग करता है, बल्कि यह जनता के हितों के लिए और उनके आधारभूत संरचना के लिए आवंटित बजटीय प्रावधानों को भी खा जाता है। यह गरीबों के लिए निर्मित जन सेवाओं की स्थिति को और दयनीय बनाता है। जैसा कि – हम देखते हैं कि सरकारी स्वास्थ्य केंद्रों को दवाएं या जांच-सेवाएं प्राय: उपलब्ध नहीं होती हैं। वस्तुत: ये भ्रष्टाचार के कारण होता है। अगर सूचना के अधिकार की गारंटी होगी तो इन भ्रष्टाचारों से निबटने में मदद मिलेगी। सूचना के अधिकार के माध्यम से लाल-फीताशाही से लड़ने में भी मदद मिलेगी। अगर नागरिकों के हाथ में सूचना का अधिकार रूपी अस्त्र होगा, तो इसके माध्यम से नागरिक किसी भी प्रकार के भ्रष्टाचार को सामने लाने में और उसका विरोध करने में समर्थ बन सकेंगे।

सूचना का अधिकार मीडिया के सामर्थ्य में भी वृद्धि करता है। मीडिया लोकतंत्र का चौथा स्तंभ है और किसी भी प्रभावी लोकतंत्र में यह उसकी रखवाली का काम करता है। मीडिया लोगों तक सूचनाएं पहुंचाने का सबसे प्रमुख माध्यम है। अगर मीडिया की सूचनाओं तक पहुंच नहीं होगी तो जनता को भी सही सूचनाएं नहीं मिल पाएंगी। आज हम देखते हैं कि प्रशासकों और नेताओं में सूचना के अधिकार के प्रति एक भय होता है, जो उन्हें गलत करने से रोकता है।[5]

सूचना का अधिकार : लोकतांत्रिक शासन के उपकरण के रूप में
(RTI: A Tool of Democratic Governance)

'सूचना का अधिकार' शासन प्रक्रिया में पारदर्शिता को बढ़ावा देता है। अब समाज अधिक जागरूक है, हालांकि भारत में अभी भी साक्षरता दर बहुत कम है। लोग यह समझने में असमर्थ हैं कि वास्तव में कानून क्या है, लेकिन साक्षर लोग जो इस कानून को जानते हैं वे अपने अधिकार का उपयोग उन लोगों तक भी जानकारी पहुंचाने के लिए कर रहे हैं जो यह

नहीं जानते कि इसे कैसे उपयोग करें या सार्वजनिक अधिकारियों से जानकारी कैसे प्राप्त करें जो वे पाने के लिए तैयार हैं। आरटीआई कानून यह साबित करता है कि कानून का समाज के निर्माण पर बहुत प्रभाव पड़ता है। आरटीआई, एक बेहतर समाज का निर्माण कर रहा है, लोकतांत्रिक राष्ट्र में जहां सरकार आम जनता द्वारा चलाई जाती है।

आरटीआई, जनसाधारण के लिए एक शक्तिशाली उपकरण है नौकरशाहों को पथभ्रष्ट होने से रोकने के लिए। पिछले पंद्रह वर्षों में, देश के आम नागरिक बड़ी भ्रष्ट प्रथाओं को उजागर करने में सक्षम हुए हैं और पारदर्शिता को बढ़ावा दिया है। कुछ खुलासे[6] मील का पत्थर साबित हुए हैं जैसे मध्य प्रदेश में व्यापम घोटाला, मुंबई में आदर्श सोसायटी घोटाला, ओडिसा में मिट्टी के तेल घोटाले, असम और महाराष्ट्र में पीडीएस घोटाले, पंजाब में कारगिल युद्ध के पीड़ितों के लिए राहत कोष से संबंधित, संघ लोक सेवा आयोग में सिविल सेवा उम्मीदवारों को अंक दिखाने से संबंधित।

आदर्श हाउसिंग सोसाइटी घोटाला : कार्यकर्ता सिमरप्रीत सिंह और योगाचार्य की मदद से यह घोटाला उजागर हुआ। आदर्श हाउसिंग सोसाइटी को मूल रूप से छह मंजिला इमारत बनाने की योजना बनाई गई थी, जिसे 1999 के कारगिल युद्ध की युद्ध विधवाओं के लिए संरचित किया गया था और यह देखकर आश्चर्य हुआ था कि यह 31 मंजिला इमारत में कैसे परिवर्तित हुई। जांच के दौरान यह भी स्पष्ट हो गया कि तटीय विनियमन क्षेत्र में इस उच्च इमारत के निर्माण से पहले कोई पर्यावरणीय मंजूरी नहीं ली गई थी। इस घोटाले के दौरान सामने आए कुछ प्रमुख नामों में तत्कालीन केंद्रीय मंत्री सुरेश प्रभु, पूर्व सेना प्रमुख दीपक कपूर, राजनयिक देवयानी खोबरागड़े और कांग्रेस पार्टी के नेता कन्हैयालाल गिद्वानी शामिल थे।

2-जी घोटाला : यह भारतीय अधिकारियों द्वारा पावर के दुरुपयोग के शीर्ष उदाहरणों में से एक था, जिसमें दूरसंचार मंत्रालय के अलावा कोई और नहीं था जिसका नेतृत्व अंदिमुथु राजा ने किया था। इस घोटाले के कारण भारत सरकार को लगभग दो मिलियन का नुकसान हुआ। इस घोटाले के खिलाफ सूचना का अधिकार अधिनियम, 2005 का आवेदन सुभाष चंद्र अग्रवाल द्वारा दायर किया गया था। सूचना का अधिकार कार्यकर्ता विवेक गर्ग ने सूचना के अधिकार अधिनियम, 2005 के तहत प्रस्तुत अपने आवेदन पर एक दस्तावेज प्राप्त किया, जिसमें बताया गया कि 2-जी स्पेक्ट्रम नीलामी किस तरह से कम कीमतों पर हो सकती थी।

कॉमनवेल्थ गेम्स 2010 घोटाला : यह बहुआयामी घोटाला था जिसमें दुनिया भर से भारत में कॉमनवेल्थ गेम्स में भाग लेने वाले एथलीटों के लिए खराब व्यवस्था की गई थी। खेलों के शुरू होने से ठीक पहले, यमुना नदी के पास सीडब्ल्यूजी गांव में आवास को गंदी और मानवीय कचरे से भरा देखा गया था, जिससे वे एथलीटों द्वारा उपयोग के लिए फिट नहीं थे। इसके अलावा, यह प्रकाश में आया कि नो टॉलरेंस जोन बनाकर कॉमनवेल्थ गेम्स के लिए दिल्ली के सौंदर्यीकरण के तहत कई भिखारियों और बेघर नागरिकों को उनके मूल राज्यों में वापस भेजने का नेतृत्व किया गया। यह सूचना का अधिकार अधिनियम, 2005 के तहत आवास और भूमि अधिकार नेटवर्क द्वारा प्रस्तुत आवेदन के तहत भी प्रकाश में आया, कि लगभग INR 744 करोड़ उन फंडों से निकाले गए, जो राष्ट्रमंडल खेलों के लिए उनकी कल्याणकारी परियोजनाओं के लिए थे।

इस प्रकार आरटीआई कार्यकर्त्ताओं के प्रयासों की वजह से ही इतने बड़े-बड़े घोटाले उजागर हो पाए और समाज में भी बड़े बदलाव देखे गए हैं, जैसे राजनीतिक दल जाँच के दायरे में आए, आरटीआई और व्हिसलब्लोअर संरक्षण अधिनियम 2011 प्रभावी हुआ।

सूचना का अधिकार: कार्यान्वयन में बाधाएं

(RTI : Problems of Implementation)

भारत में लोग एक बेहतरीन सूचना के कानून का इस्तेमाल कर रहे हैं। इसे देश में अब तक का सबसे प्रगतिशील कानून माना जाता है। अपनी उपस्थिति बनाए रखने के अलावा, यह अधिनियम अभी भी बहुत सारी समस्याओं का सामना कर रहा है और कुशल तरीके से कार्यान्वयन में समस्या महसूस कर रहा है। इस अधिनियम के साथ सबसे महत्त्वपूर्ण समस्या इसका अपर्याप्त कार्यान्वयन है। कार्यान्वयन में बाधाओं के पीछे के कारणों को देखा जाए तो नागरिकों में जागरूकता की कमी, जनता के बीच बड़े पैमाने पर गरीबी, राजनीतिक भागीदारी का अभाव, भ्रष्टाचार आदि महत्त्वपूर्ण है। सक्षम शासन और नागरिकों की सक्रिय भागीदारी के माध्यम से इन समस्याओं से निजात पाया जा सकता है।[7]

जागरूकता की कमी : इसके कार्यान्वयन के पीछे जो प्रमुख समस्याएं रही हैं उनमें भारत में नागरिकों के बीच कृत्यों के बारे में जागरूकता की कमी रही है। हम पहले से ही शिक्षा का अधिकार, महात्मा गांधी राष्ट्रीय ग्रामीण गारंटी अधिनियम, आजीविका का अधिकार, भोजन का अधिकार का हश्र देख चुके हैं। अपर्याप्त कार्यान्वयन के कारण, ये अधिनियम अपने लक्ष्यों को प्राप्त करने में असमर्थ रहे हैं। उसी तरह से, आरटीआई भी सामाजिक मुक्ति के एक उपकरण के रूप में स्थान प्राप्त करने में धीरे-धीरे विफल हो रहा है। लोग इस कानून की शक्ति और प्रभाव से अनजान हैं, इसलिए वे इस कानून का उपयोग करने में संकोच करते हैं। यहां तक कि सरकार भी अपने विभिन्न माध्यमों से नागरिकों को ज्ञान और जानकारी प्रदान करने का प्रयास नहीं कर रही है। इस अधिनियम के संदर्भ में, हम अपने समाज के शोषित और सुदूर आदिवासी आबादी की स्थिति का अनुमान लगा सकते हैं। वे एक राज्य में सबसे कमजोर तबके हैं, जिनके पास सरकार की नीतियों के बारे में जानकारी नहीं है और यहां तक कि कोई भी उन्हें प्रदान करने के लिए तैयार भी नहीं है। इस तरह की परिस्थितियों में, सरकार समाज के सबसे कमजोर वर्गों के मौलिक अधिकारों का अतिक्रमण कर अपनी नीतियों को लागू करने के लिए सभी प्रकार की शक्तियों का आनंद ले रही है।

जनता के बीच गरीबी : भारत में आरटीआई के खराब क्रियान्वयन के लिए जनता के बीच गरीबी भी एक बुनियादी समस्या है। गरीबी ने लोगों को अपने भोजन और आजीविका के बारे में चिंता करने के लिए मजबूर किया है। इसलिए कानून और सुशासन के बारे में सोचने के लिए उनके पास बहुत कम विकल्प हैं। किसी भी नौकरशाही संरचना के लिए यह आदर्श स्थिति है कि वह अपनी नीतियों को आगे बढ़ाए और समाज के आर्थिक रूप से पिछड़े वर्गों के बुनियादी मानवाधिकारों का दुरुपयोग करे। सामाजिक असमानता के पीछे गरीबी को भी बुनियादी कारण माना जाता है। इस संदर्भ में, गरीब लोग अक्सर राज्य तंत्र द्वारा

पीड़ित होते हैं। जब भी वे सूचना तक पहुंच पाने के लिए आरटीआई फाइल करते हैं तो वे बड़े स्तर पर नेताओं और नौकरशाहों द्वारा परेशान हो जाते हैं।

राजनीति का समावेश : आरटीआई का इस्तेमाल राजनीतिक उद्देश्यों के लिए नहीं बल्कि बेहतर शासन के लिए किया जाना चाहिए। राजनेता इस अधिनियम का उपयोग राजनीतिक लाभ के लिए एक-दूसरे के खिलाफ करने लगे हैं। उन्हें ऐसा नहीं करना चाहिए, क्योंकि आरटीआई का उपयोग सामाजिक सशक्तिकरण के लिए होना चाहिए न कि राजनीतिक साधन के रूप में। इस अधिनियम के राजनीतिकरण ने वास्तव में आम लोगों को जानकारी के मुक्त प्रवाह को प्राप्त करने से प्रतिबंधित किया है। यदि सूचना का अधिकार अधिनियम के माध्यम से सवाल उठते हैं तो इसे सार्वजनिक अधिकारियों और राजनेताओं द्वारा एक खतरे के रूप में देखा जाता है। इसके बाद वे सूचना प्राप्त करने वाले को धमकाने के लिए सभी साधनों का उपयोग करते हैं, और कभी-कभी वे अलोकतांत्रिक रुख अपना लेते हैं। हम पहले ही विभिन्न मामलों को देख चुके हैं कि आरटीआई कार्यकर्ताओं की हत्या, मानसिक यातना के संबंध में समाचार आम रहे हैं। व्हिसलब्लोअर एक्ट, 2011 के बावजूद आरटीआई कार्यकर्ता हमेशा गंभीर खतरे में रहे हैं। कार्यकर्ताओं की सुरक्षा के लिए सुरक्षा प्रावधान बहुत कमजोर रहे हैं। हम वास्तव में, इसे सहभागी लोकतंत्र के लिए खतरा मान सकते हैं। इसने लोगों के मन में एक प्रकार का भय पैदा कर दिया है और इसलिए समय-समय पर कार्यकर्ताओं की सुरक्षा को लेकर आरटीआई कानून के तहत इस तरह के कानून की माँग की गई। यदि इसका सही तरीके से इस्तेमाल होता तो यह लोकतंत्र की भावना को सशक्त बनाने में सहायता कर सकता था।

नवंबर 2016 में, एक आरटीआई कार्यकर्ता एम.डी. ताहिर, जोकि एक सामाजिक कार्यकर्ता भी था, वह पश्चिम बंगाल के उत्तर दिनाजपुर जिले में लापता हो गया। पुलिस अब तक पता लगाने में असमर्थ है। वह एक संगठन में काम कर रहे थे जो ट्रांसपेरेंसी के क्षेत्र में काम कर रहा है। उन्होंने मनरेगा में 1 करोड़ से ज्यादा के भ्रष्टाचार का खुलासा किया। यह एक्टिविस्ट की गुमशुदगी और हत्याओं की शृंखलाओं में एक अलग उदाहरण नहीं है। एक अनुमान के अनुसार, महाराष्ट्र ने हत्या के अधिकांश मामले दर्ज किए हैं जो राजनेताओं और कॉर्पोरेट के बीच सांठगांठ का संकेत देते हैं। अन्य राज्य भी इसी तरह की प्रवृत्ति का अनुसरण कर रहे हैं।

सरकार का रवैया : सरकार का यह कर्तव्य है कि वह अपने नागरिकों को स्वतंत्रता और लोकतंत्र प्रदान करने के लिए कानून को सफल बनाने के लिए सक्रिय कदम उठाए। सरकार आरटीआई कानून को लेकर बहुत उत्सुक नहीं है और इसे कमजोर बनाने के लिए इसमें संशोधन करने का प्रयास करती रही है। सरकारी विभागों ने अदालतों का उपयोग कर सूचना आयोग के फैसले के खिलाफ आदेश प्राप्त किए हैं। उन्होंने इस अधिनियम की भावना को धीरे-धीरे नष्ट करते हुए सूचना की पहुंच को मुश्किल बनाने की कोशिश की है। सरकार सूचना आयुक्तों की नियुक्ति में सभी मानदंडों को दरकिनार करती रही है। अधिकांश सेवानिवृत्त नौकरशाह इन आयोगों में रखे जा रहे हैं जोकि वास्तव में इस कानून के वास्तविक प्रभाव को कम करते हैं। सरकार अपनी सुविधा के

लिए अपने मूल उद्देश्यों को कमजोर करने के लिए संशोधन प्रावधानों का उपयोग कर रही है। यहां तक कि न्यायपालिका भी इस अधिनियम के तहत आने से बच रही है। वे अपनी संपत्ति और संपत्ति के संबंध में जानकारी देने में हिचकते हैं। सर्वोच्च न्यायालय के पूर्व न्यायाधीश जस्टिस वी.आर. कृष्णा अय्यर ने सवाल उठाया है कि सरकार के पास न्यायपालिका में सुधार के लिए राजनीतिक इच्छाशक्ति की कमी है। उन्होंने कहा कि यह शर्मनाक है कि न्यायाधीश अपने मामले में गोपनीयता बनाए रखना चाहते हैं और सरकार इसका समर्थन कर रही है।[8]

सूचना का अधिकार (संशोधन) विधेयक 2019[9]

(RTI (Amendment) Act 2019

'सूचना का अधिकार' कानून वास्तव में एक ऐतिहासिक विधान है। सूचना का अधिकार सत्ता में समान भागीदारी, पारदर्शिता, संवेदनशीलता, मुक्तता, जवाबदेयता एवं उत्तरदायित्व लाने के लिए अवश्यमेव कारगर उपाय सिद्ध होगा। यह कानून किसी के भी द्वारा सत्ता के निरंकुश इस्तेमाल पर अंकुश लगाता है। निश्चय ही सूचना का अधिकार सही दिशा में केवल नागरिकों को सरकारी तंत्र से सूचना प्राप्त एवं प्रदान करने के लिए पहला कदम है। सूचना का अधिकार अधिनियम पारदर्शी सुशासन की प्रक्रिया की शुरुआत करने में सफल होगा और शनैः-शनैः गत्यात्मक लोकतंत्र को प्रतिनिधिपरक के स्थान पर पूरी तरह से सहभागी शासन में बदल सकता है। साथ ही सूचना के अधिकार को और अधिक प्रभावी बनाने के लिए लोक सभा में सूचना का अधिकार (संशोधन) विधेयक 2019 पारित किया गया। इस विधेयक में सूचना का अधिकार अधिनियम, 2005 को संशोधित किया गया है । संशोधन के प्रमुख बिंदु हैं–

- सूचना का अधिकार अधिनियम 2005 के अनुसार, मुख्य सूचना आयुक्त (Chief Information Commissioner) और सूचना आयुक्तों का कार्यकाल 5 वर्षों का होता है, परंतु संशोधन के तहत इसे परिवर्तित करने का प्रावधान किया गया है, जिसके तहत मुख्य सूचना आयुक्त और आयुक्तों का कार्यकाल केंद्र सरकार द्वारा निर्धारित किया जाएगा।
- नए विधेयक के तहत केंद्र और राज्य स्तर पर मुख्य सूचना आयुक्त एवं सूचना आयुक्तों के वेतन, भत्ते और अन्य रोजगार की शर्तें भी केंद्र सरकार द्वारा ही तय की जाएगी।
- सूचना का अधिकार अधिनियम 2005 यह प्रावधान करता है कि यदि मुख्य सूचना आयुक्त और सूचना आयुक्त पद पर नियुक्त होते समय उम्मीदवार किसी अन्य सरकारी नौकरी की पेंशन या अन्य सेवानिवृत्ति लाभ प्राप्त करता है, तो उस लाभ के बराबर राशि को उसके वेतन से घटा दिया जाएगा, लेकिन 2019 के संशोधन विधेयक में इस प्रावधान को समाप्त कर दिया गया है ।

आरटीआई का उपयोग कर लोग सेवाओं और नीतियों को जानने में सक्षम हो सकते हैं, सरकार की बेहतर समझ बना सकते हैं। सरकार इसके माध्यम से कामकाज का बेहतर अवलोकन

करने का मौका भी देती है। आरटीआई केवल कानून का भाग नहीं है, बल्कि हमारे समाज का एक महत्त्वपूर्ण पहलू भी है क्योंकि यह एकमात्र ऐसा अधिनियम है जो बड़े सामाजिक परिवर्तनों को लाने के लिए पर्याप्त है। यह केवल जानकारी प्राप्त करने के लिए नहीं है, बल्कि वास्तव में जनता के हाथों में एक हथियार है जिससे लोग समाज में व्याप्त विभिन्न चुनौतियों और जनसमस्याओं को सुलझाने में इस्तेमाल कर सकते हैं।

निष्कर्ष (Conclusion)

'सूचना का अधिकार अधिनियम 2005' ने भारत में सूचना की पारदर्शिता, जवाबदेही, लोकतांत्रिक प्रथाओं तक लोगों की पहुंच का एक नए युग का आरंभ किया है। सभी लाभों के बावजूद, कार्यान्वयन भाग प्रत्येक बीतते दिन के साथ गति प्राप्त नहीं कर रहा है। प्रभावी कार्यान्वयन के लिए आपूर्ति और मांग पक्ष के बीच संतुलन की आवश्यकता होती है। अधिनियम में निहित विभिन्न छूट हैं जिन्हें नए सिरे से देखने की आवश्यकता है। अधिनियम की प्रभावशीलता सुनिश्चित करने के लिए न्यूनतम छूट रखना आवश्यक है। निजी उद्यमों को इस अधिनियम के दायरे में आने के लिए मजबूर करना होगा क्योंकि वे सार्वजनिक धन को संभाल रहे हैं और घोटालों में शामिल रहे हैं।

हमारी प्रशासनिक संस्कृति में गोपनीयता की लंबी परंपरा रही है, जो औपनिवेशिक है। नकारात्मक प्रभावों का सफाया करने के लिए और व्यक्तिगत जवाबदेही सुनिश्चित करने के लिए अधिक कठोर दंड उपाय की आवश्यकता है। वर्तमान परिदृश्य में सबसे महत्त्वपूर्ण बात यह है कि किसी भी अड़चन के बिना काम करने के लिए स्वस्थ वातावरण दिया जाए। सरकार को किसी भी मामले में कार्यकर्ताओं की सुरक्षा के लिए एक उचित कानून बनाना चाहिए अन्यथा इससे सामाजिक सशक्तिकरण संभव नहीं होगा। यह नागरिक समाज पर सामाजिक-कानूनी जिम्मेदारी है। संगठनों को सतर्क रहना चाहिए ताकि अधिनियम के उद्देश्यों को नौकरशाही जोड़-तोड़ न सके। इसके अलावा, सरकार को सार्वजनिक डेटा नीति के साथ आगे आना चाहिए ताकि नागरिकों को शासन सुधारों में सीधे संलग्न होने के लिए प्रोत्साहित करने और सामाजिक क्षेत्र में गैर-रणनीतिक जानकारी रखने के लिए तैयार किया जा सके।

संदर्भ सूची (References)

1. सिंह, अभय प्रसाद एवं मुरारी, कृष्ण, (2018), *शासन मुद्दे और चुनौतियां*, ओरियंट ब्लैकस्वॉन, नई दिल्ली, पृ. 206-208.
2. गुर्जर, नाथू लाल एवं जैन, रमेश, (2006), *सूचना का अधिकार, अपेक्षाएँ व चुनौतियां*, सबलाइम पब्लिकेशन्स, जयपुर, पृ. 261-64.
3. सुशासन के लिए सूचना का अधिकार - डॉ. बी.पी. नैथानी, उत्तराखण्ड सूचना आयोग, पृ. 13.
4. https:/k/khindi.indiawaterportal.org/kcontent/kagara-maujhae-naivaedaita-

sauucanaa-nahain-mailatai-tao-kayaa-karauun-what-do-if-i-do-not-get/karticle/k53517, accessed on 22th August 2020

5. सिंह, अभय प्रसाद एवं मुरारी, कृष्ण, *वही*, पृ. 221–22.
6. https:/k/kwww.taxmann.com/kblogpost/k2000000573/ksome-interesting-cases-resolved-through-rti.aspx, accessed on 12th August 2020.
7. "RTI Act 2005 : Problems & Solutions", Uttarakhand Academy of Administration Nainital, Article by Dr. Sanjay Gupta Reader Department of Pol. Science, Lucknow University.
8. प्राइस वॉटर हाउस कूपर्स (2009), ''अंतिम रिपोर्ट: आरटीआई अधिनियम को लागू करने में प्रमुख मुद्दों और बाधाओं को समझना'', 2 जनवरी 2017.
9. https:/k/kwww.drishtiias.com/khindi/kdaily-updates/kdaily-news-analysis/klok-sabha-passes-the-right-to-information-bill-2019, accessed on 12th August 2020.

6 उपभोक्ता अधिकार
(Rights of the Consumer)

मानवीय विकास के प्रारंभिक दौर में छोटे-छोटे बाजार होते थे और क्रेता और विक्रेता सामाजिक संबंधों से बंधे होते थे। वस्तु अथवा सेवा का क्रय करने वाले को क्रेता कहा जाता था, जिसे विकास के क्रम में उपभोक्ता नाम दिया गया। प्रारंभिक दौर में उपभोक्ता एक विशेष ब्रांड, उत्पाद या दुकान से संतुष्ट नहीं होता था, तो वह उस ब्रांड उत्पाद को खरीदना बंद कर देता था अर्थात् उपभोक्ता की जिम्मेदारी थी कि वह वस्तु या सेवा खरीदते समय सावधानी बरते। उस समय बाजार में उपभोक्ताओं को शोषण से बचाने के लिए कोई कानूनी व्यवस्था उपलब्ध नहीं थी। सिद्धांतहीन एवं अधिक मुनाफा कमाने की सोच वाले उत्पादकों एवं व्यापारियों द्वारा उपभोक्ताओं के हितों के विपरीत काम किया गया और वस्तुओं तथा सेवाओं के क्रय पर उपभोक्ता को असहाय एवं उपेक्षा का शिकार बनाया गया। जीवन की विभिन्न आवश्यकताओं की पूर्ति हेतु उपभोक्ता प्राय: व्यापारियों द्वारा बड़े पैमाने पर फैलाए झूठे वादे के झांसे में आ जाते हैं। आज उपभोक्ता और क्रेता के मध्य किसी तरह का कोई वैयक्तिक संबंध नहीं रह गया है। यही कारण है कि उपभोक्ताओं के संरक्षण के लिए विभिन्न प्रकार के आंदोलनों की शुरूआत हुई।

उपभोक्ता संरक्षण आंदोलन
(Consumer Rights Protection Movement)

उपभोक्ताओं के संरक्षण से संबंधित आधुनिक आंदोलन जिसे उपभोक्ता आंदोलन भी कहा जाता है कि शुरूआत 15 मार्च, 1962 को अमेरिका से हुई। इस दिन अमेरिका के राष्ट्रपति केनेडी ने उपभोक्ता के अधिकारों को 'बिल ऑफ राइट्स' में सम्मिलित करने की घोषणा के साथ-साथ उपभोक्ता सुरक्षा आयोग के गठन की घोषणा की। 1985 में संयुक्त राष्ट्र ने भी उपभोक्ताओं की सुरक्षा के लिए उपभोक्ता इंटरनेशनल नामक संरक्षक संस्था बनाई, जो 100 से भी अधिक देशों की 240 संस्थाओं से जुड़ी हुई है। सयुंक्त राष्ट्र के प्रयास के बाद अमेरिका, यूरोप तथा विश्व के अन्य विकसित एवं विकासशील देशों में उपभोक्ता के अधिकारों के संरक्षण की दिशा में व्यापक जागरूकता आई है।

डॉ. राजवीर सिंह, एडवोकेट, उत्तर प्रदेश सरकार में कार्यरत।

भारत में उपभोक्ता आंदोलन का जन्म अनैतिक और अनुचित व्यावसायिक कार्यों से उपभोक्ता के हितों की रक्षा करने और प्रोत्साहित करने की आवश्यकता के साथ हुआ। अत्यधिक खाद्य कमी, जमाखोरी, कालाबाजारी, खाद्य पदार्थों में मिलावट की वजह से 1960 के दशक में व्यवस्थित रूप से उपभोक्ता आंदोलन का उदय हुआ। साथ ही उपभोक्ताओं में उनके अधिकारों के प्रति जागरूकता लाने के लिए दुनिया भर में *15 मार्च विश्व उपभोक्ता दिवस* के रूप में मनाया जाने लगा। लेकिन खाद्य पदार्थों में मिलावट, चोरबाजारी, कम तौल, मिथ्या प्रचार, भ्रामक पैकिंग, तथ्यों को छुपाने तथा कीमत में हेर-फेर की प्रवृत्ति के कारण उपभोक्ता आंदोलन को गति नहीं मिल पाई।

देश में नकली वस्तुओं और नकली ब्रांडों की भरमार है। औषधि से लेकर आटोपार्ट्स तक, शीतल पेय से लेकर साबुन तक देश में नकली ब्रांडों की कमी नहीं है। सच्चाई तो यह है कि हम जिस साबुन से नहाते हैं, जिस तेल को लगाते हैं और जिस देशी घी को खाते हैं, वे सब के सब नकली हो सकते हैं। आज बाजार में उपलब्ध हर असली वस्तु के साथ-साथ उसकी नकल मौजूद है। यह धंधा इतनी चालाकी और सावधानी से हो रहा है कि असली-नकली में फर्क करना आम उपभोक्ता के बस के बाहर है। आज बाजार में पैराशूट तेल, फेयर एंड लवली क्रीम, विक्स और डाबर आँवला जैसे ब्रांडों की सैकड़ों नकलें (Copy) बिक रही हैं। इस फर्जीवाड़े से कंपनियों और सरकार को जो घाटा हो रहा है, वह अरबों में है, किंतु उपभोक्ताओं को जो नुकसान हो रहा है वह त्वचा रोग, एलर्जी तथा अन्य रसायनजनित बीमारियों के रूप में सामने आता है, जिसका मौद्रिक मूल्यांकन संभव नहीं है। यह सीधे-सीधे जिंदगी और मौत का मामला बन जाता है।

अत: व्यापार संबंधी अनैतिक तथा उपभोक्ताओं के शोषण संबंधी क्रिया-कलापों पर नियंत्रण करने तथा उपभोक्ता अधिकारों के संरक्षण हेतु समय-समय पर सरकार ने नियमों तथा अधिनियमों का निर्माण किया है। इसके लिए मापतौल मानक अधिनियम तथा खाद्य अपमिश्रण अधिनियम अस्तित्व में आए। 1986, 2013 और 2019 में सरकार ने उपभोक्ता संरक्षण अधिनियम पारित किए।

उपभोक्ता संरक्षण अधिनियम, 1986

(Consumer Rights Protection Act, 1986)

उपभोक्ता संरक्षण अधिनियम जम्मू एवं कश्मीर राज्य को छोड़कर शेष सभी राज्यों एवं केंद्र शासित क्षेत्रों में लागू है। यह अधिनियम उपभोक्ताओं के हितों की रक्षा के लिए मील का पत्थर साबित हो रहा है। नियमों के तहत उपभोक्ता न केवल नापतौल में हेराफेरी, खराब एवं पुरानी पड़ चुकी वस्तुओं की बिक्री, वस्तुओं, सेवाओं के लिए अधिक मूल्य की वसूली इत्यादि के खिलाफ शिकायत दर्ज कर सकता है, अपितु वह असंतोषजनक सेवाओं के विरुद्ध भी अपना रोष, शिकायत के रूप में प्रकट कर सकता है। भ्रष्ट व दोषी निर्माताओं से नकद मुआवजे के लिए दावा कर सकता है। 1986 के अधिनियम की एक अन्य विशेषता यह है कि उसमें उपभोक्ता संरक्षण समितियों को भी मान्यता दी गई है और इन्हें वाद दायर करने का अधिकार भी दिया गया है।

उपभोक्ता संरक्षण (संशोधन) अधिनियम, 15 मार्च, 2013

(Consumer Rights (Amendment) Act, 2013)

इस अधिनियम में 1991, 1993 एवं 2002 में संशोधन किए गए, यह अधिनियम उपभोक्ता विवादों का सरलता एवं शीघ्रता से निपटारा करने आदि विभिन्न उद्देश्यों की पूर्ति के लिए लागू किया गया है। उपभोक्ता अधिकारों के बेहतर संरक्षण के लिए नया उपभोक्ता संरक्षण (संशोधन) अधिनियम 15 मार्च, 2013 को, विश्व उपभोक्ता अधिकार दिवस के दिन से प्रभावी किया गया। इस अधिनियम में निम्नांकित सुधार किए गए–

- अधिनियम के दायरे का विस्तार करते हुए नकली सामान व सेवाओं की बिक्री को भी इसके तहत लाया गया है।
- वादी अथवा प्रतिवादी के निधन के पश्चात् उसके उत्तराधिकारी अब संबंधित वाद को जारी रख सकेंगे।
- संशोधित अधिनियम के तहत जिला फोरम में 20 लाख रुपए तक के व राज्य स्तरीय फोरम में 1 करोड़ रुपए तक के मामलों की सुनवाई हो सकती है।
- राष्ट्रीय आयोग में अब 1 करोड़ रुपए से अधिक राशि के मामले दर्ज किए जा सकते हैं।

उपभोक्ता संरक्षण (संशोधन) अधिनियम, 2019

(Consumer Rights (Amendment) Act, 2019)

उपभोक्ता संरक्षण अधिनियम, 2019[1] तीन दशक से अधिक पुराने उपभोक्ता संरक्षण अधिनियम 1986 की जगह लेता है। उपभोक्ता संरक्षण विधेयक, 2019 को 8 जुलाई, 2019 को संसद के ऊपरी सदन राज्य सभा में पेश किया गया था जिसे लोक सभा द्वारा 30 जुलाई, 2019 को पारित कर दिया गया और 9 अगस्त को राष्ट्रपति द्वारा हस्ताक्षरित किया गया था।

नए कानून का उद्देश्य उपभोक्ताओं के अधिकारों को लागू करना और उनकी रक्षा करना, और उपभोक्ता शिकायतों को दूर करने के लिए एक प्रभावी तंत्र प्रदान करना है। अधिनियम उपभोक्ताओं के अधिकारों को बढ़ावा देने, उनकी सुरक्षा करने और उन्हें लागू करने और अनुचित व्यापार प्रथाओं की स्थितियों में हस्तक्षेप करने के लिए एक केंद्रीय उपभोक्ता संरक्षण प्राधिकरण (CCPA) की स्थापना का प्रस्ताव करता है।

मध्यस्थता और मामलों के ई-फाइलिंग के प्रावधान के साथ अधिनियम एक सरलीकृत विवाद समाधान तंत्र प्रदान करता है। उपभोक्ता जिला या राज्य उपभोक्ता आयोग में अपने निवास के निकट शिकायतें दर्ज कर सकते हैं, बजाय उस स्थान के जहां सेवा या उत्पाद बेचे गए थे। उपभोक्ता मिलावटी और नकली उत्पादों के निर्माताओं और विक्रेताओं को अदालत में घसीट सकते हैं और मुआवजे का दावा कर सकते हैं।

नए उपभोक्ता संरक्षण अधिनियम, 2019 के तत्त्वावधान में, एक उत्पाद निर्माता और विक्रेता एक दोषपूर्ण उत्पाद या सेवा के कारण चोट या क्षति के लिए क्षतिपूर्ति प्रदान करने के लिए उत्तरदायी होगा। गलत कारोबार करने वालों को छह महीने की जेल या एक लाख

रुपए तक का जुर्माना होगा, अगर उपभोक्ताओं को कोई चोट नहीं पहुंचेगी। ऐसे मामलों में जहां उपभोक्ता घायल हो जाता है, निर्माता, विक्रेता या वितरक को पाँच लाख रुपए जुर्माना और सात साल तक की जेल हो सकती है। उपभोक्ता की मृत्यु के मामले में, अपराधी को 10 लाख रुपए का न्यूनतम जुर्माना और सात साल जेल की सजा काटनी होगी, जिसे आजीवन कारावास तक बढ़ाया जा सकता है।

संसद द्वारा पारित उपभोक्ता संरक्षण विधेयक 2019[2] उपभोक्ताओं के हितों को सुरक्षा प्रदान करने और उपभोक्ताओं के विवादों के समय पर और प्रभावी प्रशासन और निपटान के लिए प्राधिकरण स्थापित करने का प्रयास करता है।

उपभोक्ता संरक्षण अधिनियम, 2019 की मुख्य विशेषताएं इस प्रकार हैं–

- जिला फोरम का नाम बदलकर जिला आयोग कर दिया गया।
- जिला आयोग का मूल आर्थिक क्षेत्र एक करोड़ रुपए तक होगा, राज्य आयोग एक करोड़ रुपए से 10 करोड़ रुपए और राष्ट्रीय उपभोक्ता विवाद निवारण आयोग 10 करोड़ रुपए से अधिक होगा।
- राज्य आयोग में अपील दायर करने की सीमा अवधि 30 दिनों से बढ़ाकर 45 दिन कर दी गई है, जबकि देरी को रोकने के लिए शक्ति बरकरार रखी गई है।
- नए अधिनियम के 49(2) और 59(2) राज्य अनुबंध और एनसीडीआरसी को क्रमश: अनुबंध के किसी भी नियम की घोषणा करने की शक्ति देता है, जो किसी भी उपभोक्ता के लिए अनुचित और शून्य है।
- राष्ट्रीय उपभोक्ता विवाद निवारण आयोग अधिनियम की धारा 58 के आधार पर केंद्रीय प्राधिकरण के आदेश के खिलाफ अपील सुन सकता है।
- उत्पाद दायित्व कार्रवाई किसी उत्पाद निर्माता या उत्पाद सेवा प्रदाता या उत्पाद विक्रेता के खिलाफ शिकायतकर्ता द्वारा लाया जा सकता है, जैसा मामला हो, दोषपूर्ण उत्पाद के कारण किसी भी नुकसान के लिए।
- उपभोक्ताओं के अधिकारों के उल्लंघन, अनुचित व्यापार प्रथाओं और झूठे या भ्रामक विज्ञापनों से संबंधित मामलों को विनियमित करने के लिए, केंद्रीय प्राधिकरण के निर्माण के लिए अनुमति प्रदान करता है, जो सार्वजनिक और उपभोक्ताओं के हितों के लिए पूर्वाग्रहपूर्ण है और बढ़ावा देने, सुरक्षा और प्रवर्तन करने के लिए हैं, एक वर्ग के रूप में उपभोक्ताओं के अधिकार।
- नए कानून के साथ, जिला आयोग को 1 करोड़ रुपए तक के दावों के साथ उपभोक्ता मामलों को संभालने का अधिकार है। राज्य आयोग एक करोड़ रुपए से 10 करोड़ रुपए के दावों के साथ मामलों का संचालन करेगा, जबकि राष्ट्रीय उपभोक्ता विवाद निवारण आयोग (एनसीडीआरसी) 10 करोड़ रुपए से ऊपर के सभी मामलों को संभालेगा।

इसके अलावा, उपभोक्ता उत्पाद निर्माता या उत्पाद सेवा-प्रदाता या उत्पाद विक्रेता के खिलाफ उत्पाद दायित्व के बारे में कार्रवाई कर सकता है, जैसा कि दोषपूर्ण उत्पाद के कारण किसी

भी नुकसान के लिए हो सकता है। अब तक, उत्पाद-सेवा प्रदाता या विक्रेता निर्माता पर दोषपूर्ण उत्पाद के लिए संपूर्ण दोष डालकर दूर हो जाते थे। यह नया प्रावधान मुख्य रूप से ऑनलाइन विक्रेताओं को नियंत्रित करने में मदद करेगा।

उपभोक्ता की परिभाषा (Definition of the Consumer)

उचित मूल्य देकर किसी वस्तु अथवा सेवा को प्राप्त करने वाले को उपभोक्ता कहा जाता है। अर्थात् उपभोक्ता वह व्यक्ति है जो उपयोग हेतु कुछ निश्चित वस्तुओं या सेवाओं को कुछ भुगतान कर खरीदते हैं। हम में से प्रत्येक व्यक्ति उपभोक्ता है, क्योंकि हम वस्तुओं को खरीदते हैं। उपभोक्ता अपनी आवश्यकता की वस्तुएं हाट, बाजार व मंडियों से प्राप्त करता है। उपभोक्ता दो प्रकार के होते हैं – पहला, जो कीमत देकर वस्तुएं या माल खरीदते हैं, दूसरा, जो कीमत देकर सेवा प्राप्त करते हैं, जैसे – टिकट खरीद कर रेल या बस में यात्रा करना। उपभोक्ता संरक्षण अधिनियम, 1986 के अनुसार, "हर वह व्यक्ति उपभोक्ता होता है जो कोई वस्तु खरीदता है या किसी सेवा का भाड़े पर प्रयोग करता है जिसके लिए वह धन देता है या देने का वायदा करता है"।[3] लेकिन उपभोक्ता में वह व्यक्ति सम्मिलित नहीं है जो इस प्रकार की सेवाओं तथा वस्तुओं का प्रयोग पुनः विक्रय या व्यावसायिक उद्देश्य के लिए करता है। दूसरे शब्दों में, उपभोक्ता में तीन तत्वों का समावेश होना आवश्यक है, जिसमें से एक की भी अनुपस्थिति व्यक्ति को उपभोक्ता के वर्ग से अलग कर सकती है–

- *पहला*, एक उपभोक्ता को एक खरीददार होना आवश्यक है, दूसरे माध्यम से वस्तु या सेवा प्राप्त करना उसे उपभोक्ता वर्ग में शामिल नहीं करता जैसे कि, वस्तु विनिमय प्रणाली के तहत वस्तु प्राप्त करने वाला व्यक्ति उपभोक्ता नहीं होता।
- *दूसरा*, वस्तु या सेवा की प्राप्ति का निर्धारण तब माना जाएगा, जब उपभोक्ता के द्वारा क्रय के द्वारा वह निर्धारित किया गया हो। जैसे, उपहार या किसी वसीयत के द्वारा बिना किसी निर्धारण की वस्तु या सेवा प्राप्त करना व्यक्ति को उपभोक्ता की श्रेणी में नहीं रखता है।
- *तीसरी*, वस्तु या सेवा की खरीद उपभोक्ता द्वारा प्रत्यक्ष उपभोग के लिए आवश्यक है। जैसे कि, किसी व्यक्ति द्वारा किसी वस्तु को पुनः बेचने या किसी वाणिज्यिक उद्देश्य जैसे पुनर्निर्माण या पुनर्चक्रण आदि के उद्देश्य से किसी निश्चित वस्तु या सेवा खरीदने से उसे उपभोक्ता की श्रेणी में नहीं रखा जाएगा।

उपभोक्ता संरक्षण अधिनियम, 2019 की धारा 2(7)(i&ii) के अनुसार, उपभोक्ता वह व्यक्ति है जो वस्तु या सेवा को अपने लिए निर्धारित फायदे या उपभोग के लिए खरीदता है या किराए पर लेता है या प्राप्त करता है जिसका मूल्य या तो अदा कर दिया गया हो या अदा करने का वचन दिया हो या आंशिक भुगतान या किसी अन्य पद्धति के तहत भुगतान किया गया हो। यह अधिनियम उन लोगों को स्पष्टतः उपभोक्ता की श्रेणी में नहीं रखता है जो वस्तु या सवाओं की प्राप्ति किसी वाणिज्यिक उद्देश्य के लिए करते हैं। वाणिज्यिक उद्देश्य के

तहत उसे भी शामिल नहीं किया गया है, यदि वह व्यक्ति कोई वस्तु खरीदे और स्वरोजगार द्वारा जीविकोपार्जन हेतु उसकी सेवा खुद ले।

उल्लेखनीय है कि भारत की जनसंख्या का एक बड़ा भाग छोटे-छोटे दुकानों जैसे खुदरा विक्रेता, विनिर्माण इकाई आदि द्वारा स्वरोजगार के तहत जीविकोपार्जन करते हैं इसके लिए वे बड़े-बड़े व्यापारियों या उत्पादकों से वस्तु या सेवाएं खरीदते हैं। लेकिन उपभोक्ता संरक्षण अधिनियम के अंतर्गत इस तरह के व्यवसाय को शामिल नहीं करने से बड़ी संख्या में लोगों को बाजार के सिद्धांतहीन एवं लालची बड़े व्यवसायियों के सामने लाचार बना देते हैं और यह इस अधिनियम के सुचारू रूप से लागू होने के उद्देश्य में बाधा उत्पन्न करता है।

वस्तुएं की परिभाषा (Definition of Goods)

उपभोक्ता संरक्षण अधिनियम, 2019 की धारा 2(21) के अनुसार, वस्तुएं वह चल उत्पाद हैं जिनका विक्रय किया जा सकता है। वस्तु से तात्पर्य पूर्ण रूप से गतिमान उत्पाद है जो व्यक्तियों द्वारा उपभोग के योग्य हो। कानूनी शब्दों में, वस्तु से अभिप्राय प्रत्येक प्रकार के गतिमान उत्पाद या संपत्ति से है जो बेचा जा सके। इस प्रकार, ऐसी वस्तु जैसे स्टॉक, शेयर, कॉपीराइट, ट्रेडमार्क, पेटेंट एवं डिक्री आदि सभी वस्तु हैं। **बिक्री कर आयुक्त बनाम मध्य प्रदेश विद्युत बोर्ड** (एआइआर 1970 एससी 732) के प्रसिद्ध वाद में सर्वोच्च न्यायालय ने कहा था कि गतिमान गुण वाली वस्तु का अर्थ संकुचित अर्थ में नहीं लिया जाना चाहिए, क्योंकि बिजली स्पष्ट दिखाई देने वाली चीज नहीं है, इसे न ही छुआ जा सकता है और इसे न ही किताब या लकड़ी की तरह इधर से उधर घुमाया जा सकता है, इसे गतिमान संपत्ति की तरह रोका नहीं जा सकता, जबकि ऐसी संपत्ति के अन्य सारे गुण उसमें हैं। अन्य गतिमान संपत्ति की तरह इसे भी प्रेषित किया जाता है, भेजा जाता है, प्रदान किया जाता है, संग्रह किया जाता है, नियंत्रित किया जा सकता है, इसलिए इसे 'वस्तु के अधिकार क्षेत्र' के अंतर्गत माना जाता है। इसी तरह के तर्क के आधार पर पानी, हवा, गैस एवं वाष्प भी 'वस्तु की अवधारणा' में समाहित हैं। अर्थात् जमीन, खेत जैसी अचल संपत्ति उपभोक्ता संरक्षण अधिनियम 1986 के अंतर्गत नहीं आते हैं।

सेवाएं की परिभाषा (Definition of Services)

उपभोक्ता संरक्षण अधिनियम, 2019 की धारा 2(42) के अनुसार, सेवा का अर्थ ऐसी सेवाएं हैं जिनके अंतर्गत बैंकिंग, वित्तीय संस्थान, बीमा, परिवहन, विनिर्माण, विद्युत या अन्य ऊर्जा की सप्लाई, बेडिंग एवं ठहराव, आवास निर्माण, मनोरंजन, समाचार या अन्य सूचना प्रेषित करना आदि के उपयोग करने वालों के लिए उपलब्ध हो। अर्थात् व्यवसायियों द्वारा पैसों के निर्धारण के लिए निर्धारित विशेष प्रकार के प्रावधान ही सेवा हैं। अधिनियम के अंतर्गत उन सेवाओं को सेवा के अंतर्गत नहीं रखा जाता जो मुफ्त सेवा या व्यक्तिगत सेवा या किसी शर्त के अधीन मिलती हो। अचल संपदा (Real Estate) के एजेंट और दलाल द्वारा दी जाने वाली जानकारी अधिनियम के अंतर्गत आती हैं।

उपभोक्ताओं के अधिकार (Rights of Consumers)

उपभोक्ता के अधिकारों को सुचारू रूप से लागू करने और उन्हें कानूनी रूप प्रदान करने के लिए उपभोक्ता संरक्षण अधिनियम, 2019 की धारा 2(9) (i), (ii), (iii), (iv), (v) और (vi) के तहत निम्नलिखित 'उपभोक्ता अधिकारों' का उल्लेख किया गया है –

1. **घातक वस्तुओं एवं सेवाओं के विरुद्ध सुरक्षा का अधिकार** (Right to Protection against Hazardous Goods and Services) : उपभोक्ता संरक्षण अधिनियम, 2019 की धारा (9)(i) के तहत उपभोक्ता का प्रथम अधिकार सुरक्षा का अधिकार है। उसे ऐसी वस्तुओं एवं सेवाओं से सुरक्षा प्राप्त करने का अधिकार है जिनसे उसके शरीर एवं संपत्ति को हानि पहुंचती हो। उपभोक्ता वस्तु में किसी भी प्रकार की खराबी होने पर शिकायत करने, मुआवजा पाने या वस्तु बदलने की मांग कर सकता है। इसके तहत जो विक्रेता अंतिम तिथि समाप्त हो जाने वाले सामान को बेचते हैं, उनके खिलाफ कार्यवाही की जा सकती है। इसलिए व्यक्तियों की सुरक्षा एवं स्वास्थ्य को देखते हुए व्यापारी ऐसी किसी भी वस्तु को, जो उन्हें हानि पहुंचाए, प्रचलन में न लाने का पूर्णतया उत्तरदायी होगा।

2. **सूचना पाने का अधिकार** (Right to Information) : उपभोक्ता संरक्षण अधिनियम 2019 की धारा (9)(ii) के तहत अनुचित व्यापार से उपभोक्ताओं को संरक्षण प्रदान करने के लिए माल की गुणवत्ता मात्रा, क्षमता, शुद्धता व मूल्य के बारे में सूचित किए जाने का अधिकार। उपभोक्ता जिन वस्तुओं व सेवाओं को खरीदता है, उनके बारे में उसे सूचना पाने का अधिकार है। यह जानकारी वस्तु के अवयवों, मूल्यों, बैच संख्या, निर्माण की तारीख, खराब होने की तिथि और वस्तु बनाने वाले के पते के बारे में होती है। जैसे दवा खरीदते समय उसके उचित प्रयोग, उसके अन्य प्रभाव, खतरे आदि से संबंधित जानकारियां प्राप्त कर सकते हैं। भारत सरकार ने प्रदत्त सेवाओं को उपयोगी बनाने के लिए सूचना पाने के अधिकार को सुनिश्चित किया। इसलिए ऊपरलिखित मामलों के बारे में ग्राहकों को व्यापारियों द्वारा किसी भी हिस्से में गलत खबर देने पर उपभोक्ता विवाद निवारण मंच के बनने से पहले भी न्यायालय द्वारा न्याय पाने का अधिकार था।

3. **पहुंच का अधिकार** (Right to Access) : उपभोक्ता संरक्षण अधिनियम, 2019 की धारा (9)(iii) के तहत जहां तक संभव हो प्रतिस्पर्धी मूल्यों पर माल की विभिन्न किस्मों को सुलभ कराए जाने का अधिकार, ताकि उपभोक्ता को माल उचित कीमत पर और अच्छी किस्म का उपलब्ध हो। उपभोक्ता अपने इस अधिकार के अंतर्गत विभिन्न निर्माताओं द्वारा निर्मित विभिन्न ब्रांड, किस्म, गुण, रूप, रंग तथा मूल्य की वस्तुओं में से किसी भी वस्तु का चुनाव करने को स्वतंत्र होगा। जैसे आप दंत मंजन खरीदना चाहते हैं और दुकानदार दंत मंजन के साथ ब्रुश खरीदने का दबाव डालता है जिसे खरीदने की आपकी इच्छा नहीं है तो आपके चुनने के अधिकार का उल्लंघन हुआ।

4. **सुनवाई या अपील का अधिकार** (Right to be Heard of Appellet) : उपभोक्ता संरक्षण अधिनियम, 2019 की धारा (9)(iv) के तहत उपभोक्ता को अपने हितों को प्रभावित करने वाली सभी बातों को उपयुक्त मंच के समक्ष प्रस्तुत करने का अधिकार है। अर्थात्

उपभोक्ताओं के उचित दावों के अंतर्गत उचित न्याय पाने का अधिकार है। वे अपने इस अधिकार का उपयोग करके व्यवसायी एवं सरकार को अपने हितों के अनुरूप निर्णय लेने तथा नीतियां बनाने के लिए बाध्य कर सकते हैं। यदि कोई व्यक्ति मुद्रित मूल्य से अधिक मूल्य पर वस्तु बेचता है तो उसके विरुद्ध शिकायत करने का उपभोक्ताओं को अधिकार है। सुनवाई का अधिकार ही वह अधिकार है, जिसके द्वारा वह अपनी शिकायत को व्यक्त कर सकता है तथा अपने अन्य उपभोक्ता अधिकारों की रक्षा कर सकता।

5. **क्षतिपूर्ति पाने का अधिकार** (Right to Redressed) : उपभोक्ता संरक्षण अधिनियम, 2019 की धारा 9 (v) के तहत उपभोक्ता को यह अधिकार है कि वह त्रुटिपूर्ण वस्तुओं, सुविधाओं की अपर्याप्तता और गलत विवरण के विरुद्ध क्षतिपूर्ति प्राप्त कर सकें। यह अधिकार उपभोक्ता को यह आश्वासन प्रदान करता है कि क्रय की गई वस्तु या सेवा उचित एवं संतोषजनक ढंग से उपयोग में नहीं लाई जा सकेगी तो उसे उसकी उचित क्षतिपूर्ति प्राप्त करने का अधिकार होगा।

6. **उपभोक्ता शिक्षा का अधिकार** (Right To Consumer Education) : उपभोक्ता संरक्षण अधिनियम 2019 की धारा (9)(vi) के तहत उपभोक्ताओं को उनके अधिकारों का बोध कराना व जागरूक बनाना, ताकि वे अपने अधिकार हासिल करने के लिए प्रयासरत रहें। उपभोक्ता को उनकी आवश्यकता के अनुसार उत्पाद या सेवा के चयन में दी गई सीमित जानकारी के कारण कंपनियों द्वारा जाने या अनजाने में वे प्रायः ठगे जाते हैं। इस स्थिति में उपभोक्ता को जानकारी प्राप्त करने का पूरा अधिकार होता है। उपभोक्ता को उस स्थिति में शिक्षा या जानकारी पाने का पूरा अधिकार है जिसमें उसे लगता है कि उसके साथ नाइंसाफी की गई है। उपभोक्ता जागरूकता अभियान को बारहवीं योजना में महत्त्वाकांक्षी स्वरूप प्रदान किया गया है। इसका नारा है 'जागो ग्राहक जागो' हर आम उपभोक्ता तक उसके अधिकारों के बारे में सही जानकारी पहुंचाने का संकल्प किया गया है, खासकर ग्रामीण और सुदूर क्षेत्रों को प्राथमिकता दी गई है।

शिकायतकर्ता और शिकायतें (Complainant and Complaints)

उपभोक्ता संरक्षण अधिनियम, 2019 का एक उल्लेखनीय भाग शिकायत प्रणाली से संबंधित प्रावधान है जो उपभोक्ताओं को राहत प्रदान करता है। इस अधिनियम की धारा 2(5) के अनुसार शिकायतकर्ता की अवधारणा की व्याख्या की गई है जिसके अंतर्गत–

(i) उपभोक्ता या

(ii) कोई पंजीकृत स्वैच्छिक उपभोक्ता संघ या

(iii) केंद्र तथा राज्य सरकार को भी उपभोक्ता के अधिकार के रक्षोपाय हेतु शिकायत दर्ज कराने का अधिकार है।

(iv) लोगों के बड़े समूह या संगठन भी शिकायतकर्ता हो सकते हैं।

उपभोक्ता संरक्षण अधिनियम, 2019 की धारा 2(6) के अनुसार, 'शिकायत' का अर्थ है किसी शिकायतकर्ता द्वारा लिखित में कोई आरोप। उपभोक्ता की शिकायतों को निपटाने

के लिए व्यापक व्यवस्था की गई है, जिसके अंतर्गत तीन मुख्य आधार है। जहां उपभोक्ता अपनी लिखित शिकायत उपयुक्त प्राधिकारण के पास दर्ज करा सकता है–

1. **गलत एवं प्रतिबंधित व्यापारिक गतिविधियां** (Unfair and Restrictive Trade Practices) : उपभोक्ता संरक्षण अधिनियम, 2019 की धारा 2(6)(i) के अनुसार, यह ऐसा व्यापारिक व्यवहार है जिसमें वस्तुओं और सेवाओं के स्वतंत्र प्रवाह के लिए मूल्यों के साथ जोड़-तोड़ किया जाता है, जिसके कारण उपभोक्ता पर अनुचित मूल्य और प्रतिबंध आरोपित होते हैं। गलत व्यापारिक गतिविधियों को अधिनियम में परिभाषित करते हुए कहा गया है कि अपनी वस्तुओं के उपयोग एवं निर्गत करने या सेवाओं को बेचने के लिए किसी भी तरह की धोखेबाजी की कार्रवाई को गलत व्यापारिक गतिविधि माना जाएगा।

गलत व्यापारिक गतिविधियां तब नजर आती है, जब व्यापारियों द्वारा समय-समय पर झूठी पेशकश या छूट को विज्ञापित किया जाता है। ऐसी अधिकांश पेशकशों जैसे– एक के साथ एक मुफ्त, अति उच्चतम स्तर प्रतिशत पर छूट, वस्तुओं को घर पहुंचाने की मुफ्त व्यवस्था, पुराने सामान से नए सामान को बदलने की पेशकश आदि में व्यापारी व्यापार से संबंधित मौद्रिक या कीमत स्तर पर झूठा प्रस्तुतिकरण करते हैं। वस्तु पर अंकित पेशकश ऊपरी कोने पर एक स्टार (*) का चिह्न अंकित रहता है जो प्रायः उपभोक्ताओं द्वारा अनदेखा कर दिया जाता है और व्यापारी इस चिह्न के आधार पर उपभोक्ता अदालत में अपने द्वारा दिए गए झूठे पेशकश से बच निकलते हैं। आजकल कंपनियों द्वारा एक नया पहलू अपनाया जा रहा है, वह है उपभोक्ताओं को लॉटरी या भाग्य आधारित खेल के द्वारा कुछ पुरस्कार देने का प्रावधान। यह भी गलत व्यापारिक गतिविधियों की श्रेणी में आता है। इसलिए यह आवश्यक है कि उपभोक्ता गंभीरतापूर्वक ऐसी पेशकशों की जांच करे जिससे वे धोखेबाज व्यापारियों से बच सकें।

2. **त्रुटिपूर्ण वस्तुएं** (Defective Goods): उपभोक्ता संरक्षण अधिनियम, 2019 की धारा 2(6)(ii) के अनुसार, इनमें ऐसी वस्तुएं सम्मिलित हैं जिसमें किसी प्रकार की त्रुटि, अपूर्णता, मूल्य, मात्रा, शुद्धता या मानकों में किसी प्रकार की कमी होती है जिसको कानून के अंतर्गत बनाए रखना आवश्यक है। व्यवहारतः इस कानून के तहत यही कहा गया है कि या तो निश्चित उत्पादों के गुणों का अनुपालन हेतु कानून बने या व्यापारी स्वयं इस शर्त का पालन करे कि वह वस्तुओं की गुणवत्ता बनाए रखेंगे, जिससे उपभोक्ताओं को उनके आशानुरूप वस्तुएं मिल सकें। वस्तु निर्माता की तरफ से या व्यापारी की तरफ से किसी भी प्रकार के दोषपूर्ण सामान की प्राप्ति होने पर उपभोवता उपयुबत फोरग के पारा गुआवजा मांगने जा सकता है।

3. **सेवा में गिरावट** (Deficiency in Services): उपभोक्ता संरक्षण अधिनियम की धारा 2(6)(iii) के अंतर्गत कहा गया है कि सेवा में आए किसी प्रकार के दोष, अक्षमता, गुणों में कमी, प्रकृति में कमी, मानक तथा भूमिका में कमी जिसमें सुधार की गुंजाइश हो, दोषपूर्ण सेवा के अंतर्गत आता है। जिस प्रकार वस्तुओं की दोषपूर्ण स्थिति उसकी संरचनात्मक बनावट में गुणों की कमी पर आधारित है, उसी प्रकार सेवा में गिरावट सेवा प्रदाताओं द्वारा दी गई असंतुष्ट सेवा पर आधारित है।

उपभोक्ता विवाद निवारण एजेंसियां
(Consumer Disputes Redressal Agencies)

उपभोक्ता सुरक्षा परिषद (Consumer Protection Council)

सुरक्षा नीतियों की विभिन्न स्तर पर समीक्षा करने तथा भारतीय समाज में उपभोक्ता अधिकार को मजबूती प्रदान करने की वकालत करते हुए उपभोक्ता संरक्षण अधिनियम, 2019 की धारा 3 और 6 राष्ट्र तथा राज्य स्तर पर तीन उपभोक्ता सुरक्षा परिषद की स्थापना का प्रावधान करती है। केंद्रीय परिषद जिसमें एक अध्यक्ष एवं कुछ अन्य सरकारी एवं गैर सरकारी सदस्य, (केंद्र सरकार के उपभोक्ता मामलों के विभाग से संबंधित मंत्री) जिन्हें समय-समय पर इस हेतु निर्धारित किया जाता है, होंगे। इसमें निजी सहभागिता पर भी बल दिया गया है जो उपभोक्ता अधिकार संरक्षण के क्षेत्र की नीतियों को बेहतर सुविधा प्रदान कर सके। यह अति महत्त्वपूर्ण है कि विभिन्न हित समूहों से संबंधित नागरिक एवं संगठन जो उपभोक्ता अधिकार के लिए तत्पर रहते हैं, का यदि ऐसी परिषदों में प्रतिनिधित्व हो तो परिषदों में सरकारी अधिकारियों के साथ वे सहयोगी हो सकते हैं और वे उपभोक्ता के अधिकारों की सुरक्षा के लिए आवाज भी उठा सकते हैं।

उपभोक्ता सुरक्षा परिषद का मूल उद्देश्य उपभोक्ता के अधिकारों की सुरक्षा तथा प्रोत्साहन के लिए नीतियों एवं कार्यक्रमों को विभिन्न स्तर पर अपनाने के लिए सरकार की मदद करना है। इस उद्देश्य के लिए परिषद को दो वर्ष में कम-से-कम एक मीटिंग करना अनिवार्य है। एक तरफ परिषद उपभोक्ता के अधिकार के संरक्षण तथा प्रोत्साहन के लिए लक्षित सरकारी नीतियों एवं कार्यक्रमों की देखभाल का काम करती है तो दूसरी तरफ समाज के उपभोक्ताओं के सामान्य हितों के विकास के लिए भी काम करती है।

उपभोक्ता संरक्षण अधिनियम, 2019 उपभोक्ता के परिवादों या शिकायतों के निवारण हेतु त्रिस्तरीय अर्द्धन्यायिक व्यवस्था का प्रावधान है। सबसे निचले स्तर के न्यायालय जिला स्तर पर गठित किए जाते हैं जिन्हें जिला आयोग धारा 28 (1)) कहते हैं। इनसे ऊपर के न्यायालय राज्य स्तर पर गठित किए जाते हैं जिन्हें राज्य आयोग धारा 42(1) कहते हैं और राष्ट्रीय स्तर पर राष्ट्रीय आयोग धारा 53(1) का गठन किया जाता है। इन न्यायिक इकाइयों में सुनवाई उपभोक्ता संरक्षण अधिनियम, 2019 के नियमों के अनुरूप होगी।

सामान्यत: उपभोक्ताओं की शिकायत निम्न स्तर की इकाई से होकर ही जाती है और उच्चतर इकाई के पास मामले सिर्फ अपील के रास्ते जा सकते हैं। राष्ट्रीय आयोग के आदेश के विरुद्ध अंतिम अपील सर्वोच्च न्यायालय में की जा सकती है जिसके द्वारा मामले के संबंध में दिए गए निर्णय अंतिम होंगे और वो सभी पक्षों के लिए बाध्यकारी होंगे। ये एजेंसी शिकायतों की सुनवाई जल्द-से-जल्द करती हैं। ऐसे मामलों की सुनवाई 5 महीने के भीतर करनी होती है। इस प्रकार ये एजेंसी आम उपभोक्ताओं को कम खर्चीला तथा त्वरित न्याय दिलाने का काम करती हैं।

जिला उपभोक्ता विवाद निवारण आयोग (जिला आयोग)

District Consumer Disputes Redressal Commission (District Commission)

उपभोक्ता विवाद निवारण एजेंसी के पदानुक्रम में सबसे नीचे की एजेंसी जिला आयोग है जिसकी स्थापना उपभोक्ता संरक्षण अधिनियम, 2019 की धारा 28 (1) के तहत शिकायतों का न्यायिक निपटारा करने हेतु की गई है, जहां मुआवजे की राशि बीस लाख रुपए से से बढ़ाकर 1 करोड़ कर दी गई है। जिला उपभोक्ता विवाद निवारण आयोग के एक अध्यक्ष तथा दो अन्य सदस्य की नियुक्ति राज्य सरकार द्वारा गठित चयन समिति की सिफारिश के आधार पर की जाती है। अध्यक्ष पद पर वही व्यक्ति नियुक्त होते हैं जो वर्तमान में या पूर्व में जिला न्यायाधीश रहे हों या उसके बनने योग्य हों और उसकी नियुक्ति राज्य सरकार करती है। अन्य दो सदस्य शिक्षा, व्यापार या वाणिज्य के क्षेत्र से संबंधित होने चाहिए और इनमें से एक का महिला होना आवश्यक है। शैक्षणिक स्तर पर जिला फोरम के सदस्यों के लिए कम-से-कम स्नातक होना जरूरी होगा। इनका कार्यकाल 5 वर्ष या 65 वर्ष की आयु से अधिक नहीं होता। इस आयोग का कोई भी सदस्य पुनः नियुक्त नहीं हो सकता। शिकायत या परिवाद मान्यता प्राप्त उपभोक्ता संघ या जिला आयोग की अनुमति से एक या एक से अधिक उपभोक्ताओं द्वारा प्रस्तुत किया जाता है। लिखित शिकायत के साथ-साथ शिकायतकर्ता को फोरम द्वारा शिकायत दर्ज करने से पहले उपयुक्त शुल्क देना भी आवश्यक है। एक बार शिकायत दर्ज होने के बाद फोरम शिकायत की एक कापी विपक्षी पार्टी को भेजता है, जिसमें उसे (30 दिनों से बढ़ाकर 45 दिन कर दी गई है), के भीतर शिकायत के प्रति जवाब देने को कहा जाता है। इसकी अवधि को अधिकतम 15 दिन और बढ़ाया जा सकता है। सामान्यत: शिकायत के जवाब में विपक्षी पार्टी शिकायत की अवहेलना नहीं करती। इस प्रकार जिला अर्धन्यायिक फोरम की तरह निष्पक्ष एवं स्वतंत्र होकर काम करता है।

जिला आयोग द्वारा जांच-पड़ताल के बाद शिकायतकर्ता को या तो उस वस्तु की कीमत या सेवा में लगे खर्च के भुगतान के रूप में राहत दी जाती है। जिला आयोग के निर्णय से असहमति रखने पर विपक्षी पार्टी इस आदेश के खिलाफ राज्य उपभोक्ता विवाद निवारण आयोग के पास तीस दिनों के अंदर अपील कर सकती है। इस अवधि में राज्य आयोग उसी शर्त पर छूट दे सकता है, यदि आयोग के पास इसकी देरी के लिए पर्याप्त कारण उपलब्ध हों और वो इससे संतुष्ट हो।

राज्य उपभोक्ता विवाद निवारण आयोग (राज्य आयोग)

State Consumer Disputes Redressal Commission (State Commission)

प्रत्येक राज्य या केंद्रशासित प्रदेश में उपभोक्ता संरक्षण अधिनियम, 2019 की धारा 42(1) के तहत एक राज्य उपभोक्ता विवाद निवारण आयोग गठित किया गया है। इस आयोग में एक सभापति एवं दो सदस्य होते हैं। सभापति उच्च न्यायालय के मुख्य न्यायाधीश के परामर्श के बाद राज्य सरकार द्वारा नियुक्त किया जाता है जो उच्च न्यायालय का न्यायाधीश हो या रह

चुका हो। दो अन्य सदस्यों में एक महिला सदस्य होती है। सदस्यों का चयन, चयन समिति की सिफारिश से होता है। इस आयोग के न्यायिक क्षेत्र मूलत: तीन प्रकार के हैं–

पहला, वास्तविक न्यायिक क्षेत्र के अंतर्गत आयोग उन शिकायतों की सुनवाई कर सकता है जिसमें वस्तु या सेवाओं का मूल्य एवं मुआवजा की राशि 1 करोड़ की राशि से लेकर 10 करोड़ की राशि तक की ही हो।

दूसरा, अपीलीय न्यायिक क्षेत्राधिकार के अंतर्गत राज्य आयोग जिला आयोग के आदेशों के खिलाफ अपील की सुनवाई कर सकता है।

तीसरा, निरीक्षणीय न्यायिक क्षेत्राधिकार के अंतर्गत आयोग उन सभी निर्णयों की रिपोर्ट को मंगा सकता है जो उपभोक्ता विवाद के मामले में राज्य के जिला आयोग द्वारा तैयार की गई हो या उसके पास लंबित पड़ी हो। आयोग द्वारा इस शक्ति का इस्तेमाल तब जरूरी हो जाता है जब आयोग पाता है कि जिला आयोग ने अपने अधिकार क्षेत्र का अतिक्रमण किया है या किसी न्यायिक निर्णय पर पहुंचने में वह असफल रहा है या गैर-कानूनी ढंग से काम किया है या उसके द्वारा उसमें अनियमितता बरती गई है।

इसके अलावा, राज्य आयोग किसी शिकायत के आधार पर या खुद ही किसी भी स्तर पर लंबित दावे को राज्य के अंदर के एक जिला आयोग से दूसरे जिला आयोग में न्याय के हित की रक्षा हेतु भेज सकता है। उल्लेखनीय है कि शिकायत निपटारे का काम राज्य आयोग भी जिला आयोग की ही तरह करता है। राज्य आयोग के किसी भी निर्णय से असंतुष्ट रहने पर व्यक्ति राष्ट्रीय आयोग के पास अपील कर सकता है।

राष्ट्रीय उपभोक्ता विवाद निवारण आयोग (राष्ट्रीय आयोग)

National Consumer Disputes Redressal Commission (National Commission)

केंद्रीय स्तर पर राष्ट्रीय उपभोक्ता विवाद निवारण आयोग उपभोक्ताओं के हितों के संरक्षण हेतु उपभोक्ता संरक्षण अधिनियम, 2019 की धारा 53(1) के तहत गठित किया गया है। राष्ट्रीय आयोग के कुल पांच सदस्यों में एक अध्यक्ष और चार सदस्य होते हैं। अध्यक्ष, जो सर्वोच्च न्यायालय का न्यायाधीश हो या रह चुका है, की नियुक्ति भारत के मुख्य न्यायाधीश के परामर्श से केंद्र सरकार द्वारा की जाती है। सभापति के अतिरिक्त चार अन्य सदस्यों में एक महिला होती है। इन सदस्यों की नियुक्ति एक चयन समिति की सिफारिश पर होती है। सदस्यों का कार्यकाल 5 वर्ष तक बना रहता है। राज्य आयोग की ही तरह राष्ट्रीय आयोग के अधिकार क्षेत्र तीन प्रकार के हैं–

पहला, वास्तविक अधिकार क्षेत्र के अंतर्गत राष्ट्रीय आयोग उन्हीं मामलों की सुनवाई कर सकता है जिसमें वस्तु या सेवा का मूल्य एवं मुआवजा की राशि 10 करोड़ रुपए से अधिक हो।

दूसरा, अपीलीय अधिकार के अंतर्गत किसी भी राज्य आयोग के निर्देश के खिलाफ अपील की सुनवाई राष्ट्रीय आयोग कर सकता है।

तीसरा, निरीक्षणीय अधिकार के अंतर्गत राष्ट्रीय आयोग किसी भी रिकॉर्ड की मांग कर सकता है और उपभोक्ता विवाद के मामले में उपयुक्त निर्णय भी दे सकता है जो किसी भी

राज्य आयोग में निर्णय आने की प्रतीक्षा में लंबित पड़ा हो। राष्ट्रीय आयोग द्वारा ऐसी शक्ति का प्रयोग तब किया जाता है, जब कमीशन पाता है कि राज्य आयोग ने अपने अधिकार क्षेत्र से बाहर जाकर काम किया है या अपने न्यायिक क्षेत्र का पालन करने में असफल हुआ हो या गैरकानूनी ढंग से मामले को निपटाया हो।

राष्ट्रीय आयोग उपभोक्ता विवाद निवारण के लिए सर्वोच्च संस्था के रूप में काम करता है और इसके द्वारा दिए गए निर्णय अधीनस्थ एजेंसियों के लिए आदर्श साबित होते हैं। यह अभिलेख न्यायालय और न्याय के सिद्धांत की तरह काम करता है तथा इसके द्वारा लागू किए गए आदेश अन्य प्राधिकरणों के लिए मानना आवश्यक होता है। किसी भी मामले में कोई भी पक्ष अगर राष्ट्रीय आयोग के फैसले से संतुष्ट नहीं हो तो वे इस फैसले के खिलाफ तीस दिनों के भीतर सर्वोच्च न्यायालय में अपील कर सकता है।

उपभोक्ता शिकायत निवारण प्रक्रिया

(Consumer Complaint Redressal Process)

क्रय की गई वस्तु या सेवा में किसी भी प्रकार की कमी या दोष हो या ग्राहक से निर्धारित मूल्य से अधिक कीमत वसूली गई हो या खरीदी जाने वाले वस्तु की मापतौल या गुणवत्ता सही नहीं हो या फिर त्रुटि के कारण उपभोक्ता की सुरक्षा या जीवन में संकट पैदा हो गया हो, तो उपभोक्ता को पूरा अधिकार है कि वह इन प्रकरणों की शिकायत विवाद के आधार पर दर्ज कराए:

(i) यदि माल अथवा सेवाओं का मूल्य तथा क्षतिपूर्ति के लिए मांगी गई रकम एक करोड़ रुपए तक है, तो शिकायत जिला उपभोक्ता मंच में दायर कर सकते हैं।

(ii) यह राशि 1 करोड़ से ऊपर या 10 करोड़ की सीमा तक के विवाद है, तो शिकायत राज्य आयोग के अंतर्गत दायर की जा सकती है।

(iii) 10 करोड़ से अधिक राशि के विवाद राष्ट्रीय आयोग में दायर किए जा सकते हैं।

शिकायत दर्ज करने का तरीका (Procedure to Make Complaints)

उपभोक्ता मंच में शिकायत दर्ज करने की प्रक्रिया सरल व शीघ्रगामी है। वस्तु या सेवा क्रय करने के बाद दो साल की अवधि के भीतर कोई भी उपभोक्ता निर्धारित फीस व सबूत सहित सादे कागज पर अपनी शिकायत लिखकर उपभोक्ता मंच को व्यक्तिगत रूप से डाक या कूरियर से भी शिकायत भेज सकता है। शिकायत पत्र में निम्नलिखित बातें आवश्यक होनी चाहिए–

(i) शिकायत करने वाले का नाम व पूरा पता,

(ii) जिसके विरुद्ध शिकायत की गई है उस व्यक्ति अथवा संस्था का पूरा नाम व पता,

(iii) खरीदी गई वस्तु या सेवा का पूर्ण विवरण
(iv) वस्तु या सेवा की कमी का विवरण
(v) चाही गई क्षतिपूर्ति या हर्जाना राशि
(vi) शिकायत पर शिकायतकर्ता या प्राधिकृत अभिकर्ता के हस्ताक्षर और
(vii) फीस – फीस की राशि जुर्माने के आधार पर निर्धारित होती है। उपभोक्ता संरक्षण कानून के अनुसार, एक लाख तक दाय (राशि) की मांग के लिए दो सौ रुपए फीस का प्रावधान है।
(viii) आवश्यक साक्ष्य/सबूत-शिकायत पत्र के साथ क्रय की गई वस्तु या सेवा संबंधित सबूतों में –
- खरीद की रसीद
- गारंटी कार्ड या अन्य कोई सबूत या दस्तावेज की प्रतिलिपि

उपभोक्ताओं को उपलब्ध राहत (Redressal for Consumers)

उपभोक्ता द्वारा मांगी गई राहत के स्वरूप व तथ्यों को देखते हुए फोरम आयोग द्वारा निम्नखित में से एक या अधिक राहत देने का आदेश दिया जा सकता है–

(i) माल की त्रुटि को दूर करना
(ii) माल को बदलना
(iii) अदा किया गया मूल्य वापस करना
(iv) क्षतिपूर्ति – उपभोक्ता द्वारा मांगी गई राहत या वस्तु या सेवा में कमी के तथ्यों को देखते हुए उपभोक्ता को हुई हानि के लिए क्षतिपूर्ति राशि या परिवाद खर्च भी दिलाया जा सकता है।
(v) जेल या जुर्माना अथवा दोनों दंड एक साथ दिए जा सकते हैं।

निष्कर्ष (Conclusion)

वर्तमान में, 647 जिला फोरम, 35 राज्य आयोग और शीर्ष स्तर पर राष्ट्रीय उपभोक्ता विवाद निवारण आयोग कार्य कर रहे हैं। इनमें जिला फोरम का विशेष महत्त्व है क्योंकि उपभोक्ता की सर्वाधिक शिकायतें इसी फोरम के समक्ष आती हैं। न्याय प्राप्त करने की यह व्यवस्था उपभोक्ताओं के लिए बहुत ही उपयोगी एवं व्यावहारिक साबित हो रही है, क्योंकि यह उपभोक्ताओं को शीघ्र, सुलभ व सस्ता न्याय उपलब्ध कराती है जिससे उनके धन एवं समय दोनों की बचत होती है। उपभोक्ता मामले, खाद्य और सार्वजनिक वितरण मंत्रालय द्वारा फरवरी 2019[3] को जारी आंकड़ों के अनुसार, उपभोक्ता संरक्षण अधिनियम लागू होने के बाद जिला, राज्य एवं राष्ट्रीय स्तर पर स्थापित उपभोक्ता संरक्षण निकायों में 31.12.2018 तक कुल 50,89,368 शिकायतें दर्ज की गईं जिनमें से 46,34,698, लगभग 91 प्रतिशत शिकायतों का निपटारा कर दिया गया है जो अपने आप में एक रिकॉर्ड है। पिछले 4 वर्षों के आंकड़ों से यह स्थिति और भी स्पष्ट हो जाती है कि उपभोक्ताओं के अधिकारों की

रक्षा और उनकी शिकायतों का निपटान कितनी तत्परता से इन उपभोक्ता संरक्षण निकायों द्वारा किया जा रहा है।

क्र. सं.	निकाय	2016		2017		2018		2019	
		दायर शिकायतें	निपटायी गयीं शिकायते	दायर शिकायतें	निपटायी गयीं शिकायते	दायर शिकायतें	निपटायी गयीं शिकायते	दायर शिकायतें	निपटायी गयीं शिकायते
1	जिला उपभोक्ता विवाद निवारण फोरम	132462	113832	122225	107539	119653	96150	8519	6770
2	राज्य उपभोक्ता विवाद निवारण आयोग	32222	21773	34621	25875	28765	23304	2166	1530
3	राष्ट्रीय उपभोक्ता विवाद निवारण आयोग,	7733	6070	10807	5899	9005	6378	623	355
	कुल	172417	141675	167653	139313	157423	125832	11308	8655

स्रोत: उपभोक्ता मामले खाद्य और सार्वजनिक वितरण मंत्रालय, रिपोर्ट-फरवरी, 2019.

इस प्रकार स्पष्ट है कि आम उपभोक्ताओं को व्यापक सुरक्षा देने की दिशा में उपभोक्ता संरक्षण अधिनियम का कार्यान्वयन एक मील का पत्थर साबित हुआ। यह सिद्धांतहीन व्यवसायियों की लालच से उपभोक्ताओं को सुरक्षा प्रदान करता है तो दूसरी तरफ बड़े-बड़े व्यवसायियों के प्रतिबंधात्मक एव निरंकुश प्रवृत्ति वाली व्यापारिक गतिविधियों पर भी अंकुश लगाता है। अधिनियम का एक महत्त्वपूर्ण गुण है कि यह अनियंत्रित व्यापारियों तथा निर्माताओं से बचाने के लिए उपभोक्ता को सस्ता, त्वरित एवं निष्पक्ष उपचार उपलब्ध कराता है। इसके अलावा, इसके अंतर्गत शिकायत का निपटारा सीधे एवं सरल तरीके से संभव हो पाता है। अन्य कानूनों की तरह इसमें पेचीदगी झेलनी नहीं पड़ती है तथा यह उपभोक्ता अधिकार के संरक्षण से पूरी तरह संबद्ध रहता है।

संदर्भ सूची (References)

1. https://www.moneylife.in/article/get-ready-for-new-effective-consumer-protection-act-from- 20th-july/60944.html, retrieved on 20.08.2020
2. https://www.ndtv.com/business/consumer-protection-act-2019-comes-into-force-today-here-are-key-things-to-know, Retrived on 12.08.2020
3. https://pib.gov.in/PressReleasePage.aspx?PRID=1562707#:~:text=As%20on%20 31.12.,the%20current%20year%20till%2031.12, retrieved on 20.07.2020

संदर्भ-ग्रंथ (Reference Works)

- Consumer Protection Act, 1986, [Act No. 68 of Year 1986, dated 24th. December, 1986].
- Consumer Protection Act, 2019, [Act No. 35 of Year 2019, dated 9th. August, 2019].
- Prakashan and Raj Mohan, (2001), *Consumer Empowerment: Rights and Responsibilities*, Kanishka Publication, Delhi.
- Shankaran, Kamala and Ujjwal Kumar Singh (ed.), (2008), *'Towards Legal Literacy: An Introduction to Law in India'*, Oxford University Press, New Delhi.
- Swain, Smarak, *Social issue of India*, New Vishal Publication, Delhi.
- Verma, Yogindra S. and Sharma, Chandrakant, (1994), *Consumerism in India*, Anamika Prakashan, Delhi.
- यूनीक लॉ सीरीज, (2007), *उपभोक्ता अधिकार,* नितिन प्रकाशन, मेरठ।
- बिसवाल, तपन, (2008), *मानवाधिकार, जेंडर एवं पर्यावरण,* वीवा बुक्स, दिल्ली।

7 वनवासी और जनजातीय अधिकार

(Rights of Forest Dwellers and Scheduled Tribes)

आदिवासी, भारतीय सभ्यता का एक अभिन्न अंग रहे हैं। इनकी जीवन शैली, परंपरा और धार्मिक मान्यताओं ने लंबे समय तक प्रकृति और मानव सभ्यता के बीच संतुलन बनाने में आधारभूत भूमिका निभाई है। ये हमेशा जंगलों के बीच रहते आए हैं और इन्हीं जंगलों से अपनी जीवनचर्या निभाते हुए इनका संरक्षण करते आए हैं। परंतु ब्रिटिश प्रशासन के समय में जब से विकास की भौतिकवादी समझ ने जमीनों पर परिवर्तन आरंभ किया और विलासी शहरी सभ्यता ने इन आदिवासियों की सभ्यता को निम्न समझा, तब से इनका पतन आरंभ हो गया। 2011 की जनगणना के अनुसार, आज आदिवासी देश की कुल आबादी का 8.6 प्रतिशत हैं और आदिवासी आबादी का 52 प्रतिशत गरीबी की रेखा के नीचे है और चौंका देने वाली बात यह है कि 54[1] प्रतिशत आदिवासियों की विकास जैसे– संचार और परिवहन तक कोई पहुंच ही नहीं है। आदिम लक्षण, भौगोलिक अलगाव, विशिष्ट संस्कृति, बाहरी समुदाय के साथ संपर्क करने में संकोच और आर्थिक रूप से पिछड़ापन इन समुदायों की मुख्य विशेषताएं हैं: जनजातीय समूहों में कुछ जनजातियां अपनी अत्यधिक दुर्बलता के कारणवश विशेष रूप से अति संवेदनशील जनजातीय समूह में रखीं गई हैं। वर्ष 2011 की जनगणना के अनुसार, इनकी कुल जनसंख्या का अधिकांश भाग छह राज्यों– महाराष्ट्र, मध्य प्रदेश, छत्तीसगढ़, उड़ीसा, आंध्र प्रदेश एवं तमिलनाडु में रहता है। इनकी पहचान निम्नलिखित मानदंडों के आधार पर की गई है:

- वनाश्रित आजीविका;
- कृषि पूर्ण जीवन स्तर;
- स्थिर एवं घटती जनसंख्या;
- निम्न साक्षरता दर; और
- जीविका आधारित अर्थव्यवस्था।

• डॉ. निवेदिता गिरि, असिस्टेंट प्रोफेसर, राजनीति विज्ञान विभाग, कालिंदी कॉलेज, दिल्ली विश्वविद्यालय।

• सुश्री रेणुका चौधरी, अतिथि शिक्षक, राजनीति विज्ञान विभाग, नॉन कॉलिजिएट वीमेन एजुकेशन बोर्ड, दिल्ली विश्वविद्यालय।

यह वास्तविकता है कि आदिवासी लोगों पर विशेष ध्यान देने की जरूरत है, जिससे उनके निम्न सामाजिक, आर्थिक और भागीदारी संकेतकों में सुधार किया जा सकता है। चाहे वह मातृ और बाल मृत्यु दर हो, या कृषि संपदा या पेय जल और बिजली तक पहुंच हो, आदिवासी समुदाय आम आबादी से बहुत पिछड़े हुए हैं। वहीं बाजारवादी-उदारवादी अर्थव्यवस्था, निजीकरण, वैश्वीकरण, पूंजीवाद जैसी विकासवादी अवधारणाएं आदिवासियों के लिए विरोधाभासी होती जा रही हैं। इस तरह उनके शोषण की परंपरा स्वतंत्र भारत में भी चलती रही है। हालांकि अनुसूचित जनजाति और अन्य परंपरागत वन निवासी (वन अधिकारों की मान्यता) अधिनियम, 2006 (FRA) ने उनके पारंपरिक अधिकारों को पुन: लौटाने की कोशिश की है। इस अध्याय में, आदिवासी कौन हैं? पर प्रकाश डालते हुए उनके प्राकृतिक-पारंपरिक अधिकारों की चर्चा की गई है। तथा आदिवासियों को दिए गए संवैधानिक और संस्थागत अधिकारों की स्थिति जानते हुए उनके विकास में आ रहीं बाधाओं और संघर्षों का विश्लेषण भी इस अध्याय में किया गया है। यह जानना इसलिए आवश्यक है क्योंकि वह भी दूसरे नागरिकों की तरह मानव अधिकारों के उपभोग के बराबर के अधिकारी हैं। जंगलों की पारिस्थितिकी भिन्नता और स्थायित्व को बनाए रखने में उनका सहयोग अतुलनीय है और वर्तमान भीषण पर्यावरण समस्याओं से ग्रस्त देश में यदि जनजातीय आदिवासी और वन आदिवासियों को संरक्षण प्रदान नहीं किया जाएगा तो यह देश और मानवता के लिए बहुमुखी दुर्भाग्य का कारण बन सकता है।

वनवासी और आदिवासी जनजातियां : परिभाषा
(Forest Dwellers and Scheduled Tribes: Definition)

भारत का संविधान अनुसूचित जनजातियों को परिभाषित नहीं करता है, इसलिए अनुच्छेद 366(25) अनुसूचित जनजातियों का संदर्भ उन समुदायों के रूप में करता है जिन्हें संविधान के अनुच्छेद 342 के अनुसार अनुसूचित किया गया है। संविधान के अनुच्छेद 342 के अनुसार, अनुसूचित जनजातियां वे आदिवासी या आदिवासी समुदाय या इन आदिवासियों और आदिवासी समुदायों का भाग या उनके समूह हैं जिन्हें राष्ट्रपति द्वारा एक सार्वजनिक अधिसूचना द्वारा इस प्रकार घोषित किया गया है। परंतु सभी आदिवासी जनजातियां वनों में रहने वाली नहीं होती। इसलिए जो आदिवासी पारंपरिक तौर पर जंगलों पर आश्रित रहे हैं और आज भी रह रहें हैं, उन्हें 'वनवासी' कहा जाता है। 'वनवासी'(कहीं-कहीं 'आदिम जातियां' भी कहा जाता है) वे लोग हैं जिनकी संपूर्ण सभ्यता प्रकृति के साथ घनिष्ठ संबंधों पर आधारित है, जो प्रकृति से मानव के स्थाई संबंधों को दिखाती है। यह प्राय जंगलों में रहते हैं और जंगलों के प्राथमिक संरक्षक होते हैं। आदिवासियों एवं वनों का घनिष्ठ संबंध है। यह वनों को मानव के स्थायित्व के लिए अत्यंत आवश्यक मानते हैं। ईंधन, पशुओं के लिए चारा, फल-फूल, जड़ी-बूटी, कृषि औजार, लकड़ी आदि के लिए वे वनों पर ही आश्रित हैं। वन से ही उन्हें भोजन प्राप्त होता है एवं उनकी जीविका चलती है। उनकी संस्कृति मूलत: अरण्य संस्कृति है। वे अनेक पेड़-पौधों एवं जीव-जंतुओं की पूजा करते हैं। पुराने समय से

ही यह मान्यता वनवासी और आदिवासी जनजातियां दोनों के धर्म का हिस्सा बन गई है। आदिवासी इसी धर्म का पालन करते आए हैं। वनवासी आज भी पेड़ों को पूजना और जंगलों को बढ़ाना एवं उनकी सुरक्षा करने के धर्म का पालन करते हैं। पर्यावरण संतुलन, भूमि की उपजाऊ क्षमता, नदियों का रखरखाव और जानवरों की रक्षा यह सभी वनवासियों का कर्तव्य है। इस प्रकार, संपूर्ण आदिवासी समुदाय मानव संस्कृति विज्ञान का एक चलता-फिरता उदाहरण है; जिनकी परंपराएं, भाषा और दिव्य विचार पर्यावरण संतुलन के लिए ही बने हैं। वहीं आधुनिक विज्ञान ने इन्हें पिछड़ा कहते हुए इनके अधिकारों का शोषण किया है। विगत कुछ दशकों में आदिवासियों एवं वनों के बीच दूरी बढ़ी है। वे वनवासी जो वनों एवं वन्यजीवों के स्वाभाविक मित्र थे, उन्हें वन का विरोधी मानते हुए उनके परंपरागत अधिकारों में कटौती की गई।

भारत में वनवासी और जनजातियां: प्रकार

(Forest Dwellers and Scheduled Tribes in India: Types)

भील : वर्तमान समय में इनकी जनसंख्या 1.5 करोड़ से अधिक हो गई हैं।[2] ये मध्य प्रदेश, आंध्र प्रदेश, गुजरात, कर्नाटक, राजस्थान एवं त्रिपुरा राज्यों में पाए जाते हैं तथा अनुसूचित जनजाति के रूप में विनिर्दिष्ट हैं। भील योद्धा वंशज हैं। भीलों के जीवनयापन का प्रमुख स्रोत कृषि है। कृषि व्यवसाय अपनाने से पूर्व भील वन, वन्य उपजों एवं वन्य पशुओं के आखेट पर निर्भर थे। अभी भी कुछ भील वनों पर निर्भर हैं।

गोंड: इनकी जनसंख्या भी 1 करोड़ से अधिक है।[3] ये मध्य प्रदेश, आंध्र प्रदेश, महाराष्ट्र, बिहार, गुजरात, कर्नाटक, उड़ीसा एवं पश्चिम बंगाल राज्यों में पाए जाते हैं तथा अनुसूचित जनजाति के रूप में विनिर्दिष्ट हैं। कुछ क्षेत्रों में गोंडों के समूह अभी भी परिवर्तनीय खेती करते हैं। कुछ गोंड वन उपजों के संग्रहण, मछली मारना एवं शिकार आदि पर निर्भर हैं।

संथाल: इनकी जनसंख्या 65 लाख से भी अधिक हो गई है।[4] ये बिहार, उड़ीसा, पश्चिम बंगाल एवं त्रिपुरा राज्यों में पाए जाते हैं तथा अनुसूचित जनजाति के रूप में विनिर्दिष्ट हैं। संथाल लोग संथाली भाषा बोलते हैं जिसकी 'ओल्चिकी' (Ol Chiki) नामक अपनी लिपि है।[5] प्रारंभ में संथाल अपने जीवनयापन के लिए वनोपज के संग्रहण, शिकार, मछली मारने तथा तराई में परिवर्तनीय खेती करते थे, किंतु अब ये मुख्यत: खेती में संलग्न हैं। कृषि इनका मुख्य व्यवसाय है।

उरांव: इनकी जनसंख्या 36 लाख के आसपास है।[6] ये निहार एवं गध्य प्रदेश राज्यों में पाए जाते हैं तथा अनुसूचित जनजाति के रूप में विनिर्दिष्ट हैं। उरांव लोग मुख्यत: कृषि पर निर्भर हैं। ऐसा माना जाता है कि छोटा नागपुर के पठार में हल चलाकर खेती का कार्य सर्वप्रथम उरांवों द्वारा ही प्रारंभ किया गया।

मीना (मीणा): राजस्थान में सबसे अधिक आबादी वाली जनजाति है। मध्य प्रदेश राज्य में भी मीना पाए जाते हैं। ये अनुसूचित जनजाति के रूप में विनिर्दिष्ट हैं। मीनाओं का मुख्य व्यवसाय कृषि है।

मुंडाः ये बिहार, मध्य प्रदेश, उड़ीसा, त्रिपुरा एवं पश्चिम बंगाल राज्यों में पाए जाते हैं तथा अनुसूचित जनजाति के रूप में विनिर्दिष्ट हैं। इनकी जनसंख्या 23 लाख के करीब है।[7] इनकी मुख्य भाषा मुंडारी है। मुंडा लोग मुख्यतः कृषक वर्ग से हैं। प्रारंभ में भूमि का स्वामित्व सामुदायिक आधार पर था। उन्होंने निर्जन वनों को खेती के लिए साफ किया तथा यह भूमि उनकी खूटकट्टी बन गई।

खोंडः ये मध्य प्रदेश, उड़ीसा, बिहार, आंध्र प्रदेश, महाराष्ट्र एवं पश्चिम बंगाल राज्यों में पाए जाते हैं तथा अनुसूचित जनजाति के रूप में विनिर्दिष्ट हैं। इनकी जनसंख्या 16 लाख के करीब है।[8] इनमें से लगभग 93 प्रतिशत से अधिक उड़ीसा में, 6 प्रतिशत से अधिक आंध्र प्रदेश में एवं शेष अन्य राज्यों में पाए जाते हैं। पूर्व में खोंड यायावर का जीवन जीते थे और कंदमूल तथा फलों पर जीवन निर्वाह करते थे। परंतु अब वे मुख्यतः कृषक वर्ग के हैं। इनकी अर्थव्यवस्था मुख्यतः कृषि एवं वनों पर आधारित है।

आदिम जातियाँ[9] (Primitive Castes)

आदिवासियों की दशा की समीक्षा के लिए 1969 में योजना आयोग द्वारा गठित शीलु आव समिति (Shilu Ao Committee) ने पाया कि जनजातीय समुदाय के अधिकांश लोग बहुत पिछड़े हुए हैं और इनमें से कुछ तो अभी भी आदिकालीन अन्न संचय युग में जी रहे हैं। इन समुदायों पर विशेष ध्यान देने की आवश्यकता पर बल दिया गया। राज्यों तथा केंद्र शासित क्षेत्रों में 47 जनजातीय समूहों की लगभग 23 लाख जनसंख्या को जनजातीय उप- योजना नीति के एक अंश के रूप में आदिम जनजाति समूह को माना गया। प्राचीनकाल में आदिवासी लोग वनों के संसाधनों का स्वतंत्रतापूर्वक उपभोग करते थे तथा अपने को वनों का मालिक समझते थे। 19वीं शताब्दी के अंत में वनों का प्रबंध सरकार द्वारा देखा जाना प्रारंभ होने से उनके अधिकारों में कटौती हुई।

वनवासी और जनजातियों के अधिकारः ऐतिहासिक परिप्रेक्ष्य
(Rights of Forest Dwellers and Scheduled Tribes: Historical Perspective)

ऐतिहासिक-सांस्कृतिक पहचान वाले ऐतिहासिक रूप से आत्मनिर्भर इन वन आधारित समुदायों को विस्थापन, विवाद और दमन के अधीन करने की परंपरा ब्रिटिश शासन की शुरूआत में बहुत से आदिवासियों और स्वदेशी लोगों को व्यवस्थित रूप से जबरन अपने घरों के संसाधनों से वंचित करने की प्रक्रिया से आरंभ हुई, जिसके लिए वन अधिकार अधिनियमों का सहारा लिया गया। भारत में वन अधिकार अधिनियम का इतिहास, 'वनों का व्यवसायीकरण' जोकि औपनिवेशिक काल का एक उत्पाद था, से आरंभ होता है। इस अवधि के दौरान दो घटनाओं ने वनवासियों की समस्या बढ़ाने में योगदान दिया हैः 1. जनगणना का परिचय और 2. वनों की सुरक्षा के नाम पर विभिन्न ऐतिहासिक नियम। अभयारण्य एवं राष्ट्रीय उद्यान के लिए वनों के सीमांकन द्वारा वन्य जीवन और पशुओं की सुरक्षा का

आह्वान किया गया। 1874 में अनुसूचित जिला अधिनियम वास्तव में क्षेत्रों पर अधिक नियंत्रण करने के लिए स्थापित किया गया था।[10] इस कानून के अनुसार, जनजातीय वर्चस्व वाले क्षेत्रों को अनुसूचित क्षेत्र कहा जाता है। इसके अलावा, उन्हें बहिष्कृत, आंशिक रूप से बहिष्कृत जैसे क्षेत्रों में विभाजित किया गया। हालांकि कुछ विद्वानों का मानना है कि यह एक कल्याणकारी एजेंडा था जिसने आखिरकार उन समुदायों के अधीनता का नेतृत्व किया जो पूरी तरह जंगल पर निर्भर थे। वन और उसकी उपज पर एकाधिकार स्थापित करने के लिए बना पहला कानून 1864 का अधिनियम था[11], जिसने पहली बार वन विभाग की स्थापना की थी। इसी के बाद वन अधिनियम 1865 लाया गया। इसके बाद वन अधिनियम 1878 को पुराने अधिनियम की कमियों को खत्म करने के लिए लाया गया। 1894 की वन नीति में लोक हित में वनों पर राज्य सरकार का नियंत्रण प्रस्तुत किया गया जिससे आदिवासियों के अधिकारों में कटौती हुई। इसी श्रृंखला में 1927 का अधिनियम भी आया।

इन सभी अधिनियमों ने औपनिवेशिक शासकों को वनों और उसके संसाधनों पर एकाधिकार दिया तथा आदिवासियों से जंगलों के अधिकारों को छीन लिया। इन सभी अधिनियमों द्वारा आदिवासियों का व्यवस्थित शोषण किया गया। यह सही रूप में 1855 से आरंभ हुई, इसके अंतर्गत वन अनुसंधान संस्थान, वन सेवा, रेल विकास, और बंदरगाह आदि नीतियों से शोषण आरंभ हुआ। वन अधिनियम 1927 के अंतर्गत कोई भी व्यक्ति वन भूमि में निजी संपत्ति के अधिकार का दावा नहीं कर सकता, क्योंकि वह वहां पर निवास करता है। यहां तक कि अगर उसके पूर्वज वहां पर रहते आए हैं। 1952 में नई राष्ट्रीय वन नीति घोषित की गई।[12] यह अवधारणा वन्य जीवन संरक्षण अधिनियम 1972 से और पराकाष्ठा पर पहुंची एवं इससे जनजातियों पर निम्नलिखित प्रभाव पड़ा:

- खेती के लिए वन भूमि देने संबंधी छूट वापस लिए जाने से आदिवासी प्रभावित हुए;
- ग्रामवासियों की वन-आधारित आवश्यकताओं को पूरा करने हेतु ग्राम-वनों की स्थापना की गई;
- निजी वनों को राज्य सरकार के अधीन लाया गया; और
- वनों में निःशुल्क चराई की सुविधा समाप्त की गई;
- आदिवासियों को परिवर्ती खेती की पारंपरिक प्रथा से छुड़ाने का प्रयास किया गया।

संवैधानिक और संस्थागत वनवासी और जनजातीय अधिकार
(Constitutional and Institutional Provisions for Rights of Forest Dwellers and Scheduled Tribes)

अधिकारों को प्राप्त करना आदिवासियों के लिए एक बड़ी लंबी संदर्भ की गाथा रही है। यह संघर्ष ब्रिटिश काल की शुरूआत से ही आरंभ हो गया था। 1767 का भूमिज आदिवासी विद्रोह पहला था[13], जिसे इन्होंने अपने राजा नीमू ढाल की अंग्रेजों द्वारा गिरफ्तारी के विरोध में किया था। इसके आगे विद्रोहों की श्रृंखला आरंभ हो जाती है– जिसमें 1774 में बस्तर के

'हल्वा विद्रोह', 1785 में कोलों का विद्रोह, 1794-95 में तमाड़ विद्रोह, 1810 में गुजरात के भीलों का विद्रोह, 1825 में पूर्वोत्तर के सिंगफोओं का विद्रोह, 1825 में ही अबूझमाड़ में परालकोट विद्रोह, 1829 में खासी विद्रोह, भूमिज विद्रोह, 1832 में, 1855 में महान संथाल 'हूल', 1859 में, अरबड़ीन की लड़ाई, 1860 में सिंटेंगों विद्रोह, 1876 में मुरिया विद्रोह, 1880 में नागा विद्रोह, 1900 में महान् बिरसा मुंडा का 'उलगुलान', 1910 में गुंडाधुर का महान् 'भूमकाल', 1913 में गोविंद गुरु के नेतृत्व में भील विद्रोह, 1967 का नक्सलवाड़ी आंदोलन, 1970 के आसपास शीबू सोरेन का धानकटिया आंदोलन व अलग प्रदेशों की मांग के लिए आदिवासियों के अन्य आंदोलन आदि लड़ाइयां चलती रही हैं। पूंजीवाद तथा उपनिवेशवाद के लगातार हमलों ने न केवल आदिवासियों के अंदर गहरी उथल-पुथल मचाई है, बल्कि इसके कारण उनकी पुरानी संस्थाएं भी टूटी हैं। स्वतंत्रता के बाद उन पर बाहरी हमले और भी तेज हो गए हैं।[14]

परंतु संविधान निर्मात्री सभा ने उनके साथ हुए अन्याय को समझने का प्रयत्न किया और उन्हें कुछ अधिकारों की स्थिति को संविधान के माध्यम से स्वतंत्र भारत में देने की कोशिश की। हालांकि संसदीय व्यवस्था से उत्पन्न नियम, अधिनियम और नीतियों ने विकास की राह में इनके अधिकारों को अड़चन समझा। परंतु एक समय के बाद मानवाधिकारी दृष्टिकोणों और आंदोलन के कारण इनके अधिकारों को सुनिश्चित करने का सरकार द्वारा प्रयत्न किया गया। वनवासियों, आदिवासियों और आदिम जातियों के विकास के लिए बनी संस्थाओं और उनके अधिकार निम्नवत हैं–

संवैधानिक प्रबंध (Constitutional Provison) **:** संविधान के अनुच्छेद 342 के अनुसार, राष्ट्रपति जन सूचना के माध्यम से यह स्पष्ट कर सकता है कि राज्य अथवा केंद्रशासित प्रदेश की कौन-सी जातियां, नस्लें और जनजातियां या समूह उस राज्य के संबंध में अनुसूचित जनजातियां होंगी। राज्यों के संबंध में इस विषय में राज्यपालों से पहले परामर्श लिया जाना चाहिए। अनुसूचित जनजाति सूची में राष्ट्रपति किसी नाम को जोड़ या घटा सकता है। यह अनुच्छेद राष्ट्रपति को किसी भी राज्य या केंद्रशासित प्रदेश के विषय में, और जहां वह राज्य है, राज्यपाल से सलाह के बाद सार्वजनिक अधिसूचना द्वारा, आदिवासी जाति या आदिवासी समुदायों या आदिवासी जातियों या आदिवासी समुदायों के भागों या समूहों को निर्दिष्ट कर सकते हैं, जो इस संविधान के उद्देश्यों के लिए, उस राज्य या केंद्रशासित प्रदेश, जैसा भी मामला हो, के संबंध में अनुसूचित जनजातियां माने जाएंगे। इस समय भारत में अनुसूचित जनजातियों की संख्या 700 से ऊपर है। किसी भी समुदाय को अनुसूचित जनजाति की श्रेणी में शामिल करने के आधार हैं–

- आदिम लक्षण • विशिष्ट संस्कृति • भौगोलिक पृथक्करण
- समाज के एक बड़े भाग से संपर्क में संकोच • पिछड़ापन

आदिवासियों के लिए संविधान में पांचवीं अनुसूची बनाई गई क्योंकि आदिवासी इलाके आजादी के पहले भी स्वतंत्र थे। वहां, अंग्रेज़ों का शासन-प्रशासन नहीं था। तब इन इलाकों को बहिष्कृत और आंशिक बहिष्कृत की श्रेणी में रखा गया। 1947 में आजादी के बाद जब

1950 में संविधान लागू हुआ तो इन क्षेत्रों को पांचवीं और छठी अनुसूची में वर्गीकृत किया गया। जो पूर्णत: बहिष्कृत क्षेत्र थे, उन्हें छठी अनुसूची में रखा गया, जिसमें पूर्वोत्तर के चार राज्य हैं– त्रिपुरा, मेघालय, असम और मिजोरम। जो आंशिक बहिष्कृत क्षेत्र थे, अंग्रेजों ने वहां भी कोई हस्तक्षेप नहीं किया, उन्हीं क्षेत्रों को पांचवीं अनुसूची में डाला गया। इसमें 10 राज्य शामिल हैं– मध्य प्रदेश, छत्तीसगढ़, झारखंड, उड़ीसा, राजस्थान, महाराष्ट्र, गुजरात, तेलंगाना, आंध्र प्रदेश और हिमाचल प्रदेश।

संविधान में पांचवीं अनुसूची के निर्माण के समय तीन बातें स्पष्ट तौर पर कही गईं– सुरक्षा, संरक्षण और विकास। अर्थात् आदिवासियों को सुरक्षा तो देंगे ही, उनकी क्षेत्रीय संस्कृति का संरक्षण और विकास भी किया जाएगा, जिसमें उनकी बोली, भाषा, रीति–रिवाज और परंपराएं शामिल हैं। पांचवीं अनुसूची में शासन और प्रशासन पर नियंत्रण की बात भी कही गई है, ऐसी व्यवस्था है कि इन क्षेत्रों का शासन–प्रशासन आदिवासियों के साथ मिलकर चलेगा। अर्थात् इन क्षेत्रों को पांचवीं अनुसूची में एक तरह से विशेषाधिकार मिले, स्वशासन की व्यवस्था की गई। स्वशासन के लिए संविधान में ग्रामसभा को मान्यता दी गई है। पांचवीं अनुसूची में इसी व्यवस्था को ग्रामसभा के रूप में मान्यता दी और उसे जमीन बेचने और सरकारी अधिग्रहण संबंधी अधिकार दिए। अपनी भाषा, संस्कृति, पहनावा, रीति–रिवाज और बाजार की व्यवस्था तय करने का अधिकार मिला कि बाजार में क्या बिके, क्या न बिके? जिले की प्रशासनिक व्यवस्था करने के लिए जिला स्वशासी परिषद (डीएसी) को मान्यता दी। समस्या यहीं से है कि डीएसी की बॉडी और नियमावली अब तक किसी राज्य ने नहीं बनाई कि उसमें कितने सदस्य हों, उनके काम क्या हों। यह परिषद स्वायत्त है, अर्थात् कि इसके पास वित्त का भी प्रबंधन हो।

इसलिए पांचवीं अनुसूचित में भी जनजाति क्षेत्रों के प्रशासन के लिए विशेष प्रावधान किए गए। अनुसूची में प्रभावी कानूनी और प्रशासनिक कार्यवाही के लिए इसे करने और बदलाव करने योग्य ढांचा भी है। पांचवीं अनुसूची में दी गई शक्तियों का उपयोग विकास कार्यक्रमों के प्रभावी क्रियान्वयन और हर स्तर पर फैले भ्रष्टाचार और शोषण को तत्काल खत्म करने के लिए किया जा सकता है। अनुसूचित क्षेत्रों और जनजातियों की कल्याण संबंधी बातें सरकार तक पहुंचाने के लिए एक जनजाति सलाहकार परिषद होती है। उस परिषद के सदस्य राज्यपाल को परामर्श देते हैं। हालांकि पांचवीं अनुसूची के नियमों/कानूनों या उपबंधों को संसद द्वारा सुधारा अथवा बदला भी जा सकता है।

राष्ट्रपति द्वारा घोषित जिन जनजाति क्षेत्रों को विशेष व्यवस्था के लिए पांचवीं अनुसूची में दर्शाया गया है, उन्हें अनुसूचित क्षेत्र कहा जाता है। इन जनजाति में असम के अतिरिक्त भारत के शेष घोषित जनजाति क्षेत्र जिनमें कुल दस राज्यों में– छत्तीसगढ़, मध्य प्रदेश, झारखंड, उड़ीसा, महाराष्ट्र, गुजरात, हिमाचल प्रदेश, तेलंगाना, आंध्र प्रदेश और राजस्थान आदि अनुसूचित क्षेत्र हैं। अनुसूचित क्षेत्रों की प्रमुख विशेषताएं इस प्रकार हैं :

- जनजातीय लोगों की सामाजिक और आर्थिक दशा में सुधार के लिए विशेष योजना एवं योजनाओं का लाभ;

- जनजाति की ऋणग्रस्तता की स्थिति खत्म होगी, साथ ही उनके आजीविका के साधन विकसित होंगे;
- जनजातियों के प्राकृतिक संसाधनों पर अधिकार को संरक्षण मिलेगा तथा मूलभूत सुविधाओं का विकास होगा;
- जनजातियों को समान रूप से आरक्षण का लाभ; एवं
- संपूर्ण क्षेत्रीय विकास कार्यक्रमों का लाभ।

अन्य संवैधानिक प्रबंधों को हम निम्न प्रकार से विभाजित कर सकते हैं:

शैक्षणिक एवं सांस्कृतिक संरक्षण : अनुच्छेद 15(4): अन्य पिछड़े वर्गों (जिसमें अनुसूचित जनजातियां शामिल हैं) के विकास के लिए विशेष प्रावधान। अनुच्छेद 29: अल्पसंख्यकों (जिसमें अनुसूचित जनजातियां शामिल हैं) के हितों का संरक्षण; अनुच्छेद 46: राज्य, जनता के दुर्बल वर्गों के, विशिष्टतया, अनुसूचित जातियों और अनुसूचित जनजातियों के शिक्षा और अर्थ संबंधी हितों की विशेष सावधानी से अभिवृद्धि करेगा और सामाजिक अन्याय एवं सभी प्रकार के शोषण से उसकी संरक्षा करेगा; अनुच्छेद 350: पृथक भाषा, लिपि या संस्कृति की संरक्षा का अधिकार; अनुच्छेद 350: मातृभाषा में शिक्षण।

सामाजिक संरक्षण : अनुच्छेद 23: मानव दुर्व्यापार और भिक्षा एवं अन्य बलपूर्वक श्रम का प्रतिषेध; अनुच्छेद 24: बाल श्रम निषेध।

आर्थिक संरक्षण : अनुच्छेद 244: पांचवीं अनुसूची का उपबंध खंड (1) असम, मेघालय, मिजोरम और त्रिपुरा जो छठी अनुसूची के अंतर्गत, इस अनुच्छेद के खंड (2) के अंतर्गत आते हैं, के अलावा किसी भी राज्य के अनुसूचित क्षेत्रों और अनुसूचित जनजातियों के प्रशासन और नियंत्रण के लिए लागू होता है; अनुच्छेद 275: संविधान की पांचवीं एवं छठी अनुसूचियों के अधीन आवृत्त विशेषीकृत राज्यों (एसटी एवं एसए) को अनुदान सहायता।

राजनीतिक संरक्षण : अनुच्छेद 164(1): बिहार, मध्य प्रदेश और उड़ीसा में जनजातीय कार्य मंत्रियों के लिए प्रावधान; अनुच्छेद 330: लोक सभा में अनुसूचित जनजातियों के लिए सीटों के आरक्षण का उपबंध करता है। अनुच्छेद 332: विधान सभाओं में अनुसूचित जनजातियों के लिए सीटों के आरक्षण का उपबंध करता है। अनुच्छेद 337: राज्य विधान मंडलों में अनुसूचित जनजातियों के लिए सीटों का आरक्षण; अनुच्छेद 334: आरक्षण के लिए 10 वर्षों की अवधि (अवधि के विस्तार के लिए कई बार संशोधित); अनुच्छेद 243: पंचायतों में सीटों का आरक्षण; अनुच्छेद 371: पूर्वोत्तर राज्यों एवं सिक्किम के संबंध में विशेष प्रावधान;

शैक्षणिक संस्थानों में आरक्षण का प्रावधान भी अनुच्छेद 15(4) में किया गया है, जबकि पदों एवं सेवाओं में आरक्षण का प्रावधान संविधान के अनुच्छेद 16(4), 16(4क) और 16(4ख) में किया गया है। विभिन्न क्षेत्रों में अनुसूचित जनजातियों के हितों एवं अधिकारों को संरक्षण एवं उन्नत करने के लिए संविधान में कुछ अन्य प्रावधान भी समाविष्ट किए गए हैं जिससे कि वे राष्ट्र की मुख्यधारा से जुड़ने में समर्थ हो सकें। अनुच्छेद 23 जो देह व्यापार,

भिक्षावृत्ति और बलातश्रम को निषेध करता है, का अनुसूचित जनजातियों के लिए विशेष महत्त्व है। इस अनुच्छेद का अनुसरण करते हुए, संसद ने बंधुआ मजदूर प्रणाली (उन्मूलन) अधिनियम, 1976 अधिनियमित किया। उसी प्रकार, अनुच्छेद 24 जो किसी फैक्ट्री या खान या अन्य किसी जोखिम वाले कार्य में 14 वर्ष से कम आयु वाले बच्चों के नियोजन को निषेध करता है, का भी अनुसूचित जनजातियों के लिए विशेष महत्त्व है क्योंकि इन कार्यों में संलग्न बाल मजदूरों का अत्यधिक भाग अनुसूचित जनजातियों का ही है। संविधान की पांचवीं और छठी अनुसूचियों में उल्लिखित प्रावधानों के साथ पठित अन्य विशिष्ट सुरक्षण अनुच्छेद 244 में उपलब्ध हैं।

संस्थागत प्रबंध (Institutional Provisions)

प्रावधान (अनुसूचित क्षेत्रों पर विस्तार) अधिनियम, 1996 (पेसा)

(The Provisions of the Panchayats (Extension of the Scheduled Areas) Act, 1996) (PESA)

भारत के संविधान में अनुसूचित जनजातियों की सुरक्षा और उन्नति हेतु अनेक प्रावधान किए गए उनमें पेसा कानून भी शामिल है। 1996 में पांचवीं अनुसूची के परिदृश्य में संसद ने अनुच्छेद 243(e) (4इ) के अनुपालन में पंचायत (अनुसूचित क्षेत्रों पर विस्तार) अधिनियम, 1996 में पेसा कानून बना। पेसा कानून समुदाय की प्रथागत, धार्मिक एवं परंपरागत रीतियों के संरक्षण पर असाधारण जोर देता है। इसमें विवादों को प्रथागत ढंग से सुलझाना एवं सामुदायिक संसाधनों का प्रबंध करना भी सम्मिलित है। कानून की धारा 4(अ) एवं 4(द) निर्देश देती है कि किसी राज्य की पंचायत से संबंधित कोई विधि उनके प्रथागत कानून, सामाजिक एवं धार्मिक रीतियों तथा सामुदायिक संसाधनों के परंपरागत प्रबंध व्यवहारों के अनुरूप होगी और प्रत्येक ग्राम सभा लोगों की परंपराओं एवं प्रथाओं के संरक्षण एवं संवर्द्धन, उनकी सांस्कृतिक पहचान, सामुदायिक संसाधनों एवं विवादों को प्रथागत ढंग से निपटाने और पारंपरिक तरीके से अपनी समस्याओं का समाधान करने में सक्षम होंगी।

अधिनियम में ग्रामसभा को परिभाषित कर इसमें गांव की मतदाता सूची के सभी व्यक्तियों को सम्मिलित किया गया है। हर ग्राम सभा इस बात के लिए सक्षम होगी कि आदिवासी कैसे अपनी परंपरा, रीति-रिवाज, सांस्कृतिक पहचान और अपने संसाधन जल, जंगल और जमीन की रक्षा करें। ग्रामसभा को अपने गांवों के सामाजिक और आर्थिक विकास के लिए प्लान, कार्यक्रम और प्रोजेक्ट बनाने का अधिकार होगा और पंचायतों द्वारा ग्रामीण स्तर पर लागू कराने का अधिकार होगा। ग्राम सभा को ये अधिकार होगा कि वह ऐसे लोगों की पहचान करे जिसको गरीबी उन्मूलन तथा अन्य कार्यक्रमों के अंतर्गत लाभार्थी व्यक्तियों की पहचान या चयन करने का अधिकार होगा।

ग्राम पंचायत और ग्रामसभा

हर पंचायत को ग्रामीण स्तर पर ग्रामसभा से ये सर्टिफिकेट लेना पड़ेगा कि उन प्लान, कार्यक्रमों और प्रोजेक्टों को लागू करने में पैसों का सदुपयोग हुआ है। अनुसूचित क्षेत्रों के हर पंचायतों में सीटों का आरक्षण वहां रहने वाले समुदायों की जनसंख्या के आधार पर होगा। आदिवासियों का आरक्षण उस पंचायत के कुल सीटों के 50 प्रतिशत से कम नहीं होना चाहिए तथा सभी पंचायतों के सरपंच पद आदिवासियों के लिए आरक्षित होने चाहिए। राज्य सरकार अपने विशेषाधिकार के तहत कुछ अनुसूचित जनजाति के लोगों को चुन सकती है जिनका पर्याप्त प्रतिनिधित्व उस पंचायत के मध्यवर्ती और जिला स्तरों में नहीं है। इस तरह का प्रतिनिधित्व कुल सीटों की संख्या के 10 प्रतिशत से ज्यादा नहीं होना चाहिए।

राज्य की विधायिका अनुसूचित क्षेत्रों में पंचायतों को ऐसी शक्ति और अधिकार प्रदान करने के समय ये सुनिश्चित करे कि यह ग्राम सभाओं को निम्नलिखित शक्तियों से सुसज्जित करे:

- मादक पदार्थो की बिक्री पर नियंत्रण और प्रतिबंध लगाने की शक्ति;
- छोटे जंगली उत्पादों का स्वामित्व;
- अनुसूचित क्षेत्रों में जमीन की बिक्री पर रोक लगाने का अधिकार और अवैध तरीके से हथियाए किसी आदिवासी की जमीन को वापस कराने की शक्ति;
- ग्रामीण हाट बाजारों का प्रबंधन करने की शक्ति;
- आदिवासियों को दिए जाने वाले लोन/ऋण पर नियंत्रण करने की शक्ति;
- सामाजिक क्षेत्रों में कार्य करने वाले विभिन्न संस्थाओं पर नियंत्रण की शक्ति;
- क्षेत्रीय योजनाओं पर नियंत्रण और सभी योजनाओं और आदिवासियों के लिए चलाई जा रही उपयोजनाओं के संसाधनों पर नियंत्रण।

अनुसूचित क्षेत्रों में भूमि अधिग्रहण करने से पहले ग्रामसभा और पंचायत से उचित स्तर पर सलाह-मशविरा करना जरूरी होगा और इन क्षेत्रों में किसी प्रोजेक्ट की वजह से विस्थापित लोगों के पुंनर्वास से पहले उस अनुसूचित क्षेत्र के प्रोजेक्ट की वास्तविक प्लानिंग और लागू करने की सामंजस्यता राज्य स्तर पर तैयार करनी होगी। अनुसूचित क्षेत्रों में छोटे जल स्रोतों की प्लानिंग और प्रबंधन पंचायत को दी जाएगी। अनुसूचित क्षेत्रों में किसी को छोटे खनिजों के खनन हेतु लीज या लाइसेंस प्रदान करने के लिए उपयुक्त स्तर पर ग्रामसभा या पंचायत का अनुमोदन अनिवार्य होगा। किसी को छोटे खनिजों को नीलामी द्वारा बेचे जाने के लिए दी जाने वाली छूट के लिए ग्राम सभा या पंचायत की पूर्व अनुमति जरूरी है।

राष्ट्रीय विधि सेवा प्राधिकरण (नालसा)
(National Legal Services Authority (NALSA))

आदिवासियों के अधिकारों के संरक्षण और प्रवर्तन के लिए विधिक सेवाएं- योजना, 2015 है। इसका गठन विधिक सेवा प्राधिकरण अधिनियम, 1987 के तहत किया गया। इसका

काम कानूनी सहायता कार्यक्रम लागू करना और उसका मूल्यांकन एवं निगरानी करना है। साथ ही, इस अधिनियम के अंतर्गत कानूनी सेवाएं उपलब्ध कराना भी इसका काम है। प्रत्येक राज्य में एक राज्य कानूनी सहायता प्राधिकरण तथा प्रत्येक उच्च न्यायालय में एक उच्च न्यायालय कानूनी सेवा समिति गठित की गई है। जिला कानूनी सहायता प्राधिकरण और तालुका कानूनी सेवा समितियां जिला और तालुका स्तर पर बनाई गई हैं। इनका काम नालसा की नीतियों और निर्देशों को कार्य रूप देना और लोगों को निःशुल्क कानूनी सेवा प्रदान करना और लोक अदालतें चलाना है।

राष्ट्रीय विधिक सेवा प्राधिकरण (नालसा) द्वारा विभिन्न विषयों पर विधि परामर्श उपलब्ध करवाने के लिए सात योजनाएं आरंभ की गई हैं। नालसा योजना का लक्ष्य भारत में जनजातियों तक न्याय की पहुंच को सुनिश्चित करना है। इसके अंतर्गत विभिन्न योजनाओं के समूह हैं, जैसे–

1. तस्करी एवं वाणिज्यिक यौन शोषण पीड़ितों के लिए विधिक सेवाएं योजना
2. नालसा (असंगठित क्षेत्र के श्रमिकों के लिए विधिक सेवाएं) योजना
3. नालसा (बच्चों को मैत्रीपूर्ण विधिक सेवाएं एवं उनके संरक्षण के लिए) योजना
4. नालसा (मानसिक रूप से बीमार एवं मानसिक रूप से विकलांग व्यक्तियों के लिए विधिक सेवाएं)
5. नालसा (गरीबी उन्मूलन योजनाओं का प्रभावी क्रियान्वयन) योजना
6. नालसा (आदिवासियों के अधिकारों का संरक्षण एवं प्रवर्तन) योजना
7. नालसा (नशा पीड़ितों के लिए विधिक सेवाएं एवं नशा उन्मूलन के लिए विधिक सेवाएं) योजना।

पैरा विधिक स्वयंसेवक (Para Legal Volunteers)

इन्हीं उद्देश्यों की पूर्ति के लिए पैरा विधिक स्वयंसेवकों (पीएलवी) का संगठन तैयार करने हेतु नालसा ने वर्ष 2009-10 में एक स्कीम तैयार की जिसे वर्ष 2011 में और पुनः वर्ष 2013 में संशोधित किया। छत्तीसगढ़ के सभी जिलों में पैरा विधिक स्वयंसेवकों का चयन किया गया एवं प्रशिक्षण दिया गया है, जिनके द्वारा समाज के अंतिम व्यक्ति को विधिक सेवा प्रदान करने का प्रयास किया जा रहा है। पैरा विधिक स्वयंसेवक सामान्यतः निम्नलिखित कार्य करेंगे–

- लोगों को, विशेषतः समाज के कमजोर वर्ग के लोगों को मान-सम्मान के साथ रहने के अधिकार, संविधान एवं अन्य विधियों द्वारा प्रदत्त अधिकारों आदि के संबंध में जागरूक करना, साथ ही उनके कर्तव्यों एवं दायित्वों के संबंध में भी जागरूक करना।
- पैरा विधिक स्वयंसेवक अपने क्षेत्र में होने वाले कानून के उल्लंघन एवं अन्याय पर लगातार दृष्टि रखेंगें तथा उसे तत्काल फोन से या लिखित या व्यक्तिगत रूप से प्राधिकरण/समिति के संज्ञान में लाएंगे ताकि प्राधिकरण/समिति प्रभावी उपचार के लिए कदम उठा सकें।

- यदि पैरा विधिक स्वयंसेवक को क्षेत्र के किसी व्यक्ति के गिरफ्तार होने की सूचना मिलती है, तो वह थाना जाएगा तथा यदि आवश्यक हो तो यह सुनिश्चित करेगा कि वह नजदीक के प्राधिकरण/समिति से उसे विधिक सहायता पहुंचाएं।
- पैरा विधिक स्वयंसेवक का यह भी दायित्व है कि वह देखे कि पीड़ित को समुचित संरक्षण और सहयोग मिले। हत्या, बलात्कार, एसिड़ हमला, बालकों पर होने वाले लैंगिक अपराधों से पीड़ित को सुरक्षा अधिनियम 2012, धारा 357–ए एवं पीड़ित क्षतिपूर्ति स्कीम 2011 के अंतर्गत क्षतिपूर्ति दिलाने में भी सहयोग करेगा।
- प्राधिकरण द्वारा प्राधिकृत किए जाने पर जेल, मन:चिकित्सालय, बाल संरक्षण गृह तथा उन स्थानों पर निरुद्ध व्यक्तियों की विधिक आवश्यकताओं को सुनिश्चित करेगा तथा यदि वह पाता है कि निरुद्ध व्यक्तियों की मूलभूत सुविधाओं में कोई कमी है तो उसे सक्षम प्राधिकरण को सूचित करेगा।
- पैरा विधिक स्वयंसेवक बच्चों के अधिकारों के उल्लंघन, बालश्रम, बच्चों की गुमशुदगी, लड़कियों के दुर्व्यापार के बारे में नजदीकी सक्षम प्राधिकरण या बाल कल्याण समिति को सूचित करेगा।
- पीएलवी, तस्करी के पीड़ितों की पहचान हेतु मानव तस्करी के मामलों में एवं पीड़ित मुआवजा प्राप्त करने हेतु उचित कार्रवाई करने में एवं विभिन्न पुनर्वास योजनाओं तक पहुंच बनाने में उपयोगी बन सकते हैं।

अनुसूचित जाति एवं अनुसूचित जनजाति (अत्याचार निवारण) अधिनियम, 1989

(The Scheduled Castes and Tribes (Prevention of Atrocities) Act, 1989)

इसे 11 सितंबर 1989 में भारतीय संसद द्वारा पारित किया था, जिसे 30 जनवरी 1990 से सारे भारत में जम्मू एवं कश्मीर को छोड़ कर लागू किया गया। यह अधिनियम उस प्रत्येक व्यक्ति पर लागू होता हैं जो अनुसूचित जाति एवं अनुसूचित जनजाति का सदस्य नहीं हैं तथा वह व्यक्ति इस वर्ग के सदस्यों का उत्पीड़न करता हैं। इस अधिनियम में 5 अध्याय एवं 23 धाराएं हैं। यह अधिनियम अनुसूचित जाति एवं अनुसूचित जनजाति के सदस्यों के विरुद्ध किए गए अपराधों के निवारण के लिए है। अधिनियम ऐसे अपराधों के संबंध में मुकदमा चलाने तथा ऐसे अपराधों से पीड़ित व्यक्तियों के लिए राहत एवं पुनर्वास का प्रावधान करता है। इसके दो और संशोधित रूप – अनुसूचित जाति एवं अनुसूचित जनजाति (अत्याचार निवारण) अधिनियम, 1995 और अनुसूचित जाति तथा अनुसूचित जनजाति (अत्याचार निवारण) संशोधन अधिनियम, 2015 आया । इस कानून की विशेषताएं हैं:

- यह अनुसूचित जातियों और जनजातियों में शामिल व्यक्तियों के खिलाफ अपराधों को दंडित करता है।
- यह पीड़ितों को विशेष सुरक्षा और अधिकार देता है।
- यह अदालतों को स्थापित करता है, जिससे मामले तेजी से निपट सकें।

- अनुसूचित जातियों और अनुसूचित जनजातियों के विरुद्ध किए जाने वाले नए अपराधों में लोगों के सिर और मूंछ के बालों का मुंडन कराने और सम्मान के विरुद्ध किए गए कृत्य हैं।
- अत्याचारों में समुदाय के लोगों को जूते की माला पहनाना, उन्हें सिंचाई सुविधाओं तक जाने से रोकना या वन अधिकारों से वंचित करके रखना, मानव और पशु नरकंकाल को निपटाने और लाने-ले जाने के लिए तथा बाध्य करना, कब्र खोदने के लिए बाध्य करना, सिर पर मैला ढोने की प्रथा का उपयोग और अनुमति देना, महिलाओं को देवदासी के रूप में समर्पित करना, जाति सूचक गाली देना, जादू-टोना अत्याचार को बढ़ावा देना, सामाजिक और आर्थिक बहिष्कार करना, चुनाव लड़ने के लिए नामांकन दाखिल करने से रोकना, महिलाओं को वस्त्र हरण कर आहत करना, किसी सदस्य को घर, गांव और आवास छोड़ने के लिए बाध्य करना, और इनकी पूजनीय वस्तुओं को विरूपित करना है।
- अनुसूचित जातियों और अनुसूचित जनजातियों के सदस्य को आहत करने, उन्हें दुखद रूप से आहत करने, धमकाने और अपहरण करने जैसे अपराधों को, जिनमें 10 वर्ष के कम की सजा का प्रावधान है, उन्हें अत्याचार निवारण अधिनियम में अपराध के रूप में शामिल करना। अभी अत्याचार निवारण अधिनियम के तहत अनुसूचित जाति और जनजाति के लोगों पर किए गए अत्याचार मामलों में 10 वर्ष और उससे अधिक की सजा वाले अपराधों को ही अपराध माना जाता है।
- मामलों को तेजी से निपटाने के लिए अत्याचार निवारण अधिनियम के अंतर्गत आने वाले अपराधों में विशेष रूप से मुकदमा चलाने के लिए विशेष अदालतें बनाना और विशेष लोक अभियोजक को निर्दिष्ट करना।
- विशेष अदालतों को अपराध का प्रत्यक्ष संज्ञान लेने की शक्ति प्रदान करना और जहां तक संभव हो आरोप पत्र दाखिल करने की तिथि से दो महीने के अंदर सुनवाई पूरी करना।
- पीड़ितों तथा गवाहों के अधिकारों पर अतिरिक्त अध्याय शामिल करना आदि।

जनजातीय कार्य मंत्रालय (Ministry of Tribal Affairs)

जनजातीय कार्य मंत्रालय का गठन 1999 में सामाजिक न्याय एवं अधिकारिता मंत्रालय के द्वि-विभाजन के उपरांत किया गया था। इसका उद्देश्य समन्वित और सुनियोजित तरीके से भारतीय समाज के अत्यंत शोषित वर्ग अर्थात् अनुसूचित जनजातियों के समेकित सामाजिक-आर्थिक विकास पर अधिक ध्यान केंद्रित करना है। इस मंत्रालय के गठन से पहले जनजातीय मामले अलग-अलग समय में विभिन्न मंत्रालयों द्वारा निपटाए जाते थे। इन समुदायों के विकास के क्षेत्रीय कार्यक्रमों और योजनाओं के संबंध में नीति, आयोजना, निगरानी, मूल्यांकन, आदि तथा उनका समन्वय भी संबंधित केंद्रीय मंत्रालयों/विभागों, राज्य सरकारों तथा संघ राज्यक्षेत्र प्रशासनों की जिम्मेदारी होगी। प्रत्येक केंद्रीय मंत्रालय/विभाग अपने क्षेत्र के संबंध में नोडल मंत्रालय अथवा विभाग होगा।

जनजातीय कार्य मंत्रालय अनुसूचित जनजातियों के विकास कार्यक्रमों की समग्र नीति, आयोजना एवं समन्वयन के लिए एक नोडल मंत्रालय है। इस उद्देश्य हेतु जनजातीय कार्य मंत्रालय, भारत सरकार ने (कार्य आबंटन) नियमावली, 1961 तथा इसके पश्चात् संशोधनों के तहत आबंटित विषयों के अंतर्गत आने वाले क्रियाकलाप किए हैं। जनजातीय कार्य मंत्रालय को आबंटित विषय निम्नानुसार हैं–

- यह पूरे देश में जनजातीय लोगों तथा जनजातीय जनसंख्या वाले सभी क्षेत्रों को कवर करता है।
- अनुसूचित जनजातियों के लिए सामाजिक सुरक्षा तथा सामाजिक बीमा जनजातीय कल्याण: आयोजना, परियोजना निरूपण, अनुसंधान, मूल्यांकन, सांख्यिकी एवं प्रशिक्षण।
- जनजातीय कल्याण संबंधी स्वैच्छिक प्रयासों का संवर्धन एवं विकास अनुसूचित जनजातियों का विकास और अनुसूचित क्षेत्र।
- नीति आयोग द्वारा डिजाइन किए गए मसौदे और तंत्र पर आधारित जनजातीय उप-योजना की निगरानी।
- राष्ट्रीय अनुसूचित जनजातीय आयोग। (i) आयोग अनुसूचित क्षेत्रों के प्रशासन तथा अनुसूचित जनजातियों के कल्याण पर रिपोर्ट देता है; और (ii) किसी राज्य में अनुसूचित जनजातियों के कल्याण के लिए आवश्यक योजनाएं तैयार करने तथा उनके कार्यान्वयन के संबंध में निर्देश जारी करता है।
- अपराध, जहां तक ये अनुसूचित जनजातियों के संबंध में है, में आपराधिक न्याय के प्रशासन को छोड़कर नागरिक अधिकारों की सुरक्षा अधिनियम, 1955 तथा अनुसूचित जाति तथा अनुसूचित जनजाति (अत्याचारों की रोकथाम) अधिनियम, 1989 का कार्यान्वयन।

राष्ट्रीय अनुसूचित जनजाति आयोग
(National Commission for Scheduled Tribes)

राष्ट्रीय अनुसूचित जनजाति आयोग की स्थापना अनुच्छेद 338 में संशोधन करके और संविधान 89वां संशोधन अधिनियम, 2003 के माध्यम से संविधान में एक नया अनुच्छेद 338(क) अंत:स्थापित करके की गई थी। इसके कार्य–

- अनुसूचित जनजातियों के लिए इस संविधान या तत्समय प्रवृत्त किसी अन्य विधि या सरकार के किसी आदेश के अधीन उपबंधित सुरक्षणों से संबंधित सभी विषयों का अन्वेषण और अनुवीक्षण करना तथा सुरक्षणों के कार्यकरण का मूल्यांकन करना;
- अनुसूचित जनजातियों को उनके अधिकारों और सुरक्षणों से वंचित करने से संबंधित विशिष्ट शिकायतों की जांच करना;
- अनुसूचित जनजातियों के सामाजिक-आर्थिक विकास की योजना प्रक्रिया में भाग लेना और सलाह देना तथा संघ और किसी राज्य के अधीन उनके विकास की प्रगति का मूल्यांकन करना;

- अनुसूचित जनजातियों के कल्याण एवं सामाजिक-आर्थिक विकास से संबंधित कार्यक्रमों/स्कीमों के प्रभावी कार्यान्वयन के लिए आपेक्षित सुरक्षणों, उपायों के कार्यकरण के बारे में प्रतिवर्ष, और अन्य समयों पर, जो आयोग ठीक समझे, राष्ट्रपति को प्रतिवेदन पेश करना।

राष्ट्रीय अनुसूचित जनजाति फाउंडेशन और विकास निगम

(National Scheduled Tribes Foundation and Development Corporation)

अनुसूचित जनजाति कल्याण हेतु कार्यरत राष्ट्रीय स्तरीय संस्थान एनएसटीएफडीसी (नेशनल शेड्यूल ट्राइब्स फाइनेंस एंड डेवलपमेंट कॉरपोरेशन) के मुख्य उद्देश्यों का संक्षिप्त विवरण नीचे दिया गया है:

- अनुसूचित जनजातियों के महत्त्व के आर्थिक कार्यकलापों की पहचान करना जिससे रोजगार के अवसरों का सृजन हो और उनके आय के स्तर में वृद्धि हो सके।
- संस्थागत तथा नौकरी से संबंधित प्रशिक्षण प्रदान करने के माध्यम से अनुसूचित जनजातियों द्वारा इस्तेमाल किए जा रहे कौशलों और प्रक्रियाओं का उन्नयन करना।

भूमि अधिग्रहण, पुनरूद्धार एवं पुनर्वास में उचित मुआवजे एवं पारदर्शिता अधिकार अधिनियम, 2013 केंद्रीय मंत्रिमंडल ने भूमि अधिग्रहण में उचित मुआवजा और पारदर्शिता का अधिकार, पुनर्वास और पुनर्स्थापन (संशोधन) अध्यादेश, 2015 में संशोधन की मंजूरी दे दी है। अधिनियम के प्रावधानों में बदलाव से किसानों को सरकार की ओर से अनिवार्य एवं समुचित रूप से अधिग्रहीत भूमि के बदले में बेहतर मुआवजा, पुनर्वास और पुनर्स्थापन लाभ मिलेंगे। कुछ मुश्किलें दूर करने के लिए, अधिनियम में कुछ संशोधन किए गए जबकि 'प्रभावित किसानों' के हितों की रक्षा संबंधी प्रावधानों को और मजबूत किया गया है।

वन अधिकार कानून, 2006 (Forest Rights Act, 2006)

संसद में 13 दिसंबर, 2005 को अनुसूचित जनजाति (वन अधिकारों को मान्यता) बाद में वन अधिकार कानून (एफआरए) विधेयक 2005, जिसे फिर अनुसूचित जनजाति और अन्य पारंपरिक वनवासी (वन अधिकारों को मान्यता) कानून, 2006 का नाम दिया गया, को पेश किया गया। इस कानून को 18 दिसंबर, 2006 को संसद ने पारित कर दिया। इसमें भविष्य के निहितार्थ, औपनिवेशिक और उसके बाद के समय में आदिवासियों और वनवासियों के साथ हुए अन्याय को खत्म करने के प्रावधान किए गए हैं। उल्लेखनीय है कि यह कानून वन अधिकारों की पहचान और इस बहुमूल्य प्राकृतिक संपदा के प्रबंधन में पंचायती राज व्यवस्था के अंतर्गत सबसे निचले स्तर की जनतांत्रिक संस्था, ग्राम सभा की प्रमुख भूमिका प्रदान करता है। इसमें गांव के सभी वयस्क नागरिक शामिल होंगे और महिलाओं की समग्र और अबाधित भागीदारी होगी। जिन राज्यों में पंचायतें नहीं हैं, वहां यह भूमिका पद, टोला तथा अन्य पारंपरिक ग्रामीण संस्थाएं अथवा चुनी हुई ग्राम समितियां अदा करेंगी। इस कानून में आदिवासियों और वनवासियों को उनके कब्जे वाली वन-भूमि पर खेती करने का अधिकार,

उसका मालिकाना हक देने, संग्रहण, छोटे-मोटे वन उत्पाद का इस्तेमाल करने और उसको बेचने, वन में मवेशियों को चराने जैसे पारंपरिक काम करने का अधिकार दिया गया। कई पीढ़ियों से आदिवासी वन-भूमि में रह रहे हैं और खेती करने के साथ जलावन की लकड़ियां, फल, शहद, पत्ते इत्यादि एकत्र करते रहे हैं। लेकिन उनके पास वन-भूमि का मालिकाना हक दिखाने के लिए कोई कानूनी दस्तावेज नहीं होता है। वन संरक्षण कानून बनने तक इन आदिवासियों को अतिक्रमण करने वाले या गैर-कानूनी ढंग से कब्जा करने वालों के रूप में देखा जाता था। इस कानून का मकसद आदिवासियों और वनवासियों को मौजूदा अन्याय से मुक्ति दिलाना और उनके पारंपरिक वन अधिकारों को कानूनी मान्यता प्रदान करना है।

इस कानून के अनुसार, किस वन संसाधन पर किसका अधिकार होगा, यह तय करने में ग्राम सभा की मुख्य भूमिका होगी। ग्राम सभा को इस कानून के अधिकार क्षेत्र के भीतर व्यक्तिगत या सामुदायिक वन अधिकार या दोनों तय करने की प्रक्रिया आरंभ करने का अधिकार दिया गया है। इन वन अधिकारों में भूमि के स्वामित्व, वहां रहने, लकड़ी के अलावा अन्य वन्य उत्पाद इकट्ठा करने, उनका इस्तेमाल करने अथवा बेचने का अधिकार, पट्टे अथवा अनुदान में प्राप्त वन-भूमि पर मालिकाना हक हासिल करने, बस्तियों और वन्य ग्रामों को राजस्व ग्राम में बदलने का अधिकार और वन क्षेत्रों से हटाए जाने की स्थिति में समुचित पुनर्वास का अधिकार शामिल हैं। उल्लेखनीय रूप से इस कानून में वनवासियों और ग्राम सभाओं को जैव विविधता तथा सांस्कृतिक बहुलता संबंधी सामुदायिक वन संपदा के संरक्षण, पुनर्वधन, संवर्धन और प्रबंधन के अधिकार और इससे जुड़ी जिम्मेदारी भी सौंपी गई है। ग्रामसभा दावों को प्राप्त करेंगी और उनकी पुष्टि करेंगे, क्षेत्र का नक्शा तैयार करेंगी और फिर एक प्रस्ताव पारित कर उसकी एक प्रति उपमंडल स्तर की समिति को देंगी। ऐसे लोगों के लिए, जो ग्रामसभा के प्रस्ताव से संतुष्ट नहीं हैं उनके लिए उपमंडल स्तर की समिति बनाई गई है, जिसमें वे 60 दिन के भीतर अपील कर सकते हैं।

जिन वनवासियों को इस कानून के लागू होने से पहले गैर-कानूनी तरीके से हटाया गया था, अथवा जिनका समुचित पुनर्वास नहीं किया गया था, वे भी समुचित पुनर्वास के हकदार होंगे। पुनर्वास के अधिकार में वैकल्पिक भूमि का अधिकार भी शामिल है। इस कानून में केंद्र सरकार से यह अपेक्षा भी शामिल है कि वह स्कूल, दवाखाना, आंगनवाड़ी उचित मूल्य की दुकानों, बिजली तथा दूर-संचार लाइनों, पेयजल पाइपलाइनों, जल-संभरण संरचनाओं व्यावसायिक प्रशिक्षण केंद्रों, सामुदायिक केंद्रों, सड़कों आदि जैसे सामाजिक और विकास कार्यों के लिए जरूरी वन-भूमि के आवंटन की व्यवस्था करे। ग्राम पंचायत निर्धारित तिथि पर ग्रामसभा की बैठक बुलाएगी और वन अधिकार समिति का गठन सुनिश्चित करेगी। जिला पंचायत उपयुक्त वर्गों से ब्लॉक/तहसील स्तर की पंचायत के तीन सदस्यों को उपमंडल स्तर की समिति के लिए मनोनीत करेगी। वह जिला स्तर की समिति के लिए उपयुक्त वर्ग से जिला पंचायत के तीन सदस्य मनोनीत करेगी। उपमंडल स्तर की समिति की मुख्य भूमिका और जिम्मेदारी हर ग्रामसभा को उसकी जिम्मेदारियों के बारे में सूचित करने के साथ-साथ वन अधिकार पाने वालों और अन्य को वन्य-जीव संरक्षण और वन तथा

पेड़-पौधों एवं जीव-जंतुओं के प्रति उनकी जिम्मेदारियों से अवगत कराया जाएगा। वह ग्राम सभा/वन अधिकारी समिति को वन एवं राजस्व मानचित्र और मतदाता सूची उपलब्ध कराएगा।

इस कानून का मूल मकसद वन में निवास करने वाली अनुसूचित जनजातियों, वनवासियों व अन्य पीढ़ी-दर-पीढ़ी वन में रहने वाले वनवासियों के मान्यता प्राप्त अधिकार, जैव विविधता का संरक्षण और परिस्थितिक संतुलन बनाए रखना और वन निवासियों की जीविका तथा खाद्य सुरक्षा को सुनिश्चित करते समय वनों की संरक्षण व्यवस्था को सुदृढ़ करना है। इस कानून का लाभ वन में निवास करने वाली अनुसूचित जनजाति (आदिवासी) के सदस्य या समुदाय जो प्राथमिक रूप से वनों में कम से कम तीन पीढ़ियों से निवास करते हैं और जीविका की वास्तविक आवश्यकताओं के लिए वनों या वन भूमि पर निर्भर हैं, उन्हें मिलेगा। इसके अंतर्गत अनुसूचित जनजाति चारागाही समुदाय भी शामिल है।

वन अधिकार अधिनियम, 2006 : कमियां : वन अधिकार अधिनियम, 2006 केंद्र सरकार द्वारा उठाया गया एक सशक्त व महत्त्वपूर्ण कदम है। आदिवासी वनवासियों को वनों पर मालिकाना हक देता है किंतु इस अधिनियम में कई कमियां भी हैं। क्योंकि इसको तैयार करते समय आदिवासी, वनवासियों के संगठनों से कोई विचार-विमर्श नहीं किया गया।

- गैर-आदिवासी के लिए कानून में 75 साल पुराना निवासी होने की शर्त लगाकर उनको अधिकार मिलना बहुत मुश्किल कर दिया है। मध्य प्रदेश के बैतूल जिले के चौपना क्षेत्र के बंगालियों को इसमें कोई अधिकार नहीं मिला है। दलितों एवं अन्य पिछड़ा वर्ग के साथ यह अन्याय है।
- ग्राम सभा वन क्षेत्र में अपनी सीमाओं में ही अधिकार दे सकेगी, गांव से दूर जमीन और निस्तार, वनोपज आदि के अधिकार पर वन विभाग यह आपत्ति कर सकता है कि वह ग्रामसभा की सीमा में नहीं है।
- ग्रामसभा को पूरा फैसला करने का अधिकार नहीं है। उसके ऊपर उपखंड तहसील और जिला स्तर पर समितियां बना दी हैं, जो ग्राम सभा के फैसले को उलट सकती हैं। इन समितियों में सरकारी अफसरों को रखा है, जो हावी हो सकते हैं।
- अंग्रेज़ों द्वारा बनाए और बाद में बने जनविरोधी वन कानूनों को नहीं सुधारा है। वे कानून अभी भी हैं। इन कमियों के कारण इस अधिनियम का लाभ सभी को मिलना कठिन है और इसमें बदलाव हेतु जमीनी स्तर पर कार्यरत संगठनों को एकजुट होकर संपूर्ण शक्ति से केंद्र सरकार से वकालत करनी होगी तभी इस कानून का मकसद पूर्ण होगा।

वनवासी और आदिवासी जनजातियों की समस्याएं
(Problems of Forest Dwellers and Scheluled Tribe)

वनवासी और आदिवासी जनजातियों के समक्ष आने वाली समस्याएं निम्नलिखित हैं-

साक्षरता और जागरूकता की कमी : जनजातियों में साक्षरता की कमी एक मुख्य समस्या है। परिणामस्वरूप जनजातियां अपने मौलिक, विधिक एवं संवैधानिक अधिकारों से

अवगत नही रहतीं। वे अपने कल्याण हेतु सरकार द्वारा चलाई गई कल्याणकारी योजनाओं का ज्ञान भी नहीं रखते जिसके चलते वे उनमें शामिल भी नहीं होते हैं। समस्याओं के समाधान हेतु सरकार द्वारा लाई गई योजनाओं का लागू नहीं किया जाना एक अन्य बड़ी चिंता का विषय है। तथापि जनजातियों के कल्याण हेतु कार्यकलापों का लागू न किया जाना जनजातीय लोगों में हुनरमंद लोगों की कमी के कारण भी है। प्रवासी जनजातियां सरकार द्वारा चलाई गई कल्याणकारी योजनाओं तक पहुंचने में कठिनाइयां झेलती हैं। कुछ तो पूर्ण रूप से बिल्कुल पहुंच ही नहीं रखते।

नक्सलवाद और सरकारी दमन (शासकीय अलगाव) : तत्कालीन वर्षों में राज्य पुलिस एवं अर्ध-सैनिक बल पर जनजातीय क्षेत्रों में कथित झूठे मुठभेड़ एवं बलात्कार को सम्मिलित करते हुए गंभीर मानव अधिकारों के उल्लंघन के आरोप लगे हैं। बहुत से जनजातीय लोगों को कथित रूप से नक्सली कहकर जेल के अंदर डाला गया है। जमानत भी नहीं दी जाती क्योंकि मुकदमें गंभीर होते हैं जैसे भारत के विरुद्ध युद्ध छेड़ना, राजद्रोह आदि। सरकारी निकायों के लिए यह जरूरी है कि वह जनजातियों के पिछड़ेपन एवं बर्बरता तथा इन समुदायों की परंपराओं और संस्कृति के अवमूल्यन की धारणाओं को दूर करें। कई अनुसूचित जनजातियां वनवासी होती हैं और आजीविका हेतु भूमि एवं वन संसाधन पर अधिकांशतः निर्भर होती हैं। समय के साथ-साथ उनके निवास आरक्षित वन, सुरक्षित वन घोषित कर दिए गए हैं और उन्हें बिना मुआवजा वहां से हटा दिया जाता है और बेदखल कर दिया जाता है।

उत्तर-पूर्व में विद्रोह एवं कानून-व्यवस्था की समस्याओं के चलते व्यवस्था पर से इनका विश्वास उठ गया है। जनसमूह में विधि को अपने हाथों में लेने की रुचि पाई जाती है जिसके चलते भीड़-न्याय होता है जिसके कारणवश संदिग्ध/आरोपी व्यक्तियों के घर बर्बाद कर दिए जाते हैं और उनके परिवार को समाज से अलग कर दिया जाता है जिससे गंभीर सामाजिक समस्याएं पैदा होती है। रोगियों के इलाज में अपनी कथित लापरवाही के लिए चिकित्सक एवं अस्पताल को भी नहीं बक्शा जाता है।

अन्य समस्या यह है कि अभी तक कार्यपालिका एवं न्यायपालिका का विभाजन नहीं हो सका है। छठी अनुसूची के अंतर्गत स्थापित संस्थाएं पारंपरिक विधियों को लागू करती है जिनकी अपनी समस्याएं होती हैं क्योंकि वो संहिताबद्ध नहीं हैं।

सामाजिक भेदभाव (स्वीकार न करना) : जनजातियों के साथ सम्मानजनक व्यवहार नहीं किया जाता जिसके चलते वे स्वयं को मुख्य धारा से कटे हुए समझते हैं। उदाहरणस्वरूप अंडमान द्वीप में जारवा जनजातियों से पर्यटकों द्वारा जानवरों जैसा व्यवहार किया जाता है उन्हें ऐसे छेड़ा जाता है और कष्ट दिया जाता है, मानो जानवर हों तथा उनकी क्रोधजनक प्रतिक्रिया से आनंद लिया जाता है। ऐसे ही अनुभव बस्तर में भी पूर्व में आम थे जहां पर सांस्कृतिक महत्त्व को कभी नहीं समझा गया।

बंधुआ मजदूरी : योजना आयोग के एक अध्ययन से यह स्पष्ट हुआ है कि अधिकतर पुनरुद्धारित बंधुआ मजदूर अनुसूचित जनजाति वर्ग से हैं। ये इसका संकेत देता है कि कई

जनजातीय परिवार बंधुआ मजदूरी में फंसाए जाते हैं। बंधुआ मजदूरी का मुख्य कारण ऋण ग्रस्तता एवं आहार है, वे अधिकतर अत्यधिक ब्याज के साथ ऋण स्वीकार करने के लिए बहकाए जाते हैं, वे अधिकतर उन्हें बंधुआ मजदूरी की परिस्थितियों में धकेल देती है।

भूमि संबंधी समस्याएं : वन एवं पहाड़ियां जनजातीय पहचान के मुख्य स्रोत हैं। इसी संदर्भ में वन तक नहीं पहुंचने एवं उनकी अपनी भूमि से जबरदस्ती हटा दिए जाने के कारण जनजातियों के जीवन की क्षति समझी जानी चाहिए। पुनरुद्धार एवं पुनर्वास (Rehabilitation and Resettlement Act, 2013) कार्यक्रम के अंतर्गत भूमि नहीं बदली जाती और पुनः जीविका न्यूनतम ही लगाई जाती है। लगभग समस्त आर एवं आर कालोनियां उचित स्वास्थ्य सुविधाओं, सुरक्षित पीने के पानी, बाजार, विद्यालय एवं यातायात के साधनों से वंचित होती हैं। अदल-बदल की खेती बाड़ी, फल और फूल, छोटे शिकार, दवा हेतु कंद, चारा, खाना, घर बनाने के लिए सामग्री, पारंपरिक कला, हुनर के लिए सामग्री, जलावन, पत्ता तश्तरी, फल इत्यादि की बिक्री से आय के रूप में वन निर्भरता महत्त्वपूर्ण है। इस कमी की क्षतिपूर्ति बेदखली के कारण नहीं हो पाती और ये खाद्य सुरक्षा को भी प्रभावित करती है।

भूमि का एक बड़ा भाग वन क्षेत्रों में आता है। दूर-दराज क्षेत्र की अधिकतर जनजातियां उन जमीनों में बिना किसी अधिकार, हक एवं हित के वन भूमि पर रहती हैं और उन बेघर जनजातियों हेतु अनुसूचित जनजाति और अन्य परंपरागत वन निवासी (वन अधिकारों की मान्यता) अधिनियम, 2006 के अंतर्गत उनके अधिकारों की सुरक्षा एवं प्रवृत्ति हेतु कोई विधिक प्रावधान नहीं है।

जनजातियों के साथ एक अन्य बड़ी समस्या विकास परियोजनों अर्थात् बांध बनाना, वन्य शरण स्थान, खनन कार्यकलाप, इत्यादि का परिणाम है। यह विकास जनजातियों से भिन्न लोगों का इन क्षेत्रों में रोजगार हेतु आवागमन बढ़ा देता है व परिणामस्वरूप वे जनजातियों को वहां से निकल जाने पर मजबूर करते हैं। इस प्रकार जनजातियां विकास परियोजनाओं का लाभ नहीं उठा सकी है।

जनजातियों के साथ एक अन्य समस्या यह है कि भूमि में एकल अधिकार की जगह वे समुदाय अधिकार में विश्वास रखते हैं और इस प्रकार भूमि संबंधित मुकदमेबाजी के मामलों में उनके पास स्वामित्व का लिखित प्रमाण उपलब्ध नहीं होता। इस संदर्भ में जनजातियों के दावे अधिकतर मौखिक साक्ष्य पर आधरित होते हैं परिणामस्वरूप उनके वैयक्तिक अधिकार स्थापित करने में कठिनाइयां उत्पन्न होती हैं।

विधिक समस्याएं : संरक्षित क्षेत्रों से विस्थापन से पूर्व जनजातियों के अधिकारों की मान्यता नहीं थी। जनजातियां फॉरेस्ट राइट एक्ट (एफआरए) के अंतर्गत प्रमाणीकरण एवं दावे से पूर्व ही बेदखल कर दी जाती हैं। इसके चलते उनकी आर्थिक स्थिति और उनकी पारंपरिक वन प्रथाओं में कमी आई है। एफआरए के संदर्भ में वन विभाग द्वारा असत्य धारणाएं उनको विधिक अधिकारों के उल्लंघन तक पहुंचाती हैं। उदाहरणस्वरूप, कुछ वन विभाग एफआरए की धारा 4(2) के प्रावधानों के विरुद्ध ये विश्वास करते हैं कि संरक्षित क्षेत्रों में अधिकारों का दावा एफआरए के अंतर्गत नहीं किया जा सकता और यह सिंह

अभयारण्य में लागू नहीं होता। वन अधिकारों का दावा करने में जनजातीय समुदायों के समक्ष जो समस्याएं पैदा होती है, उनमें से कुछ निम्न प्रकार हैं–

- अंतनिर्हित वन अधिकार की परिभाषा एवं स्पष्टीकरण में स्पष्टता की कमी,
- वन का अर्थ समझने में कठिनाई, विशेष रूप से जब उसी विशेष क्षेत्र में शामिल अन्य पीवीटीजी (Particular Vulnerable Tribal Group) समूह से अन्य लोगों के प्रयोग अधिकार उसमें शामिल हों,
- यदि पीवीटीजी की पारंपारिक वन सीमाएं, वन जीवन से मिलते-जुलते हो, एवं

इसके अतिरिक्त एफआरए के अंतर्गत जनजातियों द्वारा किए गए दावे बिना किसी कारण बताए रद्द कर दिए जाते हैं। दावेदारों को रद्द किए जाने की सूचना नहीं दी जाती और उनके अपील करने का अधिकार उन्हें नहीं समझाया जाता और न ही इसका प्रयोग किया जाता है। जनजातियों के बीच जागरूकता की आवश्यकता है ताकि वे ऐसी कार्य प्रणालियों के विरुद्ध अपने विधिक अधिकारों को सुरक्षित कर सकें। विकास परियोजनाओं के चलते बिना किसी उचित मुआवजे के अवैध रूप से स्थानांतरित अथवा बेदखल किए गए लोगों के अधिकार के संदर्भ में एफआरए की धारा(31) (एम) बिल्कुल ही लागू नहीं की गई है।

जनजातियों और कुछ स्थितियों में भूमि ग्रहण और इस प्रकार विकास-जनक परियोजनाओं की स्थापना के विरुद्ध विरोध करने वालों पर आपराधिक आरोप लगाए जाते हैं। अभ्यासिक अपराधी अधिनियम, 2000 के कारणवश गैर-अधिसूचित जनजातियों से संबंध रखने वाले लोग निरंतर पक्षपात, हिंसा एवं पुलिस अत्याचार का अनुभव करते है। अंडमान व निकोबार में, जरावा जनजाति यौन-शौषण की घटनाएं भी झेलती है।

शिक्षा संबंधित समस्याएं : भारत में जनजातियों से संबंधित शिक्षा की परिस्थिति सुधरी है, परंतु कुछ समस्याएं अभी तक हैं। बड़ी संख्या में विद्यालय ऐसे हैं जिनमें न्यूनतम सुविधाएं भी नहीं हैं। जहां न्यायसंगत आधार संरचना एवं विद्यार्थी पंजीकरण भी है वहां भी दूरी एवं निर्धनता के कारण जनजाति क्षेत्रों में विद्यालयों में निरंतर उपस्थिति की समस्या है। शिक्षकों की अनुपस्थिति भी बहुत है। विद्यार्थियों के सीखने का स्तर बहुत निम्न है एवं कक्षा 10 तक पहुंचते-पहुंचते छोड़ने की दर बहुत अधिक है। इसका एक संभव स्पष्टीकरण परिस्थितियों का सामना कर पाने में जनजातीय विद्यार्थियों की विफलता भी है। यहां पर उल्लेखनीय लैंगिक अंतर है। लड़कियों की शिक्षा को प्रोत्साहित करने के लिए अधिक ध्यान केंद्रित करने और सामाजिक एकजुटता की आवश्यकता है। जब कभी जनजातीय छात्र दाखिला लेने में सफल हो जाते हैं उन्हें शर्मिंदा किया जाता है और उनका मनोबल तोड़ा जाता है। इसके कारणवश विद्यालय छोड़ने की दर बहुत बढ़ जाती है। उत्तर-पूर्व के जनजातीय छात्रों को अपमानजनक नाम दिया जाना सर्वविदित है। जनजातीय बालिकाओं हेतु आवासीय विद्यालय हैं जो अपने भ्रष्टता, घटिया देखरेख सुविधाओं एवं बालिकाओं के यौन शोषण के कारण समाचार में रहते हैं।

अधिकतर जनजातियां खानाबदोश होती हैं, उनके बच्चे सरकार द्वारा उपलब्ध कराई जाने वाली शिक्षा से वंचित रह जाते हैं। भारत में अधिकतर जनजातीय समुदाय अपनी मातृभाषा का

प्रयोग करते हैं परंतु राज्यों में सरकारी/क्षेत्रीय भाषाएं क्लास-रूम शिक्षा हेतु प्रयोग की जाती हैं जो जनजातीय बच्चों द्वारा विशेष रूप से शिक्षा के प्राथमिक स्तर पर समझी नहीं जाती हैं। उन शिक्षकों को जो जनजातीय बच्चों को शिक्षा प्रदान करते हैं उन्हें स्वयं जनजातीय संस्कृति एवं भाषा से अवगत कराए जाने की आवश्यकता है, ताकि शिक्षा प्राप्त करना सरल हो सके। उदाहरणस्वरूप अधिकतर जिला अधिकारी बाहर के होने के कारण लोगों की भाषाएं नहीं समझते हैं– जैसे गोंडी एवं हलबी। विद्यालयों के शिक्षक भी इन भाषाओं को नहीं समझते हैं।

प्रकृति से नजदीकी के कारण जनजातीय बच्चे संरचनात्मक विद्यालय में सहज नहीं रहते और इसके कारण तत्काल उपलब्ध कराई जाने वाली औपचारिक शिक्षा में उनकी रुचि समाप्त हो जाती है। जनजातीय लोगों में निरक्षरता का मुख्य कारण माता-पिता एवं समुदाय का जनजातीय बच्चों की शिक्षा में कम रुचि लेना एवं जनजातीय क्षेत्रों में घटिया स्तर के विद्यालयों का होना है। जनजातीय समुदाय अधिकतर शिक्षा के लाभों से अवगत नहीं होते।

आदिवासी महिलाओं के संपत्ति अधिकार[15]
(Property Rights of Tribal Women)

जहां तक आदिवासी महिलाओं के संपत्ति अधिकारों की बात है, वे प्रथागत कानून की और भी अधिक पुरातन व्यवस्था के तहत जारी हैं जिनमें महिलाओं के लिए उत्तराधिकार या विभाजन के अधिकारों का पूरी तरह से अभाव है। वास्तव में, आदिवासी महिलाओं को कृषि भूमि पर कोई अधिकार नहीं है। विडंबना यह है कि आदिवासी संस्कृति के संरक्षण के नाम पर संपत्ति के अधिकार का सिर्फ विरोध किया जा रहा है। **मधु किश्वर और अन्य लोग बनाम बिहार राज्य** जनहित याचिका दायर की गई जिसमें प्रचलित प्रथागत कानून को चुनौती दी गई कि देश के कुछ हिस्सों में आदिवासी महिलाओं के संपत्ति अधिकार, मां की संपत्ति को छोड़कर, पति, और पुरुष उत्तराधिकारियों या वंशज उत्तराधिकार के अधिकार पूरी तरह से भेदभावपूर्ण हैं। याचिकाकर्ता का तर्क यह था कि आदिवासी महिला श्रम की कोई मान्यता नहीं है, परंतु आदिवासी महिलाएं, पुरुषों के साथ समान रूप से कृषि संचालन और परिवार प्रबंधन में परेशानियां और कष्ट उठाती हैं। यह भी कहा गया कि एक विवाहित या अविवाहित बेटी को पिता की संपत्ति से बाहर रखा गया है। उनके लिए गैर-आदिवासियों से विवाह व्यभिचार के अधीन है इसलिए पिता की संपत्ति में उनका कोई अधिकार नहीं है। यहां तक कि विधवा का अपने मृत पति की संपत्ति में कोई अधिकार नहीं है और विधवा पुनर्विवाह पर अपनी संपत्ति और पूर्व पति की विरासत में मिली संपत्ति से भी वंचित कर दी जाती है। ऐसी कई घटनाएं हैं जिसमें महिलाओं को या तो अपने जीवन के हितों को छोड़ने के लिए मजबूर किया गया या वे हिंसक हमलों का निशाना बनीं या हत्या कर दी गई। इसलिए विरासत के प्रथागत कानून के आधार पर भेदभाव को असंवैधानिक, अन्यायपूर्ण, अनुचित और अवैध होने के नाते चुनौती दी गई थी। इस मामले में सर्वोच्च न्यायालय ने संविधान के व्यापक दर्शन को आधार बनाते हुए आदिवासी महिलाओं के उत्तराधिकार के अधिकार को ध्यान में रखते हुए अपने फैसले में कहा सार्वजनिक नीति और संवैधानिक दर्शन की परिकल्पना

संविधान की प्रस्तावना और अनुच्छेद 38, 39, 46 और 15 (1) के तहत की गई थी। वे राजनीतिक लोकतंत्र की स्थिरता के लिए महिलाओं के आर्थिक सशक्तिकरण और सामाजिक न्याय के लिए मूल आधार बनाते हैं। दूसरे शब्दों में, सामाजिक, आर्थिक, राजनीतिक और सांस्कृतिक बराबरी के अधिकार के लिए लिंग आधारित भेदभाव और बाधाओं को समाप्त करना आवश्यक है। इस निर्णय में यह भी कहा गया कि बदलते समय के लिए अनुकूल कानून, यहां तक कि प्रथागत कानून के बदलने पर जोर दिया गया है। एक विकसित समाज में कानून और रीति-रिवाजों को लगातार समय के साथ बदलते रहना चाहिए।

हिंदू उत्तराधिकार अधिनियम, 1956 के सामान्य सिद्धांतों के अनुसार, आदिवासी महिलाओं के संपत्ति के अधिकार को मजबूत करना है। पुरुष प्रधान पारंपरिक परिवार प्रणाली में कृषि की पहचान पुरुष द्वारा की जाती है और इस वजह से उसकी मृत्यु पर, उसकी आश्रित पारिवारिक महिलाएं, जैसे कि उनकी मां, विधवा, बेटी, बहू, नाती-नातिन, और अन्य लोगों को जमीन से और उनके जीवनयापन के साधन से वंचित कर दिया जाता है जिसका विरोध अंतर्राष्ट्रीय घोषणाओं विशेष रूप से महिलाओं के खिलाफ भेदभाव के सभी रूपों के उन्मूलन पर कन्वेंशन (CEDAW) एवं यूनिवर्सल डिक्लेरेशन ऑफ ह्यूमन राइट्स में किया गया है और महिलाओं के लिए समान अधिकार की बात की गई है।

निष्कर्ष (Conclusion)

आज स्थिति यह बनी हुई है कि सरकार आदिवासी क्षेत्रों में विकास के लिए कई योजनाएं लागू करने का दावा तो करती हैं, लेकिन वे योजनाएं कागज के कुछ पन्नों में सिमट कर रह जाती हैं उन्हें वास्तविकता में ज़मीन पर उतारा ही नहीं जाता है। यह जानने की कोशिश ही नहीं की गई कि आदिवासियों को बेहतर शिक्षा, चिकित्सा, पेयजल, रोजगार वगैरह, दिलवाने में क्या सरकार ने कामयाबी हासिल की है, क्या उनके जीवन के संघर्ष और अभावों में कोई बदलाव लाया गया है। क्या आदिवासी लोग देश की मुख्यधारा से कभी जुड़ पाएंगे। क्या आदिवासियों के पुनर्वास को लेकर कोई हल खोजे गए हैं। जब तक हमारे मन में ये तमाम प्रश्न नहीं उठेंगे, तब तक हम उनकी स्थिति में कोई सुधार नहीं ला पाएंगे। आज का बदलता हुआ समय आदिवासी समुदाय के सम्मुख दुविधापूर्ण स्थिति लाया है। यहां एक ओर इनके सामने आधुनिक सभ्यता, प्रौद्योगिकी तथा विकास है तो वहीं दूसरी ओर उनकी सांस्कृतिक धरोहर परंपराएं, रीति-रिवाज हैं। इस प्रौद्योगिक युग में इनका अपनी संस्कृति को संरक्षित कर पाना बहुत मुश्किल हो गया है।

वे इस देश के मूलनिवासी हैं लेकिन उन्हें वनवासी कहकर उनकी पहचान को मिटाया जा रहा है। औपनिवेशिक पूंजीवाद आदिवासियों के अस्तित्व को बड़ी तेजी से मिटाता चला जा रहा है। डॉ. वीरभारत तलवार के अनुसार, ''औद्योगीकरण और उससे जुड़े हुए तंत्र ने स्थानीय जनता के सामने संकट खड़ा कर दिया है– अस्तित्व का संकट। औपनिवेशिक पूंजीवाद बहुत तेजी से झारखंड के आदिवासियों के अस्तित्व को उजाड़ता और मिटाता जा रहा है।'' अस्मिता का प्रश्न उनके जल, जंगल, जमीन के अधिकारों के साथ जुड़ा हुआ है।

डॉ. गोविंद गारे चिंता व्यक्त करते हुए लिखते हैं, ''प्राथमिक अवस्था की कृषि न कर, जंगल उत्पादन तथा जंगली जानवरों के शिकार पर जीवनयापन करने वाले कुछ आदिवासी आज भी हैं, पर इनकी संख्या बहुत कम है और वह उत्तरोत्तर कम होती जाएगी। डॉ. वीरभारत तलवार के शब्दों में, ''दमन और अत्याचार के शिकार आदिवासियों को अपने पुरखों की कब्रगाहें अपने सरना (पूजा स्थल) और अपने नाच के अखाड़े वहीं छोड़कर और अपनी मिट्टी के बर्तन और खजूर के पत्तों की चटाइयां साथ लेकर जंगल से बाहर निकल आना पड़ा। आधुनिक पूंजीवाद द्वारा जंगलों पर आदिवासियों के परंपरागत अधिकारों की कटौती और दमन के इतिहास की यह कहानी और भी योजनाबद्ध ढंग से आगे बढ़ाई जा रही है।'' जनजातीय लोगों के मध्य विधि व्यवस्था में विश्वास की पुनः स्थापना एवं विधि के नियम की प्रभावकारिता के बारे में समझाना आवश्यक है।

संदर्भ सूची (References)

1, https://tribal.nic.in/ST/Tribal%20Profile.pdf accesed on 29.08.2020
2. Statistical Profile of Scheduled Tribes in India, 2013, Ministry of Tribal Affairs Statistics Division, Government of India, www.tribal.nic.in, p. 141, accesed on 23.08.2020
3. ibid
4. ibid
5. languages.iloveindia.com/santhali.html accesed on 29.08.2020
6. ibid
7. Ibid, p.142
8. ibid
9. https://www.etribaltribune.com/index.php/volume-2/mv2i7/primitive-tribes-in-india accesed on 29.08.2020
10. https://www.lcgalcrystal.com/act/135088/the-scheduled-districts-act-1874-complete-act accesed on 29.08.2020
11. https://hindi.indiawaterportal.org/content/vana-kasaetara-kae-ghata, accesed on 23.08.2020
12. https://mpforest.gov.in/img/files/Policy_NFP.pdf, accesed on 23.08.2020
13. https://www.jagran.com/jharkhand/jamshedpur-here-are-the-tribal-heroes-of-kolhan-of-jharkhand-19534995.html?utm_expid=.EV9lrgB0QnKoaDL62_wZVQ.0&utm_referrer=https%3A%2F%2Fwww.google.com%2F, accesed on 23.08.2020
14. https://www.historydiscussion.net/essay/tribal-movements-in-india/1797 accesed on 29.08.2020
15. https://www.womenslinkworldwide.org/files/gjo_article_India_caseC.%20Masilamani_en.pdf, retrievd on 20.08.2020

8 ग्रामीण रोजगार गारंटी
(Rural Employment Guarantee)

परिचय (Introduction)

भारत विकासशील अर्थव्यवस्था का उदाहरण प्रस्तुत करता है, जिसमें ग्रामीण जनसंख्या बहुत बड़ी भागीदार है। ग्रामीण जनसंख्या की उन्नति एवं प्रगति का सीधा प्रभाव देश की अर्थव्यवस्था एवं विकास पर दिखाई देता है। आज भूमंडलीकरण के युग में शहरों एवं गांवों दोनों में ही जनसंख्या का बहुत बड़ा भाग रोजगार के नए रास्ते तलाशने में लगा हुआ है। विशेषकर, गांवों में रहने वाले युवा वर्ग ने बेरोजगारी, निर्धनता, अशिक्षा एवं आधारभूत सुविधाओं के अभाव में गांवों से शहरों की ओर पलायन किया है। यह सर्वविदित है कि देश की अधिकांश आबादी गांवों में ही रहती है और गांव की हालत किसी से छिपी नहीं है। गांवों में न तो रोजगार के साधन हैं और न ही शिक्षा और मनोरंजन की पर्याप्त व्यवस्था है। ले-देकर केवल खेती ही आय का एक मात्र जरिया रह गया है। ग्रामीण अर्थव्यवस्था कृषि पर निर्भर करती है और भारत में कृषि अप्रत्याशित मानसून पर निर्भर करती है, जो पैदावार में अहम् भूमिका निभाता है। इसलिए ग्रामीण इलाकों में पानी की कमी, खराब मौसम की स्थिति और सूखा जैसे कारण गरीबी को बढ़ाते हैं। अत्यधिक गरीबी कई किसानों को आत्महत्या करने के लिए मजबूर करती है। ग्रामीण क्षेत्रों के भूखे गरीबों को खाना खिलाने के लिए इस देश में कृषि और उद्योग में रोजगार पैदा करना जरूरी है। कृषि ग्रामीण भारत की जीवन रेखा है और इसे अधिक व्यवहार्य और लाभदायक बनाने की आवश्यकता है इस तथ्य को नकारा नहीं जा सकता है।

भारत को एक श्रम प्रधान देश के रूप में जाना जाता है। यहां अकुशल श्रमिकों की संख्या अधिक होने तथा बाजार के मांग एवं आपूर्ति (Demand and Supply) के सिद्धांत के प्रतिकूल समीकरण के कारण यहां श्रमिकों को पूरे-पूरे वर्ष कार्य नहीं मिलता और यदि कार्य मिलता है तो उनके बदले मिलने वाली मजदूरी इतनी कम होती है कि उनकी न्यूनतम आवश्यकताओं की पूर्ति भी नहीं हो पाती।[1] ग्रामीण क्षेत्रों की स्थिति तो अत्यंत ही दयनीय है।

कई गरीब ग्रामीण इलाकों में स्वच्छता, बुनियादी ढांचे, संचार और शिक्षा की मूलभूत सुविधाओं का अभाव है। ग्रामीण अर्थव्यवस्था स्थिर हो रही है और इसके साथ ही भारत

डॉ. सुनीता मंगला, असिस्टेंट प्रोफेसर, राजनीति विज्ञान विभाग, कालिंदी कॉलेज, दिल्ली विश्वविद्यालय।

की समग्र अर्थव्यवस्था की जो गति होनी चाहिए वह उस हिसाब से आगे नहीं बढ़ रही है। ग्रामीण क्षेत्रों में बढ़ती बेरोजगारी और कम आमदनी से ग्रामीण व्यक्तियों की क्रय शक्ति कम होती जा रही है, जो अंततः उनकी गुणवत्ता को प्रभावित करती है। सरकार ने विशेषकर ग्रामीण क्षेत्रों में रोजगार के अवसर पैदा करने के लिए कई योजनाएं शुरू की हैं। सरकार ने ऐसी व्यवस्था करने की कोशिश की है कि गांव को छोड़कर गरीब मजबूर व्यक्ति को रोजी-रोटी की तलाश में परिवार से दूर किसी शहर में भटकना न पड़े।

रोजगार सुरक्षा प्रदान करने संबंधी ऐतिहासिक साक्ष्य प्राचीन भारत में भी दिखाई देते हैं। प्राचीन शासक, मध्यकालीन राजाओं एवं औपनिवेशिक शासन के दौरान भी सूखा, कृषि के नुकसान एवं अन्य आपदाओं, में सामाजिक सुरक्षा प्रदान करने संबंधी कई उदाहरण मिलते हैं। स्वतंत्रता के पश्चात् महात्मा गांधी के नारे 'काम करने का अधिकार' (Right to work) का उद्देश्य विकास की इसी विचारधारा पर आधारित था।[2] केवल भारत ही अपने नागरिकों की रोजगार सुरक्षा के लिए चिंतित नहीं रहा है, बल्कि विश्व के अन्य देशों में भी इसके उदाहरण मिलते हैं। रोजगार गारंटी संबंधित योजना की शुरूआत ग्रेट ब्रिटेन में 1917 से मानी जाती है, जब वहां गरीब रोजगार अधिनियम की शुरूआत हुई। इसके बाद 1930 के दशक में महान आर्थिक मंदी के दौर में संयुक्त राज्य अमेरिका में बेरोजगारों व गरीबों को राज्य द्वारा आर्थिक सहायता प्रदान करने तथा उनकी आय को बढ़ाकर राष्ट्रीय अर्थव्यवस्था को चलायमान रखने के लिए 'न्यू डील' कार्यक्रम की शुरूआत हुई। इसके अंतर्गत बड़ी मात्रा में रोजगार के अवसर प्रदान किए गए।[3] स्वतंत्रता के बाद भारतीय अर्थव्यवस्था भी जर्जर अवस्था में पहुंच चुकी थी। गांवों एवं शहरों दोनों में ही बेरोजगारी एवं मंहगाई मुंह खोले खड़ी थी। सरकार ने वैश्विक विकास की धारा से अर्थव्यवस्था को जोड़ने के लिए कई योजनाओं को आरंभ किया, विशेषरूप से ग्रामीण क्षेत्रों में विकास को गति प्रदान करने के लिए अनेक योजनाएं आरंभ की गईं, ताकि स्वरोजगार को बढ़ावा दे सकें एवं मजदूरी प्रदान करने वाली योजनाओं को विकसित कर सकें।

पिछले कुछ वर्षों से विकसित और विकासशील दोनों देशों में इस प्रकार के कार्यक्रम बड़े पैमाने पर शुरू किए गए हैं, जिनका उद्देश्य गरीबी कम करना, सार्वजनिक उपयोग की आधारभूत अवसंरचना का निर्माण करना, मजदूरों की मोल-तोल की क्षमता में वृद्धि करना तथा गांवों से शहरों की ओर होने वाले तीव्र प्रवासन को रोकना इत्यादि है। मुख्य रूप से भारत (1978), बांग्लादेश (1983), चिली (1987), फिलिपींस (1990) और केन्या (1992) इत्यादि प्रमुख देश हैं, जहां कृत्रिम रूप से राज्य द्वारा सार्वजनिक क्षेत्र में रोजगार के अवसर पैदा कर गरीबी को दूर करने के लिए इस प्रकार की रोजगार गारंटी योजनाएं शुरू की गईं।[4]

गांवों से शहरों की ओर युवाओं का पलायन रोकने, गांवों में रोजगार के साधन जुटाने, आधारभूत रचनाओं का विकास करने, सभी नागरिकों के लिए न्यूनतम आय सुनिश्चित करने, गांवों एवं शहरों में आय की असमानताओं को दूर करने एवं सभी को खाद्य सुरक्षा प्रदान करने तथा स्वरोजगार को बढ़ावा देने एवं मजदूरी आधारित रोजगार संभावनाओं को कार्यरूप देने संबंधी अनेक सरकारी योजनाएं समय-समय पर प्रारंभ की गई हैं।

ग्रामीण जनशक्ति कार्यक्रम (Rural Manpower Programme)

भारत सरकार द्वारा न्यूनतम मजदूरी दर पर बेरोजगारी उन्मूलन परियोजना के तहत एक पायलट परियोजना के रूप में ग्रामीण जनशक्ति कार्यक्रम का प्रारंभ 1960-61 में किया गया।

सूखा प्रभावित क्षेत्र विकास परियोजना

सूखा प्रभावित क्षेत्रों के विकास के लिए 1972 में इस कार्यक्रम की शुरूआत की गई। इस परियोजना का उद्देश्य गरीबी में भी अत्यंत गरीबों के विकास के लिए छोटी किसान परियोजना एवं सीमांत कृषक व कृषि विकास परियोजना की शुरूआत भी साथ में की गई।

काम के बदले अनाज कार्यक्रम (Food for Work Programme)

1977 में केंद्रीय सत्ता के परिवर्तन का आंशिक असर सरकार द्वारा चलाई गई परियोजनाओं पर भी पड़ा। 1977 में केंद्र में जनता पार्टी की सरकार अस्तित्व में आई। हालांकि जनता पार्टी ने पहले से चले आ रहे कार्यक्रमों को बिना परिवर्तित किए सभी कल्याणकारी योजनाओं को जारी रखा। जनता पार्टी सरकार ने सभी परियोजनाओं को एक वृहत परियोजना में मिलाकर एक संपूर्ण रोजगार परियोजना के रूप में 1977 में 'काम के बदले अनाज' कार्यक्रम की शुरूआत की। लेकिन जनता पार्टी सरकार अपने आंतरिक विरोधाभास के कारण अपने कार्यकाल को पूरा नहीं कर पाई और दो साल के अंदर ही गिर गई और 1980 में हुए आम चुनाव के बाद केंद्र में पुनः इंदिरा गांधी के नेतृत्व में सरकार बनी। अतः 1980 में 'काम के बदले अनाज कार्यक्रम' को राष्ट्रीय ग्रामीण रोजगार कार्यक्रम एवं ग्रामीण भूमिहीन रोजगार गारंटी कार्यक्रम के रूप में परिवर्तित कर दिया गया। पुनः 1993 में जवाहर रोजगार योजना तथा रोजगार गारंटी योजना के रूप में इसे और अधिक प्रभावी बनाया गया। जवाहर रोजगार योजना का वर्ष 1999-2000 में जवाहर ग्राम समृद्धि योजना के साथ विलय किया गया और उसे एक ग्रामीण अवसंरचना कार्यक्रम बनाया गया। इस कार्यक्रम का वर्ष 2001-02 के दौरान 'संपूर्ण ग्रामीण रोजगार योजना' तथा 2005 में फिर से राष्ट्रीय 'काम के बदले अनाज कार्यक्रम' के साथ विलय कर दिया गया।[5]

ट्राइसेम (Training of Rural Youth for Self Employment)

15 अगस्त 1979 को इस कार्यक्रम की शुरूआत हुई, जिसका प्रमुख उद्देश्य ग्रामीण युवाओं में प्रशिक्षण एवं रोजगार के अभाव को कम करना था। 3500 रुपए वार्षिक आय से कम कमाने वाले व्यक्ति इस परियोजना के तहत आते थे। 1999 में इसे स्वर्ण जयंती ग्राम स्वरोजगार योजना में मिला लिया गया।

राष्ट्रीय ग्रामीण रोजगार कार्यक्रम (National Rural Employment Programme)

सामुदायिक संपत्तियां बनाने के लिए बेरोजगारों एवं अर्ध-बेरोजगार श्रमिकों को काम में लाना

शुरू किया गया।[6] यह वास्तव में 'काम के बदले अनाज' का ही पुनर्गठित रूप था। इसकी शुरूआत 1980 में की गई थी। इसमें आधी वित्तीय सहायता (50 प्रतिशत) केंद्र सरकार की होती थी। 1989 में इसे जवाहर रोजगार योजना के साथ मिला दिया गया।

ग्रामीण भूमिहीन रोजगार गारंटी

(Rural Landless Employment Guarantee Programme)

प्रत्येक ग्रामीण भूमिहीन परिवार के प्रत्येक सदस्य को 100 दिनों की गारंटी के साथ रोजगार प्रदान करने की मंशा से इस कार्यक्रम की शुरुआत 15 अगस्त 1983 को की गई। इस योजना में 100 प्रतिशत वित्तीय मदद केंद्रीय सरकार द्वारा प्रदत्त थी। राज्य सरकारों का इसमें कोई वित्तीय योगदान नहीं था। सामाजिक वानिकी, इंदिरा आवास योजना एवं दस मिलियन वेल स्कीम भी इस परियोजना में शामिल थी। ग्रामीण क्षेत्रों में भूमिहीन परिवारों को लाभप्रद रोजगार प्रदान करना एवं उनकी जीवन शैली एव गुणवत्ता के स्तर को बढ़ाना इस कार्यक्रम के महत्त्वपूर्ण उद्देश्य थे।

जवाहर रोजगार योजना (Jawahar Rozgar Yojana)

1989 में इस कार्यक्रम का आरंभ हुआ। कृषि अवकाश अवधि के दौरान, ग्रामीण गरीबों के लिए पूरक रोजगार के अवसर बनाने के माध्यम से इस कार्यक्रम का उद्देश्य गरीबी कम करना था।

रोजगार आश्वासन योजना (Employment Assurance Scheme)

2 अक्टूबर 1993 को सूखा प्रभावित, मरुस्थली एवं पर्वतीय क्षेत्रों के लिए इस परियोजना की शुरूआत की गई। इसके अंतर्गत 1772 पिछड़े ब्लॉकों में यह परियोजना आरंभ की गई। कमजोर कृषि सीजन के दौरान रोजगार प्रदान करने के लिए गरीबी रेखा से नीचे रहने वाले ग्रामीण गरीबों के लिए मजदूरी की कमी के दौरान रोजगार अधिकारों का सृजन इस योजना का मुख्य लक्ष्य था। साथ ही साथ, भविष्य में रोजगार के नए-नए साधन जुटाना एवं विकास को बनाए रखने के लिए सदृढ़ सामुदायिक, सामाजिक एवं आर्थिक संपत्तियों का निर्माण करना भी इस योजना की प्राथमिकताओं में शामिल है। 1 अप्रैल 1999 को एकल मजदूरी रोजगार कार्यक्रम के दौरान इसे पुन: तैयार किया गया एवं बाद में इसे संपूर्ण ग्रामीण रोजगार योजना में समाहित कर दिया गया।

जवाहर ग्राम समृद्धि योजना (Jawahar Gram Samriddhi Yojana)

इस कार्यक्रम की शुरूआत 1999 में की गई। ग्रामीण स्तर पर स्थायी संपत्ति सहित मांग-आधारित समुदाय द्वारा गांव के ढांचे को बनाने एवं ग्रामीण गरीबों को निरंतर रोजगार के अवसरों को बढ़ाने एवं सक्षम बनाने हेतु यह योजना आरंभ की गई। यह योजना वास्तव में जवाहर रोजगार योजना का ही पुनर्गठित रूप था।[7] यह योजना केंद्र एवं राज्यों के बीच 80: 20 के लागत बंटवारे के अनुपात के आधार पर केंद्र प्रायोजित योजना के रूप में कार्यान्वित की गई। इसमें व्यय होने वाली राशि ग्राम पंचायतों के हाथों में होती है। इस योजना के अन्य प्रमुख

उद्देश्य हैं– अधिक मांग वाली ग्रामीण आधारभूत संरचना, जिसमें ग्रामीण स्तर पर टिकाऊ परिसंपत्तियां सम्मिलित हैं, को विकसित करना है ताकि ग्रामीण गरीबों के लिए स्थायी एवं निरंतर बने रहने वाले रोजगार के अवसरों को बढ़ाया जा सके। साथ–ही–साथ ग्रामीण क्षेत्रों में बेरोजगारों एवं गरीबों के लिए अनुपूरक रोजगार प्रदान किए जा सकें।

स्वर्ण जयंती ग्राम स्वरोजगार योजना

(Swarnjayanti Gram Swarozgar Yojana)

यह योजना स्वरोजगार के सभी पहलुओं को सम्मिलित करने वाला एक समग्र पैकेज है, जैसे– स्वयं सहायता समूह, प्रशिक्षण, ऋण, बुनियादी ढांचे एवं विपणन में गरीबों का संगठन आदि। एक क्रेडिट–कम–सब्सिडी कार्यक्रम, इस योजना के तहत लाभार्थियों को स्वरोजगार दिया जाता है। यह योजना केंद्र एवं राज्य सरकार द्वारा 3:1 के लागत अनुपात पर लागू की गई।[8] जबकि उत्तर–पूर्वी राज्यों में यह अनुपात 9:1 है। यह ट्राइसेम, ग्रामीण क्षेत्रों की महिलाओं एवं बच्चों के विकास संबंधी योजना (डीडब्ल्यूसीआरए) दस लाख कूप स्कीम एवं समन्वित ग्रामीण विकास कार्यक्रम (आईआरडीपी) को मिलाकर अप्रैल 1999 में आरंभ की गई। यह स्वयं रोजगार निर्माण करने वाली केंद्रीय सरकार प्रायोजित योजना के रूप में कार्यान्वित की जा रही है। इस योजना के प्रमुख उद्देश्य हैं– सहायता प्राप्त करने वाले लाभार्थियों को बैंक ऋण एवं सब्सिडी द्वारा आय सृजक संपत्तियां उपलब्ध कराना, गरीबों को स्वसहायता समूहों में संगठित करना, ट्रेनिंग, ऋण, तकनीकी सहायता प्रदान कराना ताकि वे स्वरोजगार के अवसरों को विकसित कर सकें क्योंकि यह मजदूरी पर रोजगार देने से संबंधित कार्यक्रम नहीं है। यह परिसंपत्तियों एवं रोजगार के सृजन से संबंधित है जिससे गरीब परिवार जीविका चलाने लायक एक निश्चित आय प्राप्त कर सकें। 3 जून 2011 में शुरू किया गया नेशनल रूरल लावलीहुड इसी योजना का पुनर्गठित रूप था।

संपूर्ण ग्रामीण रोजगार योजना (Sampoorna Grameen Rozgar Yojana)

इस योजना की शुरूआत जवाहर ग्रामीण समृद्धि योजना (जेजीएसवाई) एवं रोजगार आश्वासन योजना (ईएएस) को मिलाकर 25 सितंबर 2001 में की गई। इस कार्यक्रम का प्राथमिक उद्देश्य ग्रामीण क्षेत्रों में रोजगार के अवसर प्रदान करना है। यह योजना उन सभी ग्रामीण क्षेत्रों के लिए खुली है जो रोजगार चाहते हैं। रोजगार के अवसर प्रदान कराने के साथ–साथ यह ग्रामीणों को खाद्यान्न सुरक्षा, सामुदायिक, सामाजिक एवं आर्थिक सदृढ़ता भी प्रदान करती है। अप्रैल 2008 में इस योजना को राष्ट्रीय ग्रामीण रोजगार गारंटी (नरेगा) जिसे बाद में महात्मा गांधी राष्ट्रीय रोजगार गारंटी कार्यक्रम (मनरेगा) के रूप में परिवर्तित कर दिया गया, में शामिल किया गया।

नेशनल फूड फॉर वर्क प्रोग्राम (National Food for Work Programme)

150 सर्वाधिक पिछड़े पहचान वाले जिलों पर विशेष ध्यान देने के उद्देश्य से यह प्रोग्राम

14 नवंबर 2004 को आरंभ किया गया था। इसका प्रमुख उद्देश्य मजदूरों को रोजगार प्रदान कराना था। यह योजना पूर्णत केंद्र द्वारा प्रायोजित थी और यह उन सभी ग्रामीण एवं गरीब लोगों के लिए तैयार की गई योजना थी, जिन्हें मजदूरी और रोजगार की आवश्यकता थी। इस योजना के अंतर्गत राज्यों को मुफ्त में अनाज प्रदान किया गया था, परंतु इन पर लगने वाली अन्य लागतें जैसे परिवहन, ढुलाई एवं करों का भुगतान राज्यों को ही करना होता था।

राष्ट्रीय ग्रामीण रोजगार गारंटी योजना
(National Rutal Employment Guarantee Scheme)

इस योजना का आरंभ प्रत्येक परिवार के एक सदस्य को 100 दिनों का गारंटी वाला रोजगार प्रदान करने एवं सामुदायिक संपत्तियां बनाने के लिए तथा सर्वाधिक पिछड़ी पहचान वाले जिलों में फरवरी 2006 में आरंभ किया गया था। 2008 में इसे 300 जिलों एवं 2009 तक यह देश के संपूर्ण जिलों में फैल गया। प्रधानमंत्री ग्रामीण रोजगार योजना, प्रधानमंत्री रोजगार योजना एवं ग्रामीण रोजगार सृजन कार्यक्रम को मिलाकर 2008 में इस योजना की शुरूआत हुई थी। इसका प्रमुख उद्देश्य ग्रामीण एवं शहरी क्षेत्रों में रोजगार के अवसर प्रदान करना था ताकि नए स्वरोजगार योजना परियोजनाओं के सूक्ष्म उद्यम स्थापित किए जा सकें।

ग्रामीण स्वयं रोजगार प्रशिक्षण संस्थान (RSITIs)

जिले के प्रमुख बैंकों के सहयोग से ग्रामीण बीपीएल (गरीबी रेखा से नीचे) युवाओं को प्रशिक्षण देने के लिए राज्य के अधिकांश जिलों में इन संस्थानों की स्थापना की जा रही है। राज्य सरकार संबंधित बैंकों द्वारा मुफ्त जमीन उपलब्ध कराएगी।

ग्रामीण रोजगार सृजन कार्यक्रम (Rural Employment Generation Programme)

इस कार्यक्रम की शुरूआत 1995 में की गई। यह कार्यक्रम खादी एवं ग्रामोद्योग आयोग द्वारा कार्यान्वित किया गया। इसको 2008 में प्रधानमंत्री रोजगार कार्यक्रम में मिला दिया गया। राष्ट्रीय ग्रामीण आजीविका मिशन गरीबों के वर्तमान आजीविका विकल्पों के विस्तार एवं वृद्धि करने, रोजगार के लिए कौशल का विकास करने एवं लघु स्वरोजगारियों एवं उद्यमियों को सहयोग देने के उद्देश्य से इसकी शुरूआत 3 जून 2011 को राजस्थान के बांसवाड़ा ग्राम से की गई थी। यह परियोजना मजबूत एवं निचले स्तर के संस्थानों का निर्माण करके उनकी आजीविका में सुधार करना चाहती थी। इसमें महिला स्व-सहायता समूहों पर भी बल दिया गया था। यह गरीबी निवारण के लिए अत्यंत स्पष्ट एवं समयबद्ध योजना है।

प्रधानमंत्री श्रम पुरस्कार योजना (Prime Minister Shram Award Scheme)

इस योजना का उद्देश्य औद्योगिक विवाद अधिनियम 1947 में परिभाषित श्रमिकों द्वारा सार्वजनिक और निजी दोनों ही क्षेत्रों में किए गए उत्कृष्ट योगदानों को पहचानना है। 2012 में इस योजना की शुरूआत की गई।

महात्मा गांधी राष्ट्रीय ग्रामीण रोजगार गारंटी अधिनियम
(Mahatma Gandhi National Rural Employment Guarantee Act (MGNREGA))

जैसा कि उपर्युक्त वर्णित विभिन्न योजनाओं से स्पष्ट है कि सरकार द्वारा समय-समय पर ग्रामीण क्षेत्रों में युवाओं को रोजगार सुरक्षा प्रदान करने के लिए अनेक योजनाएं और कार्यक्रम चलाए जाते रहे हैं। इन्हीं में से एक है **मनरेगा**। गांधी जी का सिद्धांत 'कार्य करने का अधिकार' (Right to work) पर आधारित राष्ट्रीय ग्रामीण रोजगार गारंटी अधिनियम (नरेगा) का क्रियान्वयन ग्रामीण विकास मंत्रालय द्वारा किया जाता है जोकि सरकार के सबसे महत्त्वपूर्ण कार्यक्रमों में से एक है। इस योजना के तहत सरकार गरीबों तक सीधे पहुंच रखेगी और उन्हें विकास के लिए विशेष रूप से प्रोत्साहित किया जाएगा। राष्ट्रीय ग्रामीण रोजगार गारंटी अधिनियम द्वारा प्रत्येक ग्रामीण परिवार को 100 दिन का गारंटीशुदा अकुशल मजदूरी/रोजगार वित्तीय वर्ष में प्रदान किया जाएगा। आरंभ में, सितंबर 2005 में नरेगा को एक सामाजिक सुरक्षा संबंधी योजना के रूप में आरंभ किया गया था जिसका उद्देश्य ग्रामीण श्रमिकों को रोजगार के अवसर प्रदान करना था। नरेगा को एक श्रम संबंधी अधिनियम के रूप में पास किया गया। निष्पक्षता एवं सामाजिक न्याय के साथ विकास प्राप्त करने के लिए भारत सरकार पांचवीं पंचवर्षीय योजना (1974-1979) के बाद से गरीबी हटाने की दिशा में कार्य कर रही थी।

यह अधिनियम 2 फरवरी, 2006 को लागू हुआ और इसे कई चरणों में लागू किया गया था। पहले चरण में वर्ष 2006-07 में देश के 27 राज्यों के 200 जिलों में इस योजना का कार्यान्वयन किया गया।[9] इसमें 200 चयनित जिलों में 150 जिले ऐसे थे, जहां काम के बदले अनाज कार्यक्रम पहले से चल रहा था। काम के बदले अनाज योजना व संपूर्ण ग्रामीण रोजगार योजना का विलय अब इस नई योजना में कर दिया गया है। 2007-08 में दूसरी किस्त में 130 जिलों को जोड़ा गया। प्राथमिक लक्ष्य के अनुसार, शुरूआती पांच सालों में राष्ट्रीय ग्रामीण रोजगार गारंटी अधिनियम का पूरे देश में विस्तार किया जाएगा। इस योजना का विस्तार संपूर्ण राष्ट्र को एक सुरक्षित दायरे और मांग दृष्टि से 274 ग्रामीण जिलों में किया गया। 1 अप्रैल, 2008 में इसका तीसरा चरण आरंभ किया गया और अप्रैल 2008 से इस योजना को संपूर्ण देश में लागू कर दिया गया है।

नरेगा का नामकरण 2 अक्टूबर, 2009 को गांधी जयंती के अवसर पर महात्मा गांधी के नाम पर करने की घोषणा की गई थी। वर्ष 2005 में बने राष्ट्रीय ग्रामीण रोजगार गारंटी अधिनियम (नरेगा) का नाम औपचारिक रूप से महात्मा गांधी राष्ट्रीय ग्रामीण रोजगार गारंटी अधिनियम (मनरेगा) करने का प्रावधान किया गया। 2009 में इस अधिनियम को वाम दल-समर्थित यूपीए सरकार द्वारा लाया गया था। कई लोगों का मानना है कि इस परियोजना का वादा भारतीय आम चुनाव, 2009 में यूपीए के पुनर्विजयी होने के प्रमुख कारणों में से एक था। बेल्जियम में जन्मे और दिल्ली स्कूल ऑफ इकोनोमिक्स में कार्यरत् अर्थशास्त्री ज्यां द्रेज की इस परियोजना के पीछे एक अहम भूमिका है।[10]

यह पहला कानून है जिसमें बड़े पैमाने पर रोजगार गारंटी प्रदान की जाती है। इसका लक्ष्य रोजगार को बढ़ाना और प्रबंधन द्वारा प्राकृतिक संसाधनों का सही उपयोग करने के साथ-साथ सूखा, जंगलों की कटाई, मिट्टी के कटाव आदि को रोकने है। इस प्रक्रिया के द्वारा लोकतंत्र की जड़ों को मजबूत बनाना भी सरकार की जिम्मेदारी है। अधिकार आधारित ढांचे और मांग आधारित होने के कारण यह पहले चलाए गए रोजगार कार्यक्रमों से बिल्कुल अलग है। विकेंद्रीकरण को मजबूत करने और लोकतांत्रिक प्रक्रिया की मजबूती में यह अधिनियम महत्त्वपूर्ण भूमिका निभाता है। योजना निर्माण, निगरानी और अनुपालन में पंचायती राज संस्थाओं को यह अधिनियम केंद्रीय भूमिका प्रदान करता है। इस अधिनियम की अनोखी बात समय पर रोजगार गारंटी और 15 दिन में मजदूरी का भुगतान किया जाना है। अधिनियम के अनुसार, मजदूरी का 90 प्रतिशत केंद्र सरकार देगी या काम के अभाव में दिए जाने वाले बेरोजगारी भत्ते का वहन राज्य सरकार को करना होगा। इसका खर्च केंद्र सरकार द्वारा दिए गए बेरोजगारी भत्ते में से राज्य को स्वत: प्रबंध करना होगा तथा श्रम आधारित कार्यों को बढ़ावा देना तथा मशीनों और ठेकेदारों की भूमिका का न होना इस अधिनियम की अन्य खास बातें हैं।[11]

अधिनियम के प्रमुख प्रावधान

- यह अधिनियम रोजगार की कानूनी (2008-09) गारंटी प्रदान करता है।
- प्रत्येक विकास खंड पर इस कार्यक्रम की गतिविधियों का चयन पंचायत समितियों द्वारा करने का प्रावधान है।
- पंचायत समितियों द्वारा लोगों को, कार्यक्रम की पारदर्शिता, सामाजिक उत्तरदायित्व तथा सामाजिक सहभागिता का पूर्ण आश्वासन दिया जाएगा।
- कष्ट निवारण समितियां हर जगह उपलब्ध होंगी, जो तीनों स्तरों पर लोगों की परेशानियों का निवारण करने का प्रयास करेगी।
- 33 प्रतिशत लाभ महिलाओं को होगा तथा उन्हें पुरुषों के बराबर पारिश्रमिक देने की व्यवस्था की जाएगी।
- रोजगार का इच्छुक कोई भी व्यक्ति, ग्राम पंचायत समिति में पंजीकरण करा सकता है। पंजीकृत होने वाले व्यक्तियों को ग्राम पंचायत द्वारा जॉब गारंटी कार्ड जारी किया जाएगा। इस कार्ड के अंतर्गत वैधानिक मान्यता है कि 15 दिनों के अंदर व्यक्ति को रोजगार मिले। प्रत्येक जॉब कार्ड की अपनी अलग पहचान संख्या होती है। सभी जॉब कार्ड पर व्यक्ति का फोटो होता है।
- पंजीकरण कार्यालय वर्षभर खुला रहेगा।
- यह केंद्र प्रायोजित योजना है।
- व्यक्ति को रोजगार उसके घर से 5 किमी. के दायरे में मिलेगा तथा साथ में मजदूरी भत्ता भी उपलब्ध कराया जाएगा। इससे बाहर काम दिए जाने पर श्रमिक को 10 प्रतिशत अतिरिक्त मजदूरी दी जाएगी जो राज्य सरकार द्वारा देय होगी। यह अतिरिक्त मजदूरी उसे परिवहन व आवास व्यय के रूप में दी जाती है।

- इस कानून के तहत प्रत्येक ग्रामीण परिवार एक साल में 100 दिन कार्य करने का अधिकारी होता है जिसमें एक-तिहाई महिलाएं होती हैं।
- इस अधिनियम के अंतर्गत ग्रामीण परिवार का कोई भी वयस्क व्यक्ति, जो अकुशल कार्य करना चाहता हो, वह इसके लिए लिखित एवं मौखिक रूप में स्थानीय ग्राम पंचायत में अपना पंजीकरण करवा सकता है।
- यदि किसी स्थिति में रोजगार की मांग करने वाले व्यक्ति को 15 दिनों के अंतर्गत कार्य नहीं मिलता तो उस व्यक्ति को बेरोजगार मान लिया जाता है और उसे राज्य द्वारा बेरोजगारी भत्ता दिया जाता है। यह बेरोजगारी भत्ता न्यूनतम वैधानिक मजदूरी के 1/3 से कम नहीं होगा।
- महिला सशक्तिकरण को बढ़ावा देने के लिए इस योजना के अंतर्गत 50 प्रतिशत महिलाओं के लिए आरक्षण की व्यवस्था की गई है अर्थात् महिलाओं को प्राथमिकता दी गई है। पुरुष एवं महिलाओं के लिए समान पारिश्रमिक की भी व्यवस्था की गई है।
- कार्यस्थल पर बच्चों वाली महिलाओं के बच्चों के लिए पालना आदि की भी व्यवस्था की गई है। यदि कार्यस्थल पर महिलाएं अपने साथ छह वर्ष से कम आयु के बच्चे लेकर आती हैं और उनकी संख्या पांच या अधिक हो तो एक महिला बच्चों की देखभाल में लगी रहेगी और उसे पूरी मजदूरी मिलेगी।
- कार्यस्थल पर मजदूरों के लिए अनेक सुविधाएं देने का प्रावधन है। जैसे– कार्यस्थल पर मजदूरों को पेयजल, प्राथमिक स्वास्थ्य, आराम के लिए शेल्टर का निर्माण करना आदि। यदि कार्यस्थल पर कोई भी श्रमिक घायल हो जाता है तो उसके इलाज के लिए प्राथमिक उपचार की व्यवस्था भी की गई है। यदि किसी श्रमिक की मौत हो जाती है अथवा वह स्थायी रूप से विकलांग हो जाता है, तो उसे मुआवजा देने का भी प्रावधान है। घायल मजदूर का उपचार कराने की जिम्मेदारी सरकार की होगी। कार्य के दौरान मौत होने पर 25 हजार रुपए और स्थाई रूप से विकलांग होने पर भी 25 हजार रुपए दिए जाते हैं।
- पूरी स्कीम इस अर्थ में स्वरचनात्मक (Selfselecting) है कि गरीबों में जो लोग न्यूनतम मजदूरी पर कार्य करने के इच्छुक हैं वे स्वयं इस स्कीम में कार्य के लिए आते हैं।
- यह प्रस्तावित है कि परियोजना से संबंधित मजदूरी भाग का भुगतान, जो कुल लागत की लगभग 80 प्रतिशत होगी उसे केंद्र सरकार वहन करेगी, जबकि उसमें लगने वाली सामग्री (Materials) की लागत 75 प्रतिशत तथा प्रशासनिक लागत का कुछ भाग केंद्र सरकार वहन करेगी तथा शेष राज्य सरकार वहन करेगी। इसमें होने वाले व्यय को केंद्र तथा राज्य सरकार 90: 10 के अनुपात में वहन करती है।
- परियोजना की पहचान, क्रियान्वयन एवं देखरेख, अनुमोदन ग्रामसभा द्वारा किया जाता है। सभी प्रकार के रिकॉर्ड एवं कागजातों की जांच का कार्य ग्रामसभा के माध्यम से वास्तव में गांव के लोगों के द्वारा किया जाता हैं। ग्राम पंचायत इसकी क्रियान्वयन ईकाई हैं। इसके क्रियान्वयन के लिए राज्य सरकार प्रत्येक ब्लॉक के लिए एक प्रोग्राम अधिकारी की नियुक्ति करती हैं एवं प्रत्येक परिवार इसमें लाभ प्राप्तकर्ता है।

- मजदूरों के हितों को ध्यान में रखते हुए मनरेगा में किसी भी प्रकार के मध्यस्थों जैसे-ठेकेदारों का प्रयोग बिलकुल न के बराबर होता हैं। इस योजना के अंतर्गत मजदूरी का भुगतान एकाउंट पेयी चेक या बैंक या डाक खाने में खाते द्वारा ही होता है। जिससे मध्यस्थों एवं बिचौलियों से मुक्ति मिलती है।
- मजदूरी का भुगतान साप्ताहिक आधार पर किया जाता है। किसी भी कार्य के लिए अधिकतम 15 दिन के भीतर मजदूरी का भुगतान करना अनिवार्य है। मजदूरी का भुगतान मेट की ओर से तैयार की गई मस्टर रोल के हिसाब से किया जाता है तथा इसके लिए जॉब कार्डधारी का पोस्ट ऑफिस या बैंक में खाता खोला जाता है।
- इस योजना में मशीनों का प्रयोग न के बराबर होता है। इसे पूरी तरह रोजगार कार्यक्रम बनाने के उद्देश्य से मजदूरी एवं निर्माण सामग्री के मध्य अनुपात 60: 40 का रखा गया है।
- अधिनियम में केंद्र सरकार एवं राज्य सरकार की जिम्मेदारी अलग-अलग तय की गई है। इस योजना में होने वाले खर्च में कुल मिलाकर 90 प्रतिशत केंद्र सरकार देगी और शेष 10 प्रतिशत धन राज्य सरकार लगाएगी। इसमें केंद्र सरकार अकुशल शारीरिक श्रम के वेतन की पूरी लागत, लागत सामग्री, कुशल एवं अर्धकुशल मजदूरों के वेतन का 75 प्रतिशत केंद्र सरकार की ओर से निर्धारित प्रशासकीय व्यय कार्यक्रम अधिकारी सहित। इस कार्य की निगरानी में लगे अन्य कर्मचारियों के वेतन-भत्ते तथा कार्यस्थल की सुविधाओं की लागत, मजदूरों के वेतन 25 प्रतिशत बेरोजगारी भत्ते का भुगतान, राज्य रोजगार गारंटी परिषद के प्रशासकीय खर्चे। इतना ही नहीं, सभी जिला मुख्यालय पर मनरेगा के लिए अलग से खाते खोले गए हैं।
- यह योजना जब शुरू की गई, उस समय इसमें लगने वाले कुल व्यय का अनुमान 60 रुपए प्रति व्यक्ति मजदूरी के रूप में तथा 40 रुपए प्रति इकाई प्रशासनिक व्यय माना गया था। पर इस समय इसमें दी जाने वाली मजदूरी प्रत्येक राज्य में घोषित न्यूनतम मजदूरी (जैसे उत्तर प्रदेश में 100 रुपए प्रतिदिन प्रतिव्यक्ति) के बराबर है। उल्लेखनीय है कि सरकार ने यह निर्णय लिया है कि 1 अप्रैल 2014 से मनरेगा में दी जाने वाली मजदूरी को न्यूनतम मजदूरी के साथ जोड़ दिया जाएगा। महेंद्र देव कमेटी द्वारा प्रस्तावित सूत्र के अनुसार, मनरेगा में देय मजदूरी के लिए न्यूनतम मजदूरी अधिनियम में निर्धारित मजदूरी आधार के रूप में ली जिसे सीपीआई, रूरल इन्फलेशन इंडेक्स के संदर्भ में वार्षिक रूप से आंका जाएगा। ग्रामीण विकास मंत्रालय ने इसके पूर्व प्रणव सेन कमेटी की इस संदर्भ में दी गई संस्तुतियों को मनरेगा मजदूरी में पर्याप्त वृद्धि नहीं होने के कारण अस्वीकार कर दिया था। आधार मजदूरी का पुनरीक्षण प्रत्येक 5 वर्ष के बाद होगा। आज देश के प्रत्येक क्षेत्र में यह परियोजना लागू है।

मनरेगा को अधिक प्रभावी बनाने तथा एक नया स्वरूप प्रदान करने की दिशा में मिहिर शाह समिति का उल्लेख करना आवश्यक है, जिसकी संस्तुतियों के आधार पर मनरेगा-2 का प्रारूप तैयार किया गया। इस समिति का प्रमुख आधार यह है कि मनरेगा को इस प्रकार से क्रियान्वित किया जाए जिससे छोटे खेतों की उत्पादकता में इतना सुधार हो कि

छोटे तथा सीमांत किसान अपने ही खेत में काम करने के लिए प्रोत्साहित हो जाएं। इससे मनरेगा पर इनकी निर्भरता कम हो सकेगी तथा वे स्वावलंबी तथा ज्यादा आत्मनिर्भर बन सकेंगे। इससे न केवल उनकी सृजनात्मक शक्ति का विकास होगा बल्कि ग्रामीण स्तर पर लोकतंत्र की जड़ें भी मजबूत होंगी। मनरेगा के क्रियान्वयन में और पारदर्शिता लाने के लिए जियोटैगिंग की प्रक्रिया भी आरंभ हो गई है। ऑनलाइन रिकॉर्डिंग एवं योजना में धांधलेबाजी एवं लीकेज को रोकने के लिए यह पहल की गई। इसके परिणामस्वरूप 2016 को ग्रामीण विकास मंत्रालय ने राष्ट्रीय नेशनल रिमोट सेंसिंग सेंटर (एनआरएससी) एवं राष्ट्रीय इन्फोरमैटिक सेंटर के बीच में एक करार (MoU) किया। जनवरी 2017 में हिमाचल प्रदेश का कांगड़ा जिला पहला जिला बना जहां जियोटैगिंग द्वारा मनरेगा को क्रियान्वित किया गया।[12] जियोटैगिंग का अर्थ होता है कार्य की भौगोलिक स्थिति, अर्थात्, कौन-सा कार्य कितनी ऊंचाई एवं दूरी पर है। इससे यह भी साफ होगा कि किस कार्य पर कितना धन खर्च किया जा रहा है। इससे पहले हुए कार्य पर दोबारा फर्जी कार्य नहीं होगा।

आज यह योजना संपूर्ण देश में रोजगारपूरक एवं विकासात्मक कार्य कर रही है। देश के प्रत्येक हिस्से में लोग इससे लाभान्वित हो रहे हैं। पंचायतें इसे लागू करने में महत्त्वपूर्ण भूमिका निभा रही हैं जिससे वास्तविक तौर पर शक्तियों के विकेंद्रीकरण अर्थात् निचले स्तर पर ग्रामीण तथा स्थानीय सरकार की शासन संबंधी शक्तियों में भागीदारी बढ़ी है। पंचायतों की सक्रिय भागीदारी से भारत में त्रिस्तरीय लोकतंत्र को मजबूती मिल रही है। इसके अंतर्गत जहां कार्य की पहल ग्राम सभा के द्वारा होती है, वहीं ग्राम पंचायत का कार्य यह तय करना होता है कि जिस व्यक्ति को कार्य दिया जाएगा वह प्रौढ़ (Adult) है या नहीं। जॉब कार्ड देने का कार्य ग्राम पंचायत का है। रोजगार देने, मजदूरी का भुगतान करने एवं उस पर निगरानी रखने का कार्य ग्राम सभा का है। ग्राम स्तर से आने वाली मांगों या प्रस्ताव का ग्राम पंचायत अनुमोदन करेगी। इसके बाद यह प्रस्ताव जिला पंचायत को भेजा जाएगा और जिला पंचायत की ओर से स्वीकृति मिलते ही काम शुरू होगा। क्षेत्र पंचायत (पंचायत समिति) अपने इलाके में हो रहे कार्यों का निरीक्षण करेगी। ग्राम पंचायत, क्षेत्र पंचायत इत्यादि स्तरों से पास सभी परियोजनाओं को अंतिम रूप देने की जिम्मेदारी जिला पंचायत की है।[13] अतः इस योजना से पंचायती राज स्तर पर लोकतंत्र की जड़ें मजबूत हुई हैं। पंचायती राज से जोड़ने का ही यह परिणाम है कि आज गांव का हर व्यक्ति मनरेगा के बारे में जानता है। मजदूरी निश्चित हो जाने के कारण लघु उद्योगों, दिहाड़ी मजदूरी एवं पंचायती राज संस्था द्वारा प्रायोजित अन्य कुटीर उद्योगों में भी रक्त संचार हुआ है। इससे ग्रामीण क्षेत्रों में पेयजल के साधन, स्वास्थ्य केंद्र, जल संग्रहण, आराम गृह, बंजर भूमि को कृषि लायक भूमि बनाना, सिंचाई के साधनों को विकसित करना आदि संरचनात्मक कार्य हो रहे हैं। आज यदि कोई गरीब किसान अपनी ही जोतों में से किसी प्रकार का संरचनात्मक कार्य करने चाहता है तो उसकी भी मजदूरी सरकार के द्वारा दी जाती है।

उपलब्धियां (Achievements)

मनरेगा ने भारतीय लोकतंत्र को विस्तृत और समावेशी बनाया है। इसने हाशिए पर पड़े व्यक्ति की आय को बढ़ाते हुए उसे जहां समाज में सम्मानजनक रूप से जीवनयापन योग्य बनाया है, वहां ग्रामीण भारत में रोजगार व अवसंरचना विकास के माध्यम से शहरों और गांवों के बीच बढ़ रही असमानता को कुछ हद तक पाटने का कार्य किया है।[14]

1. **रोजगार के अवसरों में वृद्धि :** 2007-08 में 330 जिलों के 3.39 करोड़ परिवारों को रोजगार और 143.5 करोड़ लोगों के लिए रोजगार उत्पत्ति की गारंटी दी गई थी। 2008-09 में जुलाई तक 253 करोड़ घरों को रोजगार और 85.92 करोड़ लोगों के लिए रोजगार उत्पत्ति की गारंटी प्रदान की गई थी। आज सभी क्षेत्रों में विशेषकर असंगठित क्षेत्रों में रोजगार के अवसरों में वृद्धि हुई है एवं उनके जीवनयापन में सुधार हुआ है।

2. **सूचना और प्रौद्योगिकी में वृद्धि :** राष्ट्रीय ग्रामीण रोजगार गारंटी अधिनियम आधारित प्रबंधन सूचना पद्धति ग्रामीण परिवारों का सबसे बड़ा डाटाबेस है। इस सूचना पद्धति की मदद से ग्रामीण परिवारों का हिसाब रखना संभव हो सका। एमआईएस में सभी आवश्यक मानकों जैसे परियोजना के विभिन्न स्तरों का कार्य, मजदूरी भुगतान, रोजगार मुहैया करवाने के दिन, कार्य के दिन और कार्य में वृद्धि आदि की जानकारी आम लोगों के लिए उपलब्ध हैं। डाटा सॉफ्टवेयर की सहायता से सभी रिकॉर्डों की जांच की जा सकती है, तथा अतिसक्रिय प्रबंधन हेतु रिपोर्ट का निर्माण भी इस प्रणाली से संभव है।

3. **गरीबों का वित्तीय समावेश :** केंद्र सरकार, राज्य सरकारों को मजदूरी का भुगतान बैंक या पोस्ट ऑफिस खातों से करने को प्रोत्साहित कर रही है। इसी कारण 2.9 करोड़ (जुलाई 2008 तक) नरेगा खाते बैंक और पोस्ट ऑफिस में मजदूरी भुगतान के लिए खोले गए हैं। मंत्रालय राष्ट्रीय ग्रामीण रोजगार गारंटी अधिनियम के कामगारों को जनश्री बीमा योजना के तहत जीवन बीमा करवाने के लिए भी प्रोत्साहित कर रहा है।

4. **लैंगिक समानता को बढ़ावा :** मनरेगा के अंतर्गत सभी क्षेत्रों में महिलाओं को वरीयता दी गई है एवं समान कार्य के लिए समान वेतन का भी प्रावधान किया गया है। कार्य प्रदान करने में भी कम-से-कम 50 प्रतिशत कार्य महिलाओं को प्रदान किया गया है। जो महिलाएं अभी तक बेरोजगारी से जूझ रही थीं वे अब पुरुषों के समान रोजगार के क्षेत्र में सशक्त हुई हैं।

5. **स्थानीय समुदायों की भागीदारी में वृद्धि :** ग्रामीण विकास मंत्रालय ने नरेगा जैसे कार्यक्रमों को लागू करके स्थानीय समुदायों को सुदृढ़ बनाया है जिससे उनमें जीवनयापन सुरक्षा में वृद्धि हुई है। मंत्रालय ने इस योजना को प्रभावी ढंग से लागू करने के लिए विभिन्न कदम उठाए हैं। इसके तहत प्रतिभागी प्रबंधन का विकेंद्रीकरण, वितरण की प्रणाली में सुधार और लोगों के प्रति जवाबदेही शामिल हैं इससे सामाजिक भेदभाव खत्म हुआ है एवं स्थानीय समुदायों का सशक्तिकरण हुआ है।

6. **पिछड़ों एवं गरीबों तक पहुंच में बढ़ोतरी :** स्व-लक्षित प्रकृति के इस कार्यक्रम में उच्च कार्य में अल्पसमूह की भागीदारी जैसे 2007-08 में अनुसूचित जाति/जनजाति (57

प्रतिशत), महिलाएं (43 प्रतिशत) और जुलाई 2008–09 में अनुसूचित जाति–जनजाति का (53 प्रतिशत) और महिलाओं की (49 प्रतिशत) भागीदारी रही है। अत: मनरेगा में हाशिये के समुदाय में जीवनयापन करने वाले वंचित समूहों की मजदूरी में वृद्धि हुई है। साथ ही, उनमें सौदेबाजी करने की क्षमता भी बढ़ी है।

7. **ग्रामीण भारत के प्राकृतिक संसाधनों को मजबूत करना :** 2007–08 में 17.88 लाख कार्यों का उत्तरदायित्व लिया गया। इनमें 49 प्रतिशत जल संरक्षण में निर्मित किए गए हैं। 2008–09 के जुलाई तक 16.88 लाख कार्यों की जिम्मेदारी ली गई, जिसमें 49 प्रतिशत अवसर जल संरक्षण द्वारा उपलब्ध कराए गए।

8. **जल संरक्षण एवं निरीक्षण :** बांध, भूमिगत पानी के भराव, मिट्टी की नमी को बढ़ाने के प्रयासों, मिट्टी के कटाव को रोकने और लघु सिंचाई परियोजनाओं से खेतों की उत्पादकता बढ़ी है। विस्थापन पर रोक, बाजारों और सेवाओं तक ग्रामीण संपर्क बढ़ाने से परिवारों की आमदनी और आबादी के अनुपात के अनुसार महिलाओं की भी भागीदारी बढ़ी है तथा प्राकृतिक संसाधनों में वृद्धि हुई है। इस तरह गांवों में आधारभूत अव–संरचनाओं की वृद्धि हुई है।

9. **कृषि पर अतिरिक्त दबाव में कमी :** भारत जो गांवों का देश माना जाता हैं एवं जिसकी जनसंख्या मुख्यत: कृषि आधारित है परंतु केवल कृषि ही इतनी बड़ी जनसंख्या का पेट पालने के लिए पर्याप्त नहीं है। कृषि पर इतना दबाव बढ़ गया था कि उसकी उत्पादनशीलता कम हो गई थी। मनरेगा ने श्रम का स्वरूप परिवर्तित कर दिया। अब असंगठित एवं गैर–सरकारी क्षेत्रों में श्रमिकों में वृद्धि हुई है। वित्तीय वर्ष 2010–2011 के आंकड़ों के अनुसार, मनरेगा द्वारा प्रदान किए गए कुल कार्यों में से लगभग 70 प्रतिशत कार्य कृषि विहीन मौसम में प्रदान किए गए। मनरेगा के कृषि कार्य पर पड़ने वाले असर के विभिन्न आंकड़े यह संकेत देते हैं कि मनरेगा ने सार्वजनिक कार्यों में श्रमिक–भागीदारी की दिशा में सकारात्मक प्रभाव डाला है। कृषि कार्यों से यदि गैर–कृषि कार्यों की ओर मजदूरों का पलायन हो भी रहा है, तो इसका कारण मनरेगा के तहत गैर–कृषि कार्य में मजदूरों को अधिक मजदूरी मिलना तथा साथ–ही–साथ जन वितरण प्रणाली (पीडीएस) के तहत ग्रामीण गरीबों को मिलने वाले अनाज से उनकी कृषि कार्यों से अन्न की घटती अनिवार्यता है।

10. **गांवों एवं शहरों का मिलाप :** मनरेगा ने गांवों एवं शहरों के बीच की बढ़ती खाई को कम किया है। अब संरचना सृजन के तहत गांवों एवं शहरों को जोड़ने वाली सड़कों का निर्माण हुआ है, जिन्हें बारहमासी सड़कें कहा जाता है। इनके द्वारा अब ग्रामीण व्यक्ति शहरों में जाकर अपने साग सब्जियों एवं फल–फूलों की कीमत की सौदेबाजी करते हैं जिससे उनके मोलतोल करने की क्षमता में वृद्धि हुई है।

11. **गांवों से शहरों की ओर होने वाले पलायन में कमी :** गांवों में कृषि न केवल आय बल्कि भूमिहीन और अकुशल मजदूरों के लिए आजीविका का मुख्य साधन है। लेकिन भारतीय कृषि एक मौसमी परिघटना है, अर्थात् यह केवल विशेष मौसम में ही रोजगारपरक है। भारतीय कृषि अदृश्य बेरोजगारी की समस्या से जूझ रही है। अदृश्य बेरोजगारी का तात्पर्य

है कि जरूरत से ज्यादा लोगों का कृषि कार्यों में लगे रहना। अत: कृषि कार्यों से विहीन मौसम में ग्रामीण अकुशल मजदूर रोजगार विहीन और आजीविका के तनाव में रहते हैं इसलिए इस कृषिविहीन मौसम में ग्रामीण लोग आजीविका की खोज में शहरों की ओर पलायन करते हैं, जिसके कारण शहरों में अनावश्यक दबाव बढ़ता है। और न चाहते हुए भी लोगों को शहरों में अनेक कठिनाइयों का सामना करना पड़ता है। इस प्रकार शहरों की ओर पलायन करने वाले मजदूर केवल अस्थायी और मौसमी रूप से ही प्रवासित होते हैं, क्योंकि शहरों में व्यवस्थित होने के लिए उनका कोई संपर्क नहीं होता। यदि वे स्थायी रूप से झुग्गी में रहने भी लगते हैं, तो वह भी खतरे से खाली नहीं होता। यह जरूरी नहीं कि उन्हें साल भर रोजगार प्राप्त हो ही, क्योंकि उन्हें अनौपचारिक क्षेत्र में कार्य करना पड़ता है।

परंतु मनरेगा ने शहरों पर पड़ने वाले इस अनावश्यक दबाव में कमी की है। कृषिविहीन मौसम में भी मिलने वाला सौ दिन का रोजगार श्रमिकों को संतुष्टि का आभास दिलाता है और वो शहरों की ओर भागना नहीं चाहता। इसके परिणामस्वरूप गांवों से शहरों की ओर होने वाले पलायन में कमी आई हैं। हालांकि मनरेगा ने आजीविका के लिए होने वाले तनावपूर्ण प्रवासन पर रोक लगाई है, लेकिन अभी भी अच्छे रोजगार की खोज में होने वाले शहरी प्रवासन जारी हैं। लेकिन मनरेगा के तहत प्रदान किए जाने वाले रोजगार से मात्र आजीविका के लिए होने वाले गांव से शहरी प्रवासन पर रोक लगी है, परिणामस्वरूप शहरों में जनसंख्या आधिक्य की समस्या से निजात मिली है।[15]

उपरोक्त बिंदुओं के अध्ययन से यह स्पष्ट होता है कि मनरेगा की अनेक उपलब्धियां रही हैं। जहां एक तरफ स्थानीय लोकतंत्र दृढ़ हो रहा हैं, वहीं दूसरी तरफ ग्रामीण भारत के सामाजिक-आर्थिक विकास में भी सकारात्मक कार्य हो रहा है।

मनरेगा की आलोचना

यह एक अद्वितीय सार्वभौमिक रोजगार उत्पादक योजना है। इस योजना को शुरू हुए अब एक दशक से ज्यादा का समय बीत चुका है एवं यह इस योजना की उपलब्धियों एवं दोषों के मूल्यांकन का सही समय है। उपलब्धियों में जहां इससे सामुदायिक भागीदारी, स्थानीय लोकतंत्र का सदृढ़ीकरण, जमीनी स्तर पर सार्वजनिक प्रतिनिधियों की भूमिका में बढ़ोत्तरी, रिकॉर्ड एवं पारदर्शिता का रख-रखाव, ठेकेदारी व्यवस्था पर प्रहार, बुनियादी संसाधनों का विकास, आम संसाधनों के निर्माण में समुदायों की प्रत्यक्ष भागीदारी, लैंगिक समानता आदि शामिल हैं। वहीं दूसरी तरफ इस परियोजना की काफी आलोचना भी हुई है जो निम्न प्रकार से है–

1. मनरेगा की कार्य योजना से जुड़ी अनेक समस्याएं हैं। इस योजना के तहत कार्यों की योजना बनाने का कार्य नियमानुसार ग्रामसभा को प्रदान किया गया है, लेकिन इसमें ग्रामसभा की भागीदारी न्यूनतम रहती है और यह मुख्यत: ब्लॉक द्वारा बनाई गई कार्य-योजना को मात्र पास करने का कार्य करती है। इससे वरीयता के अनुसार कार्यों की पहचान और उनका आवंटन नहीं हो पाता है। इसके अतिरिक्त पर्याप्त कार्य दिवस

की व्यवस्था नहीं होना, दीर्घकालीन अवसंरचनात्मक विकास के लिए मनरेगा के तहत उत्पन्न कार्यों का उपयोग नहीं होना और कार्यों के निष्पादन में आवश्यक तकनीकी का उपयोग नहीं होना आदि इसकी मुख्य समस्याओं में से हैं।[16]

2. स्थानीय सरकार के भ्रष्टाचार के कारण समाज के कुछ खास वर्गों को बाहर रखा जाता है। ऐसा भी देखा गया है कि स्थानीय सरकारों ने काम में लगे व्यक्तियों की वास्तविक संख्या से अधिक जॉब कार्डों का दावा किया ताकि आवश्यकता से अधिक फंड को हासिल किया जा सके। इस प्रकार से पुन: स्थानीय अधिकारियों द्वारा स्वीकृत फंड का गबन कर लिया जाता है। जॉब कार्ड प्राप्त करने के लिए 50 रुपए तक की रिश्वत दी जाती है।
3. जियोटैगिंग प्रणाली के तहत मनरेगा के क्रियान्वयन में पारदर्शिता परखने का कार्य किया जाता हैं। परंतु आज भी भ्रष्टाचार एक ऐसी समस्या है जो किसी भी योजना के आधार को समाप्त कर देती है। प्रशासनिक भ्रष्टाचार का खामियाजा उस ग्रामीण मजदूर को उठाना पड़ता है जिसकी मजदूरी किसी अन्य व्यक्ति को मिल जाती है जिसने कार्य नहीं किया है।
4. एक अन्य महत्त्वपूर्ण आलोचना यह है कि सार्वजनिक कार्य योजनाओं का अंतिम उत्पाद जैसे जल संरक्षण, भूमि विकास, वनीकरण, सिंचाई प्रणाली का प्रावधान, सड़क-निर्माण, या बाढ़-नियंत्रण आदि असुरक्षित हैं। अक्सर उन पर समाज के अमीर वर्ग कब्जा कर लेते हैं। इस योजना के तहत की जा रही गतिविधियां सभी गावों में कमोबेश मानकीकृत हो गई थी, जिसमें स्थानीय परामर्श नहीं के बराबर था।
5. इस योजना के अंतर्गत बेरोजगार ग्रामीणों को रोजगार दिलाने के लिए सरकार बाध्य है अन्यथा बेरोजगार श्रमिक को बेरोजगार भत्ता दिया जाना है। प्रावधान में काम के पूरा होने के 15 दिनों के अंदर वेतन दिया जाना अनिवार्य है। अन्यथा एक श्रमिक को प्रतिदिन 0.5 प्रतिशत के हिसाब से इसकी प्रतिपूर्ति दी जानी चाहिए। इन दोनों ही प्रावधानों का उल्लंघन किया जा रहा है। इस उल्लंघन के पीछे तीन कारण[17] जिम्मेदार हैं।
   - *पहला*, कई वर्षों से इस योजना के लिए पर्याप्त बजट आवंटित ही नहीं किया जा रहा है। हालांकि पिछले दो वर्षों में न्यूनतम बजट में थोड़ी वृद्धि की गई है, परंतु वास्तव में मनरेगा के बजट में कई वर्षों में कमी आई है। 2018-19 का वास्तविक बजट 2010-11 की तुलना में कम रहा है।
   - *दूसरा*, प्रत्येक वर्ष दिसंबर तक, हर राज्य निचले स्तर से ऊपर तक की सहभागिता नीति के अंतर्गत, केंद्र को श्रम बजट सौंपता है। इसमें आगामी वित्तीय वर्ष के लिए श्रमिकों की अपेक्षित मांग बताई जाती है। इस मांग को केंद्र मनमाने ढंग से पूरा करता है। नेशनल इलैक्ट्रॉनिक फंड मैनेजमेंट सिस्टम (एनईएफएमएस) के 2016-17 के दिशानिर्देशों के अनुसार, राज्यों को श्रम बजट की सीमा से अधिक रोजगार देने की अनुमति नहीं दी जा सकती। ये दिशानिर्देश प्रबंधन सूचना तंत्र (मैनेजमेंट इंफॉर्मेशन

सिस्टम) के आधार पर दिए जाते हैं। इसका अर्थ यह हुआ कि राज्यों द्वारा दी गई अपेक्षित श्रमिकों की सूची इस तंत्र में पंजीकृत होती ही नहीं है, और प्रबंधन सूचना तंत्र का इस्तेमाल श्रम की मांग को नियंत्रण में रखने के लिए किया जा रहा है। अतः स्वीकृत श्रम बजट बहुत ही कम निधि वाला बनता रहा है।

- *तीसरा*, वेतन अधिनियम, 1948 से मनरेगा वेतन निर्धारण को अलग कर दिया गया है। इस अधिनियम का सबसे ज्यादा लाभ महिलाओं, दलितों और आदिवासियों को मिलता था। परंतु अब वे रोजगार के अन्य ऐसे अवसर लेने को बाध्य हो रहे हैं, जो असुरक्षित हैं। अतः अधिनियम का सरेआम उल्लंघन गैर-कानूनी है।

6. एक अन्य आलोचना इस आधार पर भी की जाती है कि इस योजना के अंतर्गत मिलने वाले मेहनताने एवं मजदूरी को बैंक में भेजे जाने का प्रावधान है, परंतु न तो पर्याप्त मात्रा में बैंकों का जाल बिछा है न ही मजदूर इतने शिक्षित हैं कि वे बैंक संबंधी लेन-देन का हिसाब-किताब स्वयं लगा सकें। पर्याप्त मात्रा में पोस्ट ऑफिसों का न होना भी इस योजना के क्रियान्वयन के लिए एक चुनौती है।
7. मनरेगा के तहत 100 दिनों की मजदूरी तो प्रदान की जाती हैं परंतु कार्यों को गुणवत्ता की दृष्टि से परखने पर पता चलता है कि वो निम्नतम स्तर के है या अधूरे हैं। बहुत से कार्य ऐसे भी भी जो मशीनों पर आधारित हैं परंतु तकनीकी ज्ञान न होने के कारण मजदूर अपना बेहतर प्रस्तुत नहीं कर पाते।

निष्कर्ष (Conclusion)

यह कहा जा सकता है कि मनरेगा में जहां कुछ क्षेत्रों में सकारात्मक विकास किया है, वहां उसके नकारात्मक पहलू भी कम नहीं हैं। स्थानीय एवं प्रशासनिक स्तर पर आने वाली समस्याओं को दूर करने के लिए सरकार ने नई पहल मनरेगा 2.0 के रूप में की है। मनरेगा 2.0, जो मिहिर शाह समिति की संतुतियों पर आधारित थी, में कृषि एवं अन्य ग्रामीण आजीविका के साधनों के मध्य संतुलन स्थापित करने, मजदूरों के मेहनताने में होने वाली कटौती या अनियमितताओं को समाप्त करने, मजदूरों को तकनीकी ज्ञान प्रदान करने, सामाजिक अंकेक्षण (Social Audit) इकाई को सुदृढ़ करने, भ्रष्टाचार को कम कर प्रशासनिक पारदर्शिता बढ़ाने एवं इस योजना के क्रियान्वयन में होने वाली अनियमितताओं को रोकने पर बल दिया गया है।

अंत में यही कहा जा सकता है कि यह संविधान के नीति-निर्देशक तत्त्वों में वर्णित सिद्धांतों के अनुकूल है, जिसके अनुसार, सभी नागरिकों को काम का अधिकार प्रदान करना राज्य की नीति का अंग माना गया है। यह अधिनियम देश के आर्थिक विकास के लाभ को अंतिम नागरिक तक पहुंचाने का एक माध्यम है। आज जब संपूर्ण विश्व कोरोना संकट से जूझ रहा है जिसका सबसे बड़ा नुकसान अगर किसी वर्ग को हुआ है तो वह ग्रामीण क्षेत्रों का मजदूर वर्ग है जो अपनी रोजी-रोटी के लिए शहरों की तरफ निकल पड़ा था, परंतु वापस

अपने गांव को घरों को लौटने के लिए मजबूर हो गया है। हालांकि देश में हमेशा से काम की मांग रही है और आगे भी जारी रहेगी, परंतु देश के सामने सबसे बड़ा संकट गरीब मजदूरों का है जो अपनी रोजी-रोटी की तलाश में हताशा में इधर-उधर भटक रहे हैं। शहरों में से तो अधिकांश श्रमिक घर चले गए हैं उनके पास कोई काम नहीं है इसलिए वे योजना के तहत काम मांग रहे हैं। ऐसे में ग्रामीण मजदूरों के लिए मनरेगा एक आशा की किरण दिखाई देती है। हो सकता है आने वाले समय में श्रमिकों का रिवर्स माइग्रेशन हो ताकि ग्रामीण घरों में कम से कम 100 दिन की गारंटी वाला रोजगार उपलब्ध कराने के लिए मनरेगा कुछ नई पहल करें क्योंकि यही योजना ऐसी है जो ग्रामीण विकास मंत्रालय द्वारा संचालित है। इसका सबसे प्रमुख उद्देश्य जीवन के अधिकार के संवैधानिक सिद्धांत को मजबूत करने का है ताकि निष्क्रिय, अप्रभावी और बेकार हो चुके श्रमिकों के सामने रोजी-रोटी के संकट को दूर कर सकें। भारत में फैले कोविड-19 को नियंत्रित करने के लिए और श्रमिकों की आर्थिक स्थिति को सुधारने के लिए प्रत्यक्ष रूप में केंद्र सरकार ने अभी तक ऐसी कोई आधिकारिक घोषणा नहीं की है। जिससे लोगों की तत्काल मदद करने के लिए प्रवासी मजदूरों के लिए मनरेगा को विस्तारित करने जैसा कोई सुझाव अभी तक नहीं आया है क्योंकि लॉकडाउन के कारण जो शहरी क्षेत्रों में काम के बिना फंस गए थे और जिन लोगों के पास अनाज/राशन नहीं था उन्हें मनरेगा या पीडीएस द्वारा भी कोई सहायता नहीं मिल सकी। इसीलिए उनके लिए विशेष उपायों की आवश्यकता है और यदि सरकार चाहे वह राज्य सरकार हो या केंद्र सरकार हो यदि मनरेगा को गंभीरता से लागू करें तो श्रमिकों के लिए कई संभावित योजनाओं की खोज इसी योजना के तहत की जा सकती है जिसका परिणाम निकट भविष्य में हमें देखने को मिल सकता है।

संदर्भ सूची (References)

1. सिंह, अभय प्रसाद, (2015), *समकालीन भारत में विकास की प्रक्रिया और सामाजिक आंदोलन*, ओरियंट ब्लैकस्वॉन, नई दिल्ली, पृ. 366
2. Mathew, George, (2015), *Rural Employment Scheme*, Viva Publication, Delhi, p.p. 49
3. सिंह, अभय प्रसाद, पूर्वोक्त, पृ. 368
4. Dasgupta, Sukti, and Ratna, M. Sudarshan, (2011), "Issues in Labour Market Inequality and Women's Participation in India's National Rural Employment Gaurantee programme", ILO, p. 12.
5. सिंह, अभय प्रसाद, पूर्वोक्त, पृ. 369
6. https://hindimapsofindia.com/my-India/rural-India employment in India.date July 27th 2019
7. राष्ट्रीय ग्रामीण रोजगार, आर एल जी एवं 1789 में प्रारंभ हुई जवाहर रोजगार योजना को एक साथ मिलाकर 1 अप्रैल 1989 को जवाहर योजना आरंभ की गई।

8. https://indimapsofindia.com/my-india/rural-employmentinindia]July 29th July, 2019
9. मनरेगा योजना का कार्यान्वयन इन राज्यों/जिलों में किया गया।

राज्य	जिलों की संख्या
आंध्र प्रदेश	13
अरुणाचल प्रदेश	1
असम	7
बिहार	23
छत्तीसगढ़	11
झारखंड	20
गुजरात	6
कर्नाटक	5
केरल	2
मध्य प्रदेश	17
उत्तर प्रदेश	23
हरियाणा	2
हिमाचल प्रदेश	2
महाराष्ट्र	12
मणिपुर	1
मेघालय	2
मिजोरम	2
नागालैंड	1
ओडिशा	18
पंजाब	1
सिक्किम	1
तमिलनाडु	6
त्रिपुरा	1
जम्मू-कश्मीर	3
उत्तराखंड	3
पश्चिम बंगाल	10
राजस्थान	6

10. राष्ट्रीय पोर्टल विषयवस्तु प्रबंधन द्वारा समीक्षित 18.02.2011.
11. पूर्वोक्त।
12. Kumar R. and Prasana R., (2010), "Role of NREGA in providing aditional employment for tribals and curtailing migration in National Rural Employment Guarantee Act", Design, Process and Impact Ministry of Rural employment, New Delhi, p. 7.
13. पूर्वोक्त।
14. सिंह, अभय प्रसाद, पूर्वोक्त, पृ. 376
15. Ambasta, P.P.S, Vijay Shanker and Shah M., (2018), "Two Years of NREGA: The Road Ahead", *Economic and Political Weekly*, Vol. 43, No. 8, 23 Feb. 2018
16. सिंह, अभय प्रसाद, पूर्वोक्त, पृ. 381
17. राजेन्द्र नारायण एवं मधुबाला पोथुला का लेख, द *हिंदु*, 16 मई 2018

9 सामाजिक सुरक्षा और पहचान दस्तावेज़ों तक पहुंच

(Social Security and Access to Identity Documents)

एक कल्याणकारी राज्य होने के नाते अपने नागरिकों को सामाजिक सुरक्षा और सामाजिक सहायता के लाभ प्रदान करना सरकार की जिम्मेदारी है, जिसके विभिन्न प्रावधान संविधान में वर्णित राज्य के नीति-निदेशक सिद्धांतों में निहित हैं। हालांकि भारत के संविधान द्वारा सामाजिक सुरक्षा को एक मौलिक अधिकार के रूप में अभी मान्यता देना बाकी है, लेकिन इसके लिए यह आवश्यक है कि राज्य निरंतर लोगों का कल्याण और सामाजिक, आर्थिक व राजनीतिक न्याय को बढ़ावा देने का प्रयास करता रहे। संविधान के अनुच्छेद 41 के अंतर्गत राज्य की यह जिम्मेदारी है कि वह अपनी आर्थिक क्षमता की सीमा के भीतर बेरोजगारी, वृद्धावस्था, बीमारी और विकलांगता के मामले में काम करने, शिक्षा और सार्वजनिक सहायता के अधिकार को सुरक्षित करने के लिए प्रभावी प्रावधान करेगा। अनुच्छेद 42 के अनुसार, राज्य काम की उचित और मानवीय स्थितियों को सुरक्षित रखने और मातृत्व राहत के लिए प्रावधान करेगा। अनुच्छेद 47 में कहा गया है कि राज्य को अपने प्राथमिक कर्त्तव्यों के बीच पोषण के स्तर और अपने लोगों के जीवन स्तर में सुधार और सार्वजनिक स्वास्थ्य में सुधार करना चाहिए। अत: अनुछेद 41, 42 और 47 के अंतर्गत दी गई जिम्मेदारियां संगठित रूप से सामाजिक सुरक्षा का प्रावधान करती हैं।

सामाजिक सुरक्षा योजनाएं

(Social Security Schemes)

राज्य समय-समय पर विभिन्न योजनाओं, कार्यक्रमों के माध्यम से समाज के हाशिये पर मौजूद श्रमिकों, असहायों, वृद्धजनों, विधवाओं आदि को सामाजिक सुरक्षा प्रदान करता रहा है। आज इस तकनीकी युग में, सामाजिक सुरक्षा एवं जन-कल्याण की भावना को ध्यान में रखते हुए बहुत सारी योजनाओं का निर्माण किया गया है। उपर्युक्त उद्देश्यों को दृष्टिगत

• डॉ. सीमा माथुर, असिस्टेंट प्रोफेसर, राजनीति विज्ञान विभाग, कालिंदी कॉलेज, दिल्ली विश्वविद्यालय।

• डॉ. मनीषा राजीव, असिस्टेंट प्रोफेसर, पत्रकारिता विभाग, कालिंदी कॉलेज, दिल्ली विश्वविद्यालय।

रखते हुए समाज के कमजोर वर्गों के लिए सरकार द्वारा समय-समय पर अनेक योजनाएं चलाई जाती रही हैं जिनमें से कुछ निम्नांकित हैं-

राष्ट्रीय सामाजिक सहायता कार्यक्रम[1]

(The National Social Assistance Program-NSAP)

भारतीय संविधान का अनुच्छेद 41 राज्य को निर्देश देता है कि वह अपने नागरिकों को बेरोजगारी, वृद्धावस्था, बीमारी और विकलांगता के मामले में और उनकी आर्थिक क्षमता और विकास की सीमा के भीतर वांछित मामलों में सार्वजनिक सहायता प्रदान करे। इसी को ध्यान में रखते हुए भारत सरकार द्वारा राष्ट्रीय 'राष्ट्रीय सामाजिक सहायता कार्यक्रम' की शुरूआत 15 अगस्त, 1995 से की गई जिसका उद्देश्य बुजुर्गों, विधवाओं और विकलांग व्यक्तियों को सामाजिक पेंशन के रूप में वित्तीय सहायता प्रदान करना है। 'राष्ट्रीय सामाजिक सहायता कार्यक्रम' में निम्नांकित योजनाएं शामिल हैं-

इंदिरा गांधी राष्ट्रीय विधवा पेंशन योजना (IGNWPS)

वर्ष 2009 में ग्रामीण विकास मंत्रालय द्वारा 'इंदिरा गांधी राष्ट्रीय विधवा पेंशन योजना' (IGNWPS) गरीबी रेखा से नीचे रहने वाली विधवाओं (जिनकी उम्र 40 से 59 जिसे बाद में बढ़ा कर 40 से 79 कर दिया गया) के लिए शुरू की गई। इस योजना के लाभार्थियों को प्रति लाभार्थी 200 रुपए की मासिक पेंशन राशि मिलती है जिसे बढ़ाकर अगस्त 2012 में 300 रुपए कर दिया गया है।

इंदिरा गांधी राष्ट्रीय विकलांगता पेंशन योजना (IGNDPS)

विकलांग लोगों के समर्थन के लिए केंद्र सरकार के नेतृत्व में ग्रामीण विकास मंत्रालय द्वारा फरवरी 2009 में इंदिरा गांधी राष्ट्रीय विकलांगता पेंशन योजना शुरू की गई थी। राष्ट्रीय सामाजिक सहायता कार्यक्रम के तहत शुरू की गई यह योजना विकलांग लोगों को उनके जीवन की समृद्धि के लिए मासिक पेंशन प्रदान करती है। कोई भी विकलांग व्यक्ति जिसकी आयु 18 वर्ष से अधिक है, और गरीबी रेखा से नीचे तथा 40 प्रतिशत विकलांगता वाले व्यक्ति इस योजना के लिए आवेदन कर सकते हैं। 79 वर्ष की आयु तक के लोगों को पेंशन के रूप में 300 रुपए का भुगतान किया जाता है और 79 वर्ष से अधिक आयु के लोगों के लिए 500 रुपए की राशि प्रदान की जाती है।

राष्ट्रीय पारिवारिक लाभ योजना (NFBS)

गरीबी रेखा के नीचे रहने वाले परिवार के जीविकोपार्जक (earning person), जिसकी उम्र 18 से अधिक और 65 वर्ष तक है, की असामयिक सामान्य निधन से होने वाली आर्थिक तकलीफ को दूर करने के लिए यह योजना अगस्त, 1995 से केंद्र सरकार द्वारा चलाई जा रही है, जिसके अंतर्गत शोक संतप्त परिवार के सदस्यों को 5000 रुपए की एकमुश्त

राशि दी जाती है। अगर जीविकोपार्जक की मृत्यु किसी दुर्घटना इत्यादि से हो जाती है तो परिवार के सदस्यों को 10,000 रुपए की राशि मुहैया कराई जाती है, जिसे बढ़ाकर अब 20 हजार तक कर दिया गया है। सहायता राशि अलग-अलग राज्यों में अलग-अलग हो सकती है। इस योजना का क्रियान्वयन ग्राम पंचायत/नगरपालिका के माध्यम से कराया जाता है। जीविकोपार्जक की मृत्यु होने पर परिवार के सदस्यों को मृत्यु की सूचना ग्राम पंचायत के मुखिया/वार्ड कमिश्नर को अविलंब देनी होती है। मुखिया/वार्ड कमिश्नर की यह जिम्मेदारी होती है कि वे परिवार को राहत दिलाने की जल्द कार्रवाई करें और 5 दिनों के अंदर राहत की राशि परिवार को उपलब्ध करा दी जाए।

अन्नपूर्णा योजना (Annapurna Scheme)

अन्नपूर्णा योजना का उद्देश्य उन वरिष्ठ नागरिकों की आवश्यकता को पूरा करने के लिए खाद्य सुरक्षा प्रदान करना है, जिनके पास आय का कोई स्रोत नहीं है। 65 वर्ष से अधिक आयु के निराश्रित व्यक्ति जो किसी राष्ट्रीय वृद्धावस्था पेंशन या राज्य पेंशन योजना का लाभ नहीं उठा पा रहे हैं, हालांकि वे पात्र हैं, को अन्नपूर्णा योजना के तहत 10 किलोग्राम खाद्यान्न उपलब्ध कराया जाता है।

राष्ट्रीय मातृत्व लाभ परियोजना (Rashtriya Matritva Labh Pariyojna)

गरीबी रेखा के नीचे रहने वाली 19 वर्ष से ऊपर की महिलाओं को उनके पहले और दूसरे प्रसव में एकमुश्त राशि 300 रुपए देकर जच्चा और बच्चा को स्वस्थ रखने के उद्देश्य से यह परियोजना भी अगस्त, 1995 से केंद्र सरकार द्वारा लागू की गई है। यह राशि अनुदान के रूप में अनुमानित प्रराव की तिथि के 12 से 3 सप्ताह पूर्व मुहैया कराई जाती है।

समाज में वृद्धजनों की स्थिति

भारतीय समाज के परंपरागत मूल्यों एवं मानकों में वृद्धजनों को सम्मान देना और देखभाल करने पर बल दिया जाता रहा है। लेकिन इस तकनीकी युग में भावात्मक, शारीरिक और वित्तीय सहायता की कमी से काफी संख्या में माता-पिता की उनके परिवारों द्वारा उपेक्षा की जा रही है। ये वृद्धजन पर्याप्त सामाजिक सुरक्षा की कमी के कारण अनेक समस्याओं का सामना कर रहे हैं। वृद्ध व्यक्तियों की संख्या 1951 के 19.8 मिलियन से बढ़कर 2001 में 76 मिलियन और वर्ष 2011 में 1038 मिलियन हो गई है। अनुमान के अनुसार, वर्ष 2016 में भारत में 60 वर्ष से अधिक आयु वर्ग के लोगों की आबादी बढ़कर 116.1 मिलियन, वर्ष 2021 में 143.2 मिलियन तथा वर्ष 2026 में 173.2 मिलियन हो जाएगी। अत: वर्तमान समय में वृद्धावस्था एक बड़ी सामाजिक चुनौती बन गई है। वृद्धजनों की आर्थिक और स्वास्थ्य जरूरतों को पूरा करने और वृद्धजनों की भावात्मक जरूरतों के प्रति संवेदनशील सामाजिक वातावरण बनाए जाने की आवश्यकता है। सबसे बड़ी चुनौती यह सुनिश्चित करना है कि वे न सिर्फ लंबी आयु तक जीवन जीएं बल्कि सुरक्षित, सम्मानपूर्ण एवं सृजनशील जीवन जीएं।

इंदिरा गांधी राष्ट्रीय वृद्धावस्था पेंशन योजना (IGNOAPS)

भारत सरकार एवं प्रदेश सरकार द्वारा संयुक्त रूप से वित्त पोषित 'इंदिरा गांधी राष्ट्रीय वृद्धावस्था पेंशन योजना' समाज कल्याण विभाग के माध्यम से प्रदेश के वृद्धजनों को पेंशन के रूप में आर्थिक सहायता प्रदान किए जाने के उद्देश्य से वर्ष 1994 से संचालित की जा रही है। इंदिरा गांधी राष्ट्रीय वृद्धावस्था पेंशन योजना एक गैर-अंशदायी (Non-contributory) वृद्धावस्था पेंशन योजना है जो गरीबी रेखा से नीचे रहने वाले 60 वर्ष या उससे अधिक उम्र के भारतीयों के लिए है। इंदिरा गांधी राष्ट्रीय वृद्धावस्था पेंशन योजना के अंतर्गत 60 वर्ष या उससे अधिक आयु वर्ग के बीपीएल सूची 2002 में सम्मिलित पात्र वृद्धजनों को 300 रुपए प्रतिमाह प्रति लाभार्थी की दर से प्रति वर्ष दो छमाही किश्तों में उनके बैंक खातों के माध्यम से पेंशन प्रदान की जाती है। भारत सरकार द्वारा 2011 से 80 वर्ष या उससे अधिक आयु वर्ग के लाभार्थियों को 500 रुपए प्रतिमाह प्रति लाभार्थी के रूप में पेंशन की धनराशि दी जा रही है। वर्तमान में लगभग 38,25,688 वृद्धजन इस योजना से लाभान्वित हो रहे हैं।[2]

लाभार्थी चयन प्रक्रिया : लाभार्थियों का चयन ग्रामीण क्षेत्रों में ग्राम पंचायत के माध्यम से तथा शहरी क्षेत्र में उपजिलाधिकारी/सिटी मजिस्ट्रेट के माध्यम से किया जाता है। ग्राम पंचायत द्वारा प्रेषित प्रस्ताव खंड विकास अधिकारी कार्यालय के माध्यम से जिला समाज कल्याण अधिकारी, कार्यालय को प्रेषित किया जाता है एवं प्राप्त प्रस्ताव को परीक्षणोपरांत अनुमोदित करते हुए पेंशन की सहायता राशि लाभार्थी के बैंक खाते में प्रेषित की जाती है। योजना के क्रियान्वयन में पारदर्शिता के उद्देश्य से योजना के अंतर्गत लाभार्थियों का सत्यापन प्रत्येक वर्ष में मई एवं जून माह में कराया जाता है। सत्यापन के उपरांत चिन्हित मृतक एवं अपात्र पेंशनरों को पेंशन सूची से हटाकर उनके स्थान पर नए लाभार्थियों का चयन किया जाता है।

एकीकृत वृद्धजन कार्यक्रम (IPOP)

एकीकृत वृद्धजन कार्यक्रम[3] 2016 से प्रभावी संशोधित योजना का मुख्य उद्देश्य वृद्ध व्यक्तियों को मूल सुविधाएं जैसे आश्रय, भोजन, चिकित्सा देखभाल और मनोरंजन के अवसर प्रदान करना है। व्यापक स्तर पर सरकारी, गैर-सरकारी संगठन, पंचायती राज संस्थाओं, स्थानीय निकायों के माध्यम से सृजनशील एवं सक्रिय वृद्धावस्था को प्रोत्साहित करते हुए वृद्ध व्यक्तियों के जीवन स्तर में सुधार लाना है।

कार्य-योजना : इस योजना के अंतर्गत पंचायतीराज संस्थाओं/स्थानीय निकायों और पात्र गैर-सरकारी संगठनों को निम्नलिखित उद्देश्यों के लिए सहायता प्रदान की जाएगी–

- निराश्रित वृद्ध व्यक्तियों की आधारभूत जरूरतों विशेषकर भोजन, आश्रय और स्वास्थ्य देखरेख को पूरा करने वाले कार्यक्रम;
- विशेषकर बच्चों/युवाओं और वृद्धजनों के बीच अंतर-पीढ़ी संबंधों को बनाने और सुदृढ़ करने वाले कार्यक्रम;
- सक्रिय एवं उत्पादक वृद्धावस्था को प्रोत्साहित करने वाले कार्यक्रम;

- वृद्धजनों को संस्थागत के साथ-साथ गैर-संस्थागत देखभाल/सेवाएं प्रदान करने के लिए कार्यक्रम;
- वृद्धावस्था के क्षेत्र में अनुसंधान, एडवोकेसी और जागरूकता निर्माण के कार्यक्रम; और वृद्धजनों के सर्वोत्तम हित में कोई अन्य कार्यक्रम।

राष्ट्रीय स्वास्थ्य बीमा योजना (RSBY)[4]

सरकार ने देश की कुल कार्यबल संख्या का लगभग 93 प्रतिशत जो असंगठित क्षेत्र में कार्यरत है, के लिए कुछ सामाजिक सुरक्षा उपायों का कार्यान्वयन किया है किंतु इनका कवरेज अभी बहुत कम है। इनके लिए एक बड़ी असुरक्षा उनका बार-बार बीमार पड़ना है जो उनकी निर्धनता को और भी बढ़ा देता है। अतः स्वास्थ्य बीमा निर्धन परिवारों को स्वास्थ्य सुरक्षा देने का एक माध्यम है। इसलिए श्रम एवं रोजगार मंत्रालय, भारत सरकार द्वारा गरीबी रेखा से नीचे (बीपीएल) रहने वाले परिवारों को सामाजिक सुरक्षा देने की जरूरत पहचानते हुए और उन्हें स्वास्थ्य बीमा कवरेज प्रदान करने हेतु राष्ट्रीय स्वास्थ्य बीमा योजना (आरएसबीवाई) का आरंभ 1 अप्रैल 2008 से किया गया है। इसका उद्देश्य स्वास्थ्य आघातों से उत्पन्न वित्तीय देयताओं से गरीबी रेखा से नीचे रहने वाले परिवारों को सुरक्षा प्रदान करना है, जिसमें अस्पताल में भर्ती करना शामिल है। लाभार्थियों को पहचान के उद्देश्य के लिए स्मार्ट कार्ड जारी किए जाएंगे।

पात्रता : असंगठित क्षेत्र के कामगार जो बीपीएल श्रेणी में आते हैं और उनके परिवार के सदस्य (पांच सदस्यों की परिवार इकाई) को योजना के तहत लाभ मिलेंगे। कार्यान्वयन एजेंसियों की जिम्मेदारी होगी कि वे असंगठित क्षेत्र के कामगारों और उनके परिवार के सदस्यों की योग्यता का सत्यापन करें, जिन्हें योजना के तहत लाभ मिलने का प्रस्ताव है। राष्ट्रीय स्वास्थ्य बीमा योजना सरकार द्वारा प्रायोजित भारतीय नागरिकों के लिए एक योजना है जो निम्न-आय वर्ग या गरीबी रेखा (BPL) से नीचे रहने वाले लोगों से संबंधित है। इस योजना को एक परिवार फ्लोटर स्वास्थ्य बीमा योजना के रूप में वर्गीकृत किया जा सकता है जिसका लाभ पॉलिसीधारक और उसका परिवार उठा सकते हैं।

नामांकन प्रक्रिया : आरएसबीवाई योजना में शामिल बीमा कंपनियों को गांव स्तर पर नामांकन के लिए कार्यक्रम तैयार कर लोगों के सामने पेश करने की अनुमति है। नामांकन प्रक्रिया शुरू होने से पहले सभी संभावित सरकारी केंद्रों पर कार्यक्रम संबंधी जानकारी उपलब्ध कराई जाती है। बीपीएल सूची के सदस्य को निर्धारित तिथि और समय पर नामांकन केंद्रों तक पहुचना होता है। आरएसबीवाई कार्ड प्रिंट करने की सुविधा भी नामांकन केंद्र पर उपलब्ध हो जाती है। सूचीबद्ध लाभार्थी को आरएसबीवाई पंजीकरण प्रक्रिया के दस मिनट बाद स्वास्थ्य बीमा कार्ड (स्मार्टकार्ड) प्राप्त हो जाता है। पंजीकरण के तुरंत बाद बायोमीट्रिक डिटेल्स के साथ राष्ट्रीय स्वास्थ्य बीमा योजना की स्थिति सक्रिय हो जाती है।

स्मार्ट कार्ड : स्मार्ट कार्ड अनेक गतिविधियों में इस्तेमाल किया जाता है, जैसे रोगी के बारे में फोटो और अंगुलियों के छापे के माध्यम से लाभार्थी की पहचान। स्मार्ट कार्ड

का सबसे महत्त्वपूर्ण कार्य यह है कि इससे नामजद अस्पतालों में नकदरहित (Cashless) लेनदेन में आसानी होती है और ये लाभ पूरे देश में कहीं भी लिए जा सकते हैं। स्मार्ट कार्ड नामांकन सेंटर पर ही लाभार्थी को सौंप दिए जाएंगे। यदि बायोमेट्रिक सूचना ठीक से दर्ज नहीं हो पाती है तो स्मार्ट कार्ड पर परिवार के मुखिया की फोटो को पहचान हेतु इस्तेमाल किया जा सकता है।

लाभ : आरएसबीवाई योजना में निम्नलिखित न्यूनतम लाभों को शामिल करने की सलाह दी गई है:

- असंगठित क्षेत्र के कामगार और उनके परिवार (पांच की इकाई) शामिल किए जाएंगे।
- प्रति परिवार प्रतिवर्ष पारिवारिक फ्लोटर आधार पर कुल बीमा राशि 30,000/- रुपए होगी।
- सभी शामिल बीमारियों के लिए नकदरहित उपस्थिति।
- अस्पताल के व्यय, सभी सामान्य बीमारियों की देखभाल सहित संभव हैं।
- इसमें सभी पूर्व-मौजूद रोग शामिल हैं। अर्थात् इस योजना में पंजीकरण से पूर्व यदि व्यक्ति को पहले से कोई रोग है तो उन रोगों का इलाज भी इसके अंतर्गत किया जाएगा।
- परिवहन लागत (प्रति विजिट अधिकतम 100 रुपए) के साथ 1000 रुपए अधिकतम। अर्थात् अस्पताल आने-जाने का प्रति विजिट का खर्च अधिकतम 100 रुपए, जो साल का अधिकतम 1000 रुपए तक हो सकता है।

राष्ट्रीय स्वास्थ्य बीमा योजना की विशेषताएं : आरएसबीवाई की विशेषताएं इस प्रकार हैं–

- *गारंटी उपचार* : यह योजना उन लोगों के लिए बनाई गई है जो भारत की गरीबी रेखा से नीचे हैं। उन्हें हमेशा आकस्मिक चोटों या बीमारियों के लिए आवश्यक उपचार नहीं मिल पाता है। इसका उद्देश्य ऐसी स्थितियों को काफी हद तक खत्म करना है।
- *कम प्रीमियम* : एक पात्र व्यक्ति 30 रुपए का भुगतान करके योजना में नामांकन कर सकता है। स्वास्थ्य बीमा पॉलिसी द्वारा दी गई कवरेज का लाभ उठाने के लिए पंजीकरण शुल्क मात्र 30 रुपए है और शेष प्रीमियम राशि यानी प्रति परिवार प्रतिवर्ष 50 रुपए केंद्र सरकार और संबंधित राज्य सरकारों द्वारा संयुक्त रूप से वहन की जाएगी।
- कोई आयु सीमा नहीं : किसी भी आयु वर्ग के पात्र व्यक्ति योजना के तहत नामांकन कर सकते हैं।
- *चुनने का विकल्प* : पॉलिसीधारक आरएसबीवाई के अंतर्गत आने वाले अस्पतालों में अपनी पसंद के किसी भी अस्पताल में उपचार का लाभ उठा सकता है। सरकारी अस्पताल में उपचार कराने की कोई शर्त नहीं है।
- *सभी हित धारकों के लिए फायदेमंद* : आरएसबीवाई योजना से न केवल पॉलिसीधारक और परिवार को फायदा होता है, बल्कि पॉलिसीधारक को यह सेवा प्रदान करने में

हर कोई शामिल होता है। योजना को इस तरह से डिजाइन किया गया है कि प्रत्येक हितधारक को प्रोत्साहन प्राप्त होगा, जिनमें एनजीओ और माइक्रो फाइनेंस संस्थान (एमएफआई) शामिल हैं।

दावा करने की प्रक्रिया : आरएसबीवाई के तहत किए गए दावे ज्यादातर प्रकृति में कैशलेस हैं। इस नीति के तहत लाभार्थी को अस्पताल में स्मार्ट कार्ड दिखाना होता है। अस्पताल आवश्यक जानकारी थर्ड पार्टी एडमिनिस्ट्रेटर (TPA) या बीमा कंपनी को भेजेगा। सत्यापन की प्रक्रिया पूरी होने के बाद अस्पताल और बीमा कंपनी/टीपीए के बीच दावे का निपटान किया जाएगा। दावा निपटान के समय कोई कागजी कार्रवाई की आवश्यकता नहीं है।

केंद्रीय शिकायत निवारण प्रणाली : केंद्रीय शिकायत निवारण प्रणाली (वेबसाइट जो एक नई विंडों में खुलती हैं) (सीजीआरएस) द्वारा सुनिश्चित किया जाता है कि आरएसबीवाई से संबंधित शिकायतों का निपटान आईसीटी के उपयोग से किया जाए, जो स्वत: इस पर नजर रखती है और स्थिति का पता लगाती है। सभी हिस्सेदार (Stake Holders) योजना के बारे में शिकायत कर सकते हैं। शिकायतों की ऑनलाइन ट्रेकिंग सुविधा भी उपलब्ध है।

पहचान संबंधी दस्तावेज़ (Identification Documents)

उपर्युक्त वर्णित योजनाओं का लाभ लेने अथवा व्यक्ति की अपनी पहचान हेतु भारत सरकार द्वारा अपने नागरिकों को कई पहचान-पत्र प्रदान किए गए हैं। पहचान संबंधी दस्तावेज़ व्यक्ति की व्यक्तिगत पहचान के अलावा उसके आवासीय पता, जन्मतिथि, डोमिसाइल इत्यादि के लिए भी आवश्यक होते हैं। ऐसे ही पहचान संबंधी दस्तावेज़ों में से कुछ का विवरण निम्नलिखित है–

मतदाता पहचान पत्र (Votor ID Card)

मतदाता पहचान पत्र या वोटर आईडी, भारत में व्यक्तिगत फोटो पहचान का एक स्वीकृत रूप है जिसे भारतीय निर्वाचन आयोग द्वारा सभी भारतीय नागरिकों को मतदान के लिए जारी किया जाता है। मतदाता पहचान पत्र को आमतौर पर इलेक्टर्स फोटो पहचान पत्र (Electors Photo Identity Card- EPIC), चुनावी कार्ड, मतदाता कार्ड या मतदाता पहचान पत्र के रूप में भी जाना जाता है। मतदाता पहचान पत्र का उद्देश्य मतदाताओं के लिए पहचान प्रमाण के रूप में कार्य करना, कार्यकुशलता बढ़ाना और स्वतंत्र और निष्पक्ष लोकतांत्रिक चुनावों के दौरान प्रतिरूपण और धोखाधड़ी को रोकना है। मतदाता पहचान पत्र में निम्नलिखित विवरण होते हैं:

मतदाता पहचान पत्र का प्रारूप

- एक विशिष्ट सीरियल नंबर
- कार्डधारक का फोटो
- एक होलोग्राम जिसमें संबंधित राज्य/राष्ट्रीय प्रतीक हों
- कार्डधारक का नाम
- कार्डधारक का पिता/पति का नाम
- लिंग
- कार्डधारक की जन्मतिथि
- कार्डधारक का आवासीय पता और जारी करने वाले प्राधिकारी (निर्वाचक रजिस्ट्रीकरण अधिकारी) के हस्ताक्षर मतदाता पहचान पत्र के पीछे की ओर होते हैं।

वोटर आईडी कार्ड केवल वोट देने के लिए ही काम नहीं आता, अपितु बहुत सारी सरकारी योजनाओं का लाभ लेने के लिए भी इसकी जरूरत पड़ती है। 18 वर्ष की आयु होने पर नागरिक वोट करने के लिए योग्य हो जाता है और वोटर आईडी के लिए अप्लाई कर सकता है।

आवश्यक दस्तावेज़ : वोटर आईडी कार्ड बनवाने के लिए कुछ आवश्यक दस्तावेज़ प्रूफ के रूप में जमा करने होते हैं। जैसे कि–

- आयु संबंधी दस्तावेज़ जैसे कि 10वीं या 8वीं कक्षा की मार्कशीट, जन्म प्रमाण पत्र, पैन कार्ड, ड्राइविंग लाइसेंस या आधार कार्ड।
- पता संबंधी दस्तावेज़ जैसे कि आधार कार्ड, पासपोर्ट, राशन कार्ड, ड्राइविंग लाइसेंस, रेंट अग्रीमेंट, इनकम टैक्स, बिजली एवं पानी का बिल, गैस कनेक्शन का बिल या बैंक का पासबुक।
- पासपोर्ट साइज़ फोटो जो हाल ही में खींचा गया हो।

मतदाता पहचान पत्र के लिए आवेदन प्रक्रिया

भारत के नागरिक तीन तरीकों ऑनलाइन, ऑफलाइन या सेमी–ऑनलाइन से मतदाता पहचान पत्र के लिए आवेदन कर सकते हैं–

मतदाता पहचान पत्र के लिए आवेदन प्रक्रिया

ऑनलाइन **(Online)**	सेमी–ऑनलाइन **(Semi-Online)**	ऑफ–लाइन **(Off-line)**
आवेदक राष्ट्रीय मतदाता सेवापोर्टल (NSVP) की वेबसाइट खोले।		आवेदक को निकटतम राज्य चुनाव कार्यालय का जाना होगा और फॉर्म 6 के लिए अनुरोध करना होगा

नई मतदाता आईडी के पंजीकरण के लिए प्रासंगिक विकल्प पर क्लिक करें।	फॉर्म 6 डाउनलोड करें और संबंधित विवरण के साथ फॉर्म भरें।	आवश्यक विवरण के साथ फॉर्म 6 भरें और सभी सहायक दस्तावेज़ जैसे कि पहचान प्रमाण, पता प्रमाण आदि प्रदान करें। आवेदक संबंधित चुनाव कार्यालय को पूरा फॉर्म जमा कर सकता है।
फॉर्म 6 खुलेगा और आवेदक सभी विवरण भरें और फॉर्म जमा करें, इसके अतिरिक्त, आवेदक को वोटर आईडी स्टेटस के संदर्भ में एक फोटो और सहायक दस्तावेज़ अपलोड करने होंगे।	भरे हुए फॉर्म 6 को एक फोटो और सहायक दस्तावेज़ों के साथ अपने पास के किसी डाक घर में या व्यक्तिगत तौर पर जमा करें।	फॉर्म के सत्यापन पर, वोटर आईडी जारी किया जाएगा।
मतदाता पहचान पत्र आवेदक द्वारा प्रदान किए गए सभी दस्तावेज़ों और विवरणों के आवश्यक सत्यापन के बाद जारी किया जाता है।	मतदाता पहचान पत्र आवेदक द्वारा प्रदान किए गए सभी दस्तावेज़ों और विवरणों के आवश्यक सत्यापन के बाद जारी किया जाता है।	मतदाता पहचान पत्र आवेदक द्वारा प्रदान किए गए सभी दस्तावेज़ों और विवरणों के आवश्यक सत्यापन के बाद जारी किया जाता है।

मतदाता पहचान पत्र सत्यापित करने की प्रक्रिया : आवेदक अपनी वोटर आईडी संख्या का उपयोग करके वोटर आईडी को सत्यापित कर सकते हैं यदि उन्हें अपनी आईडी पर संदेह है। आवेदक अपने राज्य के मुख्य निर्वाचन अधिकारी या निकटतम राज्य निर्वाचन कार्यालय की आधिकारिक वेबसाइट पर जाकर अपना नाम मतदाता सूची में खोज सकते हैं। इसके बाद सभी विवरणों को सत्यापित कर, यदि कोई विसंगतियां हैं तो इसे मुख्य निर्वाचन अधिकारी के ध्यान में लाकर अपनी वोटर आईडी में सुधार करा सकते हैं।

एनआरआई वोटर आईडी (Votor ID of NRIs): अनिवासी भारतीय अभी भी मतदान के अपने अधिकार का प्रयोग कर सकते हैं। एनआरआई अब ऑनलाइन या ऑफलाइन आवेदन कर सकते हैं। यदि एनआरआई को उनकी वोटर आईडी जारी कर दी गई है तो अपना वोट डाल सकते हैं, लेकिन उस समय उन्हें अपने देश और अपने निर्वाचन क्षेत्र में मौजूद रहना होगा।

मतदाता पहचान पत्र की उपयोगिता : भारत का इलेक्शन कमीशन, हर नागरिक को ये सुविधा देता है कि जब किसी व्यक्ति की आयु 18 साल हो जाए तो वो वोटर आईडी कार्ड के लिए आवेदन कर सकता है। वोटर आईडी कार्ड हमारे भारतीय नागरिक होने का प्रमाण देती है, यानि सिद्ध करती है कि जिसके पास ये कार्ड है वह भारतीय नागरिक है। मतदाता पहचान पत्र का उपयोग महत्त्वपूर्ण विवरण प्रस्तुत करने के लिए किया जाता है। मतदाता पहचान पत्र पहचान और पते के प्रमाण के रूप में कार्य करता है। मतदाता पहचान पत्र एक स्वीकृति है कि कार्डधारक एक पंजीकृत मतदाता है क्योंकि इसमें कार्डधारक के हस्ताक्षर और फोटोग्राफ जैसी कई व्यक्तिगत पहचान विशेषताएं होती हैं। कुछ सरकारी योजनाओं का लाभ उठाने के लिए मतदाता पहचान पत्र का उपयोग किया जा सकता है।

आधार कार्ड (AADHAR Card)

आधार एक 12-अंकों की विशिष्ट पहचान संख्या है, जो भारत के निवासियों या पासपोर्ट धारकों द्वारा स्वेच्छा से अपने बायोमेट्रिक और जनसांख्यिकीय डेटा के आधार पर प्राप्त की जा सकती है। भारत सरकार के इलेक्ट्रॉनिक्स और सूचना प्रौद्योगिकी मंत्रालय के अधिकार क्षेत्र के तहत जनवरी 2009 में स्थापित एक वैधानिक प्राधिकरण 'भारतीय विशिष्ट पहचान प्राधिकरण' (यूआईडीएआई) द्वारा आधार (वित्तीय और अन्य सब्सिडी, लाभ और सेवाओं की लक्षित डिलीवरी) अधिनियम, 2016 के प्रावधानों के तहत डेटा एकत्र किया जाता है। आधार दुनिया की सबसे बड़ी बायोमेट्रिक आईडी प्रणाली है। विश्व बैंक के मुख्य अर्थशास्त्री पॉलरोमर ने आधार को 'दुनिया का सबसे परिष्कृत आईडी कार्यक्रम' बताया।

आधार कार्ड का उद्देश्य : आधार का उद्देश्य लोगों को सरकारी सब्सिडी का लाभ उठाने की राह आसान बनाना था जिसे बाद में बैंक खातों और पेंशन योजनाओं जैसी अन्य सेवाओं से भी जोड़ा गया है। इसके निर्माण का एक और प्रमुख उद्देश्य देश में अवैध अप्रवास को रोकने में मदद करना है। आधार निवास का प्रमाण तो है परंतु नागरिकता का प्रमाण नहीं है, और ना ही भारत में अधिवास के लिए कोई अधिकार प्रदान करता है। जून 2017 में, गृह मंत्रालय ने स्पष्ट किया कि आधार नेपाल और भूटान की यात्रा करने वाले भारतीयों के लिए एक वैध पहचान दस्तावेज़ नहीं है।[5]

आधार की पात्रता : निम्नलिखित है– भारत का कोई भी नागरिक इस कार्ड के लिए आवेदन कर सकता है।

- 3 साल से कम उम्र के बच्चों को आधार के लिए आवेदन करने की जरूरत नहीं है।
- अनिवासी भारतीय भी कार्ड के लिए आवेदन कर सकते हैं।
- भारत में रहने वाले विदेशी भी कार्ड ले सकते हैं।

आवेदन प्रक्रिया : 12 अंकों की बायोमेट्रिक आईडी अर्थात् आधार कार्ड के लिए आवेदन निम्नांकित तरीकों से किया जा सकता है–

- पहचान के प्रमाण के रूप में पैन कार्ड, पासपोर्ट, वोटर आईडी कार्ड और ड्राइविंग लाइसेंस जैसे दस्तावेज़ों में से किसी एक को जमा किया जा सकता है। एड्रेस प्रूफ के लिए पासपोर्ट या बैंक पास बुक की कॉपी जमा कर सकते हैं।
- अगला कदम आवश्यक मूल दस्तावेज़ों के साथ स्थायी नामांकन केंद्र पर जाना है। UIDAI की वेबसाइट पर जाकर वैकल्पिक रूप से निकटतम स्थायी नामांकन केंद्र का पता लगाया जा सकता है। सर्च बॉक्स के नीचे तीन विकल्पों में से किसी भी राज्य, पिनकोड और जिले के माध्यम से निकटतम नामांकन केंद्र खोज सकते हैं।
- नामांकन केंद्र में विधिवत भरा हुआ फॉर्म जमा करना होगा। फॉर्म को एनरोलमेंट सेंटर से या UIDAI की वेबसाइट से डाउनलोड कर सकते हैं।
- नामांकन केंद्र के एजेंट विधिवत भरे गए नामांकन फॉर्म को ले लेंगे और पहचान, पते के प्रमाण के रूप में प्रस्तुत किए गए मूल दस्तावेज़ों को स्कैन करेंगे। फॉर्म जमा

होने पर पावती पर्ची (Acknowledgment Slip) लेना न भूलें। पावती पर्ची में 28 अंक होते हैं जो 14 अंकों की नामांकन आईडी और 14 अंकों की तारीख और समय के प्रारूप (dd/mm/yyyy hh:mm:ss) से बनता है।

- पावती पर्ची को सुरक्षित रूप से रखें क्योंकि इस नंबर का उपयोग UIDAI की वेबसाइट पर अपनी आधार कार्ड की स्थिति (Status) की जांच करने के लिए किया जा सकता है।
- नामांकन के बाद आधार कार्ड प्राप्त करने में अनुरोध की तारीख से 90 दिनों तक का समय लग सकता है। आधार कार्ड डाक द्वारा दिए गए पते पर भेजा जाता है। आधार बन जाने के बाद पुष्टि के लिए नामांकन के समय दिए गए मोबाइल नंबर पर UIDAI से एक एसएमएस (SMS) भेजा जाता है। आधार कार्ड के लिए आवेदन करने के लिए कोई शुल्क नहीं है। नामांकन के 96 घंटे के भीतर किसी तरह का सुधार भी मुफ्त है।

आधार कार्ड का विवरण : आधार संख्या के साथ जारी किए गए कार्ड व्यक्ति के मूल विवरण को प्रदर्शित करता है। इन विवरणों में शामिल है:

- व्यक्ति का नाम
- आधार नंबर
- विशिष्ट पहचान संख्या (Unique Identification Number-UID)
- एक तस्वीर
- रिकॉर्ड के अनुसार व्यक्ति का पता
- व्यक्ति की जन्म तिथि
- व्यक्ति के लिंग
- एक बारकोड जो आधार संख्या का प्रतिनिधित्व करता है।

वैधता : आधार कार्ड व्यक्ति के पूरे जीवन में वैध रहता है।

आधार कार्ड का महत्त्व : आधार कार्ड का महत्त्व निम्नलिखित है–

यूनिवर्सल पहचान : आधार के निर्माण का मुख्य उद्देश्य हमेशा भारत के नागरिकों के लिए एक अद्वितीय और सार्वभौमिक पहचान पत्र तैयार करना है जो विभिन्न सेवाओं का लाभ उठाने के लिए विभिन्न दस्तावेज़ों की आवश्यकता को नकारता है।

सरकारी सब्सिडी : भारत सरकार विशेष नागरिकों को कुछ सब्सिडी प्रदान करती है, आधार कार्ड इन सेवाओं को सब तक पहुंचाना सुनिश्चित करता है।

गैस कनेक्शन : डायरेक्ट बेनेफिट ट्रांसफर फॉर एलपीजी (डीबीटीएल) योजना के अनुसार, जिन लोगों के पास आधार कार्ड है, वे इसे गैस सिलिंडरों पर सब्सिडी का फायदा उठाने के लिए इस्तेमाल कर सकते है।

फोन कनेक्शन : जब नई लैंडलाइन या सेल फोन कनेक्शन प्राप्त करने की बात आती है, आधार कार्ड का उपयोग केवाईसी दस्तावेज़ों जैसे कि पहचान प्रमाण और पते के प्रमाण के रूप में किया जा सकता है।

बैंक खाते : आधार संख्या से जुड़े बैंक खाते का लाभ यह है कि यदि आप सरकारी कल्याणकारी योजना के लिए योग्य हैं और आपको मौद्रिक अग्रिमों को प्राप्त करने की जरूरत है, तो उन्हें बैंक खाते में जल्द हस्तांतरित किया जा सकता है।

ड्राइविंग लाइसेंस (Driving Licence)

ड्राइविंग लाइसेंस एक ऐसा सरकारी दस्तावेज़ है जिसे भारत सरकार द्वारा जारी किया जाता है, जिससे लोगों को अपने मनचाहे वाहन– कार, ट्रक, बस या अन्य को सार्वजनिक जगह या रास्ते पर कानूनी रूप से चलाने की अनुमति दी जाती है। सड़क परिवहन और राजमार्ग मंत्रालय (The Ministry of Road Transport and Highways) देशभर में 1000 से अधिक सड़क परिवहन कार्यालयों (आरटीओ) के माध्यम से कंप्यूटरीकृत सेवा प्रदान कर रहा है। आरटीओ पंजीकरण प्रमाणपत्र (आरसी) और ड्राइविंग लाइसेंस (डीएल) जारी करते हैं जो देशभर में मान्य हैं। केंद्रीय मंत्रालय ने राष्ट्रीय सूचना केंद्र को राष्ट्रीय रजिस्टर में ड्राइविंग लाइसेंस संबंधी डेटा संकलन का काम और वाहन एवं सारथी (VAHAN & SARATHI) को सभी राज्यों के वाहन पंजीकरण का काम सौंपा है। भारत में मोटर वाहन अधिनियम, 1988 के तहत कोई भी नागरिक बिना ड्राइविंग लाइसेंस के सार्वजनिक जगह पर गाड़ी नहीं चला सकता। यदि कोई व्यक्ति ऐसा करते वक्त पकड़ा गया उसे निर्धारित जुर्माना भी भरना पड़ सकता है।

ड्राइविंग लाइसेंस के प्रकार : निम्नलिखित प्रकार हैं–

- *बिना गियर वाले दो पहिया वाहनों के लिए ड्राइविंग लाइसेंस (डीएल)* : इसमें मोपेड या स्कूटर जैसे वाहन शामिल होंगे।
- *गियर वाले दोपहिया वाहनों के लिए ड्राइविंग लाइसेंस (डीएल)* : इसमें उन सभी वाहनों को शामिल किया गया है जिनमें गियर हैं, जैसे बाइक, स्कूटर आदि।
- *हल्के मोटर वाहनों के लिए ड्राइविंग लाइसेंस (डीएल)* : इस प्रकार की डीएल को हैचबैक, सेडान, आदि कारों के लिए जारी किया जाता है।
- *परिवहन वाहनों के लिए ड्राइविंग लाइसेंस (डीएल)* : जैसा कि नाम से पता चलता है, इस प्रकार का डीएल ट्रकों, वैन और बसों के लिए मान्य होगा।
- *एक निर्दिष्ट विवरण के मोटर वाहनों के लिए ड्राइविंग लाइसेंस (डीएल)* : इस प्रकार का ड्राइविंग लाइसेंस निर्दिष्ट श्रेणी के लिए जारी किया जाता है। जैसे– एम्बुलेंस, फायर ब्रिगेड सर्विस वाहन आदि।

आवेदन करने की पात्रता : आयु 18 वर्ष या उससे अधिक होनी चाहिए।

- टेस्ट पास करने के लिए बुनियादी यातायात नियमों की जानकारी होनी चाहिए।
- 30 दिनों के लिए लर्नर लाइसेंस (Learner License- LL) होना चाहिए।
- लर्नर लाइसेंस जारी करने की तारीख से 180 दिनों से पहले, लेकिन 30 दिनों के बाद स्थायी लाइसेंस प्राप्त करने के आवेदन करना होगा।

ड्राइविंग लाइसेंस के लिए आवश्यक दस्तावेज़ : लर्नर लाइसेंस के लिए निम्न से कोई एक–

- जन्म प्रमाणपत्र

- पैन कार्ड
- पासपोर्ट
- दसवीं कक्षा की मार्कशीट
- ट्रांसफर सर्टिफिकेट।

स्थायी ड्राइविंग लाइसेंस के लिए आवश्यक दस्तावेज़ : निम्नलिखित हैं–

- पासपोर्ट आकार के फोटो।
- आधार कार्ड, राशनकार्ड, वोटर आईडी, पासपोर्ट, एलआईसी पॉलिसी, निवास प्रमाण या रेंटल अग्रीमेंट, बिजली बिल एवं एलपीजी बिल (जो कम से कम 6 महीने से अधिक पुरानी हो) की प्रतिलिपि
- शैक्षिक प्रमाण पत्र, जन्म प्रमाण पत्र या 10वीं कक्षा की मार्कशीट जैसे आयु प्रमाण।
- लर्नर लाइसेंस की प्रति।
- भुगतान शुल्क की रसीद।

ड्राइविंग लाइसेंस के लिए आवेदन प्रक्रिया : ड्राइविंग लाइसेंस बनवाना बहुत ही आसान है। आवेदन प्रक्रिया को मुख्यत: दो चरणों में विभाजित किया गया है। सबसे पहले आवेदन कर लर्नर लाइसेंस प्राप्त करते हैं और दूसरे चरण में आपको अपना स्थायी ड्राइविंग लाइसेंस मिलता है। कोई भी व्यक्ति यदि ड्राइविंग लाइसेंस लेना चाहता है, तो सबसे पहले उसे लर्नर लाइसेंस प्राप्त करना होगा। इसके लिए https://sarathi.parivahan.gov.in वेबसाइट पर जाना है। ऐसा करने से आपके सामने सड़क परिवहन और राजमार्ग मंत्रालय (The Ministry of Road Transport and Highways) की SARATHI website खुल जाएगी, जहां आपको 'Online services in this portal are available only for the States listed below' जिसमें से अपने राज्य को सेलेक्ट करना हैं। सेलेक्ट करते ही आपके सामने बाईं तरफ कई विकल्प दिखाई देंगे जिसमें से आपको 'Apply Online' में से New Learner License विकल्प को चुनना है। ऐसा करने से आपके सामने एक फॉर्म खुल जाएगा जिसमें आपको बहुत सी सूचनाएं देखने को मिलेगी। यहां पर आपको मांगी गई जानकारियों को सही रूप से भरकर जमा करना है। फॉर्म जमा करने के बाद, आपको एक आवेदन संख्या प्राप्त होगी। टेस्ट के समय इस नंबर की जरूरत होगी। आपको प्रारंभिक परीक्षा के लिए एक स्लॉट भी प्रदान किया जाएगा। यह परीक्षा यातायात संकेतों, नियमों और विनियमों के ज्ञान का मूल्यांकन करने के लिए आयोजित की जाती है। यदि आप परीक्षा पास करते हैं, तो एक लर्नर लाइसेंस तुरंत जारी कर दिया जाता है। लर्निंग लाइसेंस प्राप्त होने के 30 दिन बाद और 180 दिनों से पहले स्थागी ड्राइविंग टेस्ट की तारीख को आरटीओ कार्यालय जाना होता है। परीक्षण मोटरवाहन निरीक्षक की उपस्थिति में आयोजित किया जाता है। यदि मोटरवाहन निरीक्षक प्रदर्शन से संतुष्ट है, तो आपको बायोमेट्रिक्स के लिए भेजा जाता है और प्रक्रिया पूरी होने के बाद, एक स्थायी ड्राइविंग लाइसेंस जारी किया जाता है।

डुप्लिकेट ड्राइविंग लाइसेंस के लिए आवेदन प्रक्रिया : मूल ड्राइविंग प्रमाण पत्र चोरी या गुम हो जाने की स्थिति में डुप्लिकेट ड्राइविंग लाइसेंस के लिए आवेदन करना पड़ता है।

लेकिन इससे पहले कि आप डुप्लिकेट डीएल के लिए आवेदन करें, आपको नुकसान और फाइल के बारे में आर.टी.ओ. प्राधिकरण और निकटतम स्टेशन पर एफ.आई.आर. करानी होगी।

पैन कार्ड (PAN Card)

भारत में, पैन या स्थायी खाता संख्या (Permanent Account Number-PAN) भारतीय आयकर विभाग द्वारा केंद्रीय प्रत्यक्ष कर बोर्ड (सीबीडीटी) की देखरेख में भारतीय आयकर अधिनियम, 1961 के तहत आने वाली सभी संस्थाओं और करदाताओं को सौंपी गई एक विशिष्ट पहचान संख्या है, जिसे आयकर अधिनियम की धारा 139 एए के तहत जारी किया जाता है। पैन एक इलेक्ट्रॉनिक प्रणाली है जिसके माध्यम से, किसी व्यक्ति/कंपनी के लिए कर संबंधी सभी जानकारी एकल पैन नंबर पर दी जाती है। यह सूचना भंडारण के लिए प्राथमिक कुंजी के रूप में कार्य करता है और देश भर में साझा किया जाता है। इसलिए कोई दो कर भुगतान करने वाली संस्थाओं के पास एक ही पैन नहीं हो सकता है। पैन कार्ड पहचान का एक महत्त्वपूर्ण प्रमाण भी है जो जीवनभर के लिए वैध होता है। लेकिन भारतीय नागरिकता के प्रमाण के रूप में पैन कार्ड स्वीकार्य नहीं है क्योंकि यह विदेशी नागरिकों (जैसे निवेशक) को एक वैध वीजा के अधीन आयकर रिटर्न दाखिल करने के लिए जारी किया जाता है।

पात्रता : पैन कार्ड व्यक्तियों, कंपनियों, अनिवासी भारतीयों या भारत में करों का भुगतान करने वाले व्यक्ति को जारी किया जाता है।

पैन कार्ड के प्रकार : भारतीय आयकर अधिनियम, 1961 के तहत आने वाली सभी न्यायिक संस्थाओं और करदाताओं को पैन कार्ड जारी किया जाता है। इसी आधार पर पैन कार्ड के निम्नांकित प्रकार हैं–

- व्यक्तिगत
- एचयूएफ-हिंदू अविभाजित परिवार
- कंपनी
- फर्म
- न्यास
- सरकार
- स्थानीय प्राधिकरण
- ट्रस्ट के लिए
- व्यक्तियों का एसोसिएशन
- विदेशी

पैन कार्ड के लिए दस्तावेज़ : पैन के लिए दो तरह के दस्तावेज़ों की जरूरत होती है। पते का प्रमाण (पीओए) और पहचान का प्रमाण (पीओआई)।

पैन कार्ड की लागत : पैन कार्ड की लागत 110 रु. या 1,020 रु. (लगभग) यदि पैन कार्ड भारत से बाहर भेजा जाना है।

पंजीकरण प्रक्रिया : चाहे ऑनलाइन हो या ऑफलाइन, निम्नांकित आसान चरणों में पैन के लिए पंजीकरण किया जा सकता है–

- आधिकारिक पैन – एनएसडीएल/यूटीआईआईटीएसएल वेबसाइट पर जाएं।
- फॉर्म में पूछे गए सभी विवरणों को भरें।
- आवश्यक दस्तावेज़ संलग्न करें।
- दस्तावेज़ों की छाया प्रति को सेल्फ–अटेस्ट करते समय हस्ताक्षर या अंगूठे के निशान के साथ स्पष्ट रूप से नाम दर्ज करें।
- सुनिश्चित करें कि पैन कार्ड के लिए पता पूरा भरा हुआ है।
- प्रोसेसिंग शुल्क का भुगतान करें।
- गलत जानकारी और संलग्न दस्तावेज़ों की कमी के कारण आवेदन को अस्वीकार भी किया जा सकता है।
- 15 दिनों के भीतर पैन कार्ड आवेदक के पास भेज दिया जाएगा।

पैन कार्ड विवरण अपडेट या सुधार की प्रक्रिया : पैन कार्ड में निम्नांकित तरीकों से अपडेट या सुधार किया जा सकता है–

- एनएसडीएल वेबसाइट पर जाएं और अपडेट पैन सेक्शन का चयन करें
- मौजूदा पैन डेटा में विकल्प 'सुधार' चुनें
- फॉर्म केवल अंग्रेज़ी के बड़े अक्षरों का उपयोग करके भरा जाना चाहिए
- किसी भी अपडेट के लिए मोबाइल नंबर अनिवार्य है

डुप्लीकेट पैन कार्ड के लिए आवेदन प्रक्रिया : पैन कार्ड के खो जाने या किसी तरह खराब हो जाने पर डुप्लीकेट पैन कार्ड के लिए ऑनलाइन या ऑफलाइन आवेदन किया जा सकता है। एनएसडीएल (NSDL) या यूटीआईआईटीएसएल (UTIITSL) वेबसाइट पर लॉगिन करें, विदेशी नागरिक के मामले में भारतीय नागरिक के लिए फॉर्म 49–A भरें या अपने पैन कार्ड की डुप्लीकेट कॉपी के लिए भुगतान ऑनलाइन करें। पैन को 45 दिनों के भीतर भेज दिया जाएगा।

पैन कार्ड का प्रारूप

- कार्डधारक का नाम – व्यक्तिगत/कंपनी
- कार्डधारक के पिता का नाम – व्यक्तिगत कार्डधारक
- जन्मतिथि – कार्डधारक की जन्मतिथि या कंपनी या फर्म के मामले में पंजीकरण की तारीख
- पैन नंबर – यह एक 10 अक्षर का अल्फा–न्यूमेरिक नंबर है और प्रत्येक वर्ण कार्डधारक की अलग–अलग सूचना का प्रतिनिधित्व करता है।
- व्यक्ति का हस्ताक्षर – पैनकार्ड वित्तीय लेन देन के लिए आवश्यक
- व्यक्ति का फोटो – पैन व्यक्ति के फोटो पहचान प्रमाण के रूप में कार्य करता है। कंपनियों और फर्मों के मामले में कार्ड पर कोई तस्वीर मौजूद नहीं होती।

पैन कार्ड का महत्त्व : पैन एक विशिष्ट पहचान संख्या है जो भारत की प्रत्येक इकाई को कर भुगतान के लिए सक्षम बनाता है। साथ ही, व्यवसाय के पंजीकरण, वित्तीय लेन-देन, बैंक खाते खोलने और संचालित करने, कर फाइलिंग, फोन कनेक्शन, गैस कनेक्शन इत्यादि के लिए आवेदन करते समय पैन कार्ड व्यक्तिगत पहचान के प्रमाण और आवासीय पते के प्रमाण के रूप में भी काम आता है।

राशन कार्ड (Ration Card)

राशन कार्ड, जिसे एक बेहतर पहचान पत्र भी माना जाता है, उस आधिकारिक (Official) दस्तावेज़ को कहा जाता है जो राज्य सरकार द्वारा जारी किया जाता है। इसके अलावा किसी जांच या सरकारी सेवाओं के आवेदन के लिए भी राशन कार्ड को एक पहचान के प्रमाण स्वरूप प्रस्तुत किया जा सकता है। खासतौर से राज्य सरकारें राशन कार्ड उच्च गरीबी सीमा, निम्न गरीबी सीमा और अंतोदय परिवारों को प्रदान करती हैं, जिसकी मदद से वे राष्ट्रीय खाद्य सुरक्षा के अंतर्गत सार्वजनिक वितरण प्रणाली (Public Distribution System-PDS) के तहत रियायती दरों पर अनाज एवं दूसरे खाद्य पदार्थ खरीद सकते हैं। राष्ट्रीय खाद्य सुरक्षा कार्ड में सबसे बड़ी महिला को परिवार का मुखिया बनाया जाता है।

उद्देश्य : राशनकार्ड को भारत में एक आवश्यक कानूनी दस्तावेज़ माना जाता है, जिसका उपयोग पहचान और पते के सत्यापन के लिए किया जाता है। डोमिसाइल सर्टिफिकेट, इनकम सर्टिफिकेट, ड्राइवर्स लाइसेंस, पैन कार्ड, पासपोर्ट, एलपीजी कनेक्शन इत्यादि के लिए आवेदन करते समय राशन कार्ड को अक्सर पहचान प्रमाण के रूप में भी इस्तेमाल किया जाता है।

राशन कार्ड के प्रकार : एपीएल या गैर-बीपीएल राशन कार्ड – इस प्रकार का राशन कार्ड गरीबी रेखा से ऊपर रहने वाले परिवारों को जारी किया जाता है। एपीएल लाभार्थियों को सफेद रंग का राशन कार्ड जारी किया जाता है।

***बीपीएल राशन कार्ड* :** यूनियन कैबिनेट द्वारा गरीबी रेखा (बीपीएल) से नीचे रहने वाले परिवारों की अधिकतम आय सीमा लगभग 27,000 रुपए[6] प्रतिवर्ष प्रति परिवार अनुमोदित की गई है जो लगभग 2,250 रुपए प्रति माह आंकी गई है। अर्थात् 27,000 रुपए से कम आय वाले परिवार को नीले/पीले/हरे/लाल रंग के राशन कार्ड जारी किए जाते हैं जो भोजन, ईंधन और अन्य सामानों पर विभिन्न रियायत (सब्सिडी) पाने के हकदार होते हैं।

एएवाई या अंत्योदय राशन कार्ड – इस प्रकार का राशन कार्ड सबसे गरीब परिवारों को जारी किया जाता है जिनकी आय 250 रुपए प्रतिव्यक्ति प्रतिमाह से कम की है या जिनकी कोई स्थिर आय नहीं है। वृद्ध पुरुष, महिलाएं, बेरोजगार लोग, विकलांग वयस्क और भूमिहीन मजदूर, सीमांत किसान, कारीगर, शिल्प पुरुष, विधवा, मानसिक रूप से बीमार व्यक्ति आदि इस श्रेणी में आते हैं। अंत्योदय लाभार्थियों को हरे रंग का राशन कार्ड जारी किया जाता है। एएवाई अर्थात् अंत्योदय राशन कार्ड धारक को 35 किलोग्राम अनाज प्रदान किए जाने की व्यवस्था है।

आवेदन के लिए योग्यता : कोई भी व्यक्ति जो भारत का प्रामाणिक नागरिक है, राशन कार्ड के लिए आवेदन कर सकता है। नाबालिग यानी 18 साल से कम उम्र के बच्चे अपने माता-पिता के कार्ड में शामिल होते हैं। हालांकि, 18 वर्ष से अधिक आयु का व्यक्ति अलग राशनकार्ड के लिए भी आवेदन कर सकता है।

आवश्यक दस्तावेज़ : राशनकार्ड बनवाने के लिए कुछ आवश्यक दस्तावेज़ प्रमाण प्रूफ के रूप में जमा करने होते हैं। जैसे कि–

***आवासीय सत्यापन के लिए* :** ड्राइविंग लाइसेंस/आधारकार्ड/कर्मचारी पहचान पत्र/मतदाता पहचान पत्र/पासपोर्ट/स्वास्थ्य कार्ड या कोई भी एक सरकार द्वारा जारी पहचान पत्र जैसे कि बिजली का बिल/पानी का बिल/गैस कनेक्शन बिल/पासपोर्ट/वोटर आईडी/आधार कार्ड/होम रजिस्ट्रेशन, यदि अपना घर ना हो तो किराए का मकान समझौता (rental house agreement) में से कोई भी एक प्रमाण के रूप में प्रस्तुत किया जा सकता है।

***व्यक्तिगत पहचान पत्र के तौर पर* :** व्यक्तिगत पहचान पत्र के तौर पर जन्म प्रमाण पत्र/पैन कार्ड/पासपोर्ट/दसवीं की मार्कशीट में से कोई भी एक दस्तावेज़ प्रस्तुत किया जा सकता है।

***राशन कार्ड के लिए आवेदन प्रक्रिया* :** राशन कार्ड के लिए आवेदन करने के लिए अलग-अलग राज्य में अलग-अलग वेबसाइट और लिंक हैं। राशन कार्ड के आवेदन के लिए उस राज्य की खाद्य और रसद विभाग की आधिकारिक वेबसाइट पर जाएं, जहां आप निवास करते हैं और पोर्टल पर लॉगिन करें। लॉगिन करने के बाद एप्लीकेशन फॉर्म पर क्लिक करें और अपने सभी व्यक्तिगत विवरण भरें। विवरण भरने के बाद, अब सभी दस्तावेज़ों को अपलोड करें और 'ऑनलाइन आवेदन करें' बटन पर क्लिक करें। आवेदन की एक फोटोकॉपी अपने पास रखें।

ई-राशन कार्ड डाउनलोड करने की प्रक्रिया : प्रस्तुत आवेदन के अनुमोदन पर, नीचे दिए गए चरणों का पालन करके अपनाई–राशन कार्ड डाउनलोड किया जा सकता है–

चरण 1 : आधिकारिक वेबसाइट पर जाएं। डाउनलोड-name of state-राशन कार्ड

चरण 2 : उसके बाद, सभी विवरण भरें जैसे राशन कार्ड नंबर, घर के मुखिया का नाम इत्यादि।

चरण 3 : आवेदक को मोबाइल नंबर पर ओटीपी प्राप्त होगा। ओटीपी और आधार नंबर दर्ज करें।

चरण 4 : ई-राशन कार्ड पीडीएफ प्रारूप में डाउनलोड किया जाएगा। आप इसका प्रिंट ले सकते हैं।

ऑफलाइन आवेदन प्रक्रिया : नया राशनकार्ड प्राप्त करने के लिए चरण-प्रक्रिया द्वारा नीचे दिए गए चरण का पालन करें–

चरण 1 : नया राशन कार्ड प्राप्त करने के लिए, अपने क्षेत्र में किसी भी निकटतम सर्कल कार्यालय पर जाएं।

चरण 2 : कार्यालय से नए राशन कार्ड के लिए आवेदन करने के लिए एक आवेदन पत्र प्राप्त करें।

चरण 3 : एक निर्धारित प्रारूप में एक आवेदन पत्र भरें और आवेदन पत्र में सभी अनिवार्य विवरण प्रदान करें।

चरण 4 : फॉर्म भरने के बाद, सभी आवश्यक दस्तावेज़ों के साथ आवेदन करें।

चरण 5 : आवेदन पत्र और अन्य सभी दस्तावेज़ों को सत्यापित करने के बाद, क्लर्क एक पावती रसीद जारी करेगा।

निष्कर्ष (Conclusion)

उपर्युक्त विवरण से स्पष्ट है कि आज के इस तकनीकी युग में भारत जैसे विशाल देश में सामाजिक सुरक्षा संबंधी योजनाओं को लागू करना एक बड़ी चुनौती से कम नहीं है। लेकिन भारत ने समाज के हाशिये पर मौजूद कमजोर वर्गों के लिए विशेष प्रावधानों के माध्यम से समाज में सामाजिक, आर्थिक एवं राजनैतिक न्याय की अवधारणा को मजबूती प्रदान करके अपनी जिम्मेदारी को बखूबी निभाया है। शुरू से ही इस देश का उद्देश्य जन-कल्याण एवं सर्वकल्याण रहा है। इसी लक्ष्य को पूरा करने हेतु सामाजिक सुरक्षा के लिए चलाई गई विभिन्न योजनाएं महत्त्वपूर्ण भूमिका निभाती हैं। इसी कड़ी में भारत सरकार द्वारा भारतीयों के लिए उपलब्ध कराए गए विभिन्न पहचान संबंधी दस्तावेज़ सामाजिक सुरक्षा योजनाओं का लाभ प्राप्त करना सुगम बनाते हैं और भारतीयों की व्यक्तिगत पहचान को भी सुनिश्चित करते हैं।

संदर्भ सूची (References)

1. https://en.wikipedia.org/wiki/National_Social_Assistance_Scheme
2. http://sspy-up.gov.in/pdf/oap_scm.pdf
3. http://socialjustice.nic.in/SchemeList/Send/79?mid=48565
4. https://www.india.gov.in/hi/spotlight
5. https://www.acko.com/health-insurance/rashtriya-swasthya-bima-yojana/
6. https://en.wikipedia.org/wiki/Aadhaar#cite_note-4
7. https://www.thehindu.com/news/national/you-will-be-on-bpl-list-if-your-annual-income-is-rs27000/article2035893.ece

संदर्भ-ग्रंथ (Reference Works)

https://sarathi.parivahan.gov.in/sarathiservice/stateSelection.do
https://manojdhawale.com
https://hindime.net>driving licence
www.wtechni.com>Internet
www.hindiment.net
www.wikikpedia.com

संदर्भ-ग्रंथ सूची
(Bibliography)

पुस्तकें

Acharya, N.K., *Commentary on Protection of Women From Domestic Violence Act 2005*, 2005, Asia Law House, Hyderabad.

Austin, Granville, *The Indian Constitution*, 1966, Oxford University Press, Oxford, Bombay.

Bakshi, P.M. *Public Interest Litigations*, 2006, Jain Book Agency, New Delhi.

Basu, D.D., *Constitutional Remedies and Writs*, 1994, Kamal Law House, Calcutta.

Basu D. D., *Introduction to the Constitution of India*, 1997, Eastern Economy Edition-PHI India, Delhi.

Chakraborty, R., *Law Relating to Public Interest Litigation*, 2015, Jain Book Agency, New Delhi.

Dwivedi, B.P., *The Changing Dimensions of Personal Liberty in India*, 1998, D.C. Wadhwa & Company, Delhi.

Errabbi, B., *Protective Discrimination: Constitutional Perspectives and Judicial Perception*, 1982, Name of the publisher Delhi.

Hansaria, B.L., *Right to Life and Personal Liberty under the Constitution – A Critical Analysis of Art. 21*", 1993, N.M. Tripathi Pvt. Ltd., Bombay.

Jain, M.P., *Indian Constitutional Law*, 1978, Wadhwa & Company, Nagpur.

Jain, Ashok Kumar, *Civil Procedure Code, Evidence Act, Criminal Act*, 2013, Ascent Publication, Delhi.

Johari, J.C., *The Constitution of India: A Politico - Legal Study*, 1995, Sterling Publishers Private Limited, New Delhi.

Kelkar, R.V., Criminal Procedure", 2005, Eastern Book Company, Lucknow.

Kumar R. and Prasana R., "Role of NREGA in Providing Additional Employment for Tribals and Curtailing Migration in National Rural Employment Guarantee Act: Design, Process and Impact", 2010, Ministry of Rural Development, New Delhi.

Mathew, George, *Rural Employment Scheme*, 2015, Viva Publication, Delhi.

Menon, N.R. Madhava, *Clinical Legal Education*, 2003, Eastern Book Company, Lucknow.

Mathur, C, *Your Laws Your Rights*, 2019, Shivalik Prakashan, Delhi.

Mathur, Seema, *Atrocities on Dalit Women: A Study of Pattern and Forms*, 2013, Navjagran Prakashan, Delhi and Gujrat.

Mittal, Dr. Harimohan, *Lokhit Mukadma Vidhik Sahayata Evam Vidhik Sewayen*, 2007, Sheel Sons, Jaipur.

Myneni, Dr. S.R., *Legal Research Methodology*, 2013, Allahabad Law Agency, Allahabad.

Pandey, J.N., "The Constitution of India", 2015, Central Law Agency, Allahabad.

Paranjpe, N.V., *Criminology & Criminal Administration*, 2011, Central Law Publication, Allahabad.

Pandey J.N., *Constitutional Law of India*, 2005, Central Law Agency, Allahabad.

Prakashan and Raj Mohan, *Consumer Empowerment: Rights and Responsibilities*, 2001, Kanishka Publication, Delhi.

Pylee, M.V., *An Introduction to the Constitution of India*, 1995, Vikas Publishing House Pvt., Ltd., New Delhi.

Rai, Dr. Kailash, *Public Interest Lawyering: Legal-Aid and Para Legal Services*, 2014, Central Law Publications, Allahabad.

Rao, Mamta, *Public Interest Litigation: Legal-Aid and Lok Adalats*, 2015, Eastern Book Company, Lucknow.

Saharay, Madhusudan, *Public Interest Litigation and Human Rights in India*, 2000, Jain Book Agency, New Delhi.

Shankaran, Kamala & Ujjwal Kumar Singh (ed.), *Towards Legal Literacy: An Introduction to Law in India*, 2008, Oxford University Press, New Delhi.

Sharma, Swaran Lata, *Gender Discrimination and Human Rights*, K. K. Publications, New Delhi.

Sharma, S.S., *Legal Aid to the Poor-The Law and Indian Legal System*, 1993, Deep & Deep Publications, New Delhi.

Tewari, O.P., *Public Interest Litigation, Legal Aids & Para Legal Services*, 2001, Jain Book Agency, New Delhi.

Verma, Yogendra S. and Sharma, Chandrakant, *Consumerism in India*, 1994, Anamika Prakashan, Delhi.

बबेल, बसंती लाल, दंड *प्रक्रिया संहिता* 1973, 2012, सेन्ट्रल लॉ ऐंजेन्सी, इलाहाबाद।

भारतीय दंड संहिता, *वेयर एक्ट (द्विभाषी संस्करण)*, 2012, सेन्ट्रल लॉ पब्लिकेशन्स, इलाहाबाद।

भारतीय दंड संहिता, 1860, वेअर एक्ट, 2007, प्रोफेशनल बुक पब्लिशर्स।

दंड प्रक्रिया संहिता 1973, वेयर एक्ट, 2013, सेन्ट्रल लॉ एजेन्सी, इलाहाबाद।

गुर्जर, नाथू लाल एवं जैन रमेश, *सूचना का अधिकार, अपेक्षाएं व चुनौतियां*, 2006, सबलाइम पब्लिकेशन्स, जयपुर।

मिश्र, प्रो. सूर्यनारायण, *भारतीय दंड संहिता*, 2012, सेन्ट्रल लॉ एजेंसी, इलाहाबाद।

पाण्डेय, डॉ. जय नारायण, *भारत का संविधान*, 2012, सेन्ट्रल लॉ एजेंसी, इलाहाबाद।

सिंह,के.के., *साक्ष्य विधि*, 2011, सेंट्रल लॉ एजेंसी, इलाहाबाद।

सिंह, अभय प्रसाद एवं कृष्ण मुरारी, *शासन मुद्दे और चुनौतियां*, ओरियंट ब्लैकस्वॉन, नई दिल्ली।

तिवारी, एम. के., *प्रशासनिक विधि*, 2014, सेंट्रल लॉ एजेंसी, इलाहाबाद।

यूनीक लॉ सीरिज, *उपभोक्ता अधिकार*, 2007, नितिन प्रकाशन, मेरठ।

बिसवाल, तपन, *मानवाधिकार, जेन्डर एवं पर्यावरण*, 2008, वीवा बुक्स, दिल्ली।

रिसर्च पेपर/लेख (RESEARCH PAPER/ARTICLE)

Ambasta, P.P.S, Vijay Shanker & Shah M., "Two Years of NREGA: The Road Ahead", Feb. 2018, *Economic and Political Weekly*, Vol. 43, No. 8, 23.

Bhagwati, Justice P.N., "Human Rights in the Criminal Justice System", 1985, Journal of ILI. Vol. 27, No. 1, Jan-March. 1-22 p.

Bhatt, J.N., "Right to Legal Aid is a basic Human Rights", Aug 2006, Law Herald, Gujarat, 26(8), 26-28p.

Chand, Prem, "A Look into the System of Legal Education," 1973, *Delhi Law Reporter*, 204-206p.

Chaturvedi, S.D., "Legal Education-Problems and Issues," 1978, *All India Reporter*, 83-85p.

Gupta, Sanjay, "RTI Act 2005: Problems & Solutions", *Uttarakhand Academy of Administration*, Nainital, Lucknow University.

Krishnan, P.S., "Atrocities against Dalits: Retrospect and Prospect", 2009, Combat Law, Vol. 8, Issue 5-6.

Meenu Paul, "Legal Profession- One of the Objectives of Legal Education and the Role of Bar Councils", 1999, Faculty of Law, Delhi University, 312 p.

Moliterno, E. James, "On the Future of Integration between Skills and Ethics Teaching; Clinical Legal Education in the year 2010", March 1996, *Journal of Legal Education*, Vol. 46.

Nancy, M. Anderson, "Continuing Legal Education: Opportunities in the New Millennium", *Common-Wealth Legal Education Journal*, No. 83, March, 2000, p. 19.

Mishra, Srikanta, "Legal Aid to Poor and Social Justice", 1995, Supreme Court Journal Feb 1, 25-29p.

Rawat, Sandeep, "Constitutional Mandate for Legal Aid and Legal Awareness: An overview", *Journal of Constitutional and Parliamentary Studies* 1999, Jan-Dec; 33, 122-131p.

Sharma, S.S., "Imperative of Legal aid and Reasonable Alternatives", 1995, *Supreme Court Journal*, 38-43p.

Singh, S.P., "Legal Aid Clinic", *Faculty of Law- Annual report, 1990-91:* Delhi Law Review 1991 13: 227-8p.

Sharma, Chandrika, P., "Legal aid and Legal Literacy: A Constitutional Promise: All India High Court Cases", Feb 2005, 11(2): 29-32p.

Tripathi, P.K.,"In the Quest for Better Legal Education", 1968, *Journal of Indian Law Institute*, 469 p.

V.R.C. Krishnaiah & Rayadurgam Narayana, "Legal Education in India in 21st Century: Problems and Prospects", Faculty of Law, Delhi University, 1999.

Weilder, J. Donald, "Cries of Legal Education: A Wake up Call for Faculty", *American Journal of Legal Education*, Vol. 47, No. 1, March 1997, pp. 92-103

प्राइसवॉटरहाउसकूपर्स, 2009, ''अंतिम रिपोर्ट: आरटीआई अधिनियम को लागू करने में प्रमुख मुद्दों और बाधाओं को समझना'', 2 जनवरी 2017।

राजेन्द्र नारायण एवं मधुबाला पोथुला का लेख, द हिंदू, 16 मई 2018।

वेबसाइट (WEBSITES)

https://pib.gov.in/PressReleasePage.aspx?PRID=1562707#:~:text=As%20on%2031.12.,the%20current%20year%20till%2031.12

https://hindi.indiawaterportal.org/content/agara-maujhae-naivaedaita-sauucanaa-nahain-mailatai-tao-kayaa-karauun-what-do-if-i-do-not-get/article/53517

https://www.drishtiias.com/hindi/daily-updates/daily-news-analysis/lok-sabha-passes-the-right-to-information-bill-2019
https://www.taxmann.com/blogpost/2000000573/some-interesting-cases-resolved-through-rti.aspx,
https://www.expresshealthcare.in/specials/in-imaging-specials/pest-le-analysis-ultrasound-market/62498/a
https://indimapsofindia.com/my-india/rural-employmentinindia]July
https://hinidimapsofindia.com/my-India/rural employment in India 28 06
https://www.dosomething.org/us/facts/11-facts-about-human-traffickinghttps://www.jstor.org/stable/23047224?seq=1
https://ncrb.gov.in/en/2019
https://www.google.com/search?q=adalato+me+lambit+&aqs
https://tribal.nic.in/ST/Tribal%20Profile
www.tribal.nic.in
https://www.etribaltribune.com/index.php/volume-2/mv2i7/primitive-tribes-in-india
https://www.legalcrystal.com/act/135088/the-scheduled-districts-act-1874-complete-act
https://hindi.indiawaterportal.org/content/vana-kasaetara-kae-ghata
https://mpforest.gov.in/img/files/Policy_NFP.pdf
https://www.historydiscussion.net/essay/tribal-movements-in-india/1797
https://www.jagran.com/jharkhand/jamshedpur-here-are-the-tribal-heroes-of-kolhan-of-jharkhand-19534995.html
https://www.godigit.com/traffic-rules/how-to-get-driving-licence-in-delhi#:~:text=Steps%20to%20apply%20for%20a,fill%20the%20form%20in%20person
https://www.jagranjosh.com/general-knowledge/features-of-motor-vehicles-amendment-bill-2019
https://cleartax.in/s/voter-id
https://www.indiatoday.in/information/story/how-to-apply-for-ration-card-see-the-steps-here-1678118-2020-05-15
http://sspy-up.gov.in/pdf/oap_scm.pdf
http://socialjustice.nic.in/SchemeList/Send/79?mid=48565
https://www.india.gov.in/hi/spotlight/
https://www.acko.com/health-insurance/rashtriya-swasthya-bima-yojana

महत्त्वपूर्ण प्रश्न
(Important Questions)

1. कानून का शासन क्या है? भारत में कानून के शासन पर आधारित आपराधिक न्याय व्यवस्था की प्रकृति एवं संरचना की विवेचना कीजिए।
2. कानून के शासन की अवधारणा तथा आपराधिक न्याय व्यवस्था के साथ इसके संबंध की चर्चा कीजिए।
3. कानून के शासन से क्या तात्पर्य है? इसके विभिन्न पक्षों की व्याख्या कीजिए।
4. भारत में आपराधिक न्याय व्यवस्था की विशेषताओं की चर्चा कीजिए। क्या यह भारत में विधि का शासन स्थापित करने में सक्षम रहा है? अपने उत्तर के पक्ष में तर्क दीजिए।
5. भारत में शिकायत एवं प्राथमिकी रिपोर्ट दर्ज कराने से संबंधित प्रावधानों की विवेचना कीजिए।
6. प्रथम सूचना रिपोर्ट क्या है? भारत में पुलिस स्टेशन में प्रथम सूचना रिपोर्ट करवाने की क्या प्रक्रिया है?
7. आप दिल्ली से आगरा रेलगाड़ी में यात्रा कर रहे हैं। कुछ लोगों का समूह रेलगाड़ी में प्रवेश करता है और सीट खाली करने के लिए आप से बहस करता है। आपका सहयात्री उनसे बहस करता है और वह समूह उसे चलती रेलगाड़ी से बाहर फेंक देता है। इस घटना के गवाह होने के नाते आप पुलिस स्टेशन में प्राथमिकी किस प्रकार दर्ज कराएंगे।
8. निवारक नजरबंदी और गिरफ्तारी में क्या अंतर है? भारत में किसी व्यक्ति के रिहा होने संबंधी प्रक्रिया का वर्णन कीजिए।
9. भारत में गिरफ्तारी और जमानत से जुड़े प्रावधानों की विवेचना कीजिए।
10. महिलाओं के प्रति बढ़ती हिंसा के प्रकार, और महिलाओं को सुरक्षा देने के लिए भारत में कौन-कौन से प्रावधान है? व्याख्या कीजिए।
11. महिलाओं को घरेलू हिंसा, बलात्कार व यौन उत्पीड़न से बचाने के लिए कौन-कौन से प्रावधान भारतीय संविधान में दिए गए हैं?
12. भारत में महिलाओं के विरुद्ध विभिन्न अपराधों एवं उनसे जुड़े कानूनों की विवेचना कीजिए।
13. कार्यस्थल पर यौन उत्पीड़न से संबंधित कानूनों में हुए बदलाव का आलोचनात्मक विश्लेषण कीजिए।

14. भारत में महिलाओं के विरुद्ध विभिन्न अपराधों एवं उनसे जुड़े कानूनों की विवेचना कीजिए।
15. भारत के संदर्भ में बलात्कार एवं यौन उत्पीड़न से जुड़े कानूनों की विवेचना कीजिए।
16. भारत में जाति व्यवस्था का वर्णन करते हुए छुआछूत संबंधित समस्या का वर्णन कीजिए। और संविधान में इसे रोकने के विभिन्न प्रावधानों का वर्णन कीजिए।
17. अनुसूचित जातियों एवं जनजातियों के अधिकारों के संरक्षण में अनुसूचित जाति एवं जनजाति अत्याचार निरोधक अधिनियम 1989 के प्रावधानों एवं प्रासंगिकता की विवेचना कीजिए।
18. भारत में अनुसूचित जातियों एवं अनुसूचित जनजातियों के अधिकारों के संरक्षण के लिए अपनाए गए संवैधानिक एवं कानूनी प्रावधानों का परीक्षण कीजिए।
19. अनुसूचित जाति एवं अनुसूचित जनजाति अत्याचार निरोधक अधिनियम 1989 के अंतर्गत कौन–से अपराध अत्याचार कहलाएंगे? इस अधिनियम को अधिक प्रभावशाली बनाने के लिए सुझाव दीजिए।
20. न्यूनतम मजदूरी से आप क्या समझते हैं? शोषित मजदूरों के अधिकारों को सुरक्षित रखने में न्यूनतम मजदूरी अधिनियम 1948 में उपलब्ध विभिन्न प्रावधानों की चर्चा कीजिए।
21. न्यूनतम मजदूरी अधिनियम 1948 पर बल देते हुए श्रमिक वर्ग के अधिकारों के संरक्षण से संबंधित कानूनों की चर्चा कीजिए।
22. विकलांग व्यक्तियों के अधिकारों के संरक्षण से जुड़े कानूनों की चर्चा कीजिए। अधिकार क्या है? उनसे संबंधित कानूनों का वर्णन कीजिए।
23. भारतीय संदर्भ में विकलांग कौन हैं? विकलांगता संबंधी सिद्धांतों का विवेचन कीजिए।
24. विकलांग व्यक्तियों के अधिकारों के संरक्षण से जुड़े कानूनों की चर्चा कीजिए।
25. सूचना के अधिकार अधिनियम 2005 के अंतर्गत सूचना प्राप्ति की क्या प्रक्रिया है? भारत में किन आधारों पर आरटीआई अधिनियम के अंतर्गत आवेदन को रद्द किया जा सकता है? उदाहरण सहित व्याख्या कीजिए।
26. भारत में लोकतंत्र को सशक्त करने में सूचना के अधिकार अधिनियम 2005 के कार्यप्रणाली का मूल्यांकन कीजिए।
27. उपभोक्ता कौन हैं? उपभोक्ता के अधिकारों की सुरक्षा संबंधी कानूनों का वर्णन कीजिए।
28. उपभोक्ता के अधिकारों का हनन होने पर भारत में क्या व्यवस्था मौजूद है? व्याख्या कीजिए।
29. वन अधिकार अधिनियम 2006 के विशेष संदर्भ में वन पर वनवासियों के अधिकारों पर निबंध लिखिए।
30. अनुसूचित जनजाति एवं अन्य पारंपरिक वनवासी अधिनियम 2006 के मुख्य प्रावधानों का आलोचनात्मक मूल्यांकन कीजिए।
31. सशक्तिकरण में सूचना के अधिकार कानून की प्रासंगिकता का परीक्षण कीजिए।

32. भारत में राष्ट्रीय ग्रामीण रोजगार गारंटी योजना मनरेगा की विशेषताओं और रोजगार के अवसर को उत्पन्न करने में इसकी भूमिका पर चर्चा कीजिए।
33. भारत में समाज के हाशिये पर मौजूद लोगों को सामाजिक सुरक्षा प्रदान करके सामाजिक न्याय की अवधारणा को मजबूती मिली है। स्पष्ट कीजिए।
34. मतदाता पहचान पत्र और ड्राइविंग लाइसेंस प्राप्त करने की प्रक्रिया का वर्णन कीजिए।
35. टिप्पणी कीजिए–
    - कानून का शासन
    - जमानत
    - छुआछूत
    - विकलांग लोगों के अधिकार
    - घरेलू हिंसा अधिनियम
    - धारा 376
    - भारत में उपभोक्ता के अधिकार
    - महिला वनवासियों के अधिकार
    - ग्रामसभा और सामाजिक ऑडिट
    - भारत में ग्रामीण रोजगार गारंटी योजना
    - राशन कार्ड बनवाने की प्रक्रिया
    - भारत मतदाता पहचान पत्र
    - आधार कार्ड
    - ड्राइविंग लाइसेंस
    - राष्ट्रीय स्वास्थ्य बीमा योजना
    - वृद्धावस्था पेंशन योजना

लेखक परिचय

डॉ. सीमा माथुर, दिल्ली विश्वविद्यालय के कालिंदी कॉलेज में राजनीति विज्ञान विभाग में असिस्टेंट प्रोफेसर हैं। इन्होंने जामिया मिलिया इस्लामिया से पीएच. डी. और दिल्ली विश्वविद्यालय से राजनीति विज्ञान में मास्टर्स और बीएड किया है। उन्हें यूजीसी नेट (NET) और राजीव गांधी नेशनल फेलोशिप (JRF & SRF) प्राप्त हैं। इनके लेख और शोध विभिन्न पुस्तकों, पत्रिकाओं और राष्ट्रीय और अंतर्राष्ट्रीय जर्नल्स में प्रकाशित हो चुके हैं। इनकी पुस्तक *भारत में दलित महिलाओं पर अत्याचार* है। इन्होंने 2016 में भारतीय सामाजिक अनुसंधान परिषद (ICSSR) की रेस्पोंसिव रिसर्च प्रोजेक्ट : ''एनटाइटइल्ट पॉलिटिकल पार्टिसिपेशन ऑफ दलित वीमेन इलेक्टेड रिप्रेजेंटिव इन लोकल गवर्नेंस : ए क्लेक्टिव स्टडी इन इंडिया'' पर काम किया। ये पंचायती राज और राजनीति में महिलाओं की भागीदारी से संबधित 5 से अधिक रिसर्च प्रोजेक्ट्स का सफलतापूर्वक निर्देशन कर चुकी हैं। इन्होंने राष्ट्रीय और अंतर्राष्ट्रीय सेमिनारों में 15 से अधिक शोध पत्र प्रस्तुत किए हैं। डॉ. माथुर सामाजिक और महिला संगठनों से जुड़कर लगातार दलित और महिलाओं के मुद्दों पर काम कर रही हैं। दलित महिलाओं के लिए उनके कायों को देखते हुए 4 जनवरी 2020 को इन्हें 'नारी शक्ति एक्सेलेंस अवार्ड' से सम्मानित किया गया है।

डॉ. अनुला मौर्य, पूर्व प्राचार्या, कालिंदी कॉलेज दिल्ली विश्वविद्यालय; संप्रति 2019 से उप कुलपति, जगद्गुरु रामानंदाचार्य राजस्थान संस्कृत विश्वविद्यालय, जयपुर। भारतीय संस्कृति और भारतीय भाषाओं के विकास में योगदान के लिए जून 2020 को जिनेवा में हुए समारोह में "अंतर्राष्ट्रीय असाधारण महिला सम्मान" से सम्मानित किया गया। शिक्षण और महिला सशक्तिकरण में बहुमूल्य योगदान के लिए डॉ. मौर्या को "ग्लोबल लीडर अवार्ड" बिजॉक्स, दुबई, यूएई, ''महिला शक्ति शिरोमणि इंडो-नेपाल समरसता संगठन'', ''भारत रत्न अटल बिहारी वाजपेयी एक्सीलेंस अवार्ड'', दिव्यता और साहित्य के लिए उत्कृष्टता के लिए ''भारत ग्लोबल अवार्ड'' भारत के शैक्षिक और परीक्षण परिषद, ''डॉ. अंबेडकर राष्ट्रीय पुरस्कार'' एससी/एसटी कर्मचारी कल्याण संघ जैसे अनेक राष्ट्रीय और अंतर्राष्ट्रीय पुरस्कारों से नवाजा गया है। डॉ. मौर्या की दर्जन से ज्यादा पुस्तकें, विभिन्न राष्ट्रीय व अंतर्राष्ट्रीय पत्रिकाओं में 20 से ज्यादा शोध प्रकाशित हो चुके हैं। डॉ. मौर्य ने पीएचडी, एलएलबी मेरठ विश्वविद्यालय से और एमए और बीए (ऑनर्स) संस्कृत दिल्ली विश्वविद्यालय से किया है।

डॉ. राखी चौहान, दिल्ली विश्वविद्यालय के कालिंदी कॉलेज में राजनीति विज्ञान विभाग में असिस्टेंट प्रोफेसर हैं। ये दिल्ली विश्वविद्यालय से एमफिल तथा पीएचडी हैं। भारतीय राजनीति, संविधान, तथा कानूनों पर भी इनके कई अध्याय विभिन्न पुस्तकों में प्रकाशित हो चुके हैं। कई पत्र-पत्रिकाओं भी इनके अनेक लेख प्रकाशित हो चुके हैं। भारत-चीन संबंधों पर डॉ. राखी की एक पुस्तक भी प्रकाशित हो चुकी है। 2018 में डॉ. राखी चौहान को इंडो-नेपाल समरसता अवार्ड से नेपाल में सम्मानित किया गया था।

पंकज सिंह कुशवाहा, सत्यवती कॉलेज, दिल्ली विश्वविद्यालय से स्नातक हैं। उन्होंने सेंटर फॉर पॉलिटिक्स एंड इंटरनेशनल स्टडीज, स्कूल ऑफ इंटरनेशनल स्टडीज, जवाहरलाल नेहरू विश्वविद्यालय से मास्टर और सेंटर फॉर यूरोपियन स्टडीज, स्कूल ऑफ इंटरनेशनल स्टडीज, जवाहरलाल नेहरू विश्वविद्यालय, से एमफिल शोध "विकलांगता और सार्वजनिक नीति 1995–2010" विषय में किया। एमफिल शोध प्रबंध और पीएचडी थीसिस के साथ, इनके 3 नेशनल कॉन्फ्रेंस प्रेजेंटेशन और 3 इंटरनेशनल कॉन्फ्रेंस हैं जिनमें "इंटरनेशनल कॉन्फ्रेंस ऑन डिसएबिलिटी एंड डायवर्सिटी इन एशिया, सितंबर 2019, यूनिवर्सिटी ऑफ ब्राविजया, मलांग, इंडोनेशिया में हैं।

शिप्रा शुक्ला, तेजपुर केंद्रीय विश्वविद्यालय, असम के हिंदी विभाग में सह–प्राध्यापक हैं। इन्होंने दिल्ली विश्वविद्यालय से हिंदी साहित्य में एमए और एमफिल की उपाधि प्राप्त की। वर्तमान में अंबेडकर विश्वविद्यालय, दिल्ली से ''विकलांग विमर्श और हिंदी गद्य साहित्य'' में पीएचडी कर रही हैं। इसके अतिरिक्त उन्होंने दो राष्ट्रीय तथा तीन अंतर्राष्ट्रीय संगोष्ठियों में शोध पत्र प्रस्तुत किए हैं, जिसमें "एशिया में विकलांगता और विविधता" पर अंतर्राष्ट्रीय सम्मेलन के लिए सह–लेखन, सितंबर 2019, इंडोनेशिया के यूनिवर्सिटी ऑफ ब्राविजया, मलांग में प्रस्तुत किया।

डॉ मधु दम्मानी, दिल्ली विश्वविद्यालय के दौलत राम कॉलेज में राजनीति विज्ञान विभाग में असिस्टेंट प्रोफेसर हैं। ये राजनीति विज्ञान विषय में एमफिल, पीएचडी, नेट (यूजीसी) और स्लेट की उपाधि प्राप्त हैं। दिल्ली विश्वविद्यालय के छात्रों के लिए संपादित पुस्तकों और पत्रिकाओं में इनके बहुत से अध्याय प्रकाशित हो चुके हैं। ये राष्ट्रीय एवं अंतर्राष्ट्रीय सेमिनारों, वर्कशॉप और फैकल्टी डेवलपमेंट प्रोग्राम में सक्रिय रही हैं। ये विभिन्न राष्ट्रीय सेमिनार में पेपर भी प्रस्तुत कर चुकी हैं। दिल्ली विश्वविद्यालय के विभिन्न कॉलेज में इनका 18 वर्षों का अध्यापन अनुभव भी शामिल है।

डॉ. राजवीर सिंह, उत्तर प्रदेश सरकार में कार्यरत हैं। ये जामिया मिलिया इस्लामिया से अंग्रेजी साहित्य में पीएचडी और चौ. चरण सिंह विश्वविश्वविद्यालय से एलएलबी हैं। लंबे समय तक इन्होंने दिल्ली के तीस हजारी कोर्ट में वकालत की है। दलित साहित्य से संबंधित आत्मकथाओं पर आधारित जेंडर, दलित, मानवाधिकार आदि मुद्दों पर इनके कई लेख विभिन्न पत्रिकाओं और जर्नल्स में प्रकाशित हो चुके हैं। डॉ. राजवीर सिंह ने कई रिसर्च प्रोजेक्ट्स में काम किया है और मानवाधिकारों से जुड़े विभिन्न सामाजिक संगठनों के साथ काम करते रहे हैं।

रेणुका चौधरी, दिल्ली विश्वविद्यालय के राजनीति विज्ञान विभाग से "विकास, ज्ञान और दिल्ली–एनसीआर में यमुना नदी प्रदूषण" विषय पर डॉक्टरेट कर रही हैं। इन्होंने दिल्ली विश्वविद्यालय से राजनीति विज्ञान में बीए, एमए और एमफिल किया है। उनके अनुसंधान के क्षेत्र में विकास, पर्यावरण, महामारी विज्ञान, महिला विकास और मानवाधिकार शामिल हैं। वर्तमान में वह दिल्ली विश्वविद्यालय में अतिथि संकाय के रूप में पढ़ा रही हैं।

डॉ. निवेदिता गिरि, दिल्ली विश्वविद्यालय के कालिंदी कॉलेज में राजनीति विज्ञान विभाग में असिस्टेंट प्रोफेसर हैं। ये दिल्ली विश्वविद्यालय से एमफिल और जवाहर लाल नेहरू विश्वविद्यालय, पीएचडी हैं। इन्हें ब्रिटेन में शोध करने के लिए ब्रिटिश काउंसिल के चार्ल्स वालेस इंडिया ट्रस्ट

फेलोशिप मिली। ये राष्ट्रीय और अंतर्राष्ट्रीय चिंताओं से संबंधित मुद्दों पर लिखती हैं। उन्होंने ''भारत और ब्रिटेन में संसदीय समितियों: एक तुलनात्मक अध्ययन'', भारतीय शासन और राजनीति और भारतीय प्रशासन आदि पर किताबें लिखी हैं। इन्होंने कई पत्रिकाओं में लेखों का योगदान दिया है।

डॉ. सुनीता मंगला, दिल्ली विश्वविद्यालय के कालिंदी कॉलेज में राजनीति विज्ञान विभाग में असिस्टेंट प्रोफेसर हैं। ये दिल्ली विश्वविद्यालय से एमफिल और डॉक्टरेट हैं। ये उच्च शिक्षा निदेशालय, दिल्ली सरकार (2012) से 'सर्वश्रेष्ठ कॉलेज व्याख्याता' और अखिल भारतीय पत्रकार कल्याण संघ (2016) से उच्चतर शिक्षा के क्षेत्र में अपने उत्कृष्ट प्रदर्शन के लिए 'राष्ट्रीय एकीकरण' पुरस्कार भी प्राप्त चुकी हैं। इन्होंने कई पुस्तकें लिखी हैं और संपादित भी की हैं: 'पॉलिटिक्स ऑफ रीजनल ऑटोनोमी एंड स्टेट आइडेंटिटी: जम्मू एंड कश्मीर', 'पॉलिटिक्स, एथिक्स एंड सोशल रिस्पांसिबिलिटी ऑफ बिजनेस', 'रेलेवंस ऑफ स्वामी विवेकानंद इन 21स्ट सेंचुरी', 'भारतीय राजनीतिक चिंतन', 'आधुनिक भारतीय राजनीतिक चिंतन', 'सिटीजनशिप एंड गवर्नेंस', 'अंतर्राष्ट्रीय चिंतन एवं विश्व संबंधों का इतिहास', 'डॉ. बी.आर. अम्बेडकर ऑन वूमेन'स राइट्स एंड जेंडर एक्वालिटी', 'इनक्लूसिव गवर्नेंस एंड ह्यूमन राइट्स: डीलिंग विद द डायनामिक्स', 'ग्लोबलाइजेशन एंड फेडरल गवर्नेंस इन इंडिया' आदि।

मनीषा राजीव, दिल्ली विश्वविद्यालय के कालिंदी कॉलेज में असिस्टेंट प्रोफेसर हैं और पत्रकारिता, जनसंचार पढ़ाती हैं। इन्होंने दिल्ली विश्वविद्यालय से स्नातक के बाद न्यूज रीडिंग और एंकरिंग में सर्टिफिकेट कोर्स किया। इन्होंने अंग्रेजी साहित्य में एमए एवं पत्रकारिता और मासकॉम में पीजी डिप्लोमा, एमएससी एवं एमफिल डिग्री भी प्राप्त की। नेट की परीक्षा उत्तीर्ण करने के अलावा मनीषा पांच पुस्तकें भी लिख चुकी हैं एवं उन्होंने कई पुस्तकों का संपादन भी किया है। स्थानीय, राज्य और राष्ट्रीय स्तर पर कई सम्मेलनों, कार्यशालाओं और संगोष्ठियों में प्रस्तुतकर्ता रही हैं। इसके अलावा ये बहुत से राष्ट्रीय एवं अंतर्राष्ट्रीय कार्यक्रमों की आयोजक भी रही हैं।

अनुक्रमणिका Index

2 जी घोटाला, 111

अंतर्राष्ट्रीय श्रमिक संगठन, 74
अंत्योदय राशन कार्ड (एएवाई), 190
अंबेडकर, बाबासाहेब डॉ. भीमराव, 63, 66, 69, 97
अभियुक्त व्यक्ति, 27, 29
  के अधिकार, 29
अभियोजकीय व्यवस्था, 21
अत्याचार निवारण अधिनियम, 67, 145
अधिकार पृच्छा, 8, 12, 13
अधीनस्थ न्यायालय, 8, 12-14
अनुसूचित क्षेत्र, 137, 139-42, 146
  में ग्राम पंचायतों की शक्ति और अधिकार, 142
  की प्रमुख विशेषताएं, 139-40
अनुसूचित जाति एवं अनुसूचित जनजाति (अत्याचार निवारण) अधिनियम 1989, 67-68, 144-45
    में दंड के प्रावधान, 68
    की विशेषताएं, 144-45
अनुसूचित जाति तथा अनुसूचित जनजाति (अत्याचार निवारण) संशोधन अधिनियम, 2015, 144
अनुसूचित जाति व जनजाति, 67-70, 133-55
  पर अपराधों के लिए दंड, 68
  के पतन के कारण, 69-70
  में महिलाओं के संपत्ति अधिकार, 153-54
  की समस्याएं, 149-53
  के लिए संवैधानिक प्रबंध, 138-41
  के लिए संस्थागत प्रबंध, 141-44
  को शैक्षणिक एवं सांस्कृतिक संरक्षण, 140-41
अनुसूचित जिला अधिनियम 1874, 137
अन्नपूर्णा योजना, 177
अनैतिक व्यापार (निवारक) अधिनियम 1956, 45, 47
अनैतिक व्यापार निवारण अधिनियम 1987, 47
अनैतिक व्यापार (प्रतिबंध) कानून, 1956, 60
अनोखा दिव्यांगता प्रमाण पत्र, 97
अली यावर जंग राष्ट्रीय श्रवण विकलांग संस्थान, 88
अशोक स्तंभ, 1
अस्पृश्यता (अपराध) अधिनियम, 1955, 65
अस्पृश्यता निषेध कानून, 61-70
आदर्श हाउसिंग सोसाइटी घोटाला, 111
आदिम जातियाँ, 136
आधार कार्ड, 182, 184-85, 187, 191
  की आवेदन प्रक्रिया, 184-85
  का उद्देश्य, 184
  की पात्रता, 184
  का विवरण, 185
आधार (वित्तीय और अन्य सब्सिडी, लाभ और सेवाओं की लक्षित डिलीवरी) अधिनियम, 2016, 184
ऑनलाइन एफआईआर, 24
आपराधिक दंड प्रक्रिया संहिता, 1
आपराधिक न्याय प्रणाली, 4-6, 20-35
  में अपराध का अभिप्राय, 21-22
  में अभियोजकीय व्यवस्था, 21
  अर्थ एवं उद्देश्य, 6, 20-21
  के घटक, 4-6

पुलिस के कर्तव्य, 5, 24-25
की मुख्य विशेषताएं, 22-23
के विभिन्न चरण, 22-35
से संबंधित कानून, 20-36
आपराधिक प्रक्रिया अधिनियम (संहिता) 1973, 4, 22, 25-28
आपराधिक प्रक्रिया कानून, 21
परीक्षणीय व्यवस्था, 21
विरोधात्मक अथवा अभियोजकीय व्यवस्था, 21
आयकर अधिनियम, 188
आर्थिक हिंसा, 42
ऑल इंडिया ट्रेड यूनियन कांग्रेस (AITUC), 74, 75
ऑस्टिन, 12, 22

इंडियन नेशनल ट्रेड यूनियन कांग्रेस (INTUC), 75
इंदिरा आवास योजना, 159
इंदिरा गांधी राष्ट्रीय विकलांगता पेंशन योजना, 176
इंदिरा गांधी राष्ट्रीय विधवा पेंशन योजना, 176
इंदिरा गांधी राष्ट्रीय वृद्धावस्था पेंशन योजना, 178
इलेक्ट्रॉनिक्स और सूचना प्रौद्योगिकी मंत्रालय, 184
ई-राशन कार्ड, 191
ऑफलाइन आवेदन प्रक्रिया, 191-92
डाउनलोड करना, 191-92
ईस्ट इंडिया कंपनी, 1

उच्च न्यायालय, 7, 8, 10, 12-15, 25, 28, 33, 49, 109, 127, 143
का अधिकार-क्षेत्र, 12
का अपीलीय क्षेत्राधिकार, 13
का पर्यवेक्षी अधिकार क्षेत्र, 13
के प्रारंभिक अधिकार, 12
उन्नाव रेप केस, 52
उपभोक्ता आंदोलन, 117-18
का भारत में जन्म, 118
उपभोक्ता इंटरनेशनल, 117
उपभोक्ता विवाद निवारण एजेंसी, 126, 127
उपभोक्ता शिकायत निवारण प्रक्रिया, 129
में उपलब्ध राहत, 130-31
में शिकायत दर्ज करने का तरीका, 129-30
उपभोक्ता संरक्षण अधिनियम, 1986, 118-31
उपभोक्ता संरक्षण आंदोलन, 117-18
उपभोक्ता संरक्षण (संशोधन) अधिनियम (2013), 119
उपभोक्ता संरक्षण (संशोधन) अधिनियम, 2019, 119
में उपभोक्ताओं के अधिकार, 123-24
में उपभोक्ता की परिभाषा, 121-22
की मुख्य विशेषताएं, 120-21
में वस्तुएं की परिभाषा, 122
में शिकायत और शिकायतकर्ता की अवधारणा, 124-25
में सेवाएं की परिभाषा, 122-23
उपभोक्ता संरक्षण विधेयक 2019, 119, 120
उपभोक्ता सुरक्षा परिषद, 126
का मूल उद्देश्य, 126

एंटीसिपेट्री जमानत, 35
एकल मजदूरी रोजगार कार्यक्रम, 159
एकल न्यायिक संस्थान, 1
एकीकृत वृद्धजन कार्यक्रम, 178
की कार्य-योजना, 178-79
एशिया प्रशांत विकलांग दशक 1993-2002, 88

ओलिवर, माइकल, 84, 100
द *पॉलिटिक्स ऑफ डिसेबल्मेंट*, 84
औद्योगिक अदालतें, 75-76
औद्योगिक विवाद अधिनियम, 77

औद्योगिक विवाद संघर्ष अधिनियम 1929, 75
औद्योगिक संघर्ष अधिनियम, 71
कठुआ रेप केस, 52
कन्या भ्रूण हत्या, 46
करुणानिधि, एम., 102
कर्मचारी क्षतिपूर्ति अधिनियम, 76
कर्मचारी परिवार पेंशन योजना, 76
कर्मचारी भविष्य निधि तथा विविध धारा अधिनियम 1952, 76
कर्मचारी राज्य बीमा अधिनियम, 76
कानून प्रवर्तन अधिकारी, 5
कानून प्रवर्तन मशीनरी, 4
कानून का शासन (Rule of Law), 1-19
    की अवधारणा, 2
    के तीन आधार स्तंभ, 2-3
    और भारतीय संविधान, 3-4
'काम के बदले अनाज' कार्यक्रम, 158, 159, 162
कॉमनवेल्थ गेम्स 2010 घोटाला, 111
कारखाना अधिनियम, 71, 73
कारविन, 10
किशोर न्यायिक अधिनियम, 1986, 80
केंद्रीय गृह मंत्रालय, 49
केंद्रीय सूचना आयोग, 104, 106
कोठारी, जेना, 92
कोयला खानों की पेंशन योजना, 76
कोल विद्रोह 1785, 138
कौटिल्य का अर्थशास्त्र, 1

खाद्य अपमिश्रण अधिनियम, 118
खान अधिनियम, 71
खासी विद्रोह, 138
खैरलांजी की घटना, 69

गिरफ्तारी, 5, 23, 29-34, 51, 67, 137
    का अभिप्राय, 29
गिरफ्तार व्यक्ति के अधिकार, 31-32
    का मुख्य उद्देश्य, 29
    की रीति, 30
    से संबंधित सिद्धांत, 32-33
    पर हथकड़ी का प्रयोग, 30
गांधी, इंदिरा, 158
गांधी, महात्मा, 63, 157, 162
गारे, डॉ. गोविंद, 155
गैर-जमानतीय अपराध, 34-35
    में जमानत, 34-35
गैर-संज्ञेय अपराध, 26-27
ग्यारहवीं पंचवर्षीय योजना (2009-12), 43
ग्राम पंचायत, 17, 142, 148, 159, 163, 164, 166, 177, 178
ग्राम न्यायालय अधिनियम, 2008, 18
ग्रामीण विकास मंत्रालय, 162, 165-67, 172, 176
ग्राम सभा, 141, 142, 147-49, 166
ग्रामीण जनशक्ति कार्यक्रम, 158
ग्रामीण भूमिहीन रोजगार गारंटी, 158, 159
ग्रामीण रोजगार गारंटी, 156-73
    का आरंभ, 157
ग्रामीण रोजगार सृजन कार्यक्रम, 161
ग्रामीण स्वयं रोजगार प्रशिक्षण संस्थान, 161

घरेलू हिंसा, 37, 38, 40-44
    के प्रकार, 41-42
    की शिकार महिला के अधिकार, 42
घरेलू हिंसा अधिनियम 2005, 41, 43
    के प्रावधान, 43

छुआछूत (अपराध) अधिनियम 1955, 66

जनता पार्टी सरकार, 158
जनजातियां फॉरेस्ट राइट एक्ट, 151
जनजातीय कार्य मंत्रालय, 145-46
    को आबंटित विषय, 146

जनजातीय समूह, 133, 136
 की पहचान के मानदंड, 133-34
 की भारत में जनसंख्या, 133, 136
जनहित याचिका, 16, 153
जमानतीय अपराध, 31, 34
जवाहर ग्राम समृद्धि योजना, 158, 159
जवाहर रोजगार योजना, 158, 159, 172
जाति व्यवस्था, 38, 61-70, 98
 संवैधानिक संरक्षण का प्रभाव, 69-70
 में शूद्रों की स्थिति, 61-63
जियोटैगिंग, 166, 170
जिला उपभोक्ता विवाद निवारण आयोग, 127
टी.के. गोपाल उर्फ गोपी बनाम कर्नाटक राज्य, 53
ट्राइसेम, 158, 160

डायसी, 1-3
डी.के.वासू बनाम पश्चिमी बंगाल राज्य ए.आई. आर. 1997 एस.सी. 610, 32
'ड्यू प्रोसेस' (Due Process) की अवधारणा, 6
ड्राइविंग लाइसेंस, 182, 184, 186-87, 191
 के लिए आवश्यक दस्तावेज, 186-87
 जारी करने की प्रक्रिया, 186-87
 डुप्लिकेट के लिए आवेदन, 188-89
 के प्रकार, 186
तमाड़ विद्रोह, 138
तलवार, डॉ. वीरभारत, 154, 155
ताहिर, एम.डी., 113

दंड प्रक्रिया संहिता 1973, 14, 50
दंड प्रक्रिया संहिता संशोधन (अधिनियम) 2005, 31
दलित विरोधी घटनाएं, 69
दस लाख कूप स्कीम, 159, 160
दहेज निषेध अधिनियम (1961), 43, 45
दिल्ली उच्च न्यायालय, 49
दिव्यांगजन, 85-91
दिव्यांगजन अधिकार अधिनियम 2016, 90, 96-98, 100
दीवानी न्यायालय, 14
देवी, मनोरमा, 51
दोहरी सजा और आत्म-दोष का सिद्धांत, 3
द्रेज, ज्यां, 162

धानकटिया आंदोलन, 138
नक्सलवाड़ी आंदोलन, 138
नलबाती वेहरा बनाम उड़ीसा राज्य (1993), 33, 34
नागरिक अधिकार संरक्षण अधिनियम, 1955, 66, 67
 में छुआछूत का वर्णन, 67-68
 के मुख्य उपबंध, 66-67
नागरिक प्रक्रिया संहिता, 1
नागा विद्रोह, 138
निर्भया कांड, 49, 50, 52
नि:शक्तजन, 87-89, 93, 96-98
नि:शक्तजन अधिनियम 1995, 87-89, 96
 में शिक्षा की व्यवस्था, 88-89
नि:शक्त सांख्यिकी पुस्तिका, 93
नि:शुल्क चाइल्ड लाइन फोन सेवा, 80
नीति आयोग, 146
नीति निर्देशक सिद्धांत, 39-40
नेशनल इलैक्ट्रॉनिक फंड मैनेजमेंट सिस्टम, 170
नेशनल फूड फॉर वर्क प्रोग्राम, 160-61
नैसर्गिक न्याय, 2
न्याय पंचायत, 17
न्यायपालिका, 5-7, 10, 12, 15, 16, 18, 20, 103, 114, 150
न्यायमूर्ति मार्शल, 10
न्यायाधिकरण, 15-16

का प्रयोग, 15
का अधिकार क्षेत्र, 15-16
न्यायिक पुनर्विलोकन, 10-11
की तीन अपरिहार्य शर्तें, 11
का सिद्धांत, 10
न्यायिक मजिस्ट्रेट के न्यायालय, 28
के प्रकार, 28-29
न्यूनतम मजदूरी अधिनियम, 1948, 71-74, 165
के अंतर्गत निम्न व्यवस्थाएं, 73

पदसोपानिक न्यायिक व्यवस्था, 28-29
परंपरागत वन निवासी (वन अधिकारों की मान्यता) अधिनियम, 2006, 134, 151
परालकोट विद्रोह, 138
परिवार न्यायालय, 17
परिवार न्यायालय अधिनियम, 1984, 17
पहचान संबंधी दस्तावेज, 181-92
पांचवीं पंचवर्षीय योजना, 162
पाठक, आर. एस., 4
पारंपरिक वनवासी (वन अधिकारों को मान्यता) कानून, 2006, 147
पारदर्शिता अधिकार अधिनियम, 2013, 147
पारिवारिक न्यायालय अधिनियम (1954), 43
पॉलरोमर, 184
पितृसत्ता, 38, 40, 45-47, 56
के प्रभाव, 56-57
पीड़ित क्षतिपूर्ति स्कीम 2011, 144
पुरुष-महिला लिंगानुपात, 40
पुलिस कस्टडी में मृत्यु, 32, 33
के मार्गदर्शक सिद्धांत, 33
के विरुद्ध संरक्षण, 33
पुनरुद्धार एवं पुनर्वास अधिनियम, 151
पैन कार्ड, 97, 182, 184, 187-91
जारी करने की प्रक्रिया, 188-90
डुप्लीकेट के लिए प्रक्रिया, 189
के प्रकार, 188
का प्रारूप, 189
का महत्त्व, 190
पैरा विधिक स्वयंसेवक, 143-44
के कार्य, 143-44
प्रणव सेन कमेटी, 165
प्रथम विश्वयुद्ध, 74
प्रथम सूचना रिपोर्ट, 22-24, 26, 27, 43
की प्रामाणिकता, 24-25
का मुख्य उद्देश्य, 23
प्रधानमंत्री ग्रामीण रोजगार योजना, 161
प्रधानमंत्री रोजगार योजना, 161
प्रधानमंत्री श्रम पुरस्कार योजना, 161
प्रावधान (अनुसूचित क्षेत्रों पर विस्तार) अधिनियम, 1996 (पेसा), 141
प्रेमशंकर बनाम दिल्ली प्रशासन, ए.आई.आर.1980 एस.सी. 898, 30

फास्ट ट्रैक कोर्ट, 18
फिन्क्लेस्तिएन, 85
फौजदारी न्यायालय, 14
फ्लेक्स, होमर, 77

बंदी प्रत्यक्षीकरण, 8, 9, 12, 13
बंधित श्रम पद्धति (उत्पादन) अधिनियम, 1976, 67
बंबई श्रम कल्याण निधि अधिनियम (1953), 73
बक्शी, उपेंद्र, 2
बलात्कार, 28, 38, 41, 44, 46-55, 60, 69, 144, 150
के लिए दंड व्यवस्था, 52-56
दिल्ली सरकार के आंकडे, 50
की देश में स्थिति, 49-52
की परिभाषा, 48
की परिस्थितियां, 48
के रूप, 48-49

बस्तर का हल्वा विद्रोह 1774, 138
बाल अधिनियम 1933, 77
बाल न्याय (बच्चों की सुरक्षा और देखभाल) अधिनियम, 2000, 80
बाल पुनर्वास एवं कल्याण कोष, 78
बाल एवं महिला विकास मंत्रलय, 51
बाल रोजगार अधिनियम 1938, 77
बाल-विवाह अधिनियम, 43
बाल विवाह निरोधक अधिनियम, 1929 (शारदा एक्ट), 44
बाल विवाह निरोधक कानून, 2006, 44
बालश्रम, 77-79, 144
  उन्मूलन, 78, 79
  के लिए खतरनाक उद्योग, 78-79
  का राष्ट्रीय एजेंडा (1998), 79
  और संविधान, 77-79
  सरकार द्वारा अपनाए गए उपाय, 79
बालश्रम (निषेध एवं नियमन) अधिनियम, 77
बाल श्रमिक सेल, 79
बालिकाओं पर होने वाले अत्याचार, 46
बिक्री कर आयुक्त बनाम मध्य प्रदेश विद्युत बोर्ड, 122
बिरसा मुंडा का 'उलगुलान', 138
बीपीएल राशन कार्ड, 190
बोनस भुगतान अधिनियम, 1965, 74
बोर्ड ऑफ रेवेन्यू, 14
ब्रिटिश विकलांगता भेदभाव अधिनियम 1995, 92

भारतीय आपराधिक न्याय व्यवस्था, 4-5
भारतीय आपराधिक प्रक्रिया संहिता, 28-32, 34, 35, 45
भारतीय आपराधिक प्रक्रिया संहिता (संशोधन) अधिनियम 2005, 30
भारतीय जनगणना, 94-95
  का आरंभ, 94
  में विकलांगों की कुल जनसंख्या, 94
भारतीय दंड संहिता, 1860, 4, 22, 36, 41, 43, 44, 45, 47, 48, 52, 54, 55, 59, 60, 80
भारतीय न्यायिक व्यवस्था, 6-18
भारतीय पुनर्वास परिषद अधिनियम 1992, 86, 87
भारतीय फैक्ट्री अधिनियम 1940, 77
भारतीय मजदूर सभा, 75
भारतीय विकलांग अधिकार अधिनियम-2016, 82
भारतीय विकलांगजन अधिनियम-1995, 92
भारतीय विशिष्ट पहचान प्राधिकरण, 184
भारतीय विक्षिप्तता अधिनियम 1912, 91
भारतीय श्रम कान्फ्रेंस 1957, 74
भारतीय संविधान, 1, 3-4, 7, 9, 11, 15, 18, 29-32, 37-39, 44, 56, 64, 66, 73, 75, 97, 98, 173
  में कानून का शासन, 3-4
  में छुआछूत के खिलाफ संरक्षण, 66-67
  पिछड़े वर्गों के लिए विशेष प्रावधान, 64-66
  के नीति निर्देशक सिद्धांत, 39-40
  में महिलाओं के अधिकार, 38-40
  का 'स्वर्णिम त्रिकोण अनुच्छेद', 3
भारतीय साक्ष्य अधिनियम 1872, 22, 50
भील विद्रोह 138
भूमिज आदिवासी विद्रोह 1767, 137, 138
भ्रूण लिंग निर्धारण, 46

मंडेला, नेल्सन, 63
मणिपुर अधिनियम 1950, 48
मतदाता पहचान पत्र, 181-83, 191
  के लिए आवश्यक दस्तावेज, 182
  के लिए आवेदन प्रक्रिया, 182-83
  की उपयोगिता, 183
  का प्रारूप, 182
  सत्यापन प्रक्रिया, 183

मथुरा रेप कांड, 52
मधु किश्वर और अन्य लोग बनाम बिहार, 153
मनुस्मृति, 1, 37, 62
महात्मा गांधी राष्ट्रीय ग्रामीण रोजगार गारंटी अधिनियम (मनरेगा), 113, 162, 165-73
  की आलोचना, 169-70
  की उपलब्धियां, 167-69
  के प्रमुख प्रावधान, 163-65
  का राज्यों/जिलों में कार्यान्वयन, 173
महात्मा गांधी राष्ट्रीय रोजगार गारंटी कार्यक्रम, 160
महात्मा बुद्ध, 62
महानगरीय मजिस्ट्रेट, 14, 28, 29
महान् 'भूमकाल', 138
महान संथाल 'हूल', 138
महिला संरक्षण अधिनियम, 2005, 42
महिलाओं का अश्लील निरूपण (प्रतिबंध) कानून, 1986, 60
महिलाओं एवं बच्चों के विकास संबंधी योजना, 160
महिलाओं तथा बालिकाओं का व्यापार, 46-47
महिलाओं के मौलिक अधिकार, 38-40
  और अवसरों की समानता, 39
  का भारत में इतिहास, 37-38
  वैदिक काल में, 37-38
महेंद्र देव कमेटी, 165
मार्क्स, 37
मातृत्त्व लाभ अधिनियम, 1961, 71, 76
मापतौल मानक अधिनियम, 118
मानसिक स्वास्थ्य अधिनियम 1987, 86, 91
मार्वरी बनाम मेडीसन मामला, 10
मिहिर शाह समिति, 165
मुख्य न्यायिक मजिस्ट्रेट, 14, 28, 30
मुरिया विद्रोह, 138
मेडिसन, जेम्स, 6
मेनका गांधी बनाम भारत संघ, 2
मेहता, एम. सी., 78
मेहरा, उषा, 49
मौखिक और भावनात्मक हिंसा, 42
मोटर वाहन अधिनियम, 1988, 186
मोबाइल कोर्ट, 18
म्युनिसिपल बोर्ड मिर्जापुर बनाम रेजिडेंट इंजीनियर, मिर्जापुर इलैक्ट्रिक कं., 1971, 25

यूनियन ऑफ फिजिकली इमपेयर्ड अगेंस्ट सेग्रगेशन-यूपीआईएएस, 84
यूनेस्को, 87, 99
यौन उत्पीड़न, 38, 47, 49, 50, 56-60, 69
  के लिए कानूनी सुरक्षा, 59-60
  कार्यस्थल पर, 56-60
  की परिभाषा, 57
  में शामिल कृत्य, 57-59

रंगभेद नीति, 63
राजस्थान सती (निवारक) अधिनियम, 1987, 45
राजस्व न्यायालय, 14
राज्य उपभोक्ता विवाद निवारण आयोग, 127-28, 131
  के न्यायिक क्षेत्र, 108
रात्रि अदालतें, 17
राय, अरुणा, 102
रॉय, राजा राममोहन, 45
राशन कार्ड, 182, 190-91
  की आवेदन प्रक्रिया, 191
  के प्रकार, 191
  के लिए योग्यता, 191
राष्ट्रीग अनुसूचित जाति व अनुसूचित जनजाति आयोग, 66
राष्ट्रीय अनुसूचित जनजाति फाउंडेशन और विकास निगम, 147-48
राष्ट्रीय अनुसूचित जनजातीय आयोग, 66, 146
राष्ट्रीय अपराध रिकॉर्ड ब्यूरो, 50, 69
राष्ट्रीय इन्फोरमैटिक सेंटर, 166

राष्ट्रीय उपभोक्ता विवाद निवारण आयोग, 120, 128–31
के अधिकार क्षेत्र, 128
राष्ट्रीय ग्रामीण रोजगार कार्यक्रम, 158, 160–62, 167
राष्ट्रीय ग्रामीण रोजगार गारंटी अधिनियम (नरेगा), 162, 167
राष्ट्रीय ग्रामीण रोजगार गारंटी योजना, 161
राष्ट्रीय चलन दिव्यांग संस्थान, 88
राष्ट्रीय दृष्टि दिव्यांग सशक्तिकरण संस्थान, 88
राष्ट्रीय नेशनल रिमोट सेंसिंग सेंटर, 166
राष्ट्रीय न्यायालय, 75
राष्ट्रीय न्यास कानून, 1999, 82, 89, 98
राष्ट्रीय पारिवारिक लाभ योजना, 176
राष्ट्रीय बहुदिव्यांगता जन सशक्तिकरण संस्थान, 88
राष्ट्रीय बाल आयोग, 79
राष्ट्रीय बालश्रम नीति, 79
राष्ट्रीय बौद्धिक दिव्यांगजन सशक्तिकरण संस्थान, 88
राष्ट्रीय मातृत्व लाभ परियोजना, 177
राष्ट्रीय विकलांग जन नीति 2006, 89
राष्ट्रीय विधि सेवा प्राधिकरण (नालसा), 142–43
के अंतर्गत योजनाएं, 143
राष्ट्रीय सामाजिक सहायता कार्यक्रम, 176
में शामिल योजनाएं, 176–78
राष्ट्रीय स्वास्थ्य बीमा योजना, 179–80
की केंद्रीय शिकायत निवारण प्रणाली, 181
में दावा करने की प्रक्रिया, 181
में पात्रता, 179
की नामांकन प्रक्रिया, 179–80
के लाभ, 180
की विशेषताएं, 180–81
का स्मार्ट कार्ड, 179–80
राष्ट्रीय श्रमिक संस्थान, 79
रूरल इन्फलेशन इंडेक्स, 165
रूसी क्रांति, 74
रोजगार आश्वासन योजना, 159, 160
लार्ड इरविन, 44
लास्की, 39
लिंग चयन प्रतिषेध, 1996, 46
लैंगिक असमानता, 40, 44
लोक अदालतें, 16–17, 143
वन अधिकार अधिनियम, 2006, 136, 147–50
का ऐतिहासिक परिप्रेक्ष्य, 136–38
में कमियां, 149–50
में शामिल अधिकार, 148
वन अधिकार कानून (एफआरए) विधेयक 2005, 147
वन अधिनियम 1865, 137
वनवासी और आदिवासी जनजातियां, 134–37, 153–55
के अधिकार: ऐतिहासिक परिप्रेक्ष्य, 136–37
के आंदोलन, 138
की परिभाषा, 134–35
के भारत में प्रकार, 135–36
वर्ण व्यवस्था, 61
वर्मा कमेटी, 50
वर्मा, जे.एस., 49
विकलांग अधिनियम 1995, 82
विकलांग आयोग, 82, 88
विकलांगजन, 82–100
और आरक्षण नीति, 97–98
की कानूनी परिभाषा, 91–92
और भारत में जनसंख्या, 82, 93–96
सशक्तिकरण, 82–100
विकलांगजन नीति 2006, 82, 89
विकलांगजन समान अवसर, अधिकार सुरक्षा व पूर्ण सहभागिता कानून 1955, 82

विकलांगता,
का आलोचनात्मक अध्ययन, 83
का चिकित्सीय सिद्धांत, 83-84
का जैविक-मनोवैज्ञानिक-सामाजिक दृष्टिकोण, 83
विमर्श के प्रमुख सिद्धांत, 83-85
का संबंधवादी दृष्टिकोण, 83
संबंधी जनगणना, 94-95
संबंधी शब्दावली, 92-93
का समाजवादी सिद्धांत, 83-85
सहभागिता व समान अवसर के कानून, 82-99
विक्षिप्तता अधिनियम 1912, 85-86, 98
विधिक सेवा प्राधिकरण अधिनियम, 1987, 142
विधिक सेवा प्राधिकरण अधिनियम 1987 (संशोधन 2002), 16
विल्सन, वुडरो, 2

विवाह संबंधी अपराध, 44-46
विशाखा दिशा निर्देश, 60
विशाखा बनाम राजस्थान सरकार, 57
विशेष विवाह अधिनियम (1954), 43
विश्व उपभोक्ता दिवस, 118
विश्व बैंक, 95, 98, 184
विश्व स्वास्थ्य संगठन, 90, 95, 96
वुड, प्रोफेसर फिलिप, 84
वैकल्पिक न्याय व्यवस्था, 15
व्हिसलब्लोअर संरक्षण अधिनियम 2011, 112, 113
शारीरिक हिंसा, 41, 42
शिकायत,
के आवश्यक लक्षण, 25
की जांच, 26
की परिभाषा, 25
और प्रथम सूचना रिपोर्ट, 26
शब्द का अभिप्राय, 25
शीलु आव समिति, 136
श्रम कल्याण तथा विकास निधि अधिनियम (1950), 73
श्रमिक न्यायालय, 75
श्रमिक वर्ग, 70-72
संबंधी नियम, 73
स्वतंत्रता-पूर्व की स्थिति, 71
स्वतंत्रता प्राप्ति के बाद की स्थिति, 71-73
श्रमिक संघ कानून 1926, 74
श्रम संबंधी कानून, 71-74
के चार काल, 71-72

संज्ञेय अपराध, 24-27
संपूर्ण ग्रामीण रोजगार योजना, 158-60, 162
संयुक्त राष्ट्र चार्टर, 37
संयुक्त राष्ट्र का प्रावधान 48/104 (1993), 43
संयुक्त राष्ट्र महासभा, 37, 84, 101
संयुक्त राष्ट्र, द्वारा मानवाधिकारों की विश्वव्यापी घोषणा, 75-76
संयुक्त राष्ट्र विकलांग दशक 1983-1992, 87
संविधान 89वां संशोधन अधिनियम 2003, 146
सक्षम गवाह, 28
सड़क परिवहन और राजमार्ग मंत्रालय, 186, 187
सजा का दर्शन, 5-6
का प्रावधान, 35, 68, 77, 145
का मुख्य उद्देश्य, 6
सती आयोग (निरोधक) कानून, 1987, 60
सती निवारक अधिनियम, 1987, 45
सत्यार्थी, केलाश, 78
सत्र न्यायाधीश की अदालत, 14
सुनवाई, 27-28
सफाई कर्मचारी नियोजन और शुष्क शौचालय सन्निर्माण (प्रतिषेध) अधिनियम, 67

सबूत का भार, 27–28
समन्वित ग्रामीण विकास कार्यक्रम, 160
समन्वित बाल विकास कार्यक्रम, 1975, 80
समान अवसर नियमावली 1993, 87
समान पारिश्रमिक अधिनियम, 43
समान प्रतिफल अधिनियम, 74
सम्मन केस, 26, 27
सरस्वती, दयानंद, 62
सरीन, डॉ. आर. के., 93
सर्वेन्ट ऑफ दी पीपुल सोसायटी, 104
सर्वोच्च न्यायालय, 7–12, 15, 29, 58, 78, 109, 122, 126, 129, 153
  का अधिकार क्षेत्र, 7–8
    अपीलीय क्षेत्राधिकार, 8
    अभिलेख न्यायालय, 9
    समादेश या रिट क्षेत्राधिकार, 9
    सलाहकारी क्षेत्राधिकार, 8
  और न्यायिक पुनर्विलोकन, 10–19
  संविधान का संरक्षण, 9–10
  की स्थापना, 7
सह–अपराधी (मुखबिर), 28
साक्ष्य अधिनियम (Evident Act), 4
सामाजिक न्याय एवं अधिकारिता मंत्रालय, 145
सामाजिक वानिकी योजना, 159
सार्वजनिक वितरण प्रणाली, 190
सामाजिक सुरक्षा, 76–77, 146, 157, 162, 175–92
  और पहचान दस्तावेज, 175–92
  भारत में स्थिति, 76–77
  और वृद्धजनों की स्थिति, 177
सामाजिक सुरक्षा योजनाएं, 175–76
सालामान्का सम्मलेन, 87
सिंगफोओं का विद्रोह, 138
सिटेंगों विद्रोह, 138
सिविल अधिकार संरक्षण अधिनियम 1955, 65
सिटिजन फार डेमोक्रेसी बनाम स्टेट ऑफ असम (1995) 3 एस.सी.सी. 743, 31
सुधारक प्रशासन, 5
सुधारवादी आंदोलन, 38
सुरक्षा अधिनियम 2012, 144
सेंटर ऑफ इंडियन ट्रेड यूनियन (CITU), 75
सेशन न्यायालय, 13, 28
सेना के विशेष अधिकार एक्ट (AFSPA), 51
सूखा प्रभावित क्षेत्र विकास परियोजना, 158
सूचना का अधिकार, 101–15
  अधिकार क्षेत्र एवं व्यापकता, 103–4
  का आशय, 102–3
  गैर–सरकारी संगठनों की स्थिति, 104–5
  प्रदीप गुप्ता मामला, 104
  का भारतीय परिदृश्य, 102
  का लोकतांत्रिक शासन में महत्त्व, 110–11
  का वैश्विक परिदृश्य, 101–2
सूचना का अधिकार 2005, 102–15
  अपील तथा शिकायत की व्यवस्थाएं, 107–9
  आवेदन–पत्र निरस्त होने के कारण, 106–7
  के कार्यान्वयन में बाधाएं, 112–13
  से बाहर अधिकार, 103
  के व्यावहारिक अनुभव, 109–10
  में शामिल अधिकार, 102–3
  सूचना हेतु आवेदन की प्रक्रिया, 105–6
  सूचना प्राप्ति की समय सीमा, 106
सूचना का अधिकार (संशोधन) विधेयक 2019, 114
  के प्रमुख बिंदु, 114
स्पेशल कोर्ट, 18
स्पेशल कोर्ट एक्ट 1979, 18
स्वर्ण जयंती ग्राम स्वरोजगार योजना, 158, 160
स्वर्णिम त्रिकोण अनुच्छेद, 3
स्वामी विवेकानंद राष्ट्रीय पुनर्वास प्रशिक्षण एवं अनुसंधान संस्थान, 88

हथकड़ी का प्रयोग, 30
हिंदू उत्तराधिकार अधिनियम, 1956, 154
हिंद मजदूर सभा, 75
हिंदू विधवा पुनर्विवाह अधिनियम, 45
हिंदू विवाह अधिनियम 1955, 44
हेस्टिंग्स, वारेन, 1